Kohlhammer

Olexiy Khabyuk

49 Kommunikationsmodelle für das 21. Jahrhundert

Verstehen – Anwenden – Hinterfragen

2., erweiterte und aktualisierte Auflage

Verlag W. Kohlhammer

Die 1. Auflage 2019 ist als »Kommunikationsmodelle: Grundlagen – Anwendungsfelder – Grenzen« im Rahmen der Reihe »BWL Bachelor Basics« erschienen.

2., erweiterte und aktualisierte Auflage 2025
Alle Rechte vorbehalten
© W. Kohlhammer GmbH, Stuttgart
Gesamtherstellung: W. Kohlhammer GmbH, Heßbrühlstr. 69, 70565 Stuttgart
produktsicherheit@kohlhammer.de

Print:
ISBN 978-3-17-045706-5

E-Book-Formate:
pdf: ISBN 978-3-17-045707-2
epub: ISBN 978-3-17-045708-9

Für den Inhalt abgedruckter oder verlinkter Websites ist ausschließlich der jeweilige Betreiber verantwortlich. Die W. Kohlhammer GmbH hat keinen Einfluss auf die verknüpften Seiten und übernimmt hierfür keinerlei Haftung.

Vorwort zur zweiten Auflage

Seit der ersten Auflage sind fünf Jahre vergangen. In diese Zeit fiel die Corona-Pandemie. Digitale Lehre entwickelte sich kurzzeitig zum Hochschulstandard, Videocalls und Remote Arbeit sind fester Bestandteil des Geschäftslebens. Es wurde landesweit eine Diskussion über geschlechtergerechte Sprache geführt. Obendrein kamen die Herausforderungen einer generativen KI im exponentiellen Entwicklungsmodus.

Diese und andere Entwicklungen haben zu Veränderungen, Überlastungen und neuen Verhaltensweisen geführt. Sie vereint eines: Sie transformieren laufend die Art wie wir miteinander kommunizieren. Um darauf zu reagieren, brauchen wir **exzellente Kommunikationsfähigkeiten**. Kommunikationsmodelle bieten eine wertvolle Orientierung, um diese Vielfalt der **Kommunikationsphänomene theoretisch und praktisch souverän zu meistern**. Um ein differenzierteres Bild von der Kommunikation zu zeichnen, haben wir die Anzahl der Kommunikationsmodelle **von 22 auf 49 erweitert**.

Warum sollten Sie dieses Buch lesen? Statt 49 Quellen im Original zu lesen (und zu kaufen), können Sie in kurzer Zeit ein fundiertes Verständnis von Kommunikationsmodellen aufbauen und damit gezielt Ihre Kommunikationskompetenzen stärken. Jedes Kommunikationsmodell wird auf der Basis von **wissenschaftlichen Originalquellen konzise beschrieben** und mit jeweils vorangestellten **zentralen Erkenntnissen** und **Originalzitaten** eingeleitet. Neben Primärquellen werden sorgfältig ausgewählte **weiterführende Quellen** empfohlen. Dadurch wird dieses Buch nicht nur zu einem unverzichtbaren Begleiter im Studium und der beruflichen Praxis, sondern auch zu einem wertvollen **Nachschlagewerk** für diejenigen, die an ihren Kommunikationskompetenzen arbeiten wollen.

Bleibt nun allen Mitmenschen für ihre Kommentare, Anregungen und Unterstützung **zu danken**: Meiner fabelhaften Lebenspartnerin Ulyana, meinem großartigen Lektor Uwe Fliegauf, meinen Impulsgeberinnen am Fachbereich Wirtschaftswissenschaften (insbesondere Olaf Jandura und Claudia Gerhards) sowie in der Hochschulbibliothek der Hochschule Düsseldorf, und besonders den diskussionsfreudigen wie kritischen Studierenden in meinen Seminaren (Jana Falk, Sadettin Bilin und vielen anderen).

Düsseldorf, im April 2025   Olexiy Khabyuk

Inhaltsverzeichnis

Vorwort zur zweiten Auflage		5
1	**Grundlagen der Kommunikation**	**9**
1.1	Kommunikationsphänomene: ein Annäherungsversuch (LASSWELL)	9
1.2	Kommunikationsbegriffe in der Medienevolution (MALETZKE)	14
1.3	Kommunikationsmodelle: Zweck und Einordnung (MORRIS)	20
1.4	Auswahl von Kommunikationsmodellen (PRAKKE)	27
2	**Modelle der persönlichen Kommunikation**	**32**
2.1	Überzeugende Rhetorik (ARISTOTELES)	32
2.2	Nonverbale Kommunikation (ARGYLE)	36
2.3	Axiome der Kommunikation (WATZLAWICK et al.)	41
2.4	Kommunikationsquadrat (SCHULZ VON THUN)	51
2.5	NLP (BANDLER/GRINDER und DILTS)	58
2.6	Gewaltfreie Kommunikation (ROSENBERG)	63
2.7	»Negotiation on the merits« (FISHER et al.)	69
2.8	Scrum als Kommunikationsmodell (SCHWABER/SUTHERLAND)	77
2.9	Leadership als sozialer Einfluss (RUBEN/GIGLIOTTI)	83
3	**Modelle der persönlichen medienvermittelten Kommunikation**	**86**
3.1	Kommunikation unter Störungen (SHANNON/WEAVER)	86
3.2	Media Richness (DAFT/LENGEL)	91
3.3	Media Synchronicity (DENNIS/VALACICH)	97
3.4	»The medium is the message« (MCLUHAN)	103
3.5	Affordance von Virtual Reality (DINCELLI/YAYLA und HAN et al.)	106
3.6	Hyperpersonal Perpective (WALTHER)	111
3.7	Videoconference Fatigue (BAILENSON und BAUER/RIEDL)	114
3.8	Vermeidung sozialer Isolation (HOLT-LUNSTAD, VAN ZOONEN/SIVUNEN)	117
3.9	Remote Leadership (PIANESE et al.)	120
4	**Modelle der Nutzung und Interaktion mit Medien und KI**	**124**
4.1	Parasoziale Interaktion (HORTON/WOHL)	124
4.2	Uses and Gratifications Approach (KATZ et al.)	128
4.3	Technology Acceptance Model (DAVIS et al.)	133

4.4	Die soziologischen Konsumansätze (VEBLEN, BOURDIEU und BECK) ..	138
4.5	Sozialer Vergleich (FESTINGER)	142
4.6	Das Streben nach Unterhaltung (POSTMAN)	145
4.7	Konsumkapital-Hypothese (STIGLER/BECKER).	148
4.8	KI in der Uncanny Valley (MORI)	150
4.9	Computer Are Social Actors (CASA) (NAAS/MOON)	155
5	**Modelle der gesellschaftlich-politischen Kommunikation**	**158**
5.1	Meinungsführerinnen vs. Massenmedien (LAZARSFELD et al.)	158
5.2	Agenda Setting-Hypothese (MCCOMBS/SHAW)	164
5.3	Nachrichtenwertfaktoren (GALTUNG/RUGE)	168
5.4	Kultivierungshypothese (GERBNER/GROSS)	172
5.5	Die Schweigespirale-Hypothese (NOELLE-NEUMANN)	177
5.6	Filterblasen und Echokammern (SUNSTEIN und PARISER).	180
5.7	Diffusion von Innovationen (ROGERS)	184
5.8	Die Wissenskluft-Hypothese (TICHENOR et al.)	190
5.9	Gesellschaft als soziales System (LUHMANN).	195
6	**Modelle des Marketings und der Unternehmenskommunikation** ..	**201**
6.1	SOR-Modell (WOODWORTH, LAVIDGE/STEINER und RAY et al.)	201
6.2	Asymmetrische Informationsverteilung.	206
6.3	Verhaltens- und neurowissenschaftliche Ansätze (KAHNEMAN etc.) ..	211
6.4	Brand Communication (RIES/TROUT etc.).	215
6.5	Elaboration Likelihood Model (PETTY/CACIOPPO)	221
6.6	Über Kommunikationsmaßnahmen entscheiden (BRUHN).	225
6.7	Situational Crisis Communication Theory (COOMBS).	229
6.8	Interkulturelle Kommunikation (HOFSTEDE et al.)	234
6.9	Leading Change (KOTTER)	238

Literaturverzeichnis **243**

1 Grundlagen der Kommunikation

1.1 Kommunikationsphänomene: ein Annäherungsversuch (LASSWELL)

> **Zentrale Erkenntnisse**
>
> - Kommunikation manifestiert sich in vielfältigen Phänomenen: von Smalltalk in der Betriebskantine über Insta-Content bis hin zu politischen Talkshows im Fernsehen. Um die Vielfalt besser verstehen und einordnen zu können, arbeiten wir mit Modellen als vereinfachten Abbildern der Realität.
> - Kommunikation ist darüber hinaus relevant in allen Berufen. Heutzutage wird eine hohe kommunikative Kompetenz erwartet. Eine hohe kommunikative Kompetenz besteht beispielsweise darin, identische komplexe Inhalte für ein wissenschaftliches Fachpublikum wie auch für ein allgemeines Publikum zielgruppenadäquat aufbereiten zu können.
> - Es gibt zahlreiche Definitionen des Kommunikationsbegriffes, aber keine, auf die sich alle einigen können. Der einfachste Nenner für eine Definition ist der Senden-Empfangen-Prozess, bekannt als Container-Modell. Um einen Akt der Kommunikation allgemein zu beschreiben, bietet sich ferner die Darstellung nach LASSWELL an: Wer sagt was zu wem über welchen Kanal mit welcher Wirkung?
> - Kommunikationswissenschaften und Marketing – hier stellvertretend für andere Disziplinen – betrachten oft die gleichen Kommunikationsphänomene, jedoch häufig aus völlig entgegengesetzten Perspektiven. Während die kommunikationswissenschaftlichen Disziplinen stärker versuchen, gesellschaftliche Phänomene zu erklären, fokussiert sich das Marketing eher darauf, gezielt konkrete Zielgruppen zu beeinflussen.
> - Die Herausforderung, Kommunikationsphänomene zu untersuchen, liegt in den besonderen Eigenschaften der Kommunikation selbst, z. B. ihrer Flüchtigkeit, ihrer allgegenwärtigen Durchdringung unseres Alltags usw.

Aus dem Kommunikations-Scrabble wird deutlich, wie vielfältig das Phänomen Kommunikation in der Realität ist (▶ Dar. 1). Kommunikation wird oft mit solchen Erscheinungen verbunden wie persönliche Kommunikation (z. B. Gespräche zur Konfliktlösung oder gewöhnlicher Kaffeeklatsch), Körpersprache (z. B. verschränkte Arme während einer Präsentation) oder auch ein Austausch über ein elektronisches Kommunikationsmedium (z. B. ein Online-Meeting). Kommunikation umfasst jedoch auch all jene Inhalte, die man typischerweise unter dem Oberbegriff der Massenmedien subsumiert: Beiträge von Influencerinnen, über TV verbreitete Markenbotschaften, immersive Spieleerfahrungen im Metaverse, Interaktion mit ChatGPT oder Amazon Alexa, PR-Aktivitäten von Unternehmen, die Entstehung von Filterblasen in WhatsApp-Gruppen und nicht zuletzt das Rezipieren von politischen Talkshows zur Meinungsbildung. Und das ist lediglich ein kleiner Ausschnitt aus der bunten Vielfalt an Kommunikationsphänomenen, die unser tägliches Leben prägen. Um diese komplexen Phänomene besser zu verstehen und sie ggf. zu steuern, nutzen wir in diesem Buch Modelle als vereinfachte Abbilder der Realität. Versuchen Sie einfach, das Kommunikations-Scrabble mit eigenen Assoziationen zu füllen!

Dar. 1: Das Kommunikations-Scrabble – eine mögliche Lösung

Kommunikation ist in jedem Beruf ein unverzichtbarer Bestandteil des Arbeitsalltags. Im Laufe der Zeit ist Kommunikation **beständig komplexer geworden** und stellt zunehmend höhere Anforderungen an alle Beteiligten: Effiziente Meetings in Präsenz und Videokonferenzen, Umgang mit flachen Hierarchien, Halten von Präsentationen und Webinaren, Beantwortung von unzähligen E-Mails und Posts in Social Media, Selbstvermarktung auf LinkedIn, professionelles Verhalten in Bewerbungsprozessen usw.

Dabei werden in jedem Berufszweig auch noch **individuelle Kommunikationsnormen** praktiziert: im Krankenhaus, im Gerichtssaal, auf dem Fischmarkt, in einem Gotteshaus oder in der Politik. Daneben gibt es Kommunikationsberufe, in denen erwartet wird, dass Berufsinhaberinnen besonders brillant kommunizieren, z. B. im Marketing, im Journalismus, im Hochschul- und Bildungswesen. Auch Wissenschaftlerinnen müssen ihre Forschungsergebnisse nicht nur gegenüber anderen Fachvertreterinnen präsentieren können, sondern sie auch einer nichtfachlichen Öffentlichkeit vermitteln. Trotz einer hohen fachlichen Expertise und beeindruckender Kommunikationsbemühungen von Experten wie Christian Drosten kann öffentliche Kommunikation entgleiten. Daran merkt man, wie **entscheidend zielgruppenadäquate Kommunikation** ist, um beispielsweise eine hohe Impfbereitschaft in Bevölkerung zu erzeugen.

Was bedeutet Kommunikation? Versuchen wir uns zunächst an einer etymologischen Ableitung (Etymologie – die Lehre von der Herkunft der Wörter), so finden wir ähnlich klingende lateinische Worte wie »communicatio« (Mitteilung), »communicare« (mitteilen) oder auch »communis« (gemeinsam). Bei der Kommunikation geht es scheinbar nicht nur um die allgemein angenommene Übertragung von Mitteilungen, sondern auch um die Herstellung von Gemeinsamkeiten zwischen den Kommunizierenden.

»Come on and smile, communicate, learning English is great!«, heißt es in einem fröhlichen Lied aus einem Englisch-Lehrbuch für die 1. Klasse (GERNGROSS/PUCHTA 2009, S. 28). In unserer entwickelten Kommunikationsgesellschaft **scheinen selbst Schulanfängerinnen bereits zu wissen, was Kommunikation bedeutet**. Damit wären sie jedoch der Wissenschaft einen bedeutenden Schritt voraus. Denn so vielfältig wie das Phänomen »Kommunikation« selbst ist, sind auch die verfügbaren Definitionen. So dokumentierte MERTEN (1977, S. 168–182) damals 160 Definitionen des Begriffes – und dies allein für die **kommunikationswissenschaftliche Disziplin**. Diese Definitionen lassen sich nach ihrer Bedeutung wie folgt kategorisieren (MERTEN 1999, S. 79): Transmission (26,9 %), Reiz-Reaktion (12,5 %), Austausch (11,3 %), Interaktion (8,8 %), Interpretation (7,5 %), Verhalten (6,3 %), Teilhabe (5,6 %), Beziehung (5,0 %), Verständigung (3,1 %) und sonstige Definitionen (13,1 %).

Bis heute hat sich **kein richtiger Konsens zu den vorhandenen Definitionen** des Kommunikationsbegriffes herausgebildet. Daher wollen wir uns mit der scheinbar einfachsten Definition begnügen, die als gemeinsamer Nenner gilt. Das Container-Modell definiert den **Kommunikationsprozess als Transport eines Containers von der Kommunikatorin zur Rezipientin** (▶ Dar. 2). Der Container kann dabei eine **Botschaft**, einen **Stimulus** etc. beinhalten. Durch die Anordnung von der Kommunikatorin zur Empfängerin/ Rezipientin wird den Kommunikationspartnerinnen eine entsprechende Rolle zugewiesen, z. B. Rednerin und Zuhörerin, Autorin und Leserin, Werbende und Umworbene, Chefin und Angestellte etc. (MERTEN 1999, S. 54). Im Folgenden wollen wir uns dem Kommunikationsbegriff aus konträr zueinanderstehenden Erkenntnisinteressen der Kommunikationswissenschaft und des Marketings nähern – stellvertretend für andere Disziplinen.

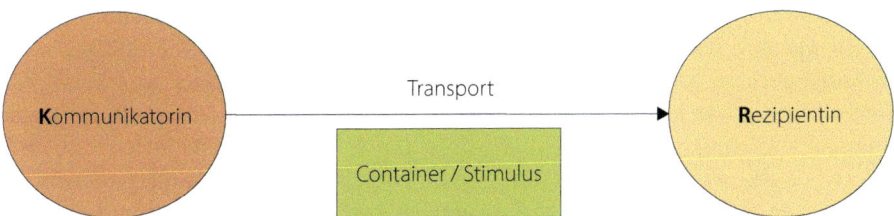

Dar. 2: Das Container-Modell als einfachste Definition des Kommunikationsbegriffes (Quelle: In Anlehnung an MERTEN 1999, S. 54–55)

Ein überholtes, aber allgemein bekanntes Beschreibungsmodell stammt von LASS-WELL (1964, S. 37–38). Es strukturiert einen Kommunikationsakt wie folgt: **Wer sagt was zu wem in welchem Kanal mit welchem Effekt?** Jeder Kommunikationsprozess enthält alle diese Aspekte, die man zur Beschreibung eines Kommunikationsphänomens heranziehen kann. In der **Kommunikationswissenschaft** haben sich aus diesen Aspekten jeweils fünf Forschungsstränge herausgebildet:

- die Kommunikatorforschung (»wer«): welche Faktoren lösen und steuern die Kommunikation (z. B. Nachrichtenwertfaktoren im journalistischen Alltag),
- die Aussagenanalyse (»sagt was«): Inhaltsanalyse (z. B. Sentimentanalyse von Facebook-Posts während der WM 2024 zur Deutschen Bahn),
- die Medienforschung (»in welchem Kanal«): beschäftigt sich mit der Benutzung von Kommunikationskanälen (z. B. Erfassung von Radio-Marktanteilen),
- Publikumsforschung (»zu wem«): untersucht die Rezipienten und ihre Mediennutzung in qualitativer Hinsicht (z. B. welche Motive erklären die Popularität der Netflix-Serie »Bridgerton«),
- die Wirkungsforschung (»mit welchem Effekt«): befasst sich mit Einfluss auf Zielgruppen (ob z. B. Taylor Swift die Wahlbeteiligung der Gen Z an Wahlen zum EU-Parlament steigern kann).

LASSWELL stellt sein Modell eigentlich auf, um es zu verwerfen, denn wie er anschließend erklärt, ist es meistens sinnvoller, die Kommunikationsphänomene unter Berücksichtigung mehrerer Aspekte des Kommunikationsaktes zu betrachten und nicht zu separieren. Auch die meisten Modelle im Buch verbinden mehrere Aspekte und lassen sich nur bedingt einem Kommunikationsaspekt nach LASSWELL eindeutig zuordnen. Am Beispiel des Lasswell-Modells zeigt sich noch ein anderes **interessantes Phänomen** der Kommunikation: Inhalte werden häufig aus dem beabsichtigten Kontext gerissen und können sich verselbstständigen. Das passiert sehr häufig bei Kommunikationsmodellen, z. B. beim Modell von SHANNON/WEAVER (▶ Kap. 3.1). Aus diesem Grund machen systemtheoretische Vertreterinnen die Kommunikationsbeziehung zum Untersuchungsgegenstand (▶ Kap. 2.3 und 5.9).

Ein weiteres Beispiel soll die typische **Sichtweise der Kommunikationswissenschaft** verdeutlichen. Haben Sie von der Massenpanik nach Erstausstrahlung des Hörspiels »Krieg der Welten« im Jahr 1938 gehört? Hierzu schreibt MERTEN (2013, S. 117): »Ein Hörspiel über die Landung von Marsmenschen wurde am Abend des 30.10.1938 von neun Millionen Amerikanern gehört. Ein verschwindend geringer Anteil war sich jedoch nicht der Tatsache bewusst, dass diese Landung fiktiv war. In Sorge geraten griffen sie zum Telefon, um sich bei der Polizei zu erkundigen. Deren Leitung war jedoch wegen solcher Anrufe blockiert, was – typisch für Panik – falsch, also panikbezogen gedeutet wurde: Die Polizei sei bereits im Einsatz, hieß es etc. Als die ersten Personen ihre Häuser verließen, konnten andere dies sehen und folgten dem Beispiel und dies in immer größeren Scharen – eindeutig eine Orientierung am Verhalten anderer (Reflexivität in der Sozialdimension) und eine sichtbare Beschleunigung der Panik (Reflexivität in der Zeitdimension: immer mehr Personen verlassen ihre Häuser, weil sie mehr und mehr Menschen beobachten, die ihre Häuser verlassen).« Auch wenn es Zweifel an der Geschichte über die Massenpanik gibt (POOLEY/SOCOLOW 2013), ist die Forschungsrichtung dieser Erklärung klar: Es geht um eine Erklärung massenmedialer Phänomene. In diesem Beispiel ist Kommunikation ein medial ausgelöster, sich verstärkender Verhaltenseffekt von Menschen, die sich gegenseitig beobachten.

Wenden wir uns dagegen der Marketingperspektive zu. Nach einer typischen **Definition aus dem Bereich Marketing** (BRUHN 2018, S. 3) dient die Kommunikation der Übermittlung von Informationen und Bedeutungsinhalten, um gezielt Meinungen, Einstellungen, Erwartungen und Verhaltensweisen von bestimmten Adressatinnen zu steuern. Dabei geht es konkret darum, das Unternehmen und seine Leistungen den externen (z. B. Kundinnen) wie internen Zielgruppen (z. B. Mitarbeiterinnen) darzustellen, um mit diesen Zielgruppen in Interaktion zu treten (z. B., um Kaufentscheidungen herbeizuführen). Merken Sie den Kontrast zur Perspektive der Kommunikationswissenschaften?

Um zu zeigen, wie unterschiedliche Disziplinen ein und dasselbe Kommunikationsphänomen aus verschiedenen Blickwinkeln betrachten, betrachten wir hier die **Selektivität der menschlichen Wahrnehmung**. Dafür ist es wichtig, dass **Sie selbst** den bekannten Test von SIMONS/CHABRIS (1999) durchführen. Das entsprechende Video finden Sie im Netz unter dem Stichwort »selective attention test« oder über den nebenstehenden QR-Code.

Achten Sie dabei besonders darauf, die Pässe der Basketball-Spielerinnen in weißen T-Shirts zu zählen. **Bevor Sie fortfahren, machen Sie den Test!** Konnten Sie die Zahl der Pässe korrekt zählen? Wahrscheinlich werden Sie das Phänomen der selektiven Wahrnehmung nicht so schnell wieder vergessen. Nun zur Deutung des Phänomens: Während die Kommunikationswissenschaft dieses verstehen und sein Potenzial für Massenkommunikation erklären will, werden Marketingvertreterinnen eher das Ziel verfolgen, Werbemittel so zu platzieren, dass diese stärker auffallen (siehe z. B. Out-of-Home-Werbung auf belebten Straßen und an Haltestellen). In diesem zweiten Fall ist die Erklärung eher zweitrangig, der wirtschaftliche Erfolg steht dagegen im Vordergrund.

Vergleicht man die beiden obigen Definitionen mit entsprechenden Beispielen, so lässt sich bei oberflächlicher Betrachtung erkennen, dass die **Kommunikationswissenschaft** die Kommunikation eher erklärender und offener interpretiert. Die »Marketing-Definition« ist dagegen recht eng mit dem Fokus auf Zielgruppenbeeinflussung formuliert.

Die Bandbreite der Kommunikationsphänomene wurde anhand verschiedener Beispiele anschaulich aufgezeigt. Zentrale Eigenschaften der Kommunikation (in Anlehnung an MERTEN 1999, S. 15–18) sollen diese Eindrücke systematisieren:

- Die **Profanität der Kommunikation** zeigt sich in der Alltäglichkeit von Kommunikationsprozessen, wodurch die Kommunikationsforschung zu einer Disziplin mit nahezu unbegrenzten Fragestellungen wird.
- Die **Universalität der Kommunikation** sorgt dafür, dass sie in jeden Bereich des menschlichen Lebens hineinwirkt. Deshalb wird Kommunikation als Untersuchungsgegenstand von unterschiedlichen Disziplinen beansprucht (▶ Kap. 1.3). Durch eine solche Interdisziplinarität entsteht eine Vielfalt unterschiedlichster Modelle.
- Die **Flüchtigkeit der Kommunikation** macht es schwierig, Kommunikationsprozesse selbst unter methodisch einwandfreien Untersuchungsbedingungen eindeutig zu messen, was ihre Erforschung zusätzlich erschwert.
- Die **Relationalität der Kommunikation** zeigt, dass der eigentliche Fokus weniger auf den einzelnen Aussagen und den beteiligten Personen liegt, sondern vielmehr auf der Gesamtheit ihrer Interaktionen und Beziehungen (▶ Kap. 2.3 und 6.9).
- Die **Unvermeidbarkeit der Kommunikation** ergibt sich daraus, dass niemand der Kommunikation entkommen kann – selbst Schweigen oder Zurückhaltung senden eine Botschaft.

1.2 Kommunikationsbegriffe in der Medienevolution (MALETZKE)

Zentrale Erkenntnisse

- Es wird zwischen verbaler und nonverbaler Kommunikation unterschieden. Diese beiden Arten der interpersonalen Kommunikation können sowohl direkt als auch indirekt über die Medien stattfinden.
- Durch die technische Evolution der Medien (als Vermittler der Kommunikation) hat sich nicht nur unsere interpersonale Kommunikation verändert. Es können immer größere Publika erreicht werden, wodurch neue Phänomene aufgekommen sind. Dies hat die Massenkommunikation als Forschungsfeld auf den Plan gerufen. Die digitalen Medien und ihre technische Rückkanalfähigkeit haben das bisherige Verständnis der Massenkommunikation in Frage gestellt.
- Im Folgenden wird zwischen Individual- und Massenkommunikation unterschieden. Individualkommunikation umfasst interpersonale Kommunikation, die nichtöffentlich abläuft sowie personell definierte Rezipienten anspricht, und sowohl direkt als auch indirekt (mit Medieneinsatz) stattfinden kann. Massenkommunikation dagegen umfasst nach MALETZKE öffentliche Kommunikation, die sich an ein disperses, anonymes Publikum richtet. Zur Massenkommunikation gehört darüber hinaus auch die Mensch-Computer-Kommunikation.

1.2 Kommunikationsbegriffe in der Medienevolution (MALETZKE)

> - Digitale Medien haben zwar die Art der Massenkommunikation hin zu bidirektionaler Kommunikation verändert, jedoch dominieren in dieser Beziehung weiterhin die Plattformbetreiber als neuartige Medienunternehmen. Ferner verschwimmen in digitalen Medien die Grenzen zwischen Individual- und Massenkommunikation.

Zur Untersuchung von Kommunikationsphänomenen beginnen wir damit, Kommunikation in Begriffe zu fassen. In der interpersonalen Kommunikation unterscheidet man zwischen verbalen und nonverbalen Kommunikationsformen (nach EMRICH 2008, S. 18–19). **Verbale Kommunikation** erfolgt durch Worte und kann sowohl gesprochen als auch geschrieben werden. Spannend ist ihre Vielfalt: Über 5.000 Sprachen gibt es schätzungsweise auf der Welt.

Verbale Kommunikation weist dabei folgende **Besonderheiten** auf. Eine Sprache wird meist mündlich von der Mutter (daher spricht man von der »Muttersprache«) oder Bezugspersonen erlernt. Dadurch werden auch kulturelle Besonderheiten der Sprechenden, wie ein spezifisches Vokabular, an die nächste Generation übermittelt. Die so entstehenden Dialekte können durch eine verschriftlichte »Hochsprache« standardisiert werden. Allerdings sind nur ca. 13 % aller Sprachen verschriftlicht, was mündlich verfügbare Sprachen massiv in der Weiterentwicklung einschränkt (HAARMANN 1990, S. 18). In Deutschland hat man den international seltenen Fall eines sprachlichen Standardwerks, den seit 1880 erscheinenden »Duden« (DUDENREDAKTION o. J.). Sprachstandards erleichtern die Kommunikation und reduzieren Missverständnisse.

Mit einer Sprache und einem Kulturkreis eng verbunden ist die **nonverbale Kommunikation**, die sich in paraverbaler Form, der Körpersprache und kulturellen Artefakten zeigt (siehe EMRICH 2008, S. 19–22). **Paraverbal** können alle solche Kommunikationselemente sein, wie z. B. die Sprechgeschwindigkeit (England – schnell; Deutschland – langsam), die Lautstärke (Italien – laut; Deutschland – gemäßigt) usw. Auch die Verwendung von Emojis in der schriftlichen Kommunikation könnte als ein Mittel der paraverbalen Kommunikation angesehen werden.

Körpersprache ist eine Wissenschaft für sich, da sie eine bedeutende Rolle in zwischenmenschlicher Kommunikation einnimmt. Sie »ist die erste ›Sprache‹, die wir gelernt haben« (WEINGARDT 2011, S. 23). Die Ausdrucksstärke der Körpersprache kann besonders gut in Filmen über den wortkargen Mr. Bean beobachtet werden. Auch **kulturelle Artefakte** können kontextgebende Elemente der Kommunikation sein: (Punk-)Frisur, Körperschmuck (z. B. Ohrringe, Piercings, Goldkettchen), Tätowierung, Parfüm (sozialer »Revierdominanz« durch eine starke Parfümnote), Mode/Kleidung (»busted jeans«, Fliege und Einstecktuch, Turnschuhe zum Anzug) etc. All diese Signale, zu denen sich zahlreiche andere Beispiele finden lassen, können die verbalen und anderen Elemente nonverbaler Kommunikation beeinflussen.

Kommunikation in den oben beschriebenen Formen kann ohne mediale Unterstützung direkt stattfinden. Dennoch wird sie zunehmend durch Medien geprägt. Betrachtet man die **Medienentwicklung der vergangenen 600 Jahren**, zeigt sich eine immer schnellere Beschleunigung. Überträgt man diese Entwicklung auf ein Zifferblatt, so entstand die Zeitung um etwa 4 Uhr, die Fotographie um 8 Uhr, das Telefon um 9 Uhr, das Fernsehen um 10 Uhr und der Heimcomputer gegen 11 Uhr (▶ Dar. 3). Erst nach 11 Uhr sind digitale Medien aufgekommen, die wir heute tagtäglich benutzen. Die Entstehung neuer Medien verläuft exponentiell und ebenso rasant verändern sich unsere Kommunikationsgewohnheiten.

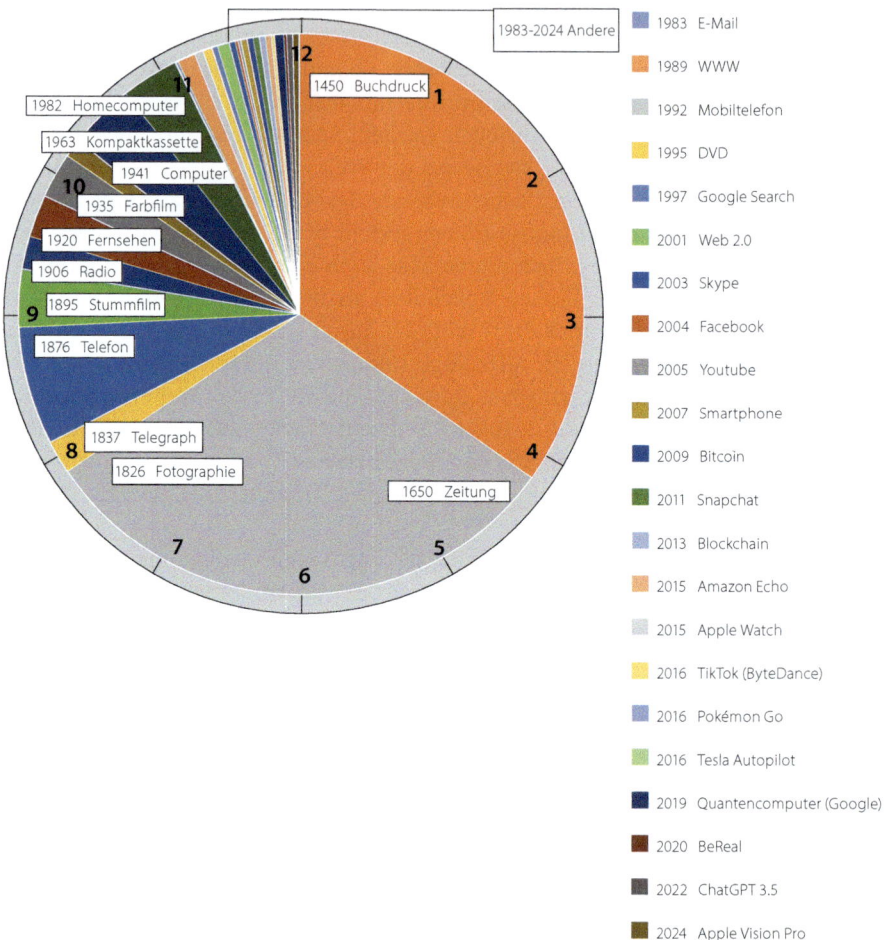

Dar. 3: Entwicklung der Medien zwischen 1450 und 2024 – komprimiert auf 12 Stunden (Quelle: Eigene Darstellung in Anlehnung an MERTEN 1999, S. 18–21 und JÄCKEL 2011, S. 33–35)

Man unterteilt die Entwicklung von Medien in vier Phasen:

1. **Primäre Medien** erfordern weder ein Gerät zum Senden noch zum Empfangen. Solche Medien sind beispielsweise die schon im antiken Griechenland prakti-

zierten öffentlichen Theatervorführungen und Rhapsodenauftritte. Noch viel früher existierten bereits Tänze, Gesänge, Ritualhandlungen. Obwohl solche Kommunikationsformen manchmal, wie bei der biblischen Bergpredigt vor 5000 Menschen, durch günstige akustische Bedingungen ein großes Publikum erreichten, blieben sie räumlich begrenzt.

2. **Sekundäre Medien** entstanden mit Gutenbergs Buchdruck und zählen zu den Massenmedien. Sie erfordern jedoch ein Gerät auf der Seite des Kommunikators. Ab dem 15. Jahrhundert erfolgt eine zunächst zögerliche Verbreitung des Buchdrucks und periodischer Publikationen bzw. Zeitungen. Aber auch geschriebene Briefe, Bücher und Plakate sind den sekundären Medien anzurechnen.
3. **Tertiäre Medien** entwickelten sich mit der Einführung (analoger) elektrischer Sende- und Empfangsgeräte im 19. Jahrhundert. Beispiele dafür sind Radio, Film, Fernsehen sowie Telegraf und Telefon.
4. **Quartäre Medien** ähneln den analogen Geräten der tertiären Medienepoche, erfordern jedoch digitale Sende- und Empfangsgeräte. Diese Geräte müssen nicht nur digital arbeiten, sondern auch kompatible Formate nutzen (z. B. Apps aus dem iPhone App Store funktionieren nicht auf Android-Geräten) und mit dem Internet verbunden sein. Beispiele für quartäre Medien sind vielfältig: von iPhones und Apps wie BeReal bis hin zu innovativen Virtual-Reality-Geräten wie der Apple Vision Pro.

Die technische Entwicklung der Medien hat auch die **Größe erreichbarer Zielgruppen (Massen) drastisch erweitert**: Von bis zu 5.000 Personen bei einer Opern- und Theatervorführung (primäre Medien) über die täglichen Auflagen von 9 Mio. Exemplaren einer japanischen Tageszeitung (sekundäre Medien), bis hin zu 200 Mio. TV-Zuschauerinnen beim Eurovision Song Contest 2016 (tertiäre Medien) und beeindruckenden rund 15,8 Mrd. Aufrufen (Stand 01/2025) für »Baby Shark Dance« auf Youtube (quartäre Medien).

Spätestens mit der Entwicklung der tertiären Medien hat die Erforschung des Phänomens der Massenkommunikation eingesetzt. Der Begriff der **Massenkommunikation** – in Abgrenzung zum Begriff der Individualkommunikation – wurde im deutschsprachigen Raum maßgeblich von MALETZKE (1963, S. 32) und seinem »Feldschema der Kommunikation« geprägt: »Unter Massenkommunikation verstehen wir jene Form der Kommunikation, bei der Aussagen öffentlich (also ohne begrenzte und personell definierte Empfängerschaft), durch technische Verbreitungsmittel (Medien), indirekt (also bei räumlicher oder zeitlicher oder raumzeitlicher Distanz zwischen den Kommunikationspartnern) und einseitig (also ohne Rollenwechsel zwischen Aussagendem und Aufnehmendem) an ein disperses Publikum vermittelt werden.«

Die Definition stammt noch aus der Blütezeit der tertiären Medien, als Rückkanäle technisch kaum möglich waren. Moderne digitale Medien und Plattformen, insbesondere seit dem Aufkommen von Web-2.0-Anwendungen wie Facebook (O'REILLY 2005), fördern und ermöglichen bidirektionale Beziehungen. Diese Interaktionen sind je nach Mediengattung nicht nur möglich, sondern auch gewünscht, da die zugrunde liegenden Geschäftsmodelle auf aktiver Nutzerbeteiligung (User Generated Content) basieren. Technisch ist das durch das Internetprotokoll bedingt, das eine Einzel-Kommunikationsverbindung voraussetzt. Ist die obige Definition von MALETZKE im Zeitalter quartärer Medien **noch zeitgemäß?**

Dar. 4: Evolution der Medientypen (Quelle: In Anlehnung an SCHADE/KÜNZLER 2010, S. 87, NDR 2015, THE YOMIURI SHIMBUN OFFICE, S. 3 und YOUTUBE 2024)

Medientyp	Umfang der Technisierung	Mediengattungen	Rückkanal	Max. Rezipientenkreis (Beispiele)
Primäre Medien	Kein Gerät erforderlich	Ritual, Tanz, Gesang, Rede, Theater	Bidirektional	ca. 5.000 Personen
Sekundäre Medien	Kommunikator benötigt ein Gerät	Brief, Buch, Zeitung, Plakate	Unidirektional	ca. 9 Mio. Auflage (2016) (Yomiuri Shimbun)
Tertiäre Medien	Kommunikator und Rezipient benötigen elektronische Geräte	Telegraf, Telefon, Film, Radio, TV	Unidirektional (Ausnahme z. B. Telefon)	ca. 200 Mio. Zuschauer (ESC 2015, europaweit; kumuliert über 3 Shows)
Quartäre Medien	Kommunikator und Rezipient benötigen digitale Geräte mit Online-Anbindung	Android Smartphones, PCs, BeReal, Apple Vision Pro etc.	Uni- und bidirektional	ca. 15 Mrd. Views (»Baby Shark Dance« auf Youtube) (Stand: 11/2024)

Die meisten dieser Kriterien treffen auch auf quartäre Medien zu – mit einer wichtigen Ausnahme: der unidirektionalen Kommunikation. Hier hat ein bedeutender Wandel stattgefunden. Während die Kommunikation in digitalen (Massen-)Medien grundsätzlich bidirektional ist, **bestimmen die Plattformbetreiber die Kommunikationsregeln.** Sie legen fest, wann, wo und wie kommuniziert wird – sei es durch die Gewichtung bestimmter Inhalte mittels Algorithmen, durch automatisierte Antworten in Chatbots oder durch andere Mechanismen.

Wir wollen **Individual- und Massenkommunikation** nun abschließend voneinander **abgrenzen**, um die entsprechenden Modelle den jeweiligen Kapiteln zuzuordnen (▶ Dar. 5). **Individualkommunikation** umfasst jede interpersonale Kommunikation, die nichtöffentlich abläuft und einen personell definierten Kreis von Rezipientinnen als Zielgruppe hat. Sie wird zur Direktkommunikation, wenn sie ohne Einsatz von Medien abläuft, wodurch kaum oder keine zeitliche, räumliche oder raumzeitliche Distanz entsteht. Kommunikationsmodelle, auf die diese Ausgangsbedingungen zutreffen (z. B. Kommunikationsstörungen im Team), werden in Kapitel 2 behandelt. Sie umfassen die anfangs skizzierte verbale- und nonverbale Kommunikation.

Findet interpersonale Kommunikation hingegen **medienvermittelt** statt, entsteht eine gewisse Distanz, sie bleibt jedoch nichtöffentlich und richtet sich weiterhin an einen eindeutig definierten Kreis von Rezipientinnen. Kommunikationsmodelle, die diese Phänomene erklären sollen (z. B. die Wahl eines geeigneten elektronischen Kommunikationskanals in einer Organisation), werden in Kapitel 3 behandelt.

Öffentliche Kommunikationsphänomene, die zwingend mediale Vermittlung erfordern, auf Distanz stattfinden sowie einen dispersen, anonymen Rezipientenkreis ansprechen, werden als **Massenkommunikation** bezeichnet. Diese Kommunikation kann unidirektional ablaufen, was insbesondere auf tertiäre Medien zutrifft, jedoch auch bei quartären Medien vorkommt, beispielsweise bei YouTube-Livestreams. Auf **quartären Medien** verschiebt sich das Verständnis allerdings dahin, dass Plattformbetreiber zunehmend die Kommunikationsregeln bestimmen. In der Massenkommunikation zeigt sich eine breite Vielfalt an Kommunikationsphänomenen, die sowohl gesellschaftliche Aspekte (z. B. die Entstehung von Wissensklüften) als auch unternehmensbezogene Themen (z. B. Markenwirkung) umfassen. Passende Kommunikationsmodelle dazu werden in Kapitel 5 und 6 behandelt.

Darüber hinaus fallen Phänomene im Zusammenhang mit **Mediennutzung** und **Mensch-Computer-Interaktion** – einschließlich KI-basierter Algorithmen – ebenfalls unter den Bereich der Massenkommunikation. Diese Phänomene werden durch geeignete Kommunikationsmodelle in Kapitel 4 untersucht.

Direktkommunikation	Medienkommunikation		
Individualkommunikation		Massenkommunikation	
Direkte interpersonale Kommunikation (»Interpersonal Communication«)	Medienvermittelte Individualkommunikation (»Computer-mediated-communication«)	Mensch-Computer-Interation (»Human-Computer-Interaction«)	Massenkommunikation (»Mass Communication«)
Ohne Medieneinsatz ablaufende Kommunikation zwischen zwei oder mehreren Personen (verbal, nonverbal) Bsp.: ein Gespräch auf dem Flur	Mit Medieneinsatz ablaufende Kommunikation zwischen zwei oder mehreren Personen Bsp.: E-Mail, Chat, Videokonferenz, Messenger / Social Media	Bsp: Spielen von Games mit NPC (non-player-character), Interaktion mit ChatBots und KI	Bsp.: Zeitungen und Plakate, Webseiten, Web-TV, Online-Radio und -Zeitung, mobile Anwendungen, Kommunikation auf Social Media wie Instagram
Modelle im Kap. 2	Modelle im Kap. 3	Modelle im Kap. 4	Modelle in den Kap. 5 und 6

Dar. 5: Individual- versus Massenkommunikation – eine Abgrenzung (Quelle: Eigene Darstellung in Anlehnung an SIX/GLEICH/GIMMLER 2007, S. 25)

Aufmerksamen Leserinnen ist nicht entgangen, dass **Messenger/ Social Media** in Darstellung 5 sowohl bei medienvermittelter Individualkommunikation als auch bei der Mensch-Computer-Massenkommunikation auftauchen. Der Grund dafür liegt in der flexiblen Nutzung dieser Plattformen: Ein Instagram-Post, der nur an Freunde gerichtet ist, gehört zur Individualkommunikation, wird er jedoch für die Öffentlichkeit freigegeben, handelt es sich um Massenkommunikation. Ein weiteres Beispiel sind Videos einer Twitch-Streamerin, die ihre Zuschauer nicht persönlich kennt, aber auf Kommentare antwortet. Ist das noch Massenkommunikation oder schon Individualkommunikation? Ein ähnliches Dilemma entsteht bei öffentlich verfügbaren Chatbots, die nach der Identifikation einer Kundin auf individuelle Daten zugreifen und entsprechend personalisiert kommunizieren – also eher der Individualkommunikation zuzuordnen sind.

Plattformbetreiber verstärken diese Vermischung bewusst, indem sie auf Plattformen wie Instagram, Facebook, Snapchat und mittlerweile auch WhatsApp Individual- und Massenkommunikation kombinieren. Ziel ist es, massenkommunikativen Botschaften die Glaubwürdigkeit der Individualkommunikation zu verleihen. Diese und weitere Beispiele zeigen, dass die Grenzen zwischen Individual- und Massenkommunikation zunehmend verschwimmen. Daher wird diese Trennlinie in Darstellung 5 bewusst unscharf dargestellt.

1.3 Kommunikationsmodelle: Zweck und Einordnung (MORRIS)

Zentrale Erkenntnisse

- Zur Untersuchung von kommunikativen Realphänomenen werden aufeinander aufbauend Definitionen, Beschreibungs-, Erklärungs-, Prognose- und Gestaltungsmodelle formuliert. Nicht nur in der Wissenschaft, auch in der Praxis werden vielfältige Modelle genutzt, jedoch mit unterschiedlichen Schwerpunkten: Praktikerinnen geht es vornehmlich um Gestaltung (Ergebnisse erzielen), während Wissenschaftlerinnen vornehmlich Erklärungsziele (Phänomene verstehen) verfolgen. Beide Vorgehensweisen widersprechen sich nicht, sondern können sinnvoll miteinander kombiniert werden.
- Strenggenommen wird zwischen Theorien und Modellen unterschieden, auch wenn diese Begriffe häufig miteinander vermischt werden. Im Folgenden wird in diesem Buch – der Einfachheit halber – ausschließlich von Modellen gesprochen, die helfen sollen, spezifische Kommunikationsphänomene aus der Realität besser zu beschreiben, zu erklären, vorherzusagen und ggf. zu gestalten.
- In Anlehnung an MORRIS (1975) werden Kommunikationsmodelle in syntaktische (Wie sind Kommunikationsinhalte zusammengesetzt?), semantische (Wie übertragen Kommunikationsinhalte die Bedeutung?) und pragmatische Kategorien unterteilt (Welche Folgen haben Kommunikationsinhalte?). Die Kommunikationsmodelle in diesem Buch konzentrieren sich vor allem auf

> die praktische Anwendung und lassen sich klar der dritten Kategorie »Pragmatik« zuordnen.
> - Dieses Buch nutzt Kommunikationsmodelle aus verschiedenen Disziplinen, um ein übergreifendes Bild von Kommunikationsphänomenen zu vermitteln.

Vor diesem Hintergrund wollen wir noch einmal kurz die wesentlichen Etappen einer **Modellbildung** erläutern (nach GLÄSER 2021, S. 29). Um ein Realphänomen zu untersuchen, z. B. eine bestimmte Erkrankung, müssen zunächst die Basisbegriffe definiert werden. Im Krankheitsfall ist es entscheidend, die Symptome klar zu verstehen und eindeutig zu benennen (**Begriffsdefinition**), um darauf aufbauend das tatsächliche Krankheitsbild als Realphänomen präzise beschreiben zu können (**Beschreibung**). Ist ein Phänomen beschrieben, kann man im nächsten Schritt versuchen, Thesen für die Entwicklung von Realphänomenen oder Hypothesen zu Ursache-Wirkungsbeziehungen zu formulieren (**Erklärung**). In unserem Beispiel wäre dies der Schritt, bei dem die Ärztin aus den verfügbaren Symptomen eine Diagnose stellt. Der nächste Schritt wäre die Fortschreibung von Ursache-Wirkungszusammenhängen in die Zukunft (**Prognose**), z. B. was passiert bei Nichtbehandlung der Symptome? In einer weiterführenden Analyse gilt es, Gestaltungsvorschläge zu entwickeln, um gezielt Einfluss auf das Realphänomen zu nehmen (**Gestaltung**). Ein Beispiel dafür wäre der Einsatz von Medikamenten, um eine Heilung zu fördern, wenn abzusehen ist, dass die Symptome nicht von selbst abklingen.

Ist eine solche Vorgehensweise denn relevant für die Praxis und besteht nicht ein **Widerspruch zwischen Praxis und Wissenschaft** (▶ Dar. 6)? Zunächst wollen wir provokativ aus der Praxisperspektive die Frage aufwerfen, ob wissenschaftliche Modelle in der Praxis einen Mehrwert haben. Treffender sagt es Goethes Mephisto im Faust I: »Grau, teurer Freund, ist alle Theorie. Und grün des Lebens goldner Baum« (GOETHE 2003, Zeile 2038 f.). Doch ob bewusst oder unbewusst – auch Praktikerinnen arbeiten mit mehr oder minder explizit formulierten Modellen (Faustregeln, Heuristiken, Entscheidungsregeln etc.). Ein Beispiel hierfür ist die AIDA-Regel (Attention, Interest, Desire, Action), die bereits über 100 Jahre alt ist (STRONG 1925, S. 349) und dennoch von Vertriebsmitarbeiterinnen im Alltag weiterhin angewendet wird. Auch diese Faustregel ist ein Modell, das dazu dient, den Erfolg eines Vertriebsgesprächs einzuschätzen (In welcher Phase befinden sich die Käuferinnen?) und gezielt zu lenken (Welche Maßnahmen führen die Käuferinnen in die nächste Phase?).

Für **Praktikerinnen** müssen solche Modelle jedoch einen konkreten **Mehrwert** bieten. Sie sollten bei der Problemlösung sofort verfügbar sein (am besten vorgestern). Die Grundlage für solche Entscheidungsprinzipien sind meist eigene Erfahrungen aus der Berufspraxis, ergänzt durch Input aus aktuellen (Fach-)Medien, Tagungen oder Gesprächen mit Fachkolleginnen. Sobald solche hilfreichen Erkenntnisse gefunden sind, genügt es völlig, wenn sie für den aktuellen Moment und die jeweilige Situation funktionieren. Hat man solche Erkenntnisse in seinem

Dar. 6: Ein Vergleich von Wissenschaft und Praxis anhand verschiedener Kriterien

	Praxis	**Wissenschaft**
Modellbildung	konkret (Faustregeln, Entscheidungsregeln, Heuristiken)	abstrakt (Theorien)
Prozessgeschwindigkeit	schnell	langsam
Informationsquellen	Praxisgeschehen	Literatur, empirische Erhebung
Gültigkeit der Erkenntnisse	für den Moment	für die Ewigkeit
Eigentum der Erkenntnisse	Privateigentum	öffentlich verfügbar
Weite des Ansatzes	lösungsorientiert-pragmatisch	systematisch-ganzheitlich
Primäres Untersuchungsziel	Erklärung, Prognose, vor allem Gestaltung	vor allem Erklärung und Prognose, u. a. Gestaltung
Ressourcenumgang	Rationalprinzip	Maximalprinzip

Eigentum, ist es unlogisch, sie mit der Öffentlichkeit zu teilen (z. B. die Coca-Cola-Rezeptur). Im Gegensatz dazu versuchen Unternehmen die von ihnen entwickelten Technologien durch Patente zu schützen. Mit Sicherheit verfügen die großen Internetkonzerne OpenAI, Meta, Apple, Microsoft, Alphabet und Amazon über weiterführende Erkenntnisse zu menschlichen Kommunikationsmechanismen, die sie jedoch bewusst der Fachwelt vorenthalten.

Bei der Suche nach geeigneten Modellen gehen Praktikerinnen **pragmatisch und lösungsorientiert** vor – sie wollen ihr konkretes Problem lösen. Aus Gründen der Ressourcen- und Zeitknappheit wird vor allem eine Gestaltungsempfehlung angestrebt. Die Perspektive der Erklärung ist zweitrangig, wenn das wirtschaftliche Ergebnis stimmt. Darum behalten SR-Modelle im Marketing weiterhin ihre Aktualität (▶ Kap. 6.1). Dabei wird bei der Erkenntnissuche zwischen einzusetzenden Ressourcen (Input) und den zu erreichenden Ergebnissen (Output) abgewogen. Kostet die Grundlagenforschung zu einem neuen Problem enorme Ressourcen und erscheint die Lösung wenig erfolgsversprechend, wird stattdessen oft in die deutlich kostengünstigere Marktforschung zu einem bestehenden Produkt investiert, da sich damit die Verkäufe kurzfristig steigern lassen. Damit folgen die Unternehmen dem aus der VWL bekannten Rationalprinzip, welches uns als Preis-Leistungsverhältnis aus dem Alltag bekannt ist.

Die **Wissenschaftlerinnen** dagegen formulieren gerne Modelle und Theorien, die etwas abstrakter und allgemeingültiger sind, weil sie auf eine Vielzahl von Phänomenen anwendbar sein sollten. Häufig scheint der Umfang der Ausführungen ein Qualitätsmerkmal für die Güte einer Theorie zu sein. Diese Behauptung trifft vor allem im Bereich der Soziologie und Philosophie zu. Ein Grund für die

Komplexität und die langsame Prozessgeschwindigkeit ist der wissenschaftliche Anspruch für die Gültigkeit der Erkenntnisse – die Ewigkeit. Jede Autorin will als Meilenstein der eigenen Wissenschaft in die Geschichte eingehen.

Die öffentliche Anerkennung, als eine der beiden **Hauptantriebsfedern der Wissenschaft**, erklärt die Notwendigkeit, Forschungsergebnisse öffentlich zugänglich zu machen. Sie spiegelt gleichzeitig die oben genannten Eckpunkte wider, die aus der systematischen und ganzheitlichen Suche nach Erkenntnis in der Wissenschaft resultieren. Hierfür sollten möglichst alle relevanten Quellen zu einem Themengebiet verarbeitet werden, aber auch, wenn passend, empirische Ergebnisse erhoben werden. Die andere Hauptantriebsfeder der Wissenschaft ist die intrinsische Motivation, die Welt besser zu verstehen (Erklärung), die Folgen menschlichen Handelns abzuschätzen (Prognose) und ggf. Vorschläge zur Gestaltung zu entwickeln. Aus volkswirtschaftlicher Perspektive lässt sich hier das Maximalprinzip heranziehen: Es wird versucht, einen maximalen Output zu erzielen, ohne den Ressourceneinsatz zu begrenzen. Dieses Prinzip findet sich beispielsweise in der Herangehensweise an eine Doktorarbeit und prägt auch die Werke großer Denker.

Der Vergleich zwischen Wissenschaft und Praxis offenbart viele **Gemeinsamkeiten**, aber auch **Differenzen**:

- Beide Perspektiven arbeiten mit Modellen, jedoch unterschiedlichen Abstraktionsgrades,
- beide wollen die Realität erkunden, jedoch die Wissenschaft eher erklären und die Praxis die Realität in ihrem Sinne beeinflussen (gestalten),
- etwas stärker unterscheiden sich die Ansätze im Verständnis des Eigentums von Erkenntnissen, deren Gültigkeit sowie der Prozessgeschwindigkeit.

Doch auch die Praxis benötigt abstraktere Modelle, mit deren Hilfe man komplexe Situationen besser verstehen kann. Andererseits kann sich die Wissenschaft nicht ausschließlich einer traditionellen Forschungsagenda verschreiben und muss auch die für die Praxis relevanten Ansätze aufgreifen. Darin liegt die Chance, die Differenzen zu überbrücken und die jeweiligen Stärken beider Perspektiven sinnvoll miteinander zu verbinden. Der deutsch-amerikanische Psychologe Kurt Lewin plädierte schon früh für eine bessere Zusammenarbeit zwischen theoretischen und angewandten Forschungsrichtungen und zwar insbesondere in seiner Disziplin, der Psychologie. Davon würden beide Seiten profitieren: Die wissenschaftliche Psychologie würde sich den relevanten gesellschaftlichen Problemen öffnen, die praktische Psychologie würde einsehen, **dass es »nichts Praktischeres gebe als eine gute Theorie«** (LEWIN 1951, S. 169). Die Kommunikationswissenschaft ist besonders dafür prädestiniert, praktische sowie theoretische Aspekte miteinander zu verzahnen, da sie sich als empirische Disziplin präsentiert. Und so überrascht es nicht, dass fast alle in diesem Buch beschriebenen Modelle praktisch anwendbar sind, obgleich sie einer wissenschaftlichen Tradition entstammen. Daraus folgt: Zwischen Wissenschaft und Praxis in den Kommunikationsdisziplinen besteht kein grundsätzlicher Widerspruch!

In diesem Buch sprechen wir primär von **Kommunikationsmodellen und nicht von Kommunikationstheorien**. Dies hat mehrere Gründe. **Erstens** zeigt sich, dass der **allgemeine Sprachgebrauch** im deutschsprachigen Raum den Begriff »Kommunikationsmodelle« bevorzugt. Googelt man beispielsweise nach »Kommunikationsmodellen«, kommen deutlich mehr Treffer zurück als bei einer Suche nach »Kommunikationstheorien«. Das trifft auch auf Google-Suchanfragen im Allgemeinen zu; auch für die Singularformen der obigen Begriffe (▶ Dar. 7).

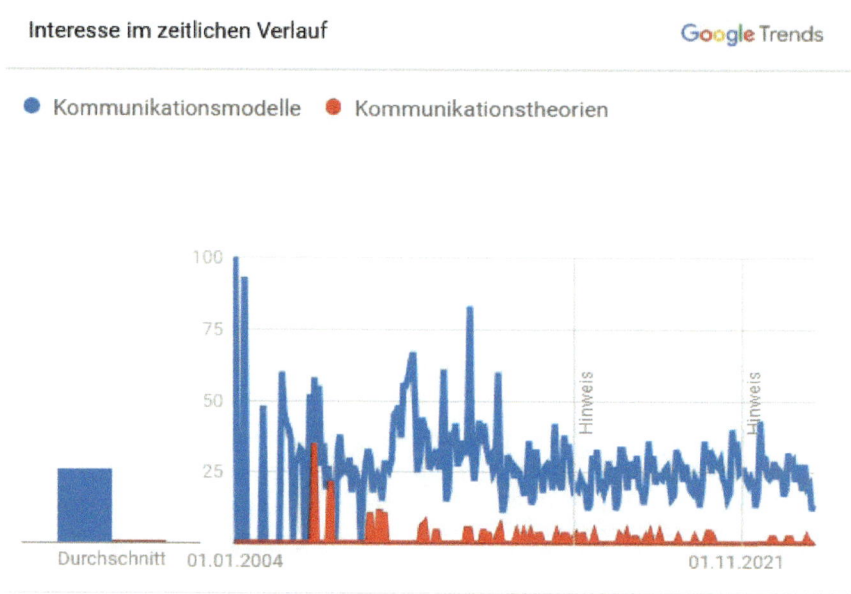

Dar. 7: Auswertung Google Trends für die Keywords »Kommunikationsmodelle« und »Kommunikationstheorien« (Quelle: GOOGLE 2024)

Zweitens ist der Zweck dieses Buches, das Verständnis und den praktischen **Umgang mit kommunikativen Realphänomenen** zu fördern. Dafür sind Kommunikationsmodelle besser geeignet als Kommunikationstheorien. Eine Theorie ist strenggenommen ein umfassendes System aus Axiomen (Grundannahmen), Definitionen und Aussagen (Hypothesen), die auf einen spezifischen Erkenntnisbereich abzielen (HELFRICH 2016, S. 49–65). Ein Kommunikationsmodell hingegen ist eine vereinfacht dargestellte, weniger formalisierte Abbildung eines Erkenntnisbereichs, häufig aus einer Theorie abgeleitet (ebenda, S. 68).

Und **drittens** werden Begriffe »Modelle« und »Theorien« häufig **als Synonyme** verwendet (KORNMEIER 2007, S. 84, RÖHNER/SCHÜTZ 2012, S. 15 ff.). Ein interessantes Beispiel für die oft uneinheitliche Verwendung der Begriffe »Theorie« und »Modell« ist SHANNON/WEAVER (1949), das als »mathematische Theorie der

Kommunikation« bezeichnet wird (▶ Kap. 3.1). In der Literatur wird es jedoch häufig als Kommunikationsmodell dargestellt, selbst in Quellen, die ausdrücklich eine klare Trennung zwischen Theorie und Modell vornehmen möchten (wie etwa SCHÜTZEICHEL 2015, S. 19–29). Ähnliche Widersprüche lassen sich in der »Encyclopedia of Communication Theory« (LITTLEJOHN/FOSS 2009) finden. Dort wird zwar der Oberbegriff »Kommunikationstheorien« verwendet, doch in einzelnen Beiträgen, wie etwa »Constitutive View of Communication« (NICOTERA 2009) oder »Mathematical Theory of Communication« (KRIPPENDORF 2009), bleibt die Abgrenzung zwischen Theorie und Modell ebenfalls unscharf.

Aufgrund der vorherrschenden allgemeinsprachlichen Nutzung des Begriffs Kommunikationsmodelle im deutschsprachigen Raum, seiner häufig synonymischen und unscharfen Verwendung im Vergleich zu Kommunikationstheorien (Ist ein Bezugsrahmen oder eine einzelne Hypothese bereits eine Theorie?) sowie der Tatsache, dass Kommunikationsphänomene meist greifbarer an konkreten Beispielen als in formalisierten Theorien beschrieben werden können, verwenden wir in diesem Buch ausschließlich den Begriff **Kommunikationsmodelle**. Diese sollen uns dabei helfen, konkrete **Realphänomene der Kommunikation besser zu beschreiben, zu erklären, vorherzusagen und zu gestalten.**

Kommunikation wird oft im Kontext Semiotik betrachtet (MORRIS 1975), der Lehre von Zeichen und Sprachen. WATZLAWICK et al. (2011, S. 24–26) greifen die Unterteilung der Semiotik in Syntaktik, Semantik und Pragmatik auf und übertragen sie auf Kommunikationsmodelle (▶ Dar. 8). Dabei zeigt sich jedoch, dass eine eindeutige Abgrenzung der Bereiche in der Praxis nicht möglich ist. Die **Syntaktik** untersucht dabei Zeichen und nach syntaktischen Regeln zusammengesetzten Zeichenkombinationen (MORRIS 1975, S. 13). Bei **Semantik** geht es um die Übertragung von Bedeutung (S. 21). Die **Pragmatik** behandelt die Beziehung der

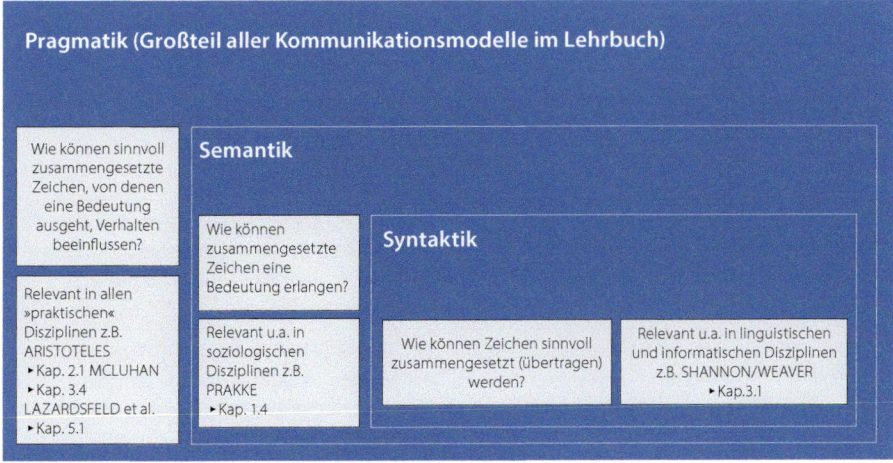

Dar. 8: Einteilung von Kommunikationsmodellen im Kontext der Semiotik nach MORRIS (Quelle: Eigene Darstellung in Anlehnung an WATZLAWICK et al. 2011, S. 24–26)

Zeichen zu ihren Interpreten, d. h. es geht hier um Folgen von Zeichen (S. 29 f.). Kommunikationsmodelle in diesem Lehrbuch befassen sich meist mit pragmatischen Aspekten der Kommunikation, also mit den Folgen der Kommunikation. Syntaktische und semantische Kommunikationsmodelle sind eher für linguistische und soziologische Disziplinen interessant, aber weniger für die Erforschung von realen Phänomenen. Aus diesem Grund werden sie in diesem Buch nur vereinzelt behandelt, beispielsweise dann, wenn sie auch eine pragmatische Relevanz aufweisen (SHANNON/WEAVER, syntaktisches Modell, ▶ Kap. 3.1) oder Demonstrationszwecken dienen (PRAKKE, semantisches Modell, ▶ Kap. 1.4).

Kommunikationsphänomene sind in vielen Wissenschaftsdisziplinen von Bedeutung. Jede Disziplin verfolgt jedoch ihre eigene Agenda und konzentriert sich auf spezifische Fragestellungen, die lediglich einen begrenzten Ausschnitt der Realität abdecken. Dabei werden andere Perspektiven oft vernachlässigt, obwohl sie wertvolle Impulse für die eigene Disziplin liefern könnten. Hier setzt die **interdisziplinäre Betrachtung der Kommunikation** an, der auch dieses Buch verpflichtet ist (siehe Beispiele in ▶ Dar. 9). Das Ziel ist es einerseits, die Scheuklappen der Disziplinen abzulegen, und andererseits, ein umfassenderes Verständnis von Kommunikationsphänomenen zu entwickeln, das sowohl im Studium als auch in der Praxis von Bedeutung ist.

Dar. 9: Auswahl von Fachdisziplinen mit Interesse am Phänomen »Kommunikation« (Quelle: Disziplindefinitionen nach www.duden.de)

Disziplin	Beispiele für Kommunikationsmodelle
Soziologie: »Lehre vom Zusammenleben der Menschen in einer Gemeinschaft oder Gesellschaft, von den Erscheinungsformen, Entwicklungen und Gesetzmäßigkeiten gesellschaftlichen Lebens«	KATZ et al., Uses-Gratifications-Approach (▶ Kap. 4.2): z. B. unter welchen sozialen Bedingungen fragen Rezipienten bestimmte Medieninhalte stärker nach?
Informatik: »Wissenschaft von den elektronischen Datenverarbeitungsanlagen und den Grundlagen ihrer Anwendung«	SHANNON/WEAVER, mathematische Theorie der Information (▶ Kap. 3.1): Konstruktion von störungsfreien effizienten technischen Kommunikationssystemen
Wirtschaftsinformatik: »interdisziplinäre Wissenschaft, die sich mit der Entwicklung, Einführung, Wartung und Nutzung betrieblicher Informationssysteme befasst«	DAVIS et al., Technology Acceptance Model (▶ Kap. 4.3): Unter welchen Bedingungen kann der Einsatz einer neuen Software akzeptiert werden?
Politikwissenschaften: »Wissenschaft, die u. a. die politische Theorie und Ideengeschichte sowie die Lehre vom politischen System erforscht«	MCCOMBS/SHAW, Agenda Setting-Funktion der Medien (▶ Kap. 5.2): Spiegeln die Themenpräferenzen von Wählern die Berichterstattung über einen Wahlkampf wider?
Psychologie: »Wissenschaft von den bewussten und unbewussten psychischen Vorgän-	SCHULZ VON THUN, Kommunikationsquadrat (▶ Kap. 2.4): Wie entstehen Störungen in der

Dar. 9: Auswahl von Fachdisziplinen mit Interesse am Phänomen »Kommunikation« (Quelle: Disziplindefinitionen nach www.duden.de) – Fortsetzung

Disziplin	Beispiele für Kommunikationsmodelle
gen, vom Erleben und Verhalten des Menschen«	interpersonalen Kommunikation und wie können diese behoben werden?
Pädagogik: »Wissenschaft von der Erziehung und Bildung«	DAFT/LENGEL, Media-Richness-Modell (▶ Kap. 3.2): Welche Medien sind in einem Aufgabenlösungsprozess einzusetzen, z. B. bei der Vermittlung von Leadership-Konzepten?
BWL: »Disziplin der Wirtschaftswissenschaften, die sich mit dem Aufbau, der Organisation und der Führung von Betrieben befasst«	RAY et al., Stimulus-Organismus-Response-Modells (▶ Kap. 6.1): Welche psychologischen Größen liefern Anhaltpunkte für das beabsichtigtes Kaufverhalten von potenziellen Kundinnen?
VWL: Lehre von der »Gesamtwirtschaft innerhalb eines Volkes«	FRITSCH, asymmetrische Informationsverteilung (▶ Kap. 6.2): Markeninvestitionen als Signaling-Instrument zur Überbrückung der asymmetrischen Informationsverteilung zwischen Marktparteien

1.4 Auswahl von Kommunikationsmodellen (PRAKKE)

Zentrale Erkenntnisse

- Die Auswahl der Kommunikationsmodelle in diesem Buch folgt insbesondere pragmatischen Bedürfnissen aus der betriebswirtschaftlichen Praxis und ist angelehnt an die Abgrenzung von Individual- und Massenkommunikation in Darstellung 5 (▶ Kap. 1.2). Es werden insbesondere Modelle der persönlichen direkten und medienvermittelten (Individual-)**Kommunikation** behandelt (▶ Kap. 2 und 3), der Mensch-Computer-Kommunikation/Mediennutzung (▶ Kap. 4), der gesellschaftlich-politischen Kommunikation (▶ Kap. 5) und der Unternehmenskommunikation (▶ Kap. 6).
- Eine eigenständige Auseinandersetzung mit den jeweiligen Kommunikationsmodellen wird unterstützt: durch Zusammenfassungen (»zentrale Erkenntnisse«) sowie Angabe von Primär- und weiterführenden Quellen. Darüber hinaus können Lehrende im Unterricht Kommunikationsmodelle auf unterschiedliche Art vertiefen.
- Eine mögliche Vertiefungsrichtung kann die Weiterentwicklung von Kommunikationsmodellen sein (hier dargestellt am Beispiel von PRAKKE 1968), die entscheidend ist, um neue technische und gesellschaftliche Veränderungen besser zu verstehen und zu gestalten. Gleichzeitig verlieren die bewährten Modelle in diesem Buch nicht ihre Gültigkeit.

1 Grundlagen der Kommunikation

Im Folgenden wird die Auswahl und die **Systematisierung der in diesem Buch behandelten Kommunikationsmodellen** erläutert. In anderen Disziplinen herrschen abweichende Gliederungsregeln, beispielsweise in den Kommunikationswissenschaften. Die Systematik erhebt keinen Anspruch auf universelle Richtigkeit. Sie folgt insbesondere pragmatischen Bedürfnissen aus der betriebswirtschaftlichen Praxis und ist angelehnt an die Abgrenzung von Individual- und Massenkommunikation in Kapitel 1.2.

- **Modelle der persönlichen (interpersonalen) (Individual-)Kommunikation** untersuchen solche Phänomene wie pragmatische Fähigkeiten der Sprache (▶ Kap. 2.1, 2.5), die nonverbale Kommunikation (▶ Kap. 2.2), Kommunikationsstörungen und -lösungen (▶ Kap. 2.3 bis 2.4, 2.6 bis 2.7), Analyse der Kommunikation im agilen Framework Scrum (▶ Kap. 2.8) und in Leadership-Konzepten (▶ Kap. 2.9). Diese Kommunikationsmodelle nehmen vornehmlich eine psychologische Sichtweise ein.
- **Modelle der persönlichen (interpersonalen) medienvermittelten (Individual-)Kommunikation** erforschen, wie sich die interpersonale Individualkommunikation verändert, wenn ein technischer Kommunikationskanal involviert ist: Wahl eines geeigneten Kommunikationskanals in Organisationen und Gruppen (▶ Kap. 3.1 bis 3.3), allgemeine Veränderung von Kommunikationskanälen und ihre Wirkung auf die Kanalnutzerinnen (▶ Kap. 3.4) sowie Implikationen aus der Nutzung von digitalen Kommunikationskanälen einschließlich Remote Leadership (▶ Kap. 3.5 bis 3.9). Dabei werden insbesondere Modelle aus der Wirtschafts- und Medieninformatik (Computer-Mediated Communication) sowie Leadership-Ansätze herangezogen, die ebenfalls medienvermittelte Kommunikation und ihre Dynamiken untersuchen.
- **Modelle der Massenmediennutzung und der Interaktion mit KI** ragen schon in den Bereich der Massenkommunikation hinein und lassen sich in der Mensch-Computer-Kommunikation verorten. Die verschwommene Grenze zur Individualkommunikation (▶ Kap. 1.2) lässt sich besonders eindrucksvoll am Einstiegsmodell der parasozialen Interaktion beobachten (▶ Kap. 4.1): Es verbildlicht, wie bekannte Medienpersönlichkeiten als Partnerinnen einer interpersonalen Individualkommunikation wahrgenommen werden – trotz eines fehlenden Rückkanals. Weitere Modelle behandeln vielfältige Nutzungsmotive, Verhaltensweisen und -muster (▶ Kap. 4.2 bis 4.8). Das letzte Modell im Kapitel 4 (Computer Are Social Actors, ▶ Kap. 4.9) ist eine Art Rückbezug auf das erste (parasoziale Interaktion, ▶ Kap. 4.1), jedoch im Kontext von Computern. Diese Modelle stammen aus soziologischen, wirtschafts- und medieninformatischen (Human-Computer Interaction), volkswirtschaftlichen und kommunikationswissenschaftlichen Disziplinen.
- **Modelle der gesellschaftlich-politischen Kommunikation** behandeln gesellschaftlich relevante Aspekte der öffentlichen Kommunikation, die sich genauso leicht in der kommunikationswissenschaftlichen Wirkungsforschung verorten

lassen. Einige von ihnen werden in der Soziologie und Kommunikationswissenschaften als Theorien mittlerer Reichweite betrachtet (siehe beispielsweise Auswahl von RÖSSLER und BROSIUS o.J.). **Theorien mittlerer Reichweite** sind nach MERTON (1968, S. 73) mehr als eine Arbeitshypothese (wie das LASSWELL-Modell, ▶ Kap. 1.1), aber weniger als eine Theorie mit einem allgemeinen Erklärungsanspruch (wie die Systemtheorie von LUHMANN, ▶ Kap. 5.9). Hier werden verschiedene Phänomene des massenmedialen Einflusses auf Rezipienten offenbart (▶ Kap. 5.1 bis 5.5, 5.7 bis 5.8). Als ein Modell aus dem digitalen Zeitalter ist jenes, das die beiden zusammenhängenden Phänomene der Filterblasen und Echokammern behandelt (▶ Kap. 5.6). Gesondert betrachtet muss auch die Systemtheorie nach LUHMANN (▶ Kap. 5.9), die sich als universelle Theorie der sozialen Systeme positioniert. Die Kommunikationsmodelle im Kapitel 5 nehmen vornehmlich soziologische, journalistische, politik- und kommunikationswissenschaftliche Perspektiven ein.

- **Modelle des Marketings und der Unternehmenskommunikation** blicken in erster Linie aus einer psychologisch begründeten Marketingperspektive, die aus reinen Gestaltungsinteressen typische Zwischenreaktionen von Rezipienten auf Marketingmaßnahmen aufzeigen: von klassischer Werbewirkungsforschung (▶ Kap. 6.1) über heuristische Marketingmodelle (▶ Kap. 6.3 und 6.4) sowie ihre Verbindung im Rahmen des Elaboration-Likelihood-Models (▶ Kap. 6.5). bis hin zu einem Entscheidungsmodell für den Einsatz von Werbemaßnahmen (▶ Kap. 6.6), einem Modell der Krisenkommunikation (▶ Kap. 6.7), interkultureller Kommunikation in einer Organisation (▶ Kap. 6.8) und Change-Kommunikation (▶ Kap. 6.9). Einen Sonderfall nimmt hier das eher exotische Modell der asymmetrischen Information ein (▶ Kap. 6.2), welches die volkswirtschaftliche Denkweise auf die Kommunikation verdeutlicht.

> Wie sollte man sich **mit Kommunikationsmodellen in diesem Buch auseinandersetzen**? Lesen Sie interessensgleitet! Zu jedem Kommunikationsmodell gibt es eine kurze Zusammenfassung, die ihr Interesse wecken soll. Die Auseinandersetzung mit dem jeweiligen Kommunikationsmodell basiert stets auf meist englischsprachigen Primärquellen. Sollte man Primärquellen lesen? Primärquellen sind wie O-Töne – eine einzigartige Gelegenheit, die Gedankenwelt von herausragenden Persönlichkeiten unmittelbar zu berühren. Es ist aber keineswegs ein Muss, dafür haben wir die Primärquellen für Sie gelesen und in diesem Buch verarbeitet. Zu fast jedem Modell in den Kapitel 2 bis 6 finden Sie vorangestellt treffende Originalzitate. Darüber hinaus sind weiterführende Quellen angeführt, die wir für besonders lesenswert halten.

Zur eigenen und/ oder angeleiteten Vertiefung (im Unterricht) sind folgende Optionen denkbar:

- Um den Kontext von Kommunikationsmodellen besser zu erfahren, recherchieren Sie die Lebensumstände der einzelnen Autorinnen.
- Diskustieren Sie Kommunikationsmodelle anhand ihrer Leistungsfähigkeit und Grenzen.
- Vor allem für Modelle aus Kapiteln 3 bis 6 lassen sich gut weiterführende Studien recherchieren.
- Ähnliche Kommunikationsmodelle (z. B. solche aus dem gleichen Kapitel) lassen sich anhand selbst formulierter Kriterien vergleichen.
- Jedes Kommunikationsmodell definiert – meistens jedoch implizit – das Phänomen »Kommunikation«. Man könnte versuchen, eine explizite Definition zu formulieren.
- Im Unterricht könnten Studierende Kommunikationsmodelle durch eigene Powerpoints (ggf. auf der Basis eigener weiterführender Recherche) präsentieren und eine Ergänzung durch die Dozentin erfahren.
- Auch könnten Studierende Plakate anfertigen, die die wesentlichen Elemente von Modellen zusammenfassen.
- Darauf aufbauend könnte man ein Battle of the Theories veranstalten, bei denen Kommilitoninnen die ihnen anvertrauten Modelle gegeneinander verteidigen.

Eine weitere Vertiefungsmöglichkeit – auch im Hinblick auf die spätere Anwendung – kann die **Weiterentwicklung eines Kommunikationsmodells** sein. Erinnern Sie sich noch an das Container-Modell (▶ Dar. 2)? Kann dieses Modell helfen, um Kommunikationsphänomene in Seminaren und Vorlesungen zu erklären? Es kann die einfachste Wissensvermittlung erklären, jedoch beispielsweise nicht, warum Wissensvermittlung in einem kleinen Seminar intensiver verläuft als in einer Massenveranstaltung. Welche ergänzungswürdigen Faktoren wären hierfür nötig? Hier könnte man beispielsweise die Störquelle vermerken – je mehr Menschen sich in einem Raum befinden, desto stärker stören sie sich gegenseitig. Außerdem kann man davon ausgehen, dass die Wissensübermittlung umso besser funktioniert, je stärker man zweiseitig kommuniziert. Hier könnte man die Kommunikation in beide Richtungen verlaufen lassen. Außerdem könnte man den gemeinsamen Wissens- und Kulturstand annehmen. Je mehr Studierende sich mit dem Thema der Veranstaltung vorher befasst haben, desto besser funktioniert die Wissensvermittlung. Je besser die Dozentin den Ist-Wissensstand der Studierenden kennt, z. B. durch Vorabfragen und Diskussionen, desto besser kann sie sich auf die Studierenden einstellen. Auch das funktioniert in kleineren Gruppen besser als in einer Massenveranstaltung. Sicherlich würden den Leserinnen noch weitere Ergänzungsaspekte einfallen, die man entsprechend besser visualisieren könnte (▶ Dar. 10).

1.4 Auswahl von Kommunikationsmodellen (PRAKKE)

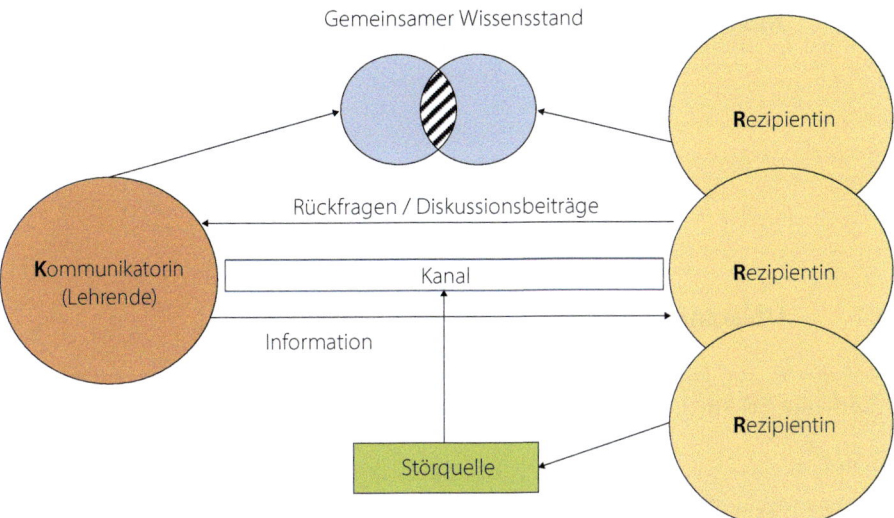

Dar. 10: Erweitertes Container-Model zur Erklärung der Wissensvermittlung im Präsenzunterricht (Quelle: Eigene Darstellung in Anlehnung an PRAKKE 1968, S. 99 ff., 105; basierend auf MERTEN 1999, S. 55–57)

Die inhaltliche Weiterentwicklung von Kommunikationsmodellen ist ein zentraler Bestandteil des wissenschaftlichen Erkenntnisprozesses. Wissenschaftliche Modelle, die öffentlich verfügbar sind, dienen dazu, alte und neue Kommunikationsphänomene besser zu beschreiben, zu erklären, zu prognostizieren und zu gestalten. Kommunikation ist durch eine hohe Heterogenität flüchtiger Phänomene gekennzeichnet und verändert sich ständig durch Technisierung und Wandel von Rezipientenbedürfnissen. Dennoch ersetzen neue und weiterentwickelte Modelle oft nicht die bewährten Modelle, sondern bauen auf ihnen auf. Mit Sicherheit sind die 49 im Buch vorgestellten Kommunikationsmodelle wieder nur eine begrenzte Auswahl, die es weiterhin zu vervollständigen gilt. **Halten Sie Ihre Sinneskanäle offen und tragen durch eigenes Nachdenken dazu bei!**

2 Modelle der persönlichen Kommunikation

2.1 Überzeugende Rhetorik (ARISTOTELES)

> **Zentrale Erkenntnisse**
>
> - Die Rhetorik von ARISTOTELES ist eines der frühesten und einflussreichsten Werke zur Redekunst in der Menschheitsgeschichte. Das Buch ist eine erstaunlich zeitgemäße praktische Abhandlung über die drei Faktoren einer überzeugenden Rede: den Charakter einer Rednerin, das Wecken von Emotionen beim Publikum und die Rede selbst (als Abfolge von sachlich-logischen Argumenten etc.).
> - Beindruckend ist, wie aktuell ARISTOTELES die unterschiedlichen Affekte sowie die psychologischen Profile von Alterskohorten beschreibt: Die Jungen hätten noch keine Not erfahren, würden ihren leiblichen Begierden nachgehen, seien gutwillig, aber auch impulsiv; die Älteren dagegen seien schon oft enttäuscht worden und würden deshalb eher gegensätzliche Charakterzüge aufweisen. Stark in den Vordergrund rücken die Emotionen des Publikums, die eine Rede auslöst. Eine ethisch handelnde Rednerin darf diese Effekte jedoch nicht dazu nutzen, das Publikum zu täuschen.
> - »Aber da die gesamte Beschäftigung mit der Rhetorik auf den Schein hinausläuft, so haben wir uns eben damit zu befassen, nicht weil es richtig, sondern weil es notwendig ist, da die Gerechtigkeit nicht mehr von einer Rede verlangt, als dass sie weder kränken noch allzu erfreuen soll. Gerechtigkeit ist ja ein Kampf mit bloßen Fakten, so dass alles, was über Beweise hinausgeht, überflüssig ist. Dennoch ist sie (»die rhetorische Theorie«, Anm. d. Verf.), wie bereits gesagt, wegen der Schlechtigkeit der Zuhörer von großer Bedeutung.« (ARISOTELES 1999, Buch III, Kapitel 1, Abschnitt 5, Sätze 3-5)
> - Rhetorik ist eine Grundkompetenz des täglichen Lebens, nicht nur für Politikerinnen und alle in der Öffentlichkeit stehenden Menschen. Bereits seit der Antike hatte Rhetorik als eine der sieben freien Künste einen hohen Stellenwert in der Bildung. Leider wird an die Errungenschaften im heutigen Bildungswesen wenig angeknüpft. Stattdessen lernen Schülerinnen von heute, rhetorische Stilmittel und Reden zu analysieren sowie Powerpoint-Präsentationen ansprechend zu gestalten. Erst im Studium – viel zu spät – findet eine ernsthafte praktische Befassung mit Rhetorik statt. Gleichzeitig existiert

2.1 Überzeugende Rhetorik (ARISTOTELES)

> auf dem Buch- und Workshopmarkt ein großes Spektrum an einschlägigen Angeboten. Die Rhetorik von ARISTOTELES bestätigt eindrücklich, dass angeblich neue Erkenntnisse eigentlich nur solche sind, die in Vergessenheit geraten sind.
> - Modellgebiete: Philosophie, Sozialpsychologie, Rhetorik

»Von der Kunst, durch logische Schlüsse ethisch zu überzeugen« – so in etwa könnte man die Intention des im 4. Jahrhundert vor Christus erschienenen Werkes des griechischen Philosophen Aristoteles sinngemäß in die heutige Sprache übersetzen. Es ist an dieser Stelle nicht erforderlich, die Bedeutung des Gesamtwerkes von Aristoteles und seiner Rhetorik zu betonen, die auf viele Generationen von Staatsmännern und Rhetorikschulen, u. a. auch Cicero, nachgewirkt haben.

Natürlich kann man die Aristotelische Rhetorik ohne die Einbeziehung seiner Abhandlungen zu benachbarten Disziplinen wie etwa zur Dialektik (Lehre von deduktiv-logischen Schlussfolgerungen) nur unvollständig würdigen. Ferner besteht keine Sicherheit, wann und ob das als Vorlesungsskript erstellte Werk wirklich komplett Aristoteles zuzuschreiben ist (KRAPINGER 1999, S. 248). In der Antike war es wohl üblich, dass Schülerinnen zu den Werken ihrer Lehrer geistig und ohne gesonderte Autorenkennung beigetragen haben. An dieser Stelle gilt es aufzuzeigen, welche originellen, bis heute gültigen Erkenntnisse zur Kommunikation bereits in der Antike vorlagen.

Dar. 11: Elemente einer überzeugenden Rede nach ARISTOTELES

Aristoteles betont, dass **Rhetorik** keine Lehre von der Überredung, sondern als Fähigkeit definiert ist, »**das Überzeugende, das jeder Sache innewohnt, zu erkennen.**« (ARISTOTELES 1999, Buch I, Kapitel 2, Abschnitt 1, Sätze 1 und 3). Damit grenzt er sich von Sophisten ab, die als reisende Rhetoriklehrer und Wahrheitsverdreher in Verruf geraten sind. »Eine Rede besteht nämlich aus dreierlei: einem Redner, einem Gegenstand, worüber er spricht, und einem Publikum; und der

Zweck, der ist nur auf ihn, den Zuhörer, ausgerichtet«. (Buch I, Kapitel 3, Abschnitt 1, Sätze 1 und 2). Es werden drei Arten von Redegattungen unterschieden (Beratungs-, Gerichts- und Festrede), bei denen Zuhörerinnen mitdenken oder urteilen sollen (Buch I, Kapitel 3–15). Ein zentrales Zitat bezieht sich hierbei auf die **drei wesentlichen Faktoren**, welche die Zuhörerinnen überzeugen sollen: »Sie sind zum einen im Charakter des Redners angelegt, zum anderen in der Absicht, den Zuhörer in eine bestimmte Gefühlslage zu versetzen, zuletzt in der Rede selbst, indem man etwas nachweist oder zumindest den Anschein erweckt, etwas nachzuweisen.« (Buch I, Kapitel 2, Abschnitt 3, Satz 1).

Der **Charakter der Rednerin** ist eine erste wichtige Stellschraube (▶ Dar. 11). »Durch den Charakter geschieht dies, wenn die Rede so dargeboten wird, dass sie den Redner glaubwürdig erscheinen lässt. Den Anständigen glauben wir nämlich eher und schneller, grundsätzlich in allem, ganz besonders aber, wo es eine Gewissheit nicht gibt, sondern Zweifel bestehen bleiben.« (Buch I, Kapitel 2, Abschnitt 4, Sätze 1 und 2). Diese Glaubwürdigkeit wird durch Einsicht, Tugend und Wohlwollen beeinflusst (Buch II, Kapitel 1, Abschnitt 5, Satz 1). »Teile der Tugend aber sind: Gerechtigkeit, Tapferkeit, Massigkeit, Edelmut, innere Größe, Freigiebigkeit, Sanftmut, Einsicht und Weisheit. Die größten Tugenden müssen die sein, die für die Mitmenschen am nützlichsten sind, wenn die Tugend wirklich die Fähigkeit ist, Gutes zu vollbringen.« (Buch I, Kapitel 9, Abschnitte 4 und 5). Auch beschreibt ARISTOTELES (1999, Buch II, Kapitel 15, Abschnitt 1, Satz 1) »die dem Glück entspringenden Güter [...], durch welche den Menschen bestimmte Charaktereigentümlichkeiten erwachsen«, nämlich Abstammung, Reichtum und Macht (Buch II, Kapitel 15–17).

Im zweiten Schritt widmet er sich den **Überzeugungsmitteln** durch Wecken von Emotionen bei den Zuhörerinnen. Dieser Satz könnte aus jedem modernen Rhetoriklehrbuch stammen: »Mittels der Zuhörer überzeugt man, wenn sie durch die Rede zu Emotionen verlockt werden. Denn ganz unterschiedlich treffen wir Entscheidungen, je nachdem, ob wir traurig oder fröhlich sind, ob wir lieben oder hassen.« (Buch I, Kapitel 2, Abschnitt 5, Sätze 1 und 2). Er diskutiert sehr ausführlich und mit vielen Beispielen die einzelnen Affekte wie Zorn, Sanftmütigkeit, Liebe und Hass, Scham, Wohlwollen, Mitleid, Entrüstung, Neid und Eifersucht (Buch II, Kapitel 2–11). Für jeden dieser »Affekte« wird untersucht (Buch II, Kapitel 1, Abschnitt 9, Satz 1): Wann sich die Zuhörerin unter dem Einfluss eines bestimmten Affekts befindet, wem gegenüber dieser Affekt auftritt und wie dieser Affekt ausgelöst werden kann.

Nicht weniger treffend und ausführlich werden hier **psychologische Profile verschiedener Alterskohorten** formuliert. »Die Jungen nun sind von ihrem Charakter her von Begierden bestimmt und geneigt, das zu tun, was sie gerade begehren. Und unter den leiblichen Begierden gehen sie vorzugsweise dem Liebesgenuss nach und sind dabei unbeherrscht.« (Buch II, Kapitel 12, Abschnitt 3, Sätze 1 und 2) »Ferner sind sie impulsiv, jähzornig und geneigt, ihrem Zorn nachzugeben.« (Buch II, Kapitel 12, Abschnitt 5, Satz 1). »Geldgierig sind sie in keiner Weise, weil sie noch keine Not erfahren haben [...].« (Buch II, Kapitel 12, Abschnitt 6, Satz 3).

»Ferner sind sie nicht bösartig, sondern gutwillig, weil sie nicht viel an Schlechtigkeiten gesehen haben. Sodann sind sie gutgläubig, weil sie noch nicht oft getäuscht worden sind.« (Buch II, Kapitel 12, Abschnitt 7, Sätze 1 und 2.) »Die Älteren, die die Blüte ihres Lebens mehr oder weniger schon hinter sich haben, weisen Charakterzüge auf, die vielfach den genannten entgegengesetzt sind. Weil sie nämlich schon viele Jahre gelebt haben, öfter enttäuscht worden sind, öfter Fehltritte begangen haben und die Mehrzahl der menschlichen Unternehmungen schlecht ausgeht, legen sie sich auf nichts endgültig fest, sondern sind in allem weniger vehement, als es geboten wäre.« (Buch II, Kapitel 13, Abschnitt 1, Sätze 1 und 2). Charakterzüge von Personen mittleren Alters sind zwischen den beiden extremen Ausprägungen angesiedelt.

Die dritte Kategorie von Überzeugungsmitteln stellt eine **sachlich-logische und paraverbal spannend vorgetragene Rede** dar. »Durch die Rede endlich überzeugt man, wenn man Wahres oder Wahrscheinliches aus jeweils glaubwürdigen Argumenten darstellt.« (Buch I, Kapitel 2, Abschnitt 6, Satz 1) Dabei wird über die Interpretationsmöglichkeiten von Sachverhalten (Buch II, Kapitel 18 und 19) sowie über die eigentlichen sachlich-logischen Mittel der Beweisführung, einem der Hauptanliegen der rhetorischen Ausführungen diskutiert (Buch I, Kapitel 2, Buch II, Kapitel 20–24). Auch zahlreiche Aspekte des Aufbaus einer Rede werden thematisiert (Buch III, Kapitel 13–19).

Doch damit die sachlich-logischen und in einer strukturierten Reihenfolge vorgebrachten Argumente überhaupt zur Geltung kommen, müssen der **Ausdruck und die Vortragsweise stimmen** (Buch III, Kapitel 1, Abschnitt 2, Satz 1). Dies sei erforderlich, weil das Publikum sich sehr leicht emotional beeinflusst lässt. D. h. ein ethisches Verhalten einer Rednerin verlangt, dass sie die sachlichen Argumente wahrheitsgemäß präsentiert, und diese zielgruppenadäquat vorträgt.

Es werden **paraverbale Fähigkeiten** der Rednerin (ihre Stimme) betont, um bestimmte Affekte bei den Zuhörerinnen auszulösen: »Denn drei Dinge gilt es dabei zu beachten: Lautstärke, Tonfall und Rhythmus.« (Buch III, Kapitel 1, Abschnitt 4, Satz 2). Es werden ferner Feinheiten der Rede diskutiert, u. a. die Metaphern, der bildliche Einsatz von Ausdrücken, die grammatikalische Korrektheit des Ausdrucks, die generelle Ausdrucksfähigkeit, der Rhythmus, witzige Formulierungen etc. (Buch III, Kapitel 1–11).

Darüber hinaus wird auf die **Unterschiede zwischen mündlicher und schriftlicher Sprache** eingegangen. »Der schriftliche Stil ist der präziseste, der Stil der Streitrede entspricht am ehesten der Kunst des Schauspielers.« (Buch III, Kapitel 12, Abschnitt 2, Satz 1). »Bei einem Vergleich erscheinen die schriftlichen Reden in öffentlichen Redewettbewerben dürftig, die Reden der Rhetoren dilettantisch, wenn man sie (zum Lesen) in Händen hält.« (Buch III, Kapitel 12, Abschnitt 2, Satz 5).

Insgesamt ist das Werk als eine **ganzheitliche Handlungsanleitung für Vortragende** zu sehen mit nicht nur philosophisch-logischen Ansätzen, sondern auch vielen vorweggenommenen psychologischen Überlegungen zur digitalen und analogen Kommunikation, Sach- und Beziehungsebene (▶ Kap. 2.3), zur Meinungsführerforschung (▶ Kap. 5.1), zu affektiven Faktoren als Grundlage von Kaufentscheidungen (▶ Kap. 6.1). Es ist im (übersetzten) Original nur sehr schwer zu lesen, zumal für Aristoteles am Ende doch die sachlogischen Beweisführungsmethoden im Vordergrund stehen. Und aus philosophischer Perspektive ist Rhetorik nur als ein Puzzle-Stück im Gesamtwerk des großen Meisters zu werten. Abschließend lässt sich festhalten, dass über eine gute Rede sich viel sagen lässt und es ausgezeichnete aktuelle Werke hierzu gibt. Wer aber wirklich an den eigenen Redekünsten arbeiten möchte, sollte das Reden bei allen möglichen Anlässen praktizieren.

Lesehinweise

- Aristoteles: Rhetorik, Stuttgart 1999. [Primärquelle]
- Kraft, H.: Rhetorik und Gesprächsführung, Stuttgart 2016. [Lesetipp]
- Gerstenberg, R.: Rhetorik von Politikern – Worthülsen und Sprechblasen, 19.06.2017, https://www.deutschlandfunkkultur.de/rhetorik-von-politikern-worthuelsen-und-sprechblasen-100.html, letzter Zugriff: 26.07.2024. [Rhetorik in der Politik]

2.2 Nonverbale Kommunikation (ARGYLE)

Zentrale Erkenntnisse

- Nonverbale Kommunikation umfasst ein breites Spektrum an Signalen – wie Mimik, Körperhaltung, Raumverhalten, Kleidung u. v. m. – die zur Beeinflussung anderer Menschen genutzt werden. Dabei wird der Zustand des Kommunikators (z. B. Emotionen) in ein nonverbales Signal encodiert und anschließend vom Empfänger decodiert. Das Senden nonverbaler Signale kann sowohl absichtsvoll als auch unbewusst erfolgen, wobei die Decodierung durch den Empfänger diese Intentionen oft verzerren kann.
- Zur Erklärung der nonverbalen Kommunikation gibt es eine Reihe von Ansätzen. Auf der einen Seite fragen sich Sprachwissenschaftlerinnen, ob nonverbale Kommunikation nicht eine Art Sprache ist. Diese These lässt sich nur zum Teil bejahen, denn trotz Ähnlichkeiten überwiegen die Unterschiede. Andere Ansätze verfolgen evolutionsbiologische Erklärungen, d. h. Menschen sollen bestimmte nonverbale Verhaltensweisen vom Affen übernommen haben. Physiologische Erklärungen leiten Körpersprache dagegen aus verschiedenen Gehirnzentren ab. Daneben existieren weitere Erklärungen: nonverbale Kommunikation sei eine gelernte soziale Verhaltensform, sie soll nützlich bei sozialer Interaktion sein, sie verlaufe in geschichtlichen Zyklen (Vereinfachung der Kleidungsstile), sie sei soziologisch zu begründen (Her-

- stellung von Hierarchie) und habe zudem eine anthropologische Dimension (Einsatz in Ritualen).
- »Music and the other arts, and religion, make much use of NVC (nonverbal communication – Anm. d. Verf.). Music, for example, uses properties of sound similar to tones of voice by means of different pitch, speed, etc. and can convey emotions in the same way. [...] As well as conveying emotion, music is perceived as beautiful, and as conveying deeper messages – as triumphant, tragic, dignified, yearning, for example« (ARGYLE 1988, S. 307).
- Im Alltag wird Körpersprache vor allem dazu genutzt, verbale Äußerungen gezielt zu unterstreichen. Ihre Stärke liegt in der Fähigkeit, durch Analogien Bedeutungen zu vermitteln (z. B. besonders eindrucksvoll beim Pantomime-Spiel). Allerdings birgt Körpersprache auch ein hohes Potenzial für Missverständnisse, insbesondere wenn man sich ihrer Wirkung nicht bewusst ist. Es empfiehlt sich daher, eine intuitive Sensibilität für Körpersprache zu entwickeln, basierend auf eigenen Erfahrungen und Beobachtungen. Dies ist oft hilfreicher als der Besuch teurer Seminare oder das Lesen vermeintlicher Enthüllungsbücher zur nonverbalen Kommunikation.
- Modellgebiete: Sozialpsychologie, Linguistik, Soziologie, Sozialkompetenztraining

Nonverbale Kommunikation spielt eine wichtige Rolle im menschlichen Sozialverhalten. Darunter fallen Mimik, Blickverhalten, Gestik, Körperhaltung, Körperkontakt, Raumverhalten, Kleidung und andere Aspekte des Aussehens, nonverbale Vokalisierungen sowie Gerüche. Jede dieser Formen nonverbaler Kommunikation kann in der Betrachtung beliebig verfeinert werden. Die besondere Subtilität und die Vielfalt der Effekte übt eine besondere Anziehungskraft auf Forscherinnen aus. Jede dieser Formen ist sehr unterschiedlich ausgeprägt, z. B. die Mimik scheint angeboren zu sein, die Gestik wird in Gemeinschaften erlernt, Kleidung und Artefakte unterliegen modischen (sozialen) Schwankungen. Es gibt auch kultur- und geschlechtsspezifische Besonderheiten in der nonverbalen Kommunikation. Psychisch beeinträchtigte Personen unterliegen wiederum anderen Regeln (ARGYLE 1988, S. 1–2). Insgesamt ist es sehr schwierig, **nonverbale Signale auf Einzelbasis zu interpretieren**, denn sie gehören zu einem Strom von verbaler wie nonverbaler Kommunikation. Während beabsichtigte nonverbale Signale als nonverbale Kommunikation bezeichnet werden (z. B. Geste zur Unterstreichung eines Argumentes), können unbeabsichtigte nonverbale Signale auf spontane Emotionen zurückgehen (z. B. Pupillen weiten sich, wenn eine Kommunikationspartnerin als attraktiv empfunden wird) (S. 3–4). Das Werk von Michael Argyle ist eine der ersten Abhandlungen (erstmalig 1975 publiziert), das sich auf eine systematische und wissenschaftliche Weise mit dem Phänomen der nonverbalen Kommunikation auseinandersetzt. Es bietet weniger nur ein Modell der nonverbalen Kommunikation an, sondern vielmehr einen Überblick über verschiedene Erklärungsansätze.

Nonverbale Kommunikation findet immer dann statt, wenn Menschen mit Hilfe eines oder mehrerer nonverbaler Signale andere Menschen beeinflussen. Der Kommunikationsprozess beginnt damit, dass jemand seinen Zustand (beispielsweise seine Emotion) in ein nonverbales Signal codiert, das von einer Kommunikationspartnerin decodiert wird. Je nachdem, ob und auf welcher Seite die Prozesse **beabsichtigt** oder **unbeabsichtigt** stattfinden, werden folgende **Fälle** unterschieden (S. 2):

- absichtsvoll gesendetes Signal wird von beiden Kommunikationspartnerinnen in gleicher Weise codiert und decodiert (z. B. räumliche Nähe wird als Zuneigung interpretiert),
- absichtsvoll gesendetes Signal wird falsch decodiert (weil es falsch kommuniziert oder falsch interpretiert wurde, z. B. höfliche Begrüßung im Warteraum einer Praxis wird häufig als Belästigung interpretiert),
- ein Signal wird unbeabsichtigt gesendet, jedoch von der Kommunikationspartnerin korrekt interpretiert (z. B. bei einer Vernehmung kann eine Tatverdächtige anhand ihrer Körpersprache von einer erfahrenen Ermittlerin der Lüge überführt werden),
- ein Verhalten wird fälschlicherweise als ein Signal interpretiert, obwohl es weder beabsichtigt ist noch Informationen liefert (z. B. stressbedingtes Vorbeilaufen auf dem Gang ohne Begrüßung, was fälschlicherweise als bewusstes Ignorieren interpretiert wird).

Ist die nonverbale Kommunikation eine Art Sprache? Einen derartigen Erklärungsansatz verfolgt die Linguistik. Es gibt einige offensichtliche und wichtige Ähnlichkeiten zwischen den verbalen Kommunikationsformen und nonverbaler Kommunikation. Beide Signale werden meistens mit der Absicht ausgesandt, um Einfluss auf Kommunikationspartnerinnen auszuüben. Außerdem ist nonverbale Kommunikation häufig nur sehr schwer von verbaler Kommunikation zu trennen (S. 295). Viele nonverbale Kommunikationssignale entfalten ihre Bedeutung erst in einem sprachlich-situativen Kontext (S. 294–295).

Nonverbale Kommunikation weist **gewisse Ähnlichkeiten** mit der verbalen Kommunikation auf. Nonverbale Kommunikation hat wie eine Sprache ein **Vokabular**, beispielsweise die sechs Grundemotionen, die EKMAN und FRIESEN (1971) bei Menschen unterschiedlicher Kulturen festgestellt haben: Freude, Wut, Traurigkeit, Ekel, Überraschung und Furcht (▶ Dar. 12). Auch bestimmte Gesten können eine konkrete Bedeutung einnehmen (in dieser Hinsicht besitzen Italienerinnen eine sehr hohe Eloquenz). **Grammatikalische Regeln (Syntax)** lassen sich auch bei nonverbaler Kommunikation feststellen, insbesondere wenn man sich Rituale mit ihrer festen Sequenz von einzelnen Elementen ansieht. Auch können einzelne nonverbale Kommunikationselemente Sprache ersetzen (z. B. Nicken bei der Begrüßung) (S. 290–292). Nonverbale Kommunikation kann auch **Bedeutung (Semantik)** übertragen, z. B. durch verschiedene Grundemotionen. (S. 293).

2.2 Nonverbale Kommunikation (ARGYLE)

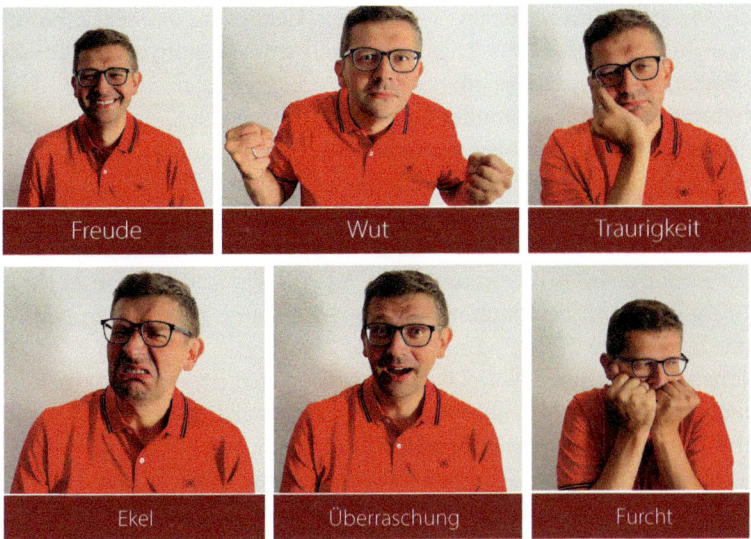

Dar. 12: Die sechs Grundemotionen nach EKMAN und FRIESEN (Eigene Darstellung)

Dennoch gibt es eine Reihe von Aspekten, die auf **fehlende Ähnlichkeiten** von nonverbaler und verbaler Kommunikation verweisen. So ist das Vokabular der nonverbalen Kommunikation relativ klein. Es hat häufig keine explizite Bedeutung (z. B. gibt es im deutschen Kulturkreis nur wenige von allen eindeutig verstandenen Gesten), es gibt keine Wortarten wie beispielsweise Substantive (außer in den Gebärdensprachen, S. 294). Einzelne Signale können nicht zu einer Art von Sätzen zusammengesetzt werden – anders als bei einigen Vogelarten mit typischen Melodien (S. 291). Auch gibt es in der Regel keine Übertragung von Präpositionen (z. B. »während«, »über« etc.) (S. 295).

Neben der linguistischen Erklärung gibt es weitere Erklärungsansätze für nonverbale Kommunikation. Nach der **evolutionsbiologischen** Auffassung hat der Mensch viele nonverbale Kommunikationsmittel vom Affen übernommen, d. h. man ist biologisch vorgeprägt (Ansatz »nackter Affe«). Gemeinsam mit Affen haben wir u. a. Gesichtsausdrücke für Emotionen, Blickkontakt als soziale Signale, Berührung als Begrüßungssignal, Gesten wie Auf-etwas-Zeigen sowie Haltungen für Dominanz und Unterwerfung (S. 296). Dagegen spricht, dass Menschen (selbst im Kindesalter) zur Täuschung ihre Emotionen kognitiv kontrollieren können. Diese Abweichung kann wiederum **physiologisch** erklärt werden (d. h. Emotionen werden von Gehirnzentren gesteuert, die wohl für spontane als auch für absichtliche Reaktionen verantwortlich sind) (S. 296–297).

Darüber hinaus spielen **Sozialisationserfahrungen** beim Erlernen und Anwenden von nonverbaler Kommunikation eine wichtige Rolle (z. B. »Guck mich an, wenn ich mit dir rede!«) (S. 297–298). Nonverbale Kommunikation kann ferner mit dem Ziel einer besseren **sozialen Interaktion** eingesetzt werden. Das Modell der sozialen Fertigkeiten betont die Wichtigkeit des Blickkontaktes beim Sammeln von

Feedback sowie der nonverbalen Signale, aus denen das Feedback besteht. Ein weiterer Ansatz ist Goffmanns Theater-Modell, wonach nonverbale Kommunikation zu bestimmten selbstdarstellerischen Zwecken genutzt wird (z. B. das Beeindrucken durch feine Manieren oder eine Rolex-Uhr) (S. 299).

Es existieren darüber hinaus **geschichtliche** (z. B. Veränderung des männlichen Kleidungsstils als nonverbaler Kommunikationsform und als Statussymbol), **soziologische** (Herstellung von für ein Gemeinschaftsleben notwendigen Hierarchien, z. B. durch wissenschaftliche Titel) und **anthropologische** Erklärungsansätze (Bedeutung der nonverbalen Kommunikation für Rituale, z. B. kann in einer katholischen Liturgie nur ein bestimmter Teil der Botschaften über Worte transportiert werden) (S. 300–304).

Da verbale Kommunikation viel besser dazu geeignet ist, die meisten Aspekte des menschlichen Daseins zu kommunizieren, **warum wird Sprache dann nicht für sämtliche Kommunikationsbedürfnisse genutzt** (S. 305)? Folgende Gründe sprechen dagegen. So können bestimmte Dinge sprachlich nur schwer kommuniziert werden, z. B. wenn es um Darstellung bestimmter Formen geht, die durch Handbewegungen viel natürlicher gezeigt werden können (**fehlende verbale Codierung**) (S. 305). Darüber hinaus wirkt beispielsweise eine Liebeserklärung viel stärker, wenn sie durch nonverbale Kommunikation unterstützt wird (z. B. durch Hinknien bei einem Heiratsantrag) (**Stärkere Wirkung nonverbaler Kommunikation**) (S. 305–306). Man **vertraut der nonverbalen Kommunikation mehr**, da sie nur zum Teil kontrolliert werden kann und somit eher echt ist (S. 306). Darüber hinaus ist nonverbale Kommunikation als weiterer Kanal nützlich, um Missverständnissen vorzubeugen (**Erhöhung der kommunikativen Redundanz**) (S. 307)

Die Regale, die Bücher über nonverbale Kommunikation füllen, sind brechend voll. Woher kommt die Faszination für die »Geheimnisse der Körpersprache«, »Menschen lesen«, »Geheime Signale des anderen Geschlechtes«, »Körpersprache beim Pokern«, die in diesen Werken vermeintlich entschlüsselt werden? Vielleicht, weil wir uns selbst besser verstehen möchten? Grundsätzlich kann man sagen, dass ein Studium der Körpersprache durchaus sinnvoll sein kann, aber es ist zweifelhaft, ob man danach jedes nonverbale Signal treffsicher übersetzen kann. Viel wichtiger ist es, **das eigene nonverbale Verhalten zu reflektieren** (▶ Kap. 2.3) – wie man auf andere wirkt, wie man sich typischerweise in Stresssituationen verhält etc. Und es ist ratsam, eine **Intuition für das fremde nonverbale Verhalten** zu entwickeln.

Nonverbale Kommunikation entwickelt sich durch Digitalisierung weiter, beispielsweise durch verbreitete Nutzung von Emojis, die ähnlich wie Körpersprache analoge Botschaften übertragen sollen. So haben LinkedIn-Posts mit Emojis eine deutlich höhere Interaktionsrate. Oder: Wie wirkt sich ein ausgeschaltetes Video in einem Videocall auf die restliche Kommunikation aus (▶ Kap. 3.6 und 3.7)? Eine spannende Frage ist überdies, wie zuverlässig KI künftig menschliche Emotionen und Körpersprache interpretieren kann (RINGELSIEP 2022). Oder ob ein automatisch KI-korrigierter Blickkontakt in Videokonferenzen die Kommunikation verbessern kann (MEYER 2023)?

> **Lesehinweise**
>
> - Argyle, M.: Bodily communication, 2. Auflage, London, New York 1988 (erstmalig 1975 erschienen) (deutsche Übersetzung: Argyle, M.: Körpersprache & Kommunikation. Nonverbaler Ausdruck und Soziale Interaktion, 10. Auflage, Paderborn 2013). [Primärquelle]
> - Weingardt, B. M.: Faszination Körpersprache. Was wir ohne Worte alles sagen, Witten 2011. [Lesetipp]
> - Molcho, S.: Körpersprache, 11. Auflage, München 2013. [Klassiker mit zahlreichen Fotobeispielen]
> - Ringelsiep, M.: Kann man mit künstlicher Intelligenz Gefühle erkennen? 18.07.2022, https://www.swr.de/wissen/gefuehle-erkennen-mit-kuenstlicher-intelligenz-100.html, letzter Zugriff: 22.08.2024. [aktuelle Dimension]

2.3 Axiome der Kommunikation (WATZLAWICK et al.)

> **Zentrale Erkenntnisse**
>
> - Das Kommunikationsmodell nach WATZLAWICK et al. (2011) auf die fünf Axiome zu reduzieren, würde die fundamentale Bedeutung dieses Beitrags unberechtigterweise schmälern. Die Autorinnen, deren Werk erstmals 1967 englischsprachig und 1969 deutschsprachig erschien, haben vielmehr nach Erklärungen gesucht, wie sich Kommunikation auf das gestörte und paradoxe Verhalten auswirken kann. Um aber die Störungen aufzuzeigen, haben die Autorinnen versucht, zunächst die fünf Regeln (Axiome) hinter der »ungestörten« menschlichen Kommunikation zu beleuchten.
> - »Die Regeln der menschlichen Kommunikation ›erklären‹ nichts, sie sind vielmehr evident durch ihr Sosein, sie sind ihre eigene beste Erklärung – ähnlich wie die Primzahlen sind, aber nicht im eigentlichen Sinn erklären« (S. 50).
> - Kommunikation findet auf verschiedenen Ebenen statt: verbal und nonverbal (Axiom 4), Sach- und Beziehungsebene (Axiom 2). Konflikte und Störungen entstehen, weil Menschen unterschiedliche Vorstellungen über Kommunikations- (Axiom 3) und Beziehungsart (Axiom 5) haben sowie die Beziehungsebene mit der Sachebene verwechseln (Axiom 2) und auf diesen Ebenen unangemessen kommunizieren (z. B. verbal statt nonverbal bei Beziehungen, Axiom 4), aber auch vergessen, dass jedes menschliche Verhalten als (fehlgeleitete) Kommunikation gedeutet werden kann (Axiom 1). So entstandene Störungen in der Kommunikation und in Beziehungen können Störungen in der Realitätsinterpretation hervorrufen (denn die von uns wahrgenommene Realität wird durch Kommunikation konstruiert).

- Das Modell soll insbesondere helfen, Probleme der Beziehungskommunikation (u. a. in der psychiatrischen Systemberatung) durch Metakommunikation zu lösen. Das Erkennen von alltäglichen Kommunikationsstörungen ist eher als ein Nebenprodukt hervorgegangen, das jedoch vom nichtfachlichen Publikum besonders gut aufgenommen wurde. Paul Watzlawick als Hauptautor war insbesondere als Redner und Autor im deutschsprachigen Raum sehr beliebt.
- Modellgebiete: Psychologie, Psychotherapie, Erkenntnisphilosophie

WATZLAWICK et al. (2011, S. 23) wollen zeigen, dass bestimmte unerklärliche Phänomene, zu denen auch psychische Störungen gehören, erklärbar werden, wenn man sie in einem bestimmten Kontext stellt. Im Folgenden geben sie die isolierte Betrachtung der Psyche des Individuums auf und verschieben den Blick auf **zwischenmenschliche Beziehungen**. Dabei werden diese Beziehungen durch die Kommunikation sichtbar (»Das Medium dieser Manifestationen ist die menschliche Kommunikation«, S. 24). Es geht darum, die Kommunikation aus pragmatischer Sicht darzustellen, d. h. »die verhaltensmäßigen Wirkungen der Kommunikation« aufzuzeigen (S. 25). Der englischsprachige Titel der Primärquelle heißt sogar »Pragmatics of Human Communication« (WATZLAWICK et al. 1967). Dabei werden andere Aspekte der Kommunikation bewusst ausgeblendet.

Dass über Beziehungen die individuelle Wirklichkeit konstruiert wird, spiegelt auch die philosophischen Ansichten des Hauptautors Paul Watzlawick wider. Nach seinem Verständnis des **radikalen Konstruktivismus** gibt es nicht die einzig wahre Wirklichkeit, sondern jedes Individuum konstruiert sich seine Wirklichkeit selbst – mit Hilfe der Kommunikation. Demnach sei es falsch, Menschen mit bestimmten psychischen Störungen als abnormal zu bezeichnen, ohne den Kontext der zwischenmenschlichen Beziehungen zu kennen. Und da sich solche Zustände je nach Beziehung schnell ändern können, sind diese möglicherweise die »einzig mögliche Reaktion auf einen absurden und unhaltbaren zwischenmenschlichen Kontext« – »eine Reaktion, die den Regeln dieses Kontextes folgt und ihn daher zu verewigen hilft« (S. 55 f.). In ihrem Schlusskapitel gehen die Autorinnen sogar noch weiter: »Es besteht guter Grund zur Annahme, dass es recht gleichgültig ist, worin dieses Weltbild besteht, solange es nur eine sinnvolle Prämisse für unsere Existenz bietet. Das Wahnsystem eines Paranoiden scheint seinen Zweck als Sinnerklärung für die Welt des Patienten genauso zu erfüllen wie eine »normale« Sicht der Welt für jemand anders.« (S. 288)

WATZLAWICK et al. (2011, S. 51 ff.) verwerfen in ihren Vorüberlegungen tiefenpsychologische Modelle aufgrund ihrer beschränkten oder sogar fehlenden Nachprüfbarkeit. Stattdessen wird der Begriff der Blackbox mit den direkt messbaren ein- und ausgehenden Kommunikationsströmen aufgestellt. Vernachlässigt werden bei der weiteren Analyse ferner die Unterschiede zwischen Bewusstem und Unbewusstem, zwischen der Gegenwart und Vergangenheit sowie zwischen der Ursache und Wirkung: **Nur das beobachtbare Verhalten und seine Wirkungen im Hier und Jetzt sind relevant**; und nicht das Warum, sondern das Wozu wird in den

Vordergrund gestellt. Auch ist eine solche Ursache-Wirkungskette bei der postulierten Kreisförmlichkeit der Kommunikationsabläufe (S. 33 ff.) schwer zu greifen, denn sowohl bei zwischenmenschlichen wie auch internationalen Konflikten ist es sehr schwierig, eindeutig ihre Ursache zu ermitteln. »Wie noch zu beweisen sein wird, haben Kommunikationsstrukturen, sobald sie einmal zustande gekommen sind, ein Eigenleben, demgegenüber die einzelnen Individuen weitgehend machtlos sind.« (S. 54 f.)

Die Herleitung der Axiome der Metakommunikation ergibt sich aus dem Problem der **Redundanz menschlicher Kommunikation** (S. 38 ff.). Redundanz ist in diesem Kontext eine positive Erscheinung, denn trotz Störungen des Kommunikationskanals erlaubt sie aufgrund der Kenntnis der Kommunikationsregeln dennoch eine ordnungsgemäße Mitteilungsübertragung (▶ Kap. 3.1). »Verhalten, das im Widerspruch mit seinem Kontext steht, das pragmatische Regeln verletzt oder dem ein Mindestmaß von Redundanz fehlt, erscheint uns als weitaus störender, als es bloß syntaktische oder semantische Regelverletzung ja sein können.« (S. 42).

Welche Regeln könnten es sein? Bei syntaktischen Regeln fallen uns sofort die Rechtschreibung und Grammatik ein. Bei semantischen Regeln können wir die Bedeutung von Mitteilungen anhand gesellschaftlicher Normen erfahren, zum Beispiel Begrüßung per Handschlag in der westlichen Kultur. **Welche Regeln bestimmen denn eine pragmatische Kommunikation?** Und warum kennen wir diese Regeln nicht explizit, auch wenn wir sie täglich anwenden? Auch darauf haben WATZLAWICK et al. (2011, S. 42 f.) eine Antwort parat: »Wir sind wie eingesponnen in Kommunikation und sind doch – oder gerade deshalb – fast unfähig, über Kommunikation zu kommunizieren.« Im Folgenden werden Regeln der pragmatischen Kommunikation (Axiome der Metakommunikation) aufgestellt, die eine eindeutige Auslegung für die kommunizierenden Parteien gestatten sollen (S. 46). Diese Regeln werden »in erfolgreicher Kommunikation berücksichtigt, aber in pathologischer Kommunikation gebrochen« (S. 49). Ob diese Regeln strenggenommen als Axiome bezeichnet werden dürfen, bleibt umstritten. WATZLAWICK et al. (2011, S. 57) selbst sind recht selbstkritisch. So sprechen sie »von provisorischen Formulierungen, die weder Anspruch auf Vollständigkeit noch auf Endgültigkeit erheben können«. An einer anderen Stelle seien Axiome nicht mehr als versuchsweise getroffenen Formulierungen (S. 81).

Die fünf Axiome bauen aufeinander auf und gehen vom Allgemeinen zum Speziellen vor. Zunächst wird festgehalten, dass egal, was wir in Gegenwart einer anderen Person anstellen, wir kommunizieren (**Axiom 1**). Denn jede Kommunikation hat zwei Aspekte: den eigentlichen Inhalt und Hinweise zur Beziehung zwischen Kommunikationspartnern. Der Beziehungsaspekt ist dabei ausschlaggebend (**Axiom 2**). Eine Beziehung wird aus unendlich vielen ping-pong-artigen Interaktionen gebildet, so dass jede Kommunikationspartnerin eine Struktur zugrunde legen muss. Bei abweichender Strukturierung können sich bei den Kommunikationspartnerinnen unterschiedliche Sichten einer Beziehung herausbilden (**Axiom 3**). Für die Übermittlung von Inhaltsaspekten sollte man verbale (= digitale) Kommunikationsformen verwenden, für die Kommunikation von Beziehungen – nonverbale (= analoge) Kommunikationsformen; nicht umgekehrt (**Axiom 4**). Und schließlich sollte man beachten, dass Kommunikationsbeziehungen entweder durch Angleichung (= symmetrisch) oder Differenzierung (= komplementär) gekennzeichnet sind (**Axiom 5**).

Im Folgenden werden diese Axiome ausführlich beschrieben. Dabei greifen wir nur punktuell auf die Beispiele aus WATZLAWICK et al. (2011) zurück, da dort vielfach psychologische Krankheitsbilder verwendet werden. Stattdessen arbeiten wir mit eigenen Beispielen. Auch die erklärende Perspektive der Axiome haben wir um Gestaltungsvorschläge (Kommunikationsgebote) zu erweitern versucht.

1. Axiom: »Man kann nicht nicht kommunizieren«

WATZLAWICK et. al. (2011, S. 58 ff.) definieren Kommunikation umfassend und beziehen nicht nur verbale Mitteilungen (Worte), sondern beziehen auch paraverbale Elemente (zum Beispiel Tonfall, Schnelligkeit, Lachen, Seufzen) sowie Körpersprache mit ein. Der so erweiterte Kommunikationsbegriff lässt sich mit Verhalten jeder Art gleichsetzen. **Da das Verhalten aber kein Gegenteil hat, kann man sich also nicht nicht verhalten.** Gleichgültig, ob man etwas tut oder eine Handlung auslässt (schweigt!), alle diese Verhaltensformen können als Mitteilung interpretiert werden. In größeren Organisationen können auf diese Weise ganz schnell Gerüchte entstehen.

Beispiele:

- Eine aufdringliche Person in einem Wartezimmer oder im öffentlichen Personenverkehr wird durch Schweigen ignoriert. Damit wird indirekt die Ablehnung mitgeteilt, in einen Dialog einzutreten.
- Im öffentlichen Personenverkehr platziert man häufig seine Tasche auf einen Nebenplatz, was zumindest manchmal ein Ausdruck davon ist, dass eine Sitznachbarin unerwünscht ist.
- Eine unsichere Vortragende ist sich ihrer Nervosität bewusst und versucht, diese durch Arroganz oder ausschweifenden Redefluss zu überdecken.
- Verschränkte Arme bei einer Präsentation können möglicherweise Ablehnung oder Angst bedeuten, die Vortragende kann aber auch schlicht Rückenschmerzen haben oder es kann ihr kalt sein.
- Ein Vorbeilaufen auf dem Gang ohne Begrüßung kann als eine unfreundliche, gar arrogante Geste empfunden werden, aber auch eine auf Zeitmangel beruhende Reaktion sein.

Kommunikationsgebot Axiom 1

Man sollte sich dessen bewusst sein, dass man kommunikativ immer »auf Sendung« ist und auch nicht beabsichtigte Kommunikation als Botschaft missverstanden werden kann. Daher: Stets eindeutig kommunizieren.

2. Axiom: »Jede Kommunikation hat einen Inhalts- und einen Beziehungsaspekt, derart, dass letzterer den ersteren bestimmt und daher eine Metakommunikation ist«

In jeder Mitteilung schwingen diese beiden Aspekte mit (S. 61 ff.). Der Inhaltsaspekt steht an zweiter Stelle. **Denn ohne den Beziehungsaspekt kann die Nachricht inhaltlich nicht gedeutet werden.** So ist in der zwischenmenschlichen Kommunikation sehr häufig die Form ausschlaggebend, also wie etwas gesagt wird, weniger, was gesagt wird. Der Beziehungsaspekt enthält also eine persönliche Stellungnahme der Beziehung zwischen Sender- und Empfängerseite. Da Beziehungen eher selten »bewusst und ausdrücklich definiert werden« (S. 63), überlagert in einer gestörten Kommunikation das Ringen um eine Beziehungsdefinition den Inhaltsaspekt. Eine dankbare Fundstelle für gestörte Kommunikation sind die Beziehungen in einer Partnerschaft.

Beispiele:

- So ist in den beiden Mitteilungen »Es ist wichtig, die Kupplung langsam und weich zu betätigen« und »Lass das Kupplungspedal einfach aus, das tut dem Getriebe sehr gut« der Inhalt in etwa deckungsgleich, jedoch unterscheidet sich die Beziehung zwischen Fahrlehrer und Schüler: Im ersten Fall ist sie wohlwollend, im zweiten Fall eher gestört (S. 62).
- Ein Mann, der ungewaschen zu einem Rendezvous geht, weil er sich auf seine inneren Werte verlässt, wird ein Fiasko erleben. Denn seine ungepflegte Erscheinungsform kann und wird als Zeichen mangelnden Respekts empfunden werden (Missachtung der Beziehung).
- In einer wissenschaftlichen Arbeit, z. B. einer Hausarbeit, kann die Missachtung von Formatierungsvorgaben oder/und der Regeln der Rechtschreibung als respektloses Verhalten gedeutet werden. Die Betreuerin fragt sich vielleicht: Wenn die Studierende sich schon keine Mühe bei der Form macht (Beziehungsaspekt), wie sieht es erst beim Inhaltlichen aus (Inhaltsaspekt)? Der Textinhalt wird durch also das Prisma der Formalität begutachtet.
- Im Loriot-Sketch »Das Frühstücksei« streitet ein Ehepaar über ein zu hart gekochtes Ei. Dabei kommuniziert der Ehemann Hermann auf der Sachebene, die Ehefrau Berta dagegen auf der Beziehungsebene.

Störungen auf Inhalts- und Beziehungsebenen werden wie folgt eingeordnet (S. 94 ff.):

- »Die Partner sind sich auf der Inhaltsstufe uneins, doch diese Meinungsverschiedenheit beeinträchtigt ihre Beziehung nicht.« Beispiel: Konfliktlösung nach dem Harvard-Prinzip (▶ Kap. 2.7).
- »Die Partner sind sich auf der Inhaltsstufe einig, auf der Beziehungsstufe dagegen nicht.« Beispiel: Entstehung von Beziehungsproblemen in einer Partnerschaft, wenn Kinder aus dem Haus sind.
- »Konfusion zwischen den beiden Aspekten« (z. B. das Frühstücksei von Loriot).

»Situationen, in denen eine Person in der einen oder anderen Weise gezwungen wird, ihre Wahrnehmungen auf der Inhaltsstufe zu bezweifeln, um eine für sie wichtige Beziehung nicht zu gefährden.« So können abweichende politische Ansichten zugunsten einer Partnerharmonie zum Opfer fallen (▶ Kap. 5.1). Das als »Double-bind«/ Beziehungsfalle bezeichnete paradoxe Verhalten kann bei Personen psychische Störungen hervorrufen, wenn eine Kommunikationspartnerin gezwungen wird, eine fremde Sicht der Realität zu übernehmen, um die Beziehung nicht zu gefährden (S. 233 ff.).

Kommunikationsgebot Axiom 2

Die Mitteilungsform ist ausschlaggebend für das Verständnis der eigentlichen Botschaft. Eine gestörte Beziehung hat Vorrang und kann nur durch Metakommunikation, u. a. auch unter Vermittlung von Mediatorinnen und Coaches gelöst werden.

3. Axiom: »Die Natur einer Beziehung ist durch die Interpunktion der Kommunikationsabläufe seitens der Partner bedingt.«

Dieses Axiom lässt sich gut anhand der folgenden fiktiven Behauptung einer Laborratte erklären: »Ich habe meinen Versuchsleiter so abgerichtet, dass er mir jedes Mal, wenn ich den Hebel drücke, zu fressen gibt.« (S. 66). Den gleichen Sachverhalt würde der Versuchsleiter sicherlich umgekehrt sehen. Hierin zeigt sich das Phänomen der **unterschiedlichen individuellen Strukturierung der Kommunikation**, die durch den ununterbrochenen Austausch von Mitteilungen bedingt ist (S. 65).

Allerdings gibt es auch kulturelle Unterschiede bei der Interpretation, z. B. in welchem Stadium einer Beziehung der erste Kuss zustande kommt. WATZLAWICK et al. (2011, S. 20 f.) zitieren eine Studie, die dieser Frage in amerikanischer (Kuss in der 5. Stufe des Paarungsrituals) und britischer Kulturen (Kuss in der 25. Stufe) nachgeht. Demnach ist eine Britin über eine »frühe« Kussinitiative eines Amerikaners wahrscheinlich wenig »amused«.

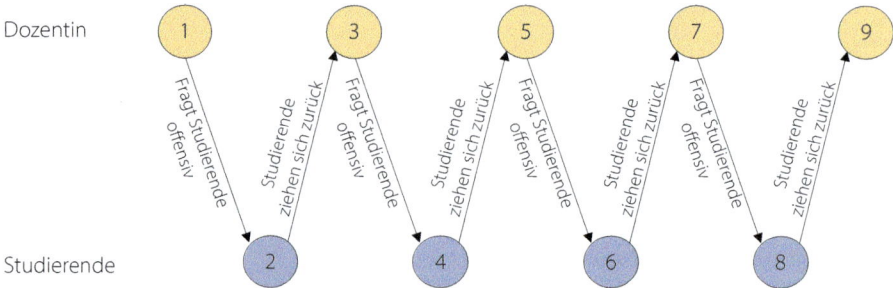

Dar. 13: Interpunktion von Ereignisfolgen: ein Beispiel aus der unmittelbaren Hochschulrealität (Quelle: Eigene Darstellung in Anlehnung an WATZLAWICK et al. 2011, S. 67, 69–70)

Wie dieses Beispiel schon vermuten lässt, ist die unterschiedliche Interpunktion oft die Wurzel vielfältiger Beziehungsprobleme – vom Sandkasten im Kindergarten über Streitigkeiten in der Partnerschaft oder im Team bis hin zu kriegerischen Auseinandersetzungen. Denn in solchen Fällen will man nie diejenige gewesen sein, die mit den Streitigkeiten angefangen hat. Im Gegenteil: Man agiert so, weil die andere Person angefangen hat. Wie im folgenden Beispiel dargestellt ist, gibt es nur einen mäßigen Austausch zwischen den Studierenden und der Dozentin in einer Vorlesung. Die Dozentin ärgert sich über die Passivität der Studierenden (»Warum melden Sie sich denn nicht?«) und versucht, Studierende durch Zwang zu aktivieren (»Was sagen Sie dazu, Kommilitonin XY?!«). Die Studierende hat aber möglicherweise nicht das Vorwissen, weil sie der Dozentin gerade nicht gefolgt ist oder weil sie (zufällig) unvorbereitet kommt. Die Studierende ärgert sich dann, weil sie von der Dozentin möglicherweise bloßgestellt wurde und zieht sich zurück (»Warum soll ich überhaupt noch in diese Vorlesung gehen?«). Dieser Prozess kann sich mehrfach wiederholen, was dazu führt, dass die Teilnehmerzahlen und die Aktivität unter den Studierenden weiter zurückgehen. Wer ist im Recht? (▶ Dar. 13) Der Verfasser hätte echte Sympathien für die Position der Dozentin, ist sich aber auch dessen bewusst, dass Studierende trotz anfänglichem Interesse durch obligatorisches Aufrufen demotiviert werden. Ein etwas aus der Zeit gefallenes Beispiel führen WATZLAWICK et al. (2011, S. 67 f.) an: Frau nörgelt, weil der Mann häufiger in die Kneipe geht, der Mann geht deshalb häufiger in die Kneipe, um sich dem Nörgeln der Frau zu entziehen usw.

> **Kommunikationsgebot Axiom 3**
>
> Verhaltensregeln des Gegenübers (insbesondere im kulturellen Umfeld) sollten erkannt und gegenseitig beachtet werden. Bei Konfliktthemen sollte nicht überhastig reagiert werden, um Missverständnisse zu vermeiden.

4. Axiom: »Menschliche Kommunikation bedient sich digitaler und analoger Modalitäten.«

Dieses Axiom erweitert die Behauptung aus dem zweiten Axiom über Beziehungs- und Inhaltsaspekte einer Mitteilung. Es bleibt zunächst zu klären, was digitale und was analoge Kommunikation bedeutet. WATZLAWICK et. al. (2011, S. 70 ff.) nutzen diese Begrifflichkeiten in Anlehnung an die damals aufkommende Informatik: **digital** (in Ziffern auszudrückende Information) versus **analog** (durch Herstellung einer Beziehung mit Größen).

»Es gibt zwei grundsätzlich verschiedene Weisen, in denen Objekte dargestellt und damit zum Gegenstand der Kommunikation werden können. Sie lassen sich entweder durch eine Analogie (z. B. Zeichnung) ausdrücken oder durch einen Namen. [...] Namen sind Worte, deren Beziehung zu dem damit ausgedrückten Gegenstand eine rein zufällige oder willkürliche ist. [...] In der analogen Kommunikation finden wir etwas besonders Dingartiges dem zur Kennzeichnung des Dings verwendeten Ausdruck; schließlich liegt bisher im Wesen einer Analogie, dass sie eine grundsätzliche Ähnlichkeitsbeziehung zu dem Gegenstand hat, für den sie steht.« (S. 71 f.).

Welchen Beitrag leistet die **digitale Kommunikation** oder – mit anderen Worten – die Sprache? »Es besteht kein Zweifel, dass die meisten, wenn nicht alle menschlichen Errungenschaften und die Entwicklung digitaler Kommunikation undenkbar wären. Dies gilt ganz besonders für die Übermittlung von Wissen von einer Person zur anderen und von einer Generation zur nächsten.« (S. 72) Nur mithilfe digitaler Kommunikation können komplexe und abstrakte Aussagen logischer Art formuliert werden. Das bedeutet, dass digitale Kommunikation vor allem für die Übermittlung von Inhaltsaspekten geeignet ist. Dafür ist die digitale Kommunikation unfähig, eine klare und glaubwürdige Definition von Beziehungen herzuleiten (S. 77).

Die **analoge Kommunikation** hat »ihre Wurzeln offensichtlich in viel archaischeren Entwicklungsperioden und besitzt daher eine weitaus allgemeinere Gültigkeit als die viel jüngere und abstraktere digitale Kommunikationsweise.« (S. 72) Wie an den Ausdrucksformen von Tieren ersichtlich ist, verweisen diese nicht auf konkrete Gegenstände (kommunizieren also nicht digital), sondern definieren Beziehungen zu anderen Kommunikationspartnern. Das bedeutet, dass analoge Kommunikation insbesondere für die Übermittlung von Beziehungsaspekten geeignet ist. Dagegen verfehle analoge Kommunikation komplett das Ziel, konkret eine Bedeutung einer widersprüchlichen Begrifflichkeit zu definieren (S. 76).

Beispiele:

- Gute Erklärungen wissenschaftlicher Konzepte in einem beliebigen guten Lehrbuch zeigen, wie digitale Kommunikation erfolgreich eingesetzt werden kann. Eine wörtliche Übernahme von Texten aus noch so gutem Lehrbuch in eine Vorlesung ohne Übersetzung in analoge Kommunikation (Anbringen von Beispielen aus der Welt der Studierenden, Führen eines Dialogs mit Studierenden, Aufbau einer persönlichen Beziehung) kann in einem pädagogischen Fiasko enden.
- Beim Spiel »Scharade« dauert die Erklärung eines Begriffes, eines Films etc. deutlich länger, wenn man rein köpersprachliche Signale nutzt.
- Versucht man mithilfe von verschriftlichten Unternehmensnormen (digitaler Kommunikation), einen Teamgeist in einem Unternehmen (Beziehungskultur) heraufzubeschwören, so wird man scheitern. Beziehungen sind eine Domäne der analogen Kommunikation.
- Man stellt in einem großen Unternehmen ein Team aus unbekannten Personen zusammen. Und verzichtet dabei auf direkte Maßnahmen des Teambuildings, die den einzelnen Teammitgliedern erlauben würden, eine Beziehung zueinander herzustellen. Auch hier fehlt wieder die analoge Kommunikationskomponente.
- Dagegen setzen sämtliche Teamführungskonzepte rund um das Leadership auf die Vorbildfunktion von Führungskräften (analoge Kommunikation) sowie auf die Pflege einer gesunden Atmosphäre innerhalb der Belegschaft.

- Liebesbriefe oder die persönliche Korrespondenz waren sicherlich nie in der Lage, eine persönliche Beziehung zu begründen, sondern dienten früher lediglich zur Aufrechterhaltung einer Beziehung auf Distanz. Eine Emotionalisierung der Korrespondenz wird heutzutage über Emojis ermöglicht (z. B. in WhatsApp-Kommunikation). Solche analogen Elemente in der eigentlich digitalen Kommunikation unterstützen in beschränkten Umfang die Beziehungspflege.
- Die Katze, die sich beim Öffnen des Kühlschranks an die Beine schmiegt und miaut, verweist nicht explizit auf ihren Hunger auf Milch (digitale Kommunikation), sondern appelliert an die Beziehung zu ihrer Versorgerin (analoge Kommunikation).
- Auch wird von Kindern eine analoge Kommunikation (Malen von Bildern etc.) dort eingesetzt, wenn sie im Fall von tabuisierter Gewalt noch nicht in der Lage sind, sich durch Worte zu erklären.
- Eine Mitteilung sollte auf digitaler und analoger Ebene die gleiche Aussage wiedergeben. So sollte eine Dozentin, die eine saubere Quellenzitierung in den Hausarbeiten verlangt (digitale Kommunikation), mit dem gleichen Beispiel in ihren Vorlesungsunterlagen vorangehen (analoge Kommunikation).

Kommunikationsgebot Axiom 4

Beziehungsaspekte sollten über non- bzw. paraverbale Kommunikation kommuniziert werden, Inhaltsaspekte dagegen besser durch gesprochenen oder geschriebenen Text (für medienvermittelte Kommunikation siehe weiterführend ▶ Kap. 3.6).

5. Axiom: »Zwischenmenschliche Kommunikationsabläufe sind entweder symmetrisch oder komplementär, je nachdem, ob eine Beziehung zwischen den Partnern auf Gleichheit oder Unterschiedlichkeit beruht.«

Auch dieses Axiom ist als eine Erweiterung des 3. und 4. Axioms zu betrachten (S. 78 ff.). Eine **symmetrische Beziehung** beruht auf dem Streben der Kommunikationspartnerinnen nach Angleichung (▶ Kap. 4.5). Eine symmetrische Kommunikation findet statt: in einer partnerschaftlichen Beziehung, im kollegialen Miteinander, auch durch Ansprechen der Studierenden als »Kommilitonen«. Dabei wird ein spiegelbildliches Verhalten an den Tag gelegt.

Eine **komplementäre Beziehung** beruht dagegen auf Unterschiedlichkeit (▶ Kap. 4.4). Diese Unterschiedlichkeit zeigt sich in der Herausbildung einer superioren (dominanten) und einer inferioren (unterlegenen) Position. Dadurch ergänzen sich die Kommunikationspartner gegenseitig. Häufige Beispiele einer solchen Beziehungsform sind: Mutter und Kind, Arzt und Patient, Lehrer und Schüler, Verkäufer und Kunde etc.

Eine solche Beziehungsform bildet sich durch Interaktionen heraus (siehe Axiom 3). Dieser Prozess kann konfliktbehaftet sein, wenn die Erwartungen an die Kommunikationsbeziehung nicht übereinstimmen. So kann beispielsweise eine Person eine symmetrische Beziehung erwarten, während ihr Kommunikationspartner sich superior-komplementär verhält.

Beispiele:

- Ein Kind, das Regeln verletzt, vertritt möglicherweise die Meinung, es sei erwachsen genug und seinen Eltern ebenbürtig (symmetrische Beziehungserwartung). Die Eltern sehe das vermutlich anders (komplementäre Beziehungserwartung).
- Eine Fitnessstudiobesucherin möchte einen gewissen persönlichen Abstand zur Trainerin halten und fühlt sich daher unhöflich behandelt, wenn sie geduzt wird (komplementäre Beziehungserwartung). Die Trainerin dagegen: »Wir duzen uns alle hier!« (symmetrische Beziehungserwartung).
- Eine Studierende der Generation Z (symmetrische Beziehungserwartung), fühlen sich von einer strengen Dozentin unhöflich behandelt (komplementäre Beziehungserwartung).
- Im Sketch mit dem Ei von Loriot (Axiom 2) fühlt sich die Frau in eine inferior-komplementäre Position gedrängt, da der Mann in ihr scheinbar nur eine Küchenbedienstete sieht.
- Weitere Beispiele liefert die interkulturelle Kommunikation. So wird eine aus China stammende Mitarbeiterin, die klare Ansagen einer chinesischen Managerin kennt, von einer auf Augenhöhe agierenden deutschen Managerin überfordert sein.

Kommunikationsgebot zum Axiom 5

Man sollte die eigene Erwartungshaltung an die Kommunikationsbeziehung hinterfragen und versuchen, die Erwartungen der Kommunikationspartnerin zu erkennen. Im Falle eines Missverständnisses sollte darüber metakommuniziert werden.

Eigentlich richtet sich die Primärquelle in erster Linie an Psychologinnen und ist daher zum Teil sehr abstrakt und vage formuliert, die Axiome werden auf vielen Umwegen interdisziplinär hergeleitet und eine Operationalisierung der Axiome findet nur bedingt in Beispielen statt. Daher birgt das Herauslösen der Axiome aus dem Kontext die Gefahr, missverstanden zu werden. Als gebürtiger Österreicher und Hauptautor hat Paul Watzlawick es dennoch geschafft, in zahlreichen Reden und populärwissenschaftlichen Publikationen die Fallstricke persönlicher Kommunikation der deutschsprachigen Öffentlichkeit zu vermitteln. Die Axiome wurden in zahlreichen anderen Modellen aufgegriffen, z. B. durch SCHULZ VON THUN (▶ Kap. 2.4) oder im Harvard-Konzept (▶ Kap. 2.7).

Zwar bezieht sich das Modell nur auf Phänomene der persönlichen Kommunikation, man kann damit auch eine Brücke zu (massen-)medialen Kommunikationsmodellen schlagen, indem man ein mögliches weiteres Axiom formuliert.

6. Axiom: »Trotz fehlender persönlicher Beziehungsaspekte und analoger Kommunikationsmodi können sich durch Interpretation verfügbarer Sachaspekte Beziehungen zu Gegenständen, medial vermittelten Inhalten und Figuren/Personen entwickeln..«

Damit könnten möglicherweise verschiedenste Phänomene des Medienkonsums (z. B. parasoziale Interaktion ▶ Kap. 4.1), die Nachbildung von persönlichen Beziehungen in hyperpersönliche Beziehungen ▶ Kap. 3.6), Mensch-Computer- (▶ Kap. 4.9) sowie Mensch-Roboter-Kommunikation (▶ Kap. 4.8) und Markenwahrnehmungen (▶ Kap. 6.4) erklärt werden.

> **Lesehinweise**
>
> - Watzlawick, P. et al.: Pragmatics of human communication. A study of interactional patterns, pathologies, and paradoxes, New York, London 1967, S. 48–71. (deutsche Übersetzung: Watzlawick, P. et al.: Menschliche Kommunikation. Formen, Störungen, Paradoxien, 12. Auflage, Bern 2011, S. 57–88). [Primärquelle]
> - Gertler, M.: Wahrheit und Wirklichkeit – Paul Watzlawick. Ausschnitte eines Interviews, das ich 1997 in seinem Büro im MRI, Palo Alto (Kalifornien), mit ihm aufzeichnen konnte, 16.01.2009, https://www.youtube.com/watch?v=3dkrIN3Is1U, letzter Zugriff: 26.07.2024.

2.4   Kommunikationsquadrat (SCHULZ VON THUN)

> **Zentrale Erkenntnisse**
>
> - Das Kommunikationsquadrat SCHULZ von THUN ist ein grafisches Modell, das die Vielseitigkeit einer Nachricht visualisiert und mit dessen Hilfe man über Missverständnisse auf der Metaebene kommunizieren kann. Es ist allgemein verständlich und universell anwendbar, um über gestörte Kommunikation zu sprechen. Deswegen wird es sogar bereits in schulischer Ausbildung eingesetzt.
> - Kommunikation findet stets auf allen vier Ebenen statt: Sachebene (worüber soll informiert werden), Selbstoffenbarung (was möchte die Sendungsseite

- über sich preisgeben), Appell (was soll die Empfangsseite tun) und Beziehung (wie steht die Empfangsseite zur Beziehungsseite). Wenn jedoch die Sendungsseite inkongruente (widersprüchliche) Nachrichten sendet und/ oder die Empfangsseite eine Nachrichtenseite überbetont, können Kommunikationsstörungen entstehen.
- Vor allem der Empfangsprozess ist für eine intakte Kommunikationsbeziehung immens wichtig: »Und vielfach haben die Empfänger die Tendenz, in die unklaren Seiten einer Nachricht etwas hineinzuhören, was aus dem reichen Schatz ihrer Fantasien, Erwartungen und Befürchtungen stammt – so empfangen sie gleichsam sich selbst und füllen ihre Seele mit dem eigenen Material.« (S. 16) »Wenn der Empfänger es verfehlt, seine unterschiedlichen inneren Reaktionen für sich selbst klarzukriegen, wird er auch nicht klar nach außen reagieren können, und dann kommen Sender und Empfänger in ein heilloses Durcheinander.« (S. 17)
- Es liegt also in der Verantwortung der Empfangsseite, behutsam zu kommunizieren: Statt mit der urteilenden Du-Nachricht sollte besser die Ich-Nachricht verwendet werden, um die eigenen Gefühle zu kommunizieren, die eine solche Nachricht auf der Empfangsseite auslöst. Durch eine behutsame Kommunikation und Interpretation der Nachrichten sollen Missverständnisse vermieden bzw. gelöst werden.
- Modellgebiete: Kommunikationspsychologie, Kommunikationstraining

SCHULZ VON THUN (2011) hat vor dem Hintergrund seiner Tätigkeit als Hochschullehrer und Trainer zahlreiche Modelle entwickelt, darunter auch das 1981 erstmalig veröffentlichte Kommunikationsquadrat. In der Einführung (S. 15) führt er das Kommunikationsquadrat auf verschiedene Vormodelle zurück, insbesondere auf die Axiome der Kommunikation nach WATZLAWICK et al. (▶ Kap. 2.3). Gewisse Parallelen lassen sich zur Gewaltenfreien Kommunikation nach ROSENBERG (▶ Kap. 2.6) erkennen. »Es eignet sich sowohl zur Analyse konkreter Mitteilungen und zur **Aufdeckung einer Vielzahl von Kommunikationsstörungen** als auch zur Gliederung des gesamten Problemfeldes.« (SCHULZ VON THUN 2011, S. 15). Es soll in die Kunst der Metakommunikation einführen und richtet sich primär an Psychologen, jedoch »sind Zaungäste aller Art erwünscht« (S. 20). Das Kommunikationsquadrat wird inzwischen als fester Bestandteil des schulischen Curriculums behandelt (siehe z. B. STAATSINSTITUT FÜR SCHULQUALITÄT UND BILDUNGSFORSCHUNG MÜNCHEN 2018).

Der Grundvorgang der Kommunikation besteht aus einer Senderseite, einer Empfangsseite und einer Nachricht, die »stets viele Botschaften gleichzeitig enthält«. (S. 27) Die **Mehrdimensionalität einer Nachricht wird anhand der gleichlangen Seiten des Kommunikationsquadrates verdeutlicht**, die für einen ordentlichen Kommunikationsprozess alle gleich relevant sind (S. 16 f.). Das Modell wird anhand eines Beispiels aus dem Bildungsalltag erklärt, das vielen Studierenden und Dozierenden vertraut vorkommen mag (▶ Dar. 14):

2.4 Kommunikationsquadrat (SCHULZ VON THUN)

- Auf der Ebene des **Sachinhaltes**, also worüber man den Empfänger eigentlich informieren möchte, wollen Studierende ihre Verwunderung über das umfangreiche Folienskript zum Ausdruck bringen (»800 Folien! Geht es nicht kürzer?«)
- Auf der Ebene der **Selbstoffenbarung**, also was man dem Empfänger von sich selbst kundgeben möchte, wollen Studierendenseite ihre Zweifel anmelden, ob sie es schaffen werden, den Inhalt aller 800 Folien zu lernen.
- Die **Appellebene**, welche dem Empfänger eine Handlungsanweisung überbringen möchte, gibt die Aufforderung von Studierenden wieder, den Stoff einzugrenzen.
- Auf der **Beziehungsebene**, die das Bild des Senders im Kopf des Empfängers (Du-Nachricht) und das Verhältnis des Senders zum Empfänger (Wir-Nachricht) beschreibt, wollen Studierende vielleicht ihren Eindruck von einem freundlich-verwirrten Empfänger und von einer intakten, sie jedoch manchmal überfordernden Beziehung schildern.

Dar. 14: Das Kommunikationsquadrat – Vier Botschaften in einer Nachricht (Quelle: Eigene Darstellung in Anlehnung an SCHULZ VON THUN 2011, S. 28–34, Foto: https://pixabay.com/en/event-auditorium-conference-1597531/, CC0)

Quellen möglicher Kommunikationsprobleme können aus der Sendeperspektive **inkongruente Nachrichten** sein. Inkongruente Nachrichten entstehen, wenn explizite und implizite Botschaftsanteile sich widersprechen. Explizite Nachrichten sind dabei unmissverständlich formuliert, z. B. »ich komme aus Köln«. Implizite Botschaftsanteile dagegen schwingen in einer Nachricht mit und können weit größere Authentizität als explizite Botschaften ausstrahlen, z. B. Kölsch reden (S. 36 f.). Nonverbale Kommunikation soll eigentlich helfen, sprachlich ausgedrückte Nachrichtenanteile zu interpretieren (S. 37 f.). Wenn man aber z. B. »Mein Leben ist im Eimer« sagt und dabei lächelt, weiß die Empfangsseite nicht so recht, welchen Botschaftsanteil sie stärker gewichten soll (39 ff.). Inkongruente Nachrichten haben häufig die Unentschiedenheit (gedankliche Inkonsistenz) der Senderseite zur Ursache. So können beispielsweise Eltern wollen, dass ihr Kind selbstständig wird, gleichzeitig aber bei ihnen bleibt. Übrigens, auch ausschließlich nonverbale Nachrichten lassen sich durch das Kommunikationsquadrat beschreiben, zum Beispiel bleibt beim Weinen die Sachinhaltsseite leer, auf den anderen Seiten wird Traurigkeit (Selbstoffenbarung), mögliche Unzufriedenheit mit der Beziehung (Beziehung) und Aufforderung zum Trösten (Appell) kommuniziert.

Die ankommende Nachricht zu interpretieren, liegt im ausschließlichen Ermessen der Empfangsseite (S. 49 f.). Deshalb ist es von zentraler Bedeutung, die **Ursachen für Empfangsfehler** zu untersuchen. Insbesondere ist die Überbetonung einer Nachrichtenseite problematisch. Das »Sach-Ohr« ist vor allem darauf trainiert, zu decodieren, wie der Sachverhalt zu verstehen ist (S. 48). Für manche Empfängerinnen stellt das Sach-Ohr den dominierenden Empfangskanal dar. Dies kann beispielsweise zu Missverständnissen zwischen – hier etwas stereotypisch-plakativ ausgerückt – den auf dem »Sach-Ohr« hörenden Männern und den auf dem »Beziehungskanal« sprechenden Frauen führen. Mögliche Folge: Beziehungskonflikte werden auf der Sachebene ausgetragen und umgekehrt. (S. 51 ff.)

Das **»Beziehung-Ohr«** hört aus dem Statement, was die Senderin von der Empfängerin hält (Du-Nachricht) und wie die Senderin und Empfängerin zueinander stehen (Wir-Nachricht) (S. 48). Der auf dem Beziehungs-Ohr sensiblen Empfängerin wird aus jeder Nachricht vorrangig eine Beziehungsbotschaft ableiten wollen. Solche Empfängerinnen »liegen ständig auf der »Beziehungslauer« (S. 56). Häufig wird die Selbstoffenbarungsbotschaft mit einer Beziehungsbotschaft verwechselt. Zum Beispiel kann ein »ich will meine Ruhe« zu einem »ich mag dich nicht« fehlinterpretiert werden (S 58 f.). Auch kann der Fall eintreten, wenn unfreundlich formulierte oder als unfreundlich missverstandene Appelle auch auf dem Beziehungs-Ohr mitgehört werden, z. B. die Aufforderung der Mutter an den Sohn, das Zimmer aufzuräumen, mit einem Vorwurf (»hier sieht es wie im Schweinestall aus«) kombiniert wird (S. 71 ff.).

Das **»Selbstoffenbarung-Ohr«** horcht danach, was der Sender über sich und seinen Gemütszustand mitteilen möchte (S. 48). Die Empfangsweise auf dem Selbstoffenbarung-Ohr in der alltäglichen Kommunikation ist nichts Negatives. Psychologinnen dagegen wird diesbezüglich ein Missbrauch nachgesagt: Es wird von einer Sachnachricht direkt auf die vermeintliche Selbstoffenbarungsnachricht geschlossen (S. 62). Ein Paradebeispiel sind Äußerungen der fiktiven Figur Dr. Beverly Hofstadter in der US-Serie »Big Bang Theory«.

Das **»Appell-Ohr«** empfängt die Handlungsanweisung darüber, wie die Empfängerin aufgrund der Mitteilung der Senderin zu fühlen, zu denken, zu handeln habe (S. 48). Überempfindlichkeit auf diesem Ohr kann dazu führen, dass der Senderin buchstäblich jeder Wunsch von den Lippen abgelesen wird. Beispiele hierfür lassen sich bei sog. Helikopter-Eltern finden.

Neben der Überempfindlichkeit auf einem »Ohr« lassen sich zwei weitere Ursachen für Empfangsfehler finden. Wenn eine Empfängerin beispielsweise über ein schlechtes Selbstbewusstsein verfügt, wird sie in jeder Nachricht eine Bestätigung für ihr negatives Selbstbild suchen. Ein zu positives oder zu negatives **Selbstkonzept der Empfängerin** färbt wiederum auf den Rest der Botschaft ab (S. 71).

Ein bei der Empfängerin eingebürgertes **Bild von der Senderin** stellt die Ausgangsbasis für die Du-Botschaft dar. Vorurteile, das Schubladen-Denken sowie jede weitere Form einer Realitätsverzerrung beeinflussen alle weitere Kommunikation mit der Senderin (S. 71 f.), z. B. »diese ewig faulen Studenten!«.

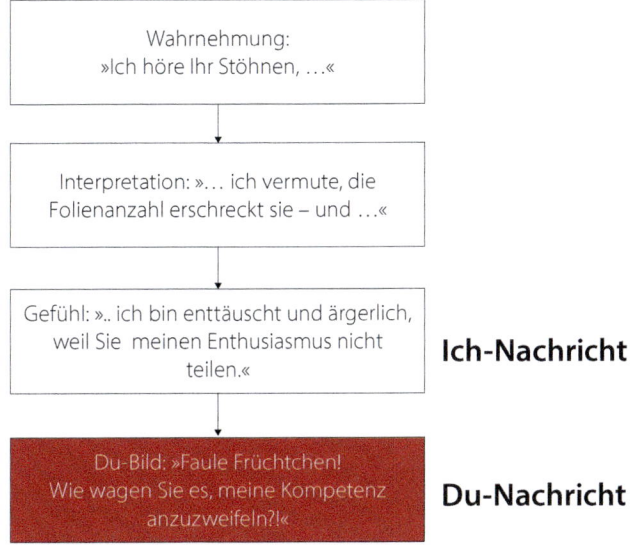

Dar. 15: Feedback mit der Du-Nachricht (Quelle: Eigene Darstellung in Anlehnung an SCHULZ VON THUN 2011, S. 28–34)

Wie könnte nun der Empfangsvorgang aus dem obigen Beispiel (▶ Dar. 15) ablaufen (S. 80 ff.)?

- **Wahrnehmung der Nachricht**: Es wird das Stöhnen als Reaktion auf das überdimensionierte Folienskript wahrgenommen (»Ich höre Ihr Stöhnen ...«)
- **Interpretation der Nachricht**: Die Zahl der Folien wird vermutlich missbilligt (»... ich vermute, die Folienzahl erschreckt sie – und ...«)
- **Gefühl des Empfängers**: Verärgerung des Empfängers, weil sein Enthusiasmus nicht geteilt und seine Arbeit nicht gewürdigt wird (»... ich bin enttäuscht und ärgerlich, weil Sie meinen Enthusiasmus nicht teilen.«)
- **Feedback des Empfängers**: Der Empfänger könnte sich nun hinreißen lassen und seinen Ärger gedanklich in eine Du-Nachricht übersetzen: »Faule Früchtchen! Wie wagen Sie es, meine Kompetenz anzuzweifeln?!« Der Empfänger wird zum Sender und sagt: »Sie wissen doch gar nicht, was viele Folien sind!«. Diese Nachricht könnte vom Empfänger, den Studierenden, wiederum negativ aufgenommen werden (▶ Dar. 16). Möglicherweise würde das eine Zuspitzung des Konfliktes bedeuten.

Dar. 16: Feedback mit der Du-Nachricht – Darstellung anhand des Kommunikationsquadrats (Quelle: Eigene Darstellung in Anlehnung an SCHULZ VON THUN 2011, S. 28–34)

Die Verantwortung für die Reaktion (Feedback) liegt wie bereits betont bei der Empfangsseite. Das ist auch ein zentrales Element des Kommunikationsmodells nach SCHULZ VON THUN (2011, siehe auch Gewaltfreie Kommunikation, ▶ Kap. 2.6). Anhand des obigen Schemas des Empfangsvorgangs kann im Folgenden gezeigt werden, wie ein Feedback neutraler gegeben werden könnte. Es würde sinnvoll sein, **anstatt einer Du-Nachricht eine Ich-Nachricht** zu senden, d. h. im obigen Schema einen Schritt zurückzugehen und seine Gefühle sowie Intentionen transparenter mitzuteilen. Also etwa folgendermaßen: »Ich bin etwas enttäuscht über Ihr kurzsichtiges Klausurdenken« (▶ Dar. 17). Eine solche Reaktion wäre zielführender und deutlich konfliktärmer. In diesem Fall bliebe den empfangenen Studierenden die Möglichkeit einer neutralen Klärung (S. 87 ff.).

In seinen Ausführungen zu den Interaktionen und der Metakommunikation orientiert sich SCHULZ VON THUN mehrfach an WATZLAWICK, auch wenn er an vielen Stellen etwas deutlicher differenziert. So beispielsweise beim Fall von vermeintlich ungewollten komplementären Beziehungen (▶ Kap. 2.3: 5. Axiom). Aussagen wie »Der ist aber unverschämt!« sollten hinterfragt werden. Denn »jede Unverschämtheit des anderen findet ein Gegenstück in der eigenen Unfähigkeit, nein zu sagen [...]« (S. 92). Die explizite Metakommunikation wird als notwendige Dauerlösung zur Klärung von Kommunikationsproblemen stilisiert (S. 101 ff.).

Das Kommunikationsquadrat punktet insbesondere mit seiner **besonderen Zugänglichkeit**. Mit seiner Hilfe kann man Störungen in der zwischenmenschlichen Kommunikation verständlich (= nichtwissenschaftlich) und visuell erklären. Aufgrund seiner universellen Anwendbarkeit lässt es sich auf interkulturelle Phänomene erstrecken, z. B. um die Unterschiede in der Kommunikation sowie die daraus

2.4 Kommunikationsquadrat (SCHULZ VON THUN)

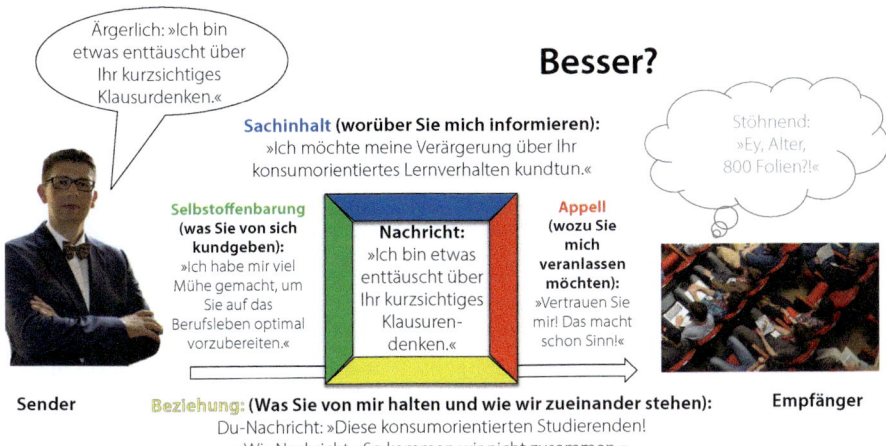

Dar. 17: Feedback mit der Ich-Nachricht – Darstellung anhand des Kommunikationsquadrats (Quelle: Eigene Darstellung in Anlehnung an SCHULZ VON THUN 2011, S. 28–34)

entstehenden Missverständnisse von deutschen und japanischen Kolleginnen zu verdeutlichen (siehe z. B. KUMBIER/SCHULZ VON THUN 2008). Auch zur Verdeutlichung der Phänomene der medienvermittelten Kommunikation lässt sich das Kommunikationsquadrat gut einsetzen (▶ Kap. 3.6).

Man kann mit dem Modell schnell »Low-Hanging-Fruits« ernten, jedoch werden **viele Situationen unangemessen vereinfacht**. Auch die Primärquelle verliert sich etwas an den vielen Beispielen, die auf 200 Seiten besprochen werden (während der Grundlagenteil gerade mal auf 80 Seiten abgehandelt wird). Festzuhalten ist, dass das Kommunikationsquadrat auf jeden Fall eine gute Grundlage zur Analyse von Kommunikationsproblemen darstellt, komplexe Probleme jedoch nur bedingt lösen kann.

> **Lesehinweise**
>
> - Schulz von Thun, F.: Miteinander reden: 1. Störungen und Klärungen. Allgemeine Psychologie der Kommunikation, Reinbek bei Hamburg 2011, S. 27–105. [Primärquelle]
> - Kumbier, D./Schulz von Thun, F.: Interkulturelle Kommunikation. Methoden, Modelle, Beispiele, 2. Auflage, Reinbek bei Hamburg 2008. [interkulturelle Anwendungsbeispiele]
> - Schulz von Thun, F. et al.: Miteinander reden: Kommunikationspsychologie für Führungskräfte, 24. Auflage, Reinbek bei Hamburg 2023. [berufsrelevante Darstellung]

2.5 NLP (BANDLER/GRINDER und DILTS)

Zentrale Erkenntnisse

- Neurolinguistische Programmierung (NLP) ist eine Sammlung von Methoden, die mit Hilfe gesprochener Sprache darauf abzielen, psychologische Einflussnahme auf die eigene Persönlichkeit und andere Menschen auszuüben. So sollen beispielsweise Glaubenssätze (z. B. »ich habe Redeangst«), die sich auf der Basis bisheriger Erfahrungen herausgebildet haben, erkannt und auf dem gleichen Wege auch wieder abgebaut werden können. NLP sollte nicht mit Natural Language Processing verwechselt werden, das ebenfalls mit »NLP« abgekürzt wird, aber sich mit Verarbeitung natürlicher Sprache durch Computer befasst.
- Die Ursprünge von NLP gehen auf die frühen 1970er-Jahre zurück, als die Gründer dieser Schule Richard Bandler und John Grinder die Arbeitsweisen bekannter Persönlichkeiten aus der Psycho- und Hypnosetherapie analysierten und darauf aufbauend ein allgemeines Modell entwickelten.
- Zentrale NLP-Thesen sind: Weil Menschen die Realität über eine Reihe individueller Filter verzerren, entwickeln sie in ihren Köpfen widersprüchliche kognitive Modelle. Diese resultieren häufig in psychologischen Problemen und Entfaltungsgrenzen, die sie als subjektiv unbeeinflussbar wahrnehmen. NLP bietet auf vielfältige Weise Abhilfe, indem bestimmte sprachliche Muster eingesetzt werden, um die Tiefenstruktur der kognitiven Modelle von Patientinnen positiv zu beeinflussen und so Veränderungen herbeizuführen.
- »Neuro-Linguistic Programming is the discipline whose domain is the structure of subjective experience. It makes no commitment to theory, but rather has the status of a model – a set of procedures whose usefulness it to be the measure of its worth. [...] It offers specific techniques by which a practitioner may usefully organize and re-organize his or her subjective experience or the experiences of a client in order to define and subsequently secure any behavioral outcome.« (GRINDER/BANDLER 1980)
- NLP mit seiner großen Community und unendlich vielen populärwissenschaftlichen Methoden und Workshopangeboten liefert Werkzeuge zur »Heilung« der Tiefenstruktur. Ferner hat sich NLP früh im »Human Potential Movement« verortet. Auch Persönlichkeitstrainer wie Tony Robbins sind der NLP-Szene zuzurechnen. Gleichzeitig gilt NLP als wissenschaftlich umstritten.
- Modellgebiete: Psychologie, Psychotherapie, Linguistik, Persönlichkeitstraining, BWL

Bei der Neurolinguistischen Programmierung (NLP) geht es um **Verhaltensmuster (»Programmierung«)**, die aus dem **Zusammenspiel von Nervensystem (»Neuro«) und Sprache (»linguistisch«)** zustande kommen (DILTS et al. 2013, S. 13). Das

Fundament der NLP-Schule haben Richard Bandler (Mathematiker) und John Grinder (Sprachwissenschaftler) gelegt, die in den ersten vier Büchern der NLP-Schule in den Jahren 1975 bis 1977 (»Struktur der Magie I« und »II« sowie »Patterns von Hypnosetechniken I« und »II«) bekannte Psychotherapeuten Fritz Perls (Gestalt-Therapie), Virginia Satir (Familientherapie) und Milton H. Erickson (Hypnosetherapie) modelliert haben (BANDLER/GRINDER 1979, S. 8). Auch andere verbreitete Konzepte, z. B. die Transformationsgrammatik von Noam Chomsky und die Allgemeine Semantik von Alfred Korzybski wurden in das allgemeine NLP-Modell integriert. In den weiteren Veröffentlichungen entfernten sich Bandler, Grinder und andere Autoren immer weiter vom wissenschaftlichen Ansatz therapeutischer Methoden hin zu eklektischen Sammelwerken von vermeintlich effektiven Instrumenten mit stärkerem Fokus auf BWL und Selbstentfaltung (DILTS et al. 2013, S. 23–25). Einen stabilisierenden Einfluss auf die NLP-Schule wird Robert Dilts, NLP-Schüler der ersten Stunde, zugeschrieben, der neben den Hauptwerken NLP I und II (DITLS et al. 1980, 2013) auch eigene Monographien (Sleight of Mouth I und II, deutsch: Trickkiste der Sprache) herausgegeben hat (DILTS 2011, 2023).

Im Folgenden wird das **Basis-Modell von NLP** erläutert. Ausgangspunkt von NLP ist die These, dass Menschen auf Basis von kognitiven Modellen (»Landkarten«) die Realität (»das Gebiet«) abbilden und mit ihr entsprechend den eigenen Modellen interagieren (BANDLER/GRINDER 1975a, S. 7–8). Trotz einer gewissen Ähnlichkeit weichen die subjektiven kognitiven Modelle von der Realität ab (S. 8–9) (siehe auch radikaler Konstruktivismus von WATZLAWICK et al., ▶ Kap. 2.3). Realitätsverzerrungen entstehen demnach aus drei Gründen (S. 9–13):

1. **Neurologische Realitätsfilter** entstehen aufgrund der Verzerrungen der Realität durch unsere fünf Sinneskanäle (z. B. sehen Menschen kein Infrarotlicht oder hören nur in einem bestimmten Frequenzbereich).
2. **Sozio-genetische Realitätsfilter** sind gemeinschaftlich entwickelte und akzeptierte Wahrnehmungsmuster (z. B. gibt es in der deutschsprachigen Kultur viele Adjektive, die die Eigenschaften eines Biers beschreiben. Möglicher Grund ist, dass das Getränk Bier in der deutschsprachigen Kultur differenzierter wahrgenommen wird als in anderen Kulturen).
3. **Individuelle Realitätsfilter** entstehen durch Erfahrungen, Interessen, Vorlieben und Abneigungen etc. (z. B. können Kinder aus geschiedenen Partnerschaften Beziehungsängste entwickeln).

NLP konzentriert sich vor allem auf die **individuellen Realitätsfilter**, welche Menschen beeinträchtigen können, effektiv zu handeln (S. 13). Eine weitere zentrale These von NLP ist, dass alle menschlichen Probleme nicht durch Einschränkungen aus der Realität, sondern aus der Widersprüchlichkeit ihrer kognitiven Modelle mit der Realität begründet sind. Obwohl Menschen rational handeln und sich nicht freiwillig psychologische Leiden zufügen, **entwickeln sie aufgrund der obigen Realitätsfilter fehlerhafte Modelle, die ihre Entwicklung blockieren können** (S. 13–14). Die fehlerhaften Modelle entstehen über folgende Mechanismen (S. 14–16):

1. **Generalisierung**: Bestimmten Erfahrungen werden verallgemeinert und auf andere ähnliche Aspekte übertragen (z.B. »Eltern haben sich scheiden lassen, deshalb werden auch meine Beziehungen zu Bruch gehen, daher sollte ich am besten keine Beziehungen eingehen«).
2. **Tilgung**: Die Realität wird auf wesentliche Aspekte reduziert, um mit ihr fertig zu werden (z.B. Wohnen zur Miete ist die einzige vernünftige Alternative, weil ein Immobilienkauf übermäßig komplex erscheint).
3. **Verzerrung**: Über die Sinneskanäle aufgenommene Informationen werden umgedeutet (z.B. Verbesserungsvorschläge werden als persönliche Kritik verstanden und daher abgewiesen).

Menschen benutzen Sprache, einerseits zu repräsentieren, was man erlebt, d.h. schlussfolgern, denken, phantasieren und üben; andererseits um diese Repräsentation mitzuteilen (S. 22–23). Erst durch die Entwicklung der Sprache konnte die Menschheit die Realität auf eine komplexe Art und Weise beschreiben. Auch die fehlerhaften kognitiven Modelle entstehen über die Sprache, können aber auch genauso »geheilt« werden, und zwar mit Hilfe »richtiger« Fragen. Hierzu wurden anerkannte Psychotherapeutinnen in ihrem Wirken beobachtet. Die Psychotherapeutinnen (metaphorisch als »Zauberinnen« bezeichnet, die »Magie« praktizieren) haben in den Modellen von ihren Patientinnen **Veränderungen angestoßen, um letzteren mehr Verhaltensmöglichkeiten zu eröffnen** (S. 18).

Zur Veränderung der individuellen Modelle benutzten die beobachteten Psychotherapeutinnen intuitiv das obige **Metamodell**. Dabei erfolgen die Diagnose und Veränderungen am kognitiven Modell über sog. Transformationsgrammatik (S. 19). Transformationsgrammatik erforscht bestimmte idealtypische sprachliche Muster (S. 23), die als Metamodell postuliert werden (S. 24). Dabei werden bestimmte sprachliche Regeln übernommen: Wohlgeformtheit (d.h. wenn intuitiv erkannt wird, dass ein Satz ein Satz ist), Konstituentenstruktur (bestehende Einheiten im Satz) sowie logisch-semantische Beziehungen (Vollständigkeit, Ambiguität/Mehrdeutigkeit, Synonyme, Bezugsindizes, Präsuppositionen) (roter Kasten Nr. 1 ▶ Dar. 15).

Es wird weiter davon ausgegangen, dass **Menschen die vollständige Repräsentation ihres Erlebens in vollständiger Satzstruktur in einer Tiefenstruktur** speichern (S. 61), die sie durch **Weglassen unwichtiger Komponenten** in Form einer **Oberflächenstruktur** kommunizieren. Dabei verändert sich die Bedeutung nicht (S. 35–37). Psychotherapeutinnen können nur mit der Oberflächenstruktur kommunizieren. Über fehlende Elemente in der **Oberflächenstruktur kann durch intuitiv gestellte Fragen festgestellt werden**, ob das Tiefenmodell möglicherweise verkümmert ist (S. 40–43) (blauer Kasten Nr. 2 ▶ Dar. 15).

Durch das **Hinterfragen der Tiefenstruktur** soll das kognitive Modell mit der Realität (dem Erlebten) wiederverbunden werden, so dass der **Heilungsprozess einsetzt** (S. 46). Dabei werden die obigen (häufig gleichzeitig wirkenden) Mechanismen hinterfragt, die zur Abweichung des kognitiven Modells von der Realität geführt haben. Hierbei werden folgende Fragentypen gestellt, die aus obigen Regeln der Transformationsgrammatik abgeleitet wurden (gelber Kasten Nr. 3 ▶ Dar. 18):

- **Generalisierung** (S. 47–49, 80–92): unüberwindliche durch Generalisierungen erscheinende Hindernisse werden auf konkrete Aspekte reduziert, mit denen sich die Klientin auseinandersetzen kann und für ein differenziertes Bild zu sorgen: »Ich kann keine Beziehungen eingehen.« → »Was würde Ihre Entscheidung beeinflussen, eine neue Beziehung einzugehen?«
- **Tilgungen** (S. 49–51, 59–73): Verben in Sätzen des Klienten identifizieren und überlegen, ob sie in einem umfassenderen Satz mit mehr Argumenten oder Nominalphrasen vorkommen könnten: »In meiner letzten Beziehung bin ich betrogen worden.« → »Wie sind Sie in Ihrer letzten Beziehung betrogen worden?«
- **Verzerrungen** (S. 51–52, 74–80): Hier wird etwas als ein Ergebnis interpretiert, was jedoch ein veränderbarer und im eigenen Einflussbereich befindlicher Prozess ist: »Meine Beziehung ist völlig zerrüttet.« → »Wie ist es dazu gekommen, dass Sie Ihre Beziehung als zerrüttet bezeichnen?«
- **Präsuppositionen** (S. 52–53, 92–95): Es werden bestimmte Annahmen unterstellt, die implizit in den Aussagen des Klienten mitschwingen, z. B. »Mein Freund hat irgendwann aufgehört, mich zu belügen.« Es wird unterstellt, dass eine Person mit seinem Partner längere Zeit nicht ehrlich war. → »Wie hat Ihr Freund Sie früher belogen?«

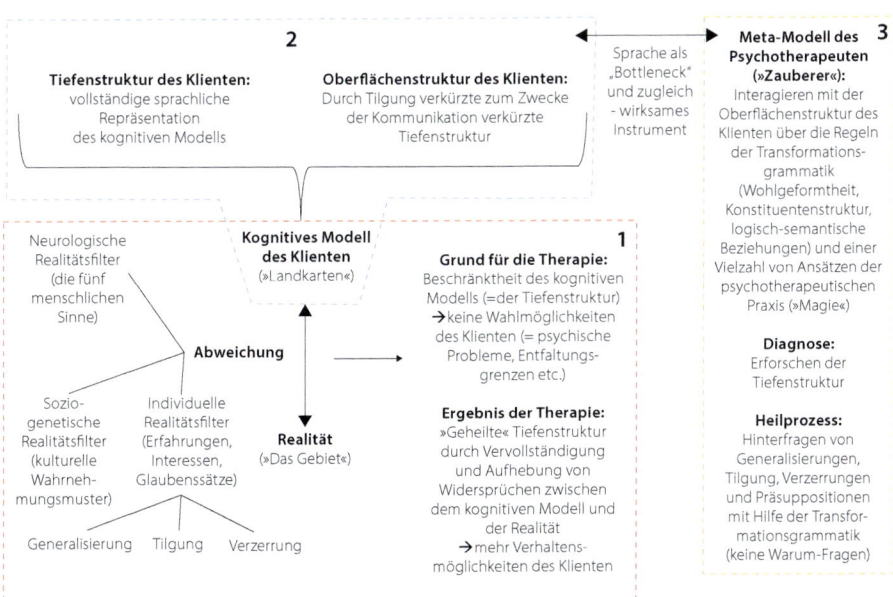

Dar. 18: Das Metamodell – eine grafische Darstellung des NLP-Basismodells (Eigene Darstellung auf der Basis von BANDLER/GRINDER 1975a)

Um es noch einmal auf den Punkt zu bringen. Die **Realitätsfilter** führen zu Abweichungen der Realität. Diese individuellen Abweichungen der Realität münden wiederum in Einschränkungen der kognitiven Modelle und in der vermeintlichen Unfähigkeit von Klientinnen, mit bestimmten Situationen zurechtzukommen. Die kognitiven Modelle sind zwar als Tiefenstruktur abgespeichert, werden aber aufgrund sprachlicher Einschränkungen nur als Oberflächenstruktur kommuniziert. Über die Sprache haben Psychotherapeutinnen die Möglichkeit, mit der Oberflächenstruktur von Klientinnen zu interagieren, um Probleme in der Tiefenstruktur zu erkennen. Mit Hilfe der Regeln der **Transformationsgrammatik** können sie bestimmte individuelle Realitätsfilter hinterfragen und folglich Widersprüche zwischen der Tiefenstruktur und der Realität beseitigen. Damit setzt der Heilungsprozess ein.

In späteren NLP-Schriften wurde das Metamodell um zahlreiche neue Ansätze erweitert, z. B. um die Interaktion mit verschiedenen (auditiven, visuellen, kinästhetischen etc.) Repräsentationssystemen. Durch die **Ansprache und Erweiterung ihrer Repräsentationssysteme** würden Klienten mehr Handlungsmöglichkeiten bekommen (GRINDER/BANDLER 2010, S. 21). Darüber hinaus wurden als weiterer wichtiger Baustein von Kern-NLP-Methoden die Hypnosetechniken adaptiert (BANDLER/GRINDER 1975b, BANDLER/GRINDER/DELOZIER 1977).

Der erste systematische Methodenkoffer des NLP (DILTS et al. 1980) führt Konzepte und Begriffe ein, die sich im heutigen NLP etabliert haben, u. a.: **Pacen** (Anpassen an das Weltmodell des Klienten durch eigene Verhaltensweisen, S. 107), **Rapport** (Synchronisation mit den inneren Prozessen des Klienten durch beispielsweise Nachahmung der Stimmlage, S. 115–116), »**Leaden**« (nach erfolgtem Rapport passt sich der Klient dem Psychotherapeuten an, S. 116–117), **Ankern** (eigentlich klassische Konditionierung, um einen Klienten in einen bestimmten Zustand zu versetzen, S. 119). Später kommen die **Reframing-Techniken** (Sleight of Mouth) hinzu. Mit Reframing-Techniken kann man ein bestimmtes Verständnis der Realität einschließlich der eigenen Glaubenssätze mit Hilfe von Umdeutungen neu interpretieren, um bestimmtes als problematisch bezeichnetes Verhalten neu zu programmieren (DILTS 2011). Spätere Konzepte verlassen die ursprünglichen kognitiven Grenzen von NLP und beschäftigen sich mit dem somatischen (körperlichen) Verstand und der esoterischen Spiritualität des Feld-Geistes (DILTS et al. 2013).

Sind NLP-Modelle ernst zu nehmen? NLP greift Kernelemente von wissenschaftlichen Herangehensweisen auf und verspricht, ihre pragmatische Anwendung allen Menschen zu ermöglichen. So können NLP-Methoden die **eigene Selbstverwirklichung** inspirieren und werden auch sehr häufig in Persönlichkeits- und Meditationstrainings genutzt, z. B. siehe die neuroassoziative Konditionierung von Tony Robbins (ROBBINS 1995, S. 129–158).

Würden Platon und Aristoteles leben, würden sie wahrscheinlich NLP-Vertreterinnen als **moderne Sophisten** bezeichnen, da Konzepte häufig übermäßig vereinfacht dargestellt und aus dem Kontext gerissen werden. NLP gilt als pseudowissenschaftlich, was kein Wunder ist, wenn einer der beiden Gründer eine garantierte »Heilung« von Phobien und Abbau von Lernbehinderungen bei Kindern verspricht, und zwar innerhalb von fünf Minuten (GRINDER/BANDLER 1980). In der wissenschaftlichen Community scheint die Mehrheit an der **Wirksamkeit von NLP-Methoden** zu zweifeln (WITKOWSKI 2010; etwas differenziertere Kritik an NLP findet sich bei PLATE 2008, S. 59–72). Woran nicht gezweifelt werden kann: NLP ist ein Multimillionen-Franchise-System mit unzähligen Angeboten und Kundinnen.

> **Lesehinweise**
>
> - Bandler, R./Grinder, J.: A book about language and therapy, The structure of magic, Band 1, Palo Alto, CA 1975a. (deutsche Übersetzung: Bandler, R./Grinder, J.: Metasprache und Psychotherapie. Die Struktur der Magie I. Ein Buch über Sprache und Therapie, Coaching fürs Leben, 12. Auflage, Paderborn 2011). [Primärquelle]
> - Plate, M.: Die Veränderung von Überzeugungen im Gespräch. Ein Vergleich der Fragestrategien des NLPs und der RET, Saarbrücken 2008, S. 29–145. [Vertiefung von NLP-Konzepten]
> - Dilts, R. B.: Sleight of Mouth. Volume II. How Words Change Worlds, Scotts Valley 2023. [Lesetipp]

2.6 Gewaltfreie Kommunikation (ROSENBERG)

> **Zentrale Erkenntnisse**
>
> - Gewaltfreie Kommunikation ist eine erlernbare sprachliche und kommunikative Kompetenz, die ermöglichen soll, selbst unter schwierigsten Bedingungen eine aufrichtige und wertschätzende Kommunikation aufzubauen. Laut den Verfechtern der Methode kann sie dabei helfen, sowohl persönliche als auch berufliche Beziehungen zu verbessern und gleichzeitig eine höhere Selbstzufriedenheit zu erreichen. Der Begriff »Gewaltfreie Kommunikation« (GFK) ist von Ghandis gewaltfreier Haltung inspiriert worden. Marshall Rosenbergs fundamentales Werk zur GFK erschien zwar erst 1999, doch die Entwicklung und Vermittlung seiner Methode begann bereits 40 Jahre früher.
> - »What happens to disconnect us from our compassionate nature, leading us to behave violently and exploitatively? And conversely, what allows some people to stay connected to their compassionate nature under even the most trying circumstances?« (ROSENBERG 2015, S. 1)
> - ROSENBERG (2015) vertritt die Ansicht, dass alle Menschen – selbst diejenigen, die gewalttätig handeln – eine grundsätzlich empathische Natur besitzen. Allerdings können sie sich aus verschiedenen Gründen davon entfremden, etwa durch die Vermeidung von Verantwortung oder das Unterlassen der Suche nach Handlungsalternativen. Der Prozess der gewaltfreien Kom-

munikation umfasst sowohl das empathische Senden als auch Empfangen und lässt sich auf vier Schritte herunterbrechen: (1) Sachliche Beobachtung eines Konfliktes ohne Interpretation, (2) Beschreibung der ausgelösten gestörten Gefühle, (3) Zurückführen dieser Gefühle auf bestimmte eigene Bedürfnisse und (4) Äußerung einer Bitte an das Gegenüber, eine bestimmte Handlung ausführen oder einzustellen, um das eigene Wohlbefinden wiederherzustellen. In allen vier Phasen gibt es potenzielle Hindernisse, die eine empathische Kommunikation beeinträchtigen können, welche Rosenberg detailliert beschreibt, um diese besser zu erkennen und zu überwinden.
- Gewaltfreie Kommunikation (GFK) wurde erfolgreich im Schulwesen, in Friedensverhandlungen, in Sicherheitskontexten wie auch in Unternehmen praktiziert. Der Anwendungserfolg der Methode ist jedoch subjektiv geprägt wie ebenso die Kritik daran. Es existieren nur vereinzelt seriöse Studien, deren Ergebnisse für eine Wirksamkeit der Methode sprechen. Gewaltfreie Kommunikation hat eine große Trainingsschule, die vom gemeinnützigen Zentrum für Gewaltfreie Kommunikation getragen wird. Das von Rosenberg gegründete Zentrum agiert weltweit und genießt ein hohes Ansehen. Neben zahlreichen Trainings- und Coaching-Angeboten existieren auch zahlreiche Publikationen von Rosenberg und Anhängerinnen.
- Modellgebiet: Kommunikationspsychologie, Konfliktmoderation

Metakommunikation lautet die etwas abstrakte Lösung von Kommunikationsproblemen bei WATZLAWICK et al. (▶ Kap. 2.3) und SCHULZ VON THUN (▶ Kap. 2.4). Im Vergleich dazu wirkt der Ansatz von ROSENBERG 2015 sehr viel filigraner und intuitiver. Der berühmte Psychologe, Kommunikationstrainer und Mediator Marshall Rosenberg hatte bereits als Kind mit antisemitischen Anfeindungen zu kämpfen. Warum sich einige Menschen von ihrer mitfühlenden Natur entfremdeten und andere wiederum trotz schwierigster Umstände mitfühlend geblieben seien, das waren die Fragen, die sich der Autor zeitlebens gestellt hat (S. 1). **Der Schlüssel** zur Beantwortung dieser Fragen ist **eine angemessene Verwendung der Sprache** (einschließlich Körpersprache). Wenn sie richtig gesprochen und gehört wird, kann sie eine aufrichtige Kommunikation ermöglichen. Wenn sie dagegen falsch eingesetzt wird, kann sie genauso gewalttätig wirken und Schmerzen erzeugen. ROSENBERG 2015 nennt seinen Ansatz »Gewaltfreie Kommunikation« (GFK) (Nonviolent Communication, NVC) oder auch »Empathische Kommunikation« (engl. Compassionate Communication) (S. 3). Er unterstellt, dass alle Menschen im Grunde eine mitfühlende Natur haben, der sie sich aber durch unachtsame Kommunikation entfremdet haben (S. 15).

Gewaltfreie Kommunikation ist also eine sprachliche und kommunikative Kompetenz, die eine empathische Kommunikation ermöglichen soll (S. 3). Es ist nicht zwingend notwendig, dass alle Kommunikationspartnerinnen in gewaltfreier Kommunikation ausgebildet sind. Es ist vielmehr ein intuitiver Prozess, an dem ungeschulte Kommunikationspartnerinnen partizipieren können, sofern sie aufgeschlossen sind (S. 5). Die gewaltfreie Kommunikation ermöglicht eine bessere Reflexion der empathischen Seiten der eigenen Persönlichkeit. Mit ihrer Hilfe kann man tiefergehende Beziehungen aufbauen sowie auch wirkungsvoller im Beruf und sogar in politischen Ämtern kommunizieren (S. 12).

Das **Grundgerüst der gewaltfreien Kommunikation** lässt sich relativ einfach skizzieren: Sachliche Beobachtung eines Konfliktes (Schritt 1), Beschreibung der dadurch ausgelösten Gefühle (Schritt 2), Zurückführen dieser Gefühle auf bestimmte eigene Bedürfnisse (Schritt 3) und das Bitten an das Gegenüber, so zu handeln, dass das eigene Wohlbefinden wiederhergestellt wird (Schritt 4) (S. 6–7). Eine solche vierstufige Vorgehensweise hat mehr Aussichten auf Erfolg, als wenn man direkt ohne Umschweife zum Schritt 4 übergehen würde (S. 6). Beispielsweise statt eine Sitznachbarin im ÖPNV verärgert aufzufordern, ihre Fingernägel zu Hause zu lackieren, wäre es besser, an ihre empathische Seite zu appellieren: »Der strenge Geruch von Nagellack [Beobachtung] löst bei mir ein starkes Gefühl des Unwohlseins aus [Gefühle], weil ich auf solche Gerüche empfindlich reagiere und mich zugleich die krebserzeugende Wirkung von Inhaltsstoffen wie Formaldehyd beunruhigt [Bedürfnisse]. Ich hoffe, Sie können es nachvollziehen, wenn ich Sie darum bitte, damit aufzuhören [Bitte].«

Doch so einfach ist gewaltfreie Kommunikation nicht, der Teufel steckt im Detail. Zunächst schauen wir uns Gründe an, warum wir uns **häufig von unserer empathischen Natur entfremden.** Das passiert beispielsweise, wenn wir anfangen, **moralisch zu bewerten** (»Diese blöde Kuh lackiert sich einfach ignorant Fingernägel in der Bahn«). Der Fokus verschiebt sich dabei vom Sachlichen auf das Persönliche. Man beginnt dabei, handelnde Personen in Schubladen zu stecken – gut oder schlecht, unhöflich oder reflektiert, verantwortlich oder asozial (S. 15–16). Kommuniziert man also moralisch-wertend, dann sinkt die Wahrscheinlichkeit auf eine Kommunikation auf Augenhöhe (S. 17) und die Gefahr einer gewalttätigen Eskalation steigt (S. 18). Eine weitere Form der Bewertung ist ein **Vergleich**, z. B. »Als ich im Alter dieser blöden Kuh war, habe ich nicht gewagt, nur daran zu denken, mir in aller Öffentlichkeit die Fingernägel zu lackieren.« Vergleiche mit anderen Personen können auch zu einer Entfremdung mit sich selbst führen, d. h. eigenen Gefühlen und Bedürfnissen. Beispielsweise wenn man die eigenen Fähigkeiten mit denjenigen von Wolfgang Amadeus Mozart im Alter von 10 Jahren vergleicht (S. 18–19).

Eine weitere Form der Entfremdung ist die **Verweigerung, Verantwortung zu übernehmen,** indem man sich einredet, bestimmte alternativlose Dinge zu tun, z. B. »Ich habe die blöde Kuh beleidigt, weil sie es nicht anders verdient hat«. In diesem Fall kann man versuchen, eine Sprache der Alternativlosigkeit durch eine Sprache zu ersetzen, die ein Denken in Alternativen ermöglicht. (S. 20–21). »Ich habe die Dame zweimal höflich darauf aufmerksam gemacht. Sie ist nicht auf meine Bitte eingegangen. Soll ich mir deswegen den Morgen verderben? Ich habe mich einfach auf einen anderen freien Platz umgesetzt und die Sache war gegessen.« Auch eine **direkte Forderung** (»Hören Sie sofort mit dem Lackieren auf!«) oder eine Erwartung, was eine Person **für ihr Handeln verdient hätte** (»Eigentlich müsste man diesen Menschen aus dem Zug werfen«), kann unsere empathische Natur blockieren und zu unnötigen Eskalationen führen (S. 22–23).

Nun soll noch einmal im Detail auf die einzelnen Stufen der gewaltfreien Kommunikation eingegangen werden (▶ Dar. 19).

1. **Beobachtung:** Man sollte einen Konflikt **sachlich** (d. h. frei von Bewertungen) und spezifisch in **Zeit und Kontext** beschreiben (S. 26), z. B. »Ich beobachte, wie Sie die letzten 30 Minuten des Meetings auf ihrem Tablet gespielt haben.« Man sollte ferner versuchen, Beobachtungen von Bewertungen zu trennen. Also anstatt beispielsweise zu sagen: »XYZ prokrastiniert« ist eine neutralere Formulierung besser »XYZ fängt erst am letzten Tag vor dem Urlaub an, einen zeitkritischen Brief vom Finanzamt zu beantworten.« (S. 30–31). Dadurch reduziert man das Risiko, dass eine Aussage als Kritik empfunden wird und eine Abwehrreaktion erzeugt (S. 32).
2. **Gefühle:** Als nächstes sollte man **die eigenen Gefühle beschreiben**, die aus der Beobachtung resultieren. Sehr häufig beobachtet man, dass Menschen nie gelernt haben, auf differenzierte Gefühle bei sich zu achten, sie auszudrücken oder gar sich verbieten, über ihre Gefühle zu sprechen – weil man so erzogen ist, weil sich das in der jeweiligen Kultur nicht gehört oder weil man Angst hat, verletzlich zu wirken. Dabei könne das Verletzlich-Wirken nach ROSEBERG gerade helfen, Konflikte zu lösen, weil man damit sozusagen in empathische Vorleistung geht (S. 37–41). ROSERBERG schlägt vor, ein Vokabelheft für eigene Gefühle zu pflegen, wofür er eine Liste mit fast 250 Adjektiven unterbreitet (S. 43–46). Ferner sollte man aufpassen, Gefühle nicht mit Interpretation des Verhaltens anderer zu vermischen, z. B. statt »Wenn Du mich nicht begrüßt, dann fühle ich mich von Dir vernachlässigt.« besser »Wenn Du mich nicht an der Tür begrüßt, dann fühle ich mich etwas isoliert.« (S. 48, Beispiel Nr. 4).
3. **Bedürfnisse:** Anschließend sollte man die **Gefühle auf die eigenen Bedürfnisse** (Werte, Wünsche etc.) **zurückführen**. Denn häufig reagieren wir mit unseren Gefühlen direkt auf Handlungen der anderen, anstatt die Ursachen für unsere gefühlmäßige Reaktionen bei unseren Bedürfnissen zu suchen (S. 49). Wenn wir beispielsweise beschuldigt werden, selbstverbliebt zu sein, dann können wir a) die Schuld bei uns selbst, b) bei den anderen, c) nach der Ursache in unseren Gefühlen und Bedürfnissen oder d) in Gefühlen und Bedürfnissen der anderen suchen. Erst wenn wir unsere Gefühle mit unseren Bedürfnissen verbinden können, sind wir in der Lage, die Verantwortung für unsere Gefühle zu akzeptieren und empathisch zu kommunizieren (S. 49–50). Und wie im obigen Fall von Bedürfnissen fällt es uns häufig schwer, unsere Bedürfnisse zum Ausdruck zu bringen (S. 53). Grundlegende menschliche Bedürfnisse können u. a. sein: der Wunsch nach Autonomie, Wertschätzung, Unabhängigkeit, physischer Befriedigung, Unterhaltung, spiritueller Erfüllung usw. (S. 54–55). Die höchste Form der Akzeptanz der eigenen Bedürfnisse besteht darin, die volle Verantwortung für die eigenen Gefühle zu akzeptieren, jedoch nicht für die Gefühle der anderen (S. 61). Beispielsweise: »Manchmal sagen Menschen kritische Dinge über mich,

und ich fühle mich verletzt, weil ich es lieber mag, eine Anerkennung zu bekommen anstatt Kritik« (S. 66, Beispiel 7). Gleichzeitig aber sollte man niemals versuchen, eigene Bedürfnisse auf Kosten anderer zu befriedigen (S. 61).

4. **Bitten**: Im letzten Schritt bittet man darum, so zu handeln, dass das eigene Wohlbefinden wieder besser wird. Man sollte versuchen, eine positive Sprache zu nutzen, um für eine konkrete Handlung zu bitten, statt eine vage Andeutung zu formulieren (S. 69). Ferner sollte man versuchen, Bitten in Verbindung mit Gefühlen und Bedürfnissen zu formulieren, damit sie nicht als Forderungen interpretiert werden (S. 73). Insbesondere in Vereinen, Bürgerbewegungen etc. tritt das Bedürfnis in den Vordergrund, öffentlich Reden zu schwingen, anstatt konkrete Bitten zu formulieren. Dies führt häufig zu einer Diskursmüdigkeit (S. 77–79, 85). Bitten werden zu Forderungen, wenn bei Nichterfüllen Konsequenzen angedroht werden, man kritisiert wird, Schuldgefühle geweckt werden etc. (S. 79–80). Eine bittende Person sollte stattdessen Verständnis für die Bedürfnisse des Gegenübers äußern (S. 80).

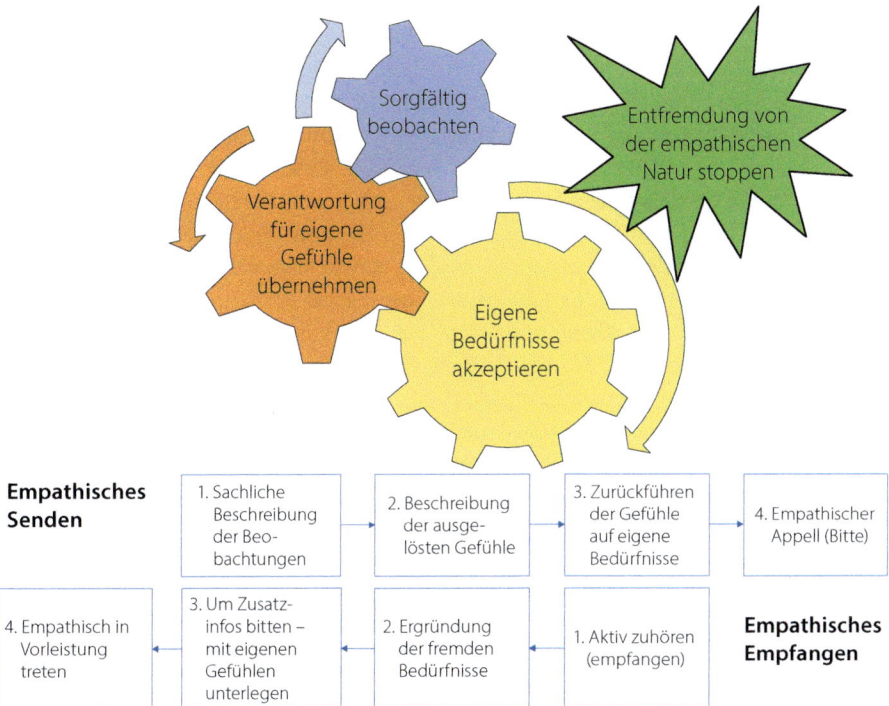

Dar. 19: Gewaltfreie Kommunikation (Eigene Darstellung in Anlehnung an ROSENBERG 2015)

Neben dem aufrichtigen Sendeprozess unter Berücksichtigung der obigen vier Parameter nimmt **das empathische Zuhören (Empfangen) eine zentrale Rolle** im Konzept der gewaltfreien Kommunikation ein. Anstatt eigene Gefühle oder

Positionen noch einmal zu erklären, sollte man zunächst durch aktives Zuhören (Empfangen) Beobachtungen, Gefühle, Bedürfnisse und Bitten der anderen sammeln (S. 104). Man sollte dabei insbesondere versuchen, die Bedürfnisse genauer zu ergründen (S. 95). Eine Möglichkeit, Bedürfnisse besser herauszuarbeiten, ist die Botschaften des Gegenübers mit eigenen Worten zu paraphrasieren (S. 96). Wenn man um zusätzliche Informationen in einer Konfliktsituation bittet, sollte man zunächst die eigenen Gefühle zum Ausdruck bringen, z.B. »Ich bin gerade etwas konsterniert, weil ich Deine Situation besser verstehen möchte. Was hat dazu geführt, dass Du mich als eine solche Person betrachtest?« (S. 97). In jedem Fall sollte man versuchen, eine empathische Verbindung aufzubauen, indem man durch Zuhören empathisch in Vorleistung tritt (S. 104).

Gewaltfreie Kommunikation ist eine Riesenbewegung, die in den USA seit den 1960er-Jahren groß geworden ist. ROSENBERG (2015) enthält darüber hinaus Hinweise für Mediationssituation, Anwendung von Gewalt, aber auch vor allem, wie man gewaltfreie Kommunikation nutzen kann, um daran zu wachsen. 1984 wurde durch Marshall Rosenberg das gemeinnützige »**Center for Non-Violent Communication**« (CNVC) gegründet, welches ein Netzwerk von mehr als 900 Trainerinnen in 65 Ländern unterhält und auf über 75.000 Trainingseinheiten zurückblicken kann (CENTER FOR NONVIOLENT COMMUNICATION o. J.).

Trotz der großen Verbreitung der Methode gibt es nur vereinzelt **seriöse Studien, die die Wirksamkeit von gewaltfreier Kommunikation empirisch untersucht haben** (WACKER/DZIOBEK 2018, S. 142). Eine Studie hat beispielsweise positive Effekte bestätigt, dass ein entsprechendes Training in gewaltfreier Kommunikation langfristig Kommunikationskompetenzen und Empathie von im Gesundheitssektor arbeitenden Personen verbessert sowie dadurch den sozialen Stress senkt (S. 142-143, 146-147). Es gibt zahlreiche skeptische Stimmen zur Praktizierbarkeit von gewaltfreier Kommunikation, die aber genauso subjektiv sind wie die Anwendung der Methode. Natürlich kann man hinterfragen, ob man mit einer psychopathischen Person eine empathische Kommunikation aufbauen kann. Dies trifft umso mehr zu, wenn zwischenmenschliche Beziehungen in den Hintergrund und dafür geschäftliche sowie politische Interessen in den Vordergrund rücken wie in beruflichen und zwischenstaatlichen Kontexten. In diesen Fällen wird gewaltfreie Kommunikation vermutlich eher machtlos sein. Auf der anderen Seite ist gewaltfreie Kommunikation ein fester Bestandteil der Ausbildung von Sicherheitskräften im polizeilichen Dienst. In jedem Fall kann eine weitergehende Beschäftigung mit gewaltfreier Kommunikation eine wertvolle Investition in die eigene persönliche Entwicklung und kommunikative Kompetenz darstellen.

Lesehinweise

- Rosenberg, M. B.: Nonviolent communication. A language of life; empathy, collaboration, authenticity, freedom, 3rd edition, Encinitas, CA 2015 (erstmalig 1999 publiziert), S. 1-111. (deutsche Übersetzung: Rosenberg, M. B.:

Gewaltfreie Kommunikation. Eine Sprache des Lebens, 12. Auflage, Paderborn 2016). [Primärquelle]
- Pásztor, S./Gens, K.-D.: Mach doch, was du willst. Gewaltfreie Kommunikation am Arbeitsplatz, Paderborn 2005. [berufsrelevante Darstellung]
- Leitner, Barbara: Eine Sprache des Herzens, 25.07.2020, https://www.deutschlandfunkkultur.de/lange-nacht-ueber-gewaltfreie-kommunikation-eine-sprache-100.html, letzter Zugriff: 09.08.2024. [Lesetipp]

2.7 »Negotiation on the merits« (FISHER et al.)

Zentrale Erkenntnisse

- Das Harvard-Konzept, auch bekannt als »negotiation on the merits« oder »principled negotiation«, ist eine Verhandlungsmethodik, die von den Juristen Roger Fisher und William Ury Ende der 1970er-Jahre an der Harvard Law School entwickelt wurde. Diese Methode fand breite Anwendung, u. a. in den 1970er- und 1980er-Jahren im Nahostkonflikt. Die zentrale Botschaft des Harvard-Konzepts lautet: Statt sich auf Positionen zu versteifen, sollten die Interessen aller Verhandlungsparteien in den Mittelpunkt gestellt werden. Dies wird unterstützt durch die Entwicklung mehrerer Lösungsoptionen, die Trennung zwischen sachlichen und menschlichen Aspekten einer Verhandlungssituation sowie durch die Nutzung objektiver Bewertungskriterien. Durch diesen Ansatz können Verhandlungsergebnisse erzielt werden, die beide Seiten zufriedenstellen, weniger konfliktreich in der Umsetzung sind und schneller sowie stressärmer erreicht werden können.
- Die Kernaussage des Konzeptes besteht darin, weich zu den Menschen und hart in der Sache zu sein. Das sei die Voraussetzung für eine erfolgreiche Verhandlung. Ferner werden Empfehlungen zum Umgang mit ungleich verteilter Verhandlungsmacht (Best Alternative to Negotiated Agreement, BATNA) sowie manipulativen Techniken gegeben.
- »Everyone negotiates something every day. Like Molière's Monsieur Jourdain, who was delighted to learn that he had been speaking prose all his life, people negotiate even when then they don't think of themselves as doing so. You negotiate with your spouse about where to go for dinner and with your child about when the lights go out. Negotiation is a basic means of getting what you want from others.« (FISHER et al. 2012, S. XXV)
- Das Harvard-Konzept ist Pflichtlektüre für Betriebswirtinnen und Juristinnen. Dennoch darf man nicht erwarten, dass es Lösungen auf alle Probleme der Verhandlungspraxis enthält. Diese Lücke lässt sich nur durch Erfahrung kompensieren. Außerdem machen interkulturelle Verhandlungssituationen

> noch eine weitere mächtige Dimension auf, zu der das Harvard-Konzept sich
> nur recht allgemein verhält.
> - Modellgebiete: Recht, BWL, Psychologie, Mediationspraxis

Haben Sie schon einmal verhandelt – auf dem Trödelmarkt, in einem Elektrofachgeschäft, auf dem Gemüsemarkt, in der Prüfungseinsicht, mit Ihren Eltern, Geschwistern, Partnerinnen, im Bewerbungsgespräch, mit Kolleginnen? Wahrscheinlich haben Sie diese und die anderen vielfältigen Situationen meistens gar nicht als Verhandlungen wahrgenommen. Dabei ist Verhandeln eine alltägliche Aktivität, um uns von Anderen das zu verschaffen, was wir haben wollen. **Verhandlung wird als wechselseitige Kommunikation definiert, um eine Einigung zu erzielen.** Dabei wird angenommen, dass man mit der anderen Verhandlungsseite einige Interessen teilt und in anderen Interessensfeldern konfligiert (oder zumindest unterschiedliche Interessen hat) (FISHER et al. 2012, S. XXV).

Das Ausgangsproblem ist, dass wir in der Regel **intuitiv über Positionen verhandeln**. Eine Verhandlung mit Teenagern über die Schlafenszeit um 22 Uhr kann ganz schnell eskalieren, wenn man bestimmte Forderungen in einem drohenden Ton formuliert (»Ihr habt bereits um 21.45 Uhr die Zähne geputzt, sonst gibt es für die nächsten vier Wochen kein Netflix«). Die Gegenposition wird möglicherweise sein, dass man voller Absicht immer wieder die zeitlichen Grenzen testet (»Ist das wirklich schon so spät?«) und sich auf vermeintlich inhaltliche Gründe beruft (»Ich habe doch so viele Hausaufgaben, so dass ich bis spät abends lernen muss! Willst du, dass ich schlechte Noten bekomme?«). Am Ende würde man sich immer wieder auf Positionen versteifen, ohne dass es langfristig zu einer Einigung kommt (S. 3).

Eine **gute Verhandlungsmethode** sollte (1) legitime Interessen dauerhaft miteinander in Einklang bringen können (soweit möglich), (2) und zwar in möglichst kurzer Zeit (effizient), und (3) dabei die Beziehung zwischen den Verhandlungsparteien verbessern oder zumindest nicht beschädigen. Ein **Verhandeln über Positionen** wie im obigen Beispiel ist demnach eine suboptimale Verhandlungsmethode (S. 4), denn sie erfüllt diese Kriterien nicht. Am Ende fühlen sich die Verhandlungsseiten dazu berufen, ihre Positionen zu verteidigen, um u. a. ihr Gesicht zu wahren etc. Es wird zu wenig auf die zugrundeliegenden Interessen geachtet (S. 4–5). Es werden auch extreme Positionen (»Der Preis für meinen 10 Jahre alten Ford Fiesta liegt bei 90 Tsd. Euro«) formuliert, um sich in der Mitte zu treffen. Das verlängert wiederum den Verhandlungsprozess (S. 6–7). Ferner gefährdet Verhandeln über Positionen die Beziehungsqualität, weil man am Ende zu Ultimaten neigt (Eltern: »Du bekommst ein lebenslanges Netflix-Verbot!« vs. Kind: »Dann bezahle ich selbst ein Netflix-Abo, und du kannst mir das nicht verbieten«). (S. 7). Multilaterale Verhandlungssettings mit vielen Verhandlungsparteien – wie beispielsweise in der UNO – machen ein Verhandeln über Positionen zu einem Albtraum (S. 8).

Über Positionen verhandeln kann man auf harte und weiche Weise. Jede dieser extremen Vorgehensweisen hat ihre Eigenschaften. Am Ende wird eine **harte**

Verhandlungsweise dazu führen, dass eine Verhandlung sich darum dreht, wer am Ende den stärkeren Willen hat. Man wird versuchen, sich mit allen verfügbaren (auch unfairen) Mitteln durchzusetzen. Dagegen zielt eine **weiche Verhandlungsweise** auf den Erhalt einer Beziehung ab, riskiert dafür ein schlechtes Verhandlungsergebnis, wenn die hart verhandelnde Seite das schamlos ausnutzt (S. 10).

Die als Harvard-Konzept bekannte Verhandlungsmethode schlägt dagegen eine **Verhandlung auf der Basis von Prinzipien** (»principled negotiation«) bzw. eine **Verhandlung in der Sache** (»negotiation on the merits«) vor (▶ Dar. 20). Sie ist als eine Metakommunikation einer Verhandlung zu begreifen (S. 10–11). Diese Verhandlungsmethode verspricht, ein qualitativ besseres Verhandlungsergebnis zu erzielen, und zwar auf eine effizientere Art und unter Beibehaltung einer intakten Beziehung zu den Verhandlungspartnerinnen. Die zugrundeliegenden Prinzipien des Harvard-Konzeptes können auf folgende Punkte heruntergebrochen werden (S. 11):

1. Sei freundlich zu den **Menschen**, aber hart in der Sache.
2. Fokussiere Dich auf **Interessen**, nicht auf Verhandlungspositionen.
3. Entwickle ergebnisoffen eine Vielzahl von **Optionen**, die auf gemeinsame Verhandlungsgewinne abzielen.
4. Bewerte Verhandlungsergebnisse nach **objektiven Kriterien**.

Dar. 20: Das Harvard-Konzept der Verhandlung (Eigene Darstellung in Anlehnung an FISCHER et al. 2012)

Prinzip 1: »Sei freundlich zu den Menschen, aber hart in der Sache«

Egal, welches Thema verhandelt wird, sitzen auf der anderen Verhandlungsseite immer Menschen, die bestimmte Emotionen, Werte, Hintergründe und Meinungen haben (S. 20–21). Deshalb färben menschliche Aspekte häufig sehr intensiv auf die Verhandlungsinhalte ab (S. 22). Das führt zu einer unnötigen Komplexität im Verhandlungsprozess. Es ist daher ratsam, die **Beziehungsebene von der Sachebene zu trennen**. Eine gute Beziehung ist die Basis für bessere Verhandlungsergebnisse. Eine Beziehung soll auf keinen Fall durch Zugeständnisse auf der Sachebene, sondern durch gegenseitig verstandene Wahrnehmungen und Emotionen sowie eine wertschätzende Kommunikation etabliert werden (S. 23–24).

Um die eigene **Wahrnehmungsperspektive** zu reflektieren, sollte man sich folgende Fragen stellen: Schenke ich den Beziehungsproblemen eine ausreichende Aufmerksamkeit (S. 21)? Welche Ängste und Hoffnungen hat die andere Verhandlungsseite (S. 24–25)? Leite ich die Ängste der anderen Verhandlungsseite aus meinen eigenen Ängsten ab (S. 26–27)? Mache ich die andere Verhandlungsseite für meine Probleme verantwortlich (S. 27)? Habe ich mit der anderen Verhandlungsseite unsere gegenseitigen Wahrnehmungen diskutiert (S. 27–28)? Räume ich der anderen Verhandlungsseite eine ausreichende Beteiligungsmöglichkeit ein (S. 29–30)? Bedrohen meine Verhandlungsvorschläge die Gesichtswahrung der anderen Verhandlungsseite (S. 30–31)?

Ein Verständnis der eigenen **Emotionen** sowie der Emotionen der anderen Verhandlungsseite ist essenziell. Negative Emotionen auf der einen Seite können leicht zu negativen Emotionen auf der anderen Seite führen, was wiederum die Wahrscheinlichkeit einer Eskalation des Konfliktes erhöht (S. 31). Warum ärgere ich mich? Warum ärgert sich die andere Seite (S. 32)? Solche und andere Emotionen können unterschiedliche Gründe haben. In jedem Fall ist es ratsam, alle wahrgenommenen Emotionen – ob eigene oder von der anderen Verhandlungsseite – explizit zu benennen und als legitim anzuerkennen (S. 33). Erlauben Sie der anderen Seite, ihren Ärger freien Lauf zu lassen. Statt auf deren Attacken zu antworten, versuchen Sie, die andere Seite durch aufmerksames Zuhören besser zu verstehen (S. 34).

Eine Verhandlung ohne **Kommunikation** ist nicht möglich (S. 35). Verhandlungsseiten können häufig aneinander vorbei sprechen. Aufmerksames Zuhören und vorsichtiges Nachfragen bei Unklarheiten sind hier die Mittel der Wahl. Und natürlich sollte man sich an der eigenen Nase fassen: Bevor man überhaupt etwas Wichtiges sagt, genau überlegen, was, wozu und wie man etwas sagen möchte (S. 37–39).

Insgesamt sollte man als Präventivmaßnahme in eine solide Arbeitsbeziehung investieren. Vor dem Start irgendwelcher Verhandlungen sollte man zunächst beispielsweise durch ein gemeinsames Mittagessen, einen Museumsbesuch oder Karaoke-Singen eine persönliche Beziehung aufbauen. Insgesamt ist es wichtig, sich zu vergegenwärtigen, dass das »people problem« nicht eine einmalige Erscheinung ist, sondern eine, an der man ständig arbeiten sollte (S. 39–41).

Prinzip 2: »Fokussiere Dich auf Interessen, nicht auf Verhandlungspositionen«

Welche Interessen könnten hinter der Forderung der Eltern aus dem obigen Beispiel stecken, die Schlafenszeit unbedingt einzuhalten? Ist man um eine ausreichende Ruhezeit besorgt, die für die Entwicklung im jungen Alter wichtig ist? Oder möchte man irgendwann mal Ruhe haben? Analog bei den Kindern: Fühlt man sich in seiner Autonomie eingeschränkt? Möchte man den Erwachsenen gleich sein? Ist man mit seinem Zeitmanagement nicht zurechtgekommen? Oder will man einfach noch nicht schlafen?

Unterschiedliche Positionen müssen nicht unbedingt mit **unterschiedlichen Interessen** verbunden sein. Häufig liegen dahinter auch **gemeinsame Interessen** (S. 44). Beispielsweise wollen sowohl Kinder als auch Eltern eine gewisse abendliche Ruhe. Aber solange man sich genügend Spielraum lässt (»kannst auch mal 15 Minuten später ins Bett gehen«), und respektvoll miteinander umgeht, dann funktioniert vielleicht auch das Zubettgehen.

Und auch **abweichende Interessen** sind für eine Einigung prädestiniert, **da sie häufig miteinander kompatibel sind** und beide Parteien hartnäckig genug suchen (S. 45). Dies verdeutlich die klassische Orangen-Übung, bei der zwei Parteien um eine Lieferung von Orangen verhandeln. Die eine Partei braucht Schale für eine Arznei, die andere Partei das Fruchtfleisch für den Orangensaft. Bei starrem Positionsdenken würde man versuchen, die jeweils andere Partei zu überzeugen, sich vielleicht zu überbieten oder auch die Lieferung untereinander aufteilen. Schaut man jedoch auf die Interessen, merkt man, dass beide Parteien eigentlich vollumfänglich ihre Interessen realisieren können, ohne sich wirklich in die Quere zu kommen und wahrscheinlich sogar zu einem Teil der Kosten.

Wie identifiziert man Interessen der **anderen Verhandlungsseite?** Indem man die Gründe für die Positionen hinterfragt und ergründet, warum nicht alternative Positionen eingenommen wurden (»why not?«) (S. 46). Ferner sollte man sich vergegenwärtigen, dass jede Seite unterschiedliche, möglicherweise auch widersprüchliche Interessen hat (S. 49). Eine wichtige Quelle von Interessen sind menschliche Bedürfnisse wie Sicherheit, wirtschaftliches Wohlergehen, Zugehörigkeit, Anerkennung, Kontrolle über das eigene Leben etc. (S. 50). Um den Überblick nicht zu verlieren, sollte man sich eine Liste von identifizierten Interessen anfertigen (S. 51).

Wie redet man über die **eigenen Interessen**, ohne sich in Positionen zu verschließen? Man sollte die eigenen Interessen so lebendig wie möglich artikulieren. Und zwar nicht als einfache Beschreibung, sondern vor allem die Konsequenzen der Problemlage skizzieren. Es empfiehlt sich dabei, möglichst spezifisch zu sein (S. 52–53).

Kommunikation über die Interessen ist ein schmaler Grat, denn Menschen tendieren immer wieder dazu, die Sach- und Beziehungsaspekte zu vermischen. Um eine Kommunikation in beide Richtungen zu etablieren, empfiehlt es sich, der anderen Verhandlungsseite das Verständnis zu signalisieren, indem man ihre Interessen immer wieder zusammenfasst und sich nach der Richtigkeit der zusammenfassten Aussagen erkundigt (S. 53). Beispielsweise: »Du willst zwar schon um 22 Uhr ins Bett gehen, aber eigenständig entscheiden, ob das mal ein paar Minuten später sind. Habe ich das richtig verstanden?« Die andere Verhandlungsseite wird eher zuhören, wenn man auch ihre Interessensartikulationen akzeptabel findet (S. 55). Man sollte aber dabei nicht zögern, die eigenen Interessen mit aller Härte vertreten. Nur wenn beide Seiten ihre Interessen vehement vertreten, können neue Lösungsräume entstehen (S. 55–56). Gleichzeitig sollte man höflich kommunizieren, zuhören, um deutlich zu machen, dass man das Problem attackiert, jedoch nicht die Menschen (S. 56).

Prinzip 3: »Entwickle ergebnisoffen eine Vielzahl von Optionen, die auf gemeinsame Verhandlungsgewinne abzielen«

Ähnlich wie in einem Brainstorming, sollen zunächst **möglichst viele Ideen generiert werden**, ohne sie zu bewerten (S. 49). In dieser Phase ist es schädlich, nach der einzig richtigen Antwort zu suchen, denn der Lösungsraum ist nicht statisch und kann mit Identifikation von neuen Optionen wachsen (S. 50–51). Außerdem sollte man stets Win-win-Lösungen anstreben und nicht dem Motto »Probleme der anderen Verhandlungsseite sind deren eigenen Probleme« folgen (S. 51). Brainstorming kann zunächst mit ausgewählten Teilnehmerinnen der eigenen Verhandlungsseite praktiziert werden, um nicht zu viele Informationen über die eigene Verhandlungsposition zu verraten. Auch Brainstorming mit der anderen Verhandlungsseite kann in Erwägung gezogen werden (S. 65).

Man sollte auch **bereits identifizierte Optionen weiterentwickeln** und aus verschiedenen Prozess- (z. B. Problem-, Analyse, Lösungs- und Umsetzungsperspektiven) und Fachperspektiven (Recht, Geschäftsmodelle, psychologischer Umgang etc.) betrachten (S. 67–71). Ferner sollte man verschiedene Optionen weiter ausdifferenzieren, indem man alle Bestandteile in stärkere und schwächere Zwischenstufen zerlegt, z. B. statt finaler eher vorläufige Verhandlungsergebnisse, statt Einigung auf fundamental Dinge eher Einigung auf den Prozess (S. 71). Auch eine Aufteilung des verhandelten Problems in kleinere Teilprobleme ist eine Möglichkeit, um die Komplexität der Verhandlungssache zu reduzieren (S. 72).

Schließlich sollte man **gemeinsame Interessen** analysieren, die normalerweise jeder Verhandlung zugrunde liegen. Man sollte sich folgende Fragen stellen: Gibt es ein gemeinsames Interesse, die Partnerschaft mit der anderen Verhandlungsseite zu erhalten? Welche Gelegenheiten und gegenseitige Vorteile können aus einer solchen Partnerschaft künftig gewonnen werden? Welche Kosten würden beim Verhandlungsabbruch entstehen? Gibt es gemeinsame Prinzipien wie beispielsweise ein fairer Preis, auf denen man aufbauen könnte? Sofern solche gemeinsamen Gelegenheiten gegeben sind, sollte man versuchen, gemeinsame Ziele zu formulieren. Außerdem können gemeinsame Interessen eine Verhandlung harmonischer werden lassen (S. 74).

Abweichende Interessen können für eine Einigung in vielen Fällen von Vorteil sein. Um abweichende Interessen zu identifizieren, sollte man sich fragen, ob es abweichende Glaubenssätze, zeitliche Vorstellungen, Zukunftsbewertungen, Risikoeinstellungen etc. gibt. Unterschiede können eine kreative Verhandlung erst in Gang setzen. Ein möglicher Weg, unterschiedliche Interessen auszugleichen, liegt darin, mehrere Optionen zu erarbeiten und dann nach Präferenzen der anderen Verhandlungsseite zu fragen, z. B. Schlafzeit ab 22.30 Uhr und dreimal die Woche Staubsaugen oder 21.45 Uhr und einmal die Woche Küchendienst (S. 76–77)?

Prinzip 4: »Bewerte Verhandlungsergebnisse nach objektiven Kriterien«

Schließlich sollen die erzielten Verhandlungsergebnisse in einer Vereinbarung verankert werden. Hierbei sollten sie auf der Basis objektiv nachvollziehbarer Kennzahlen festgelegt werden, z. B. Marktpreise, der Marktzins LIBOR, wissenschaftlicher Standards, Kostensteigerungen etc. (S. 84–86). Die Kriterien sollten als Mindestvoraussetzung unabhängig vom Willen der Gegenseite sein (S. 86). Zur Klärung von Disputen im Rahmen von Vereinbarungen sollten Verfahren etabliert werden, z. B. für eine vermittelnde Stelle (S. 87). Dabei sollte man sich vom Druck der Gegenseite nicht beeindrucken lassen: ob manipulative Aufrufe (»Vertrauen Sie mir nicht?«), Weigerung zu verhandeln (»Das ist unsere Unternehmenspolitik!«, »Es ist mein letztes Angebot«), Bestechung (»Wenn Sie mir entgegenkommen, schaue ich, ob ihrem Freund XY ein Bewerbungsgespräch verschaffen kann.«). Man sollte sich weigern, auf diese Weise zu verhandeln, außer auf der Basis objektiv beobachtbarer Kriterien. Darauf sollte man bestehen und zugleich offen für Bewertungsideen der anderen Verhandlungsseite sein (S. 90–92).

Zum Schluss werden drei besondere Verhandlungssituationen unterschieden:

1. **Was passiert, wenn die andere Verhandlungsseite über mehr Verhandlungsmacht verfügt?**
In jeder Verhandlungssituation gibt es Realitäten, die man nicht einfach verändern kann. Insbesondere kann die andere Verhandlungsseite am längeren Hebel sitzen. Um dennoch eine gewisse Machtposition aufzubauen und zugleich sich Mindeststandards für Vereinbarungen zu setzen, sollte man als Lösung eine BATNA (Best Alternative to a Negotiated Agreement, »beste Alternative zu einer Vereinbarung«) entwickeln. Eine BATNA ist eine Referenzoption, die helfen soll, sowohl nach Über- (»ich habe doch so viele Möglichkeiten«) wie Unterschätzungen (»ich habe gar keine andere Möglichkeit, als mich auf die Vereinbarung einzulassen«) zu erkennen. Ein Verhandlungsergebnis sollte die BATNA mindestens übertreffen, ansonsten stellt es keine Verbesserung gegenüber der Ausgangssituation dar (S. 99–192). Um eine BATNA zu entwickeln, sollte man kreativ

an die Sache herangehen, indem man sich fragt: Welche anderen Ergebnisse sind möglich, wenn kein Verhandlungsergebnis zustande kommt? Welche dieser Alternativen können umgesetzt werden? Welche dieser Alternativen ist die vielversprechendste? Je attraktiver eine BATNA ist, desto mehr Verhandlungsspielraum hat man. Man sollte sich allerdings auch fragen, welche BATNA die andere Verhandlungsseite hat. Wenn man es schafft, der anderen Verhandlungsseite glaubhaft Nutzen aus einer möglichen Einigung anbieten, die die gegnerische BATNA übertrifft, dann kann man so ihre Verhandlungsmacht eindämmen (S. 105–107).

2. **Was, wenn die andere Verhandlungsseite nicht nach Interessen, sondern weiterhin nach Positionen verhandeln möchte?**
Hier sollte man zunächst auf die oben beschriebenen Verhandlungsprinzipien konzentrieren. Eine solche Verhandlungsvorgehensweise sei ansteckend, so die Autorinnen (S. 109). Sollte dies nicht funktionieren, dann wird eine an Jiu-Jitsu angelehnte Vorgehensweise empfohlen. Der Tradition dieser Kampfkunst folgend sollte man persönliche Angriffe und Druck von sich abprallen lassen. Stattdessen sollte man nicht direkt angreifen, sondern die eigene Kraft ausschließlich gegen das Problem richten. So versucht man, die Interessen hinter den Positionen durch (ggf. hypothetische) Fragen abzutasten, etwa in der Form: »Was würden Sie an meiner Stelle tun?« (S. 110–114) Sollte das nicht funktionieren, dann bliebe noch der Ansatz eines einheitlichen Textes (»one-text procedure«), der bestenfalls von einer unabhängigen Stelle ausgeführt werden sollte. Der Ansatz hilft, durch verschiedene Entwurfsversionen eines Textes, sich sukzessive einem Verhandlungsergebnis zu nähren (S. 114–115).

3. **Was, wenn die andere Verhandlungsseite manipulativ arbeitet?**
Hier sollte man zunächst die eigene Opferrolle ablegen und sich nicht zum Prellbock machen (S. 144–145). Stattdessen sollte man versuchen, das konkrete Muster der Manipulation zu erkennen (z. B. psychologischen Druck), dieses direkt zur Sprache zu bringen, die Legitimität solcher Tricks in Frage zu stellen, um Regeln für die weitere Verhandlung zu diskutieren (S. 132).

Die Prinzipien des Harvard-Verhandlungskonzeptes gehören zum BWL- oder Jura-Kanon. Sie sind relativ einfach zu beschreiben, doch der Teufel steckt im Detail und in der persönlichen Erfahrung. Interessant sind die indirekten Entlehnungen bei WATZLAWICK et al. (2011) zur Metakommunikation, Trennung von Sach- und Beziehungsebene, Interpunktion der Kommunikation etc. (▶ Kap. 2.3), ohne dass sie zitiert werden. Es lassen sich auch Parallelen zur gewaltfreien Kommunikation finden (▶ Kap. 2.6), z. B. in dem man über Gefühle und Bedürfnisse redet. Die Autorinnen zeigen sich am Ende ihres Werkes selbstkritisch, indem sie zugeben, nichts wirklich Neues erfunden zu haben, nur dass man vielleicht nun besser verstehe, warum bestimmte Verhandlungsansätze besser oder schlechter funktionieren würden (S. 149).

Kann man Sach- und Beziehungsaspekte wirklich komplett voneinander trennen? Wie stoisch muss man reagieren, wenn man beleidigt wird? Ein weiterer

Kritikpunkt ihres Konzeptes besteht, wie das Problem der ungleich verteilten Macht gelöst wird. Eigentlich umgehen die Autorinnen dieses elegant mit Hilfe des BATNA-Konzeptes, jedoch ist das in der Praxis alles andere als einfach anwendbar und seine Wirksamkeit ist begrenzt. Wenn die andere Verhandlungsseite nicht einlenkt und man auch nicht das Interesse an einer ernsthaften Verhandlung hat, dann kann das Konzept nicht konstruktiv eingesetzt werden. Es erfordert in jedem Fall viel Zeit und Geld, um Verhandlungen nach diesem Konzept zu praktizieren. Eine weitere interessante Dimension der Verhandlung, die im Buch ausgeblendet wird, sind interkulturelle Verhandlungen, da jede Kultur bestimmte Rituale und Eigenheiten aufweist.

> **Lesehinweise**
>
> - Fisher, R. et al.: Getting to yes. Negotiating an agreement without giving in, 3rd edition, London 2012 (erstmalig 1981 publiziert). (deutsche Übersetzung: Fisher, R. et al.: Das Harvard-Konzept. Die unschlagbare Methode für beste Verhandlungsergebnisse, 5. Auflage, München 2021). [Primärquelle]
> - Portner, J.: Besser verhandeln. Das Trainingsbuch, Offenbach 2010. [Lesetipp]
> - Roth, J.: Verhandeln auf Finnisch – Business-Talk mit eigenen Regeln, 18.12.2019, https://www.deutschlandfunk.de/verhandeln-auf-finnisch-business-talk-mit-eigenen-regeln-100.html, letzter Zugriff: 24.08.2024. [Beispiel für kulturelle Besonderheiten]

2.8 Scrum als Kommunikationsmodell (SCHWABER/SUTHERLAND)

> **Zentrale Erkenntnisse**
>
> - Scrum ist zwar kein Kommunikationsmodell im klassischen Sinne, aber ein weit verbreitetes Framework zur agilen Aufgabenbewältigung, das seit den 1990er-Jahren insbesondere in der Softwareentwicklung populär wurde. Unternehmen nutzen zahlreiche Ratgeber, Workshops und Zertifizierungen, um Scrum zu implementieren und sich so besser an eine sich ständig verändernde Umwelt anzupassen. Das Framework basiert auf Prinzipien wie Selbstorganisation, respektvollem Feedback und iterativen Prozessen. Es definiert spezifische Rollen, Sitzungstypen (Events) und Arbeitselemente (Artefakte), verzichtet dabei jedoch auf traditionelle Hierarchien und eine klar definierte Projektleiter-Position. Stattdessen übernimmt der Scrum Master die Rolle eines sog. Servant Leaders. Obwohl Scrum kein Kommunikationsmodell im engeren Sinne ist, beeinflusst es die Art und Weise der Teamkommunikation

systematisch. Dies geschieht durch die strukturierte Kombination seiner Elemente, die den Austausch und die Zusammenarbeit im Team optimieren sollen. Ferner erhöhen die iterativen Sprints, die transparente Überprüfung von Arbeitsergebnissen und die hohe Autonomie der Teammitglieder sowohl den Lernerfolg als auch die Produktivität von Scrum Teams.
- »Scrum is simple. Try it as is and determine if its philosophy, theory, and structure help to achieve goals and create value. The Scrum framework is purposefully incomplete, only defining the parts required to implement Scrum theory. Scrum is built upon by the collective intelligence of the people using it. Rather than provide people with detailed instructions, the rules of Scrum guide their relationships and interactions.« (SCHWABER/SUTHERLAND 2020, S. 3).
- Über Scrum scheiden sich die Geister – es sei zu vage, der Nutzen sei unklar und es passe nicht in die reale Unternehmenswelt. Dennoch beschäftigen sich immer mehr Unternehmen mit agilen Ansätzen wie Scrum. Anstatt eine umfassende Bewertung von Scrum vorzunehmen, versuchen wir, die Anwendung einiger kommunikationstheoretischer Elemente im Scrum-Kontext sichtbar zu machen. Beispiele hierfür sind: kleine Teamgröße (max. 10 Personen), der Einsatz der Metakommunikation, das Switchen zwischen Sach- und Beziehungsebenen in Events, die auf Problemverständnis statt auf Positionen beruhende Anforderungen (User Stories) sowie die iterative Steigerung der Produktivität im Sinne einer Erhöhung der »Self-Efficacy Expectation«. Darüber hinaus wird die Frage aufgeworfen, ob Conway's Law – die These, dass das Produkt die organisatorische Kommunikationsstruktur widerspiegelt – auf Scrum anwendbar ist. Es gibt sowohl Argumente dafür als auch dagegen.
- Modellgebiete: Informatik bzw. Softwareentwicklung, Organisationspsychologie

Scrum ist ein Framework, das sich als eine Art Baugerüst für Softwareprojekte seit den 1990er-Jahren etabliert hat. Scrum wird inzwischen für alle möglichen komplexen Aufgaben angewandt, deren Umfang (Scope) nicht hinreichend definiert ist. Wenn beispielsweise ein neues Produkt(-feature) entwickelt wird, ist meistens noch nicht klar, welche Merkmale von den Kundinnen gewünscht sind. Scrum ist die Antwort auf den **Paradigmenwechsel von der stabilen PESTEL- zur hochdynamischen VUCA-Welt**. PESTEL als Abkürzung steht stellvertretend für die Welt statischer Analysen à la Michael Porter: **P**olitical, **E**conomic, **S**ocial, **T**echnological, **E**nvironmental and **L**egal. VUCA dagegen ist der Inbegriff der heutigen unüberschaubaren Welt: **V**olatile, **U**ncertain, **C**omplex und **A**mbigious. Scrum hilft Teams, sich schnell und ressourcenschonend an neue Gegebenheiten anzupassen, in Umgebungen Transparenz zu schaffen und sich in Projekten zurechtzufinden, bei denen häufig zu Beginn unklar ist, was das erwünschte Ergebnis am Ende sein soll. Der Name »Scrum« ist eine aus Rugby übernommene Metapher für ein unübersichtliches, jedoch zielgerichtetes Gedränge im Team, das selbstorganisiert einer bestimmten Logik folgt und vom späteren Erfolg gekrönt sein soll. Scrum postuliert eine erfahrungsbasierte, ressourcenschonende (lean) und wertorientierte Vorgehensweise, die auf gegenseitigem respektvollem Feedback, iterativen Prozessen, Transparenz sowie Überprüfung und Mut zur ständigen Anpassung basiert (SCHWABER/SUTHERLAND 2020, S. 3–4).

Im Folgenden soll nur **ein kurzer Überblick** über das Scrum Framework gegeben werden. Das Ziel ist keine Einführung in Scrum, sondern eine Analyse aus kommunikationstheoretischer Perspektive. Im Scrum Framework gibt es eine Reihe von festgelegten Elementen:

- **Rollen** (in einem Scrum-Team):
    - max. 8 Expertinnen auf den relevanten Aufgabengebieten,
    - Scrum Master (eine Art Coach),
    - Product Owner (Vertreter der Stakeholder-Interessen),
    - ggf. Vertreterinnen von Stakeholdern in der Sprint Retrospective (S. 5–7).
- **Events** (werden iterativ wiederholt, solange nicht alle Aufgaben abgearbeitet sind):
    - Sprint (auf max. einen Monat definierte Arbeitsphase, die alle anderen Events beinhaltet),
    - Sprint Planning (Planung der zu erledigenden Aufgaben – max. 8 Stunden),
    - Daily Scrum (tägliches 15-minütiges Treffen für das Scrum Team, insbesondere die Expertinnen),
    - Sprint Review (Scrum Team präsentiert fertig gewordene Ergebnisse am Ende eines Sprints – max. 4 Stunden) und
    - Sprint Retrospective (Reflexionssitzung nur für Expertinnen und Scrum Master – max. 3. Stunden) (S. 7–10).
- **Artefakte** (Elemente, die während des Arbeitsprozesses entstehen):
    - Product Backlog (Menge an abzuarbeitender Arbeit, wird vom Product Owner gepflegt und ist die einzige Quelle für Produktanforderungen),
    - Sprint Backlog (Menge an abzuarbeitender Arbeit im konkreten Sprint – speist sich aus dem Product Backlog, wird exklusiv von den Expertinnen gepflegt),
    - Inkremente (einsatzfertige Produktelemente als Ergebnis eines Sprints),
    - Definition of Done (Definition für ein Produktmerkmal, um es als einsatzbereit zu bezeichnen). (S. 10–12).

Nach diesem kurzen Überblick sollen einzelne Scrum-Elemente aus der Kommunikationsperspektive bewertet werden. Zunächst schauen wir uns die **vorgeschriebene Teamgröße mit nicht mehr als 10 Personen** an, d. h. ohne Scrum Master und Product Owner verbleiben lediglich max. 8 Expertinnen. Warum eine solche drastische Beschränkung? Die Teams sollen hierarchiefrei und ohne untergeordnete Teams arbeiten. Dabei sollen sie interdisziplinär zusammengesetzt sein, so dass alle relevanten Kompetenzen darin enthalten sind (S. 5). Die **Teamgröße ist essenziell,** wenn eine unmittelbare intensive Kommunikation von allen Teammitgliedern zueinander möglich sein soll. Je größer das Team, desto mehr Kommunikations- und Konfliktmöglichkeiten. Bei 3 Teammitgliedern bestehen 3 solche Kontaktmöglichkeiten, bei 8 – bereits 28 und in einem Team von 16 Personen sind es 120 (▶ Dar. 21)! Sollten zumindest einige dieser Kommunikationskanäle konfliktbehaftet sein, berührt das – wie Kreise im Wasser – die anderen Kommunikationskanäle und die Zusammenarbeit im Team.

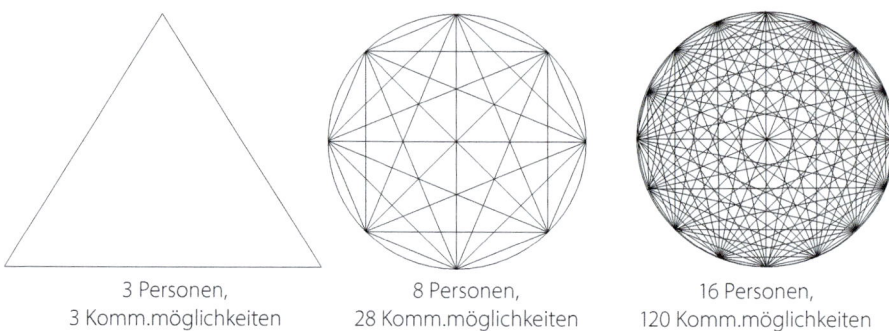

3 Personen,
3 Komm.möglichkeiten

8 Personen,
28 Komm.möglichkeiten

16 Personen,
120 Komm.möglichkeiten

Dar. 21: Zunehmende Komplexität bei steigender Teamgröße (Quelle: Eigene Darstellung in Anlehnung an STACK OVERFLOW 2015)

Der **Scrum Master** ist ein Kommunikationsphänomen für sich. Als Zeremonialmeister ist der Scrum Master für die Verbreitung der Werte von Scrum verantwortlich. Er ist dafür verantwortlich, dass das Team effektiv arbeitet und dem Team hilft, zu wachsen. Konkret coacht er die Teammitglieder, sich selbst zu organisieren und interdisziplinär zu arbeiten, hilft dem Team fokussiert zu bleiben, räumt organisatorische Hindernisse aus dem Weg und stellt sicher, dass die Events wie angedacht stattfinden. Scrum Master ist ein Leader (S. 6), ist aber keine Führungskraft im klassischen Sinne. Er ist zudem kein Teamleiter und schon gar nicht ein Projektmanager (letztere Rollenbezeichnung ist im Scrum Tabu). Vielmehr ist er ein Metakommunikator, der das gegenseitige Feedback ermöglicht.

Er wird häufig als **Servant Leader** bezeichnet, d. h. eine Führungskraft, die den Mitarbeitenden hilft, selbst Lösungen zu finden. Und zwar nicht nur bei Daily Scrum und bei der Ergebnispräsentation in der Sprint Review, sondern insbesondere bei der Sprint Retrospective. Während die ersteren Events schwerpunktmäßig der Kommunikation auf der Sachebene dienen, ist die Sprint Retrospective besonders dazu gedacht, Probleme auf der Beziehungsebene anzusprechen (▶ Kap. 2.3). Dabei ist das langfristige Ziel des Scrum Masters, das Team soweit selbstständig zu entwickeln, um sich überflüssig zu machen (WATTS 2021, S. 38).

Ferner ist eine übliche Scrum-Praxis, die Anforderungen des Backlogs als **User Stories** zu formulieren. Dabei werden nicht die konkreten Lösungsanforderungen definiert, sondern vielmehr Aussagen von Kundinnen und Stakeholdern in der

Form: »Als Studierende (Userin) möchte ich, dass ich meine Noten nach Veröffentlichung im Prüfungssystem zeitnah erfahre (Feature), um mich schneller auf mögliche Praktika bewerben zu können (zu lösendes Problem).« Hier geht es weniger um Positionen, sondern um Interessen, dass bestimmte Probleme gelöst werden (KACZOR 2019) (▶ Kap. 2.7). Die Expertinnen im Scrum Team entscheiden autonom, wie die Lösung für das formulierte Problem ist.

Als Weiteres betrachten wir die hohe Selbstverantwortung des Teams für die Ergebnisqualität, die Selbstverpflichtung zur Auslieferung fertiger Inkremente (Produktfeatures) am Ende des jeweiligen Sprints sowie die iterativen Sprints. Das **Qualitätsverständnis** eines Teams wird im Rahmen einer Definition of Done vereinbart, z. B. jedes Produktfeature wurde gegen User Story geprüft, auf Fehlerfreiheit getestet und zur späteren möglichen Weiterentwicklung dokumentiert. Nur wenn ein Inkrement die Definition of Done erfüllt, wird es im Sprint Review vorgestellt. Die ausschließliche **Auslieferung fertiger Inkremente** soll einerseits einen systematischen Fluss von benutzerfertigen Produktelementen ermöglichen, um die Unterstützung der Stakeholder zu sichern.

Andererseits können systematisch produzierten Produktfeatures und ihre beobachtbare Nützlichkeit durch Abnahme in Spint Reviews zu einer iterativen **Erhöhung der »Self-Efficacy Expectation«** der Teammitglieder führen. »Self-Efficacy« ist ein Konzept von Albert Bandura, einem der bedeutendsten Psychologen des letzten Jahrhunderts, und besagt: Die Erwartung (Glaube) an die eigene Wirksamkeit hat positive Motivationswirkungen auf Menschen in Bezug auf ihre Anstrengungen, ein Problem zu lösen, und folglich ihr Lernverhalten, welches wiederum diesbezüglich Fähigkeiten verstärken soll (BANDURA 1977, S. 193–195). Mit jedem zusätzlichen Sprint (Iteration) erhöht sich die Self-Efficacy Expectation der Teammitglieder und folglich ihre Produktivität. Diese Prozesse werden durch transparente Handhabung von User Stories in den Product und Sprint Backlogs sowie ihre Abarbeitung in Sprints unterstützt.

Schließlich widmen wir uns der Frage, ob Scrum eine Lösung für das sog. **Conway's Law** sein kann. CONWAY (1968) hat eine Mirror-Hypothese formuliert, die besagt, dass **Produkte die Kommunikationsstrukturen der Organisationen widerspiegeln, die sie herstellen**. Mit anderen Worten: Die Art und Weise wie in Teams kommuniziert und organisiert sind, prägt maßgeblich die Struktur und Funktionalität des resultierenden Produkts. Wenn es beispielsweise für die Erarbeitung einer Lösung vier Arbeitsgruppen gibt, dann werden auch vier Lösungen herauskommen, die, je nach Grad der Zusammenarbeit dieser Arbeitsgruppen, mal besser oder schlechter miteinander verzahnt sind. Webseiten von staatlichen Institutionen, z. B. von Hochschulen und Ministerien, sind ein gut zugängliches Beispiel für Conway's Law. Haben Sie sich schon gewundert, warum bestimmte Webseiten unaufgeräumt sind? Hierin könnte eine Erklärung liegen. Für die Hypothese von Conway gibt es auch eine Reihe von empirischen Studien, die für ihre Gültigkeit sprechen (z. B. MACCORMACK et al. 2012). HERBSLEB/GRINTER (1999) sehen eine Möglichkeit, Kommunikationsgrenzen zu überwinden, indem eine informelle Kommunikation zwischen relevanten Entwicklern gefördert wird.

Da Scrum diese informelle Zusammenarbeit im Team fördert, könnte es eine Lösung sein, die **Beschränkungen von Conway's Law zu überwinden**? Es lassen sich eine Reihe von Argumenten finden, die dafürsprechen. Das Scrum Team soll crossfunktional zusammengesetzt sein, d. h. alle Mitglieder sollen über alle erforderlichen Fähigkeiten verfügen, um eine wertvolle Arbeit zu leisten (SCHWABER/SUTHERLAND 2020, S. 5). Die einzige Schnittstelle zu den Kundeninteressen (Stackholdern) ist der Product Owner (S. 5–6). Die Aufgabe des Scrum Teams besteht darin, einen Wert für die Organisation zu erzeugen, anstatt bestimmte vorgegebene Lösungen auszuarbeiten (S. 8–9). Das Scrum Team ist verantwortlich für die Qualität der entwickelten Produktelemente, indem es einer Definition of Done folgt (S. 12). Das heißt auch, dass die Produktinkremente nicht mehr von anderen Teams getestet, sondern einsatzbereit ausgeliefert werden.

Damit lassen sich in der Theorie organisationale Grenzen durchaus überwinden, aber es gibt auch **Gegenargumente**. Es ist jedoch häufig so, dass es Scrum-fremde Elemente eingeschleust werden, (z. B. Projektmanagerinnen), es spielen Hierarchien weiterhin in die Scrum Teams hinein usw. Und schließlich stellt sich die Frage, wenn an einem Produkt mehrere Scrum Teams arbeiten, die dann miteinander synchronisiert werden sollen, z. B. Scrum Nexus (SCRUM.ORG 2021). Hier könnten neue Kommunikationsgrenzen aufkommen, die nicht ohne Weiteres behoben werden können.

Insgesamt ist festzuhalten, dass man die Magie von Scrum nur bedingt wissenschaftlich wiedergeben kann, man muss sie erlebt haben. Der Scrum Guide ist ein auf Erfahrungen basierender Leitfaden, der implizit auf viele kommunikationstheoretische Überlegungen zurückgreift. Dazu gehören das kontinuierliche Feedback, die Betonung der Offenheit, die Fokussierung der Sach- und Beziehungsebenen in verschiedenen Meeting-Typen, die Rolle des Scrum Masters als Metakommunikator statt als klassische Führungskraft, die systematische Steigerung der Self-Efficacy Expectation der Teammitglieder mit jedem Sprint sowie das Verständnis von Nutzermotivationen hinter den Produktanforderungen, die in User Stories formuliert werden.

Auch gibt es Anhaltspunkte, wonach Scrum geeignet wäre, um die organisationalen Beschränkungen von Conway's Laws zu überwinden. Auf der anderen Seite ist Scrum in der praktischen Implementierung alles andere als einheitlich; das trifft auch auf die handelnden Personen zu. Unabhängig von Managementkonzepten, Frameworks und Modellen stehen die Menschen im Vordergrund – hier können »ältere« Kommunikationstechniken aus diesem Buch mindestens genauso wertvoll sein.

Lesehinweise

- Schwaber, K./Sutherland, J.: The Scrum Guide. The Definitive Guide to Scrum: The Rules of the Game, 2020, https://scrumguides.org/docs/scrumguide/v2020/2020-Scrum-Guide-US.pdf, letzter Zugriff: 27.08.2024. [Primärquelle]

- Conway, M. E.: How do Committees Invent?, in: Datamation magazine, Jg. 14, Heft 4, 1968, S. 28–31. [Primärquelle]
- Watts, G.: Scrum mastery: From Good To Great Servant Leadership, 2nd edition, Cheltenham 2021. [Lesetipp für ambionierte Scrum Master]

2.9 Leadership als sozialer Einfluss (RUBEN/GIGLIOTTI)

Zentrale Erkenntnisse

- Kommunikation wird in Leadership-Theorien häufig als ein Mechanismus oder Instrument betrachtet, das einseitig eingesetzt werden muss, um eine bestimmte Wirkung auf die Mitarbeitenden zu erzielen. Hier wird statt einer linearen oder vereinfacht-interaktionalen Betrachtung ein systematisches Kommunikationsverständnis angestrebt. Es werden verschiedene Ansätze der Führungskommunikation diskutiert, die der sozialen Komplexität eines Unternehmens besser Rechnung tragen sollen.
- »Communication is a topic frequently linked to leadership; however, the linkage often is limited to a view of communication as a strategic mechanism or technique to be employed by leaders in efforts to achieve particular purposes. While useful in a pragmatic sense, the view of communication fails to capture the broad theoretical significance for the study and practice of leadership.« (RUBEN/GIGLIOTTI 2016, S. 1)
- Es kommen verschiedene kommunikationstheoretische Ansätze zum Einsatz, um Leadership-Vorgehensweisen zu untermauern. Neben dem konstruktivistischen Paradigma von WATZLAWICK et al. 2011 (▶ Kap. 2.3) werden auch andere Kommunikationsansätze herangezogen wie z. B. Agenda Setting (▶ Kap. 5.2). Insgesamt ist das eine interessante interdisziplinäre Vorgehensweise, jedoch ist der hier vorgeschlagene Ansatz an sich kein eigenständiges Kommunikationsmodell, sondern eher eine Vorarbeit für ein auf systemischen Kommunikationsprinzipien basierendes Leadership-Konzept.
- Modellgebiete: Leadership, Kommunikation im BWL-Kontext

Kommunikation wird im BWL-Studium häufig vernachlässigt. Abgesehen von wenigen Ausnahmen wie Modulen zu Business English, Verhandlungs- und Präsentationstechniken sowie Marketing finden sie nur wenig Beachtung. Ähnlich verhält es sich mit Kommunikationsüberlegungen im Leadership- und Führungskontext. Wie RUBEN/GIGLIOTTI (2016) feststellen, wird Kommunikation in Leadership-Diskurses häufig auf einen Rahmen reduziert – **Mechanismus oder Instrument**, um bestimmte Unternehmensziele zu erreichen. Diese Sichtweise bleibt oft auf eine einseitige oder bidirektionale, monokausale Perspektive beschränkt. RUBEN/GIG-

LIOTTI (2016, S. 1–3) versuchen, das Verständnis von Kommunikation in Führungskontexten zu erweitern. Statt eines linearen Ansatzes plädieren sie für ein systemisches Kommunikationsverständnis, das viele miteinander verknüpfte und sich gegenseitig beeinflussende Variablen berücksichtigt.

Das klassische **lineare Sender-Empfänger-Modell** (▶ Kap. 3.1) reduziert die Leadership-Aufgabe auf eine einseitige Beeinflussung des Verhaltens von Mitarbeitenden, um Unternehmensziele zu erreichen (S. 4). Dieses Modell vernachlässigt jedoch die vielschichtigen Dynamiken der Kommunikation. Auch das bidirektionale (interaktionale) Modell erfasst die Komplexität der Leadership-Kommunikation nicht vollständig, da es Kommunikation weiterhin als ein endliches und klar abgrenzbares Phänomen betrachtet (S. 4–5).

Im Gegensatz dazu bietet die **systemtheoretische Sichtweise** eine differenziertere Grundlage für Analysen, da sie in der Lage ist, eine Vielzahl von Faktoren gleichzeitig zu berücksichtigen. Dazu gehören u. a.: die Auswirkungen von nonverbaler Kommunikation und möglichen Missverständnissen, der Einfluss digitaler Kommunikationssettings auf den Erfolg des Austauschs, die Rolle der individuellen Bedürfnisse, Werte und Einstellungen der Kommunikationspartnerinnen auf ihre Zusammenarbeit. Diese systemische Perspektive ermöglicht es, die Komplexität von Kommunikation im Leadership-Kontext besser zu erfassen und praxisrelevante Einsichten für die Führung zu gewinnen (S. 5).

Leader sollten die systemtheoretische, konstruktivistische Brille »anziehen«, um den Kommunikationsprozess angemessener aufzufassen (S. 5, 7). Kommunikation soll in diesem Kontext einerseits als **Agenda Setting-Prozess** (▶ Kap. 5.2) verstanden werden, bei dem zwar nicht das konkrete Denken von Mitarbeitenden inhaltlich geprägt, jedoch ihre Aufmerksamkeit auf das Problemverständnis, mögliche Lösungen und den politischen Willen gerichtet werden kann (z. B. »Studierendenzahlen an unserer Hochschule sinken – wir alle müssen etwas unternehmen«) (S. 5–6). Eine andere Facette der Leadership-Kommunikation soll das **Bedeutungsreframing** (▶ Kap. 2.5) ermöglichen, wonach eine bestimmte Betrachtungsweise (auch neue Vision) zugrunde gelegt wird (z. B. »Verbesserung der Studierendenzahlen durch den Bau eines neuen Gebäudes, eine attraktivere Webseite bringt da einfach nichts«) (S. 6–7). Schließlich ist eine der wichtigsten Aufgaben der Führungskommunikation, die **Bedeutung der Unternehmensentscheidungen** zu erklären (z. B. die Mission in einer Change-Phase (S. 7), ▶ Kap. 6.9). Leader nehmen in solchen Kommunikationsverständnissen die Rolle von **Meinungsführerinnen** (▶ Kap. 5.1) oder auch **Reisebegleiterinnen/Erklärerinnen** ein (S. 8–9).

Es werden im Folgenden **elf Leadership-Kommunikationsprinzipien** aufgestellt, die zum Teil auf Axiomen nach WATZLAWICK et al. 2011 (▶ Kap. 2.3) basieren. Diese Kommunikationsprinzipien greifen wesentliche Elemente der Kommunikationstheorie auf und übersetzen sie in praxisorientierte Leitlinien für Führungskräfte: Leaders »cannot not communicate« (S. 9), konstruktivistisches Verständnis der Kommunikation, Kommunikation als eine Dynamik von Interaktionen, Sach- und Beziehungskomponenten einer Kommunikation, Reflexion des eigenen Kommunikationsverhaltens. Ferner soll Kommunikation als Aushandlungsprozess über Bedeutung verstanden werden, der interkulturelle Aspekte berücksichtigt (▶ Kap. 6.8). Nicht zuletzt sind die o. g. Kommunikationsansätze in Führungstrainings- und Entwicklungsprogramme eingebettet (S. 9–10).

Leadership und Unternehmensführung gelten als Königsdisziplinen der BWL. Zahlreiche Quellen dieser Teildisziplinen sind jedoch stark präskriptiv geprägt. Beispielsweise wird bei Change-Prozessen oft darauf bestanden, dass feste Reihenfolgen eingehalten werden müssen (▶ Kap. 6.9), ohne hinreichend zu erklären, warum das so ist. Der Ansatz von RUBEN/GIGLIOTTI mag Vertreterinnen der Psychologie und Kommunikationswissenschaften wenig beeindruckend erscheinen, da er aus ihrer Sicht möglicherweise wenig innovativ wirkt. Dennoch stellt er einen bemerkenswerten Fortschritt in der sich gerade entwickelnden Disziplin der Kommunikation in betriebswirtschaftlichem Kontext dar (siehe insbesondere MAYFIELD et al. 2020, S. 1–7). Dieser Ansatz verbindet klassische betriebswirtschaftliche Perspektiven mit einem stärker systemischen und kommunikationstheoretischen Verständnis. Es kann somit dazu beitragen, Leadership-Kommunikation als eigenständiges Forschungs- und Praxisfeld weiterzuentwickeln.

> **Lesehinweise**
>
> - Ruben, B. D./Gigliotti, R. A.: Leadership as Social Influence, in: Journal of Leadership & Organizational Studies, Jg. 23, Heft 4, 2016, S. 467–479. [Primärquelle]
> - Mayfield, M. et al.: Fundamental theories of business communication. Laying a foundation for the field, Basingstoke 2020. [Guter Überblick]
> - Fifty Lessons: Communicating clearly, Boston 2009. [Lesetipp]

3 Modelle der persönlichen medienvermittelten Kommunikation

3.1 Kommunikation unter Störungen (SHANNON/WEAVER)

Zentrale Erkenntnisse

- Das Modell von SHANNON/WEAVER (1976) aus dem Jahr 1948/49 ist ein bemerkenswertes Beispiel dafür, wie ein Modell – das für die Kommunikationswissenschaften eher als irrelevant galt und zudem in Teilen schwer verständlich ist – durch eine aus dem Kontext gerissene Darstellung einen ungebrochenen Hype erfährt. Das Modell wurde ursprünglich von dem frühen KI-Denker Claude Shannon im Kontext der mathematischen Informationstheorie entwickelt. Warren Weaver, sein späterer Mitherausgeber, »übersetzte« Shannons Arbeit in eine verständlichere Sprache. Diese vereinfachte Version wurde in einem gemeinsamen Beitrag veröffentlicht, wodurch das Modell unter dem Namen SHANNON/WEAVER bekannt wurde.
- Das Modell von SHANNON/WEAVER erklärt mathematisch, wie ein störungsfreies effizientes Kommunikationssystem konstruiert werden kann. Es leitet u. a. her, wie jede Information in Bits darstellbar ist und erklärt, warum Redundanz in einem gestörten Kanal dennoch nützlich ist. Darüber hinaus liefert es einen Erklärungsansatz, warum einige Kommunikationskanäle für die Übertragung bestimmter Inhalte besser geeignet sind als andere. Diese Kernidee ist von einigen Modellen in diesem Abschnitt übernommen worden, ohne jedoch auf den mathematischen Kernaussagen aufzubauen.
- »Eine Sprache muss ausgedacht (oder entwickelt) werden mit einem Blick auf die Gesamtheit der Dinge, die man sagen möchte; wenn sie auch nicht fähig ist, alle Anforderungen zu erfüllen, sollte sie sie so oft wie möglich und so gut wie möglich erfüllen.« (S. 38). Gemeint ist: Ein Kanal muss nicht universell einsetzbar sein, aber zumindest technisch zu den Bedürfnissen der Kommunikationspartnerinnen passen, z. B. der frühere Kurznachrichtendienst »Twitter« für O-Töne.
- Modellgebiete: Ingenieurswissenschaften, später Kommunikationswissenschaften und Wirtschaftsinformatik

Das Modell von SHANNON/WEAVER (1976) besteht eigentlich aus zwei Beiträgen: der mathematischen Theorie der Information von Claude Shannon (S. 41–130) und den an eine breite Masse gerichteten, erläuternden Ausführungen von Warren Weaver (Teil 1, S. 11–39). Die folgenden Ausführungen stützen sich vor allem auf den Beitrag von Weaver, der für mathematische Laien zugänglicher ist und zudem einen kommunikationswissenschaftlichen Kontext bietet. **Strenggenommen sollte man vom Shannon-Modell** sprechen, da Claude Shannon es bereits ein Jahr früher (1948) publiziert hat. Wir folgen hier der üblichen Vorgehensweise in der Literatur und sprechen im Weiteren vom Shannon-Weaver-Modell.

Die Kommunikation definieren SHANNON/WEAVER (1976, S. 11 f.) pragmatisch. Ein solcher **Kommunikationsbegriff** umfasst

- die interpersonelle Kommunikation, (»alle Vorgänge [...], durch die gedankliche Vorstellungen einander beeinflussen können«),
- das Mediennutzungsverhalten (»Musik, Malerei, Theater und Ballett«) und
- sogar die maschinelle Kommunikation (»Vorgänge [...], durch die Maschine (z. B. ein Automat, der ein Flugzeug aufspürt und dessen wahrscheinliche zukünftige Position berechnet) eine andere beeinflusst (z. B. eine Lenkwaffe, die dieses Flugzeug verfolgt)«.

Eine solche Definition ist vor dem Hintergrund der zunehmenden Interaktion mit Algorithmen und KI weiterhin zeitgemäß. Das Modell bezieht sich zwar zunächst auf den Bereich der sprachlichen Kommunikation, kann aber auch auf andere Kommunikationsbereiche ausgedehnt werden (S. 12). Trotz der obigen pragmatischen Definition des Kommunikationsbegriffes ist dieses vor allem auf der syntaktischen Ebene anzusiedeln, da es versucht, ein technisches Problem zu lösen: »**Wie genau können die Zeichen der Kommunikation übertragen werden?**« (S. 12). Und auch hier wird der Anspruch eines universellen Ansatzes erhoben, denn es wird postuliert, dass jede Einschränkung auf der syntaktischen Ebene sich auch auf die semantischen und pragmatischen Ebenen auswirkt (S. 14).

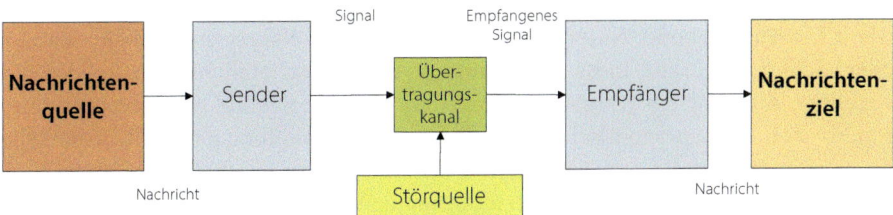

Dar. 22: Eine graphische Darstellung des Grundmodells von SHANNON/WEAVER (1976, S. 16)

Das **Grundmodell** (▶ Dar. 22) beschreibt die zu untersuchende Realität wie folgt (S. 16 f.):

- Eine Nachrichtenquelle (z. B. ein Mensch, das Gehirn des Menschen)
- wählt aus einer Menge möglicher Nachrichten (z. B. gesprochene Sprache, Lied etc.) eine gewünschte (z. B. ausgesprochen »Alles Gute zum Geburtstag!«) aus.
- Der technische Sender (z. B. Stimmbänder, Telefon) wandelt (codiert) die Nachricht um
- in ein Signal (z. B. von Schall in Datenpakete),
- das über einen Übertragungskanal (z. B. Telefonkabel, mobile Funknetze) übertragen wird.
- Das Signal wird vom technischen Empfänger (z. B. Telefon des Gesprächspartners, seine Ohren und Gehörnerven) übersetzt und
- die Nachricht ins Nachrichtenziel geleitet (z. B. Verarbeitung im Gehirn – löst Freude beim Geburtstagkind aus).
- Bei der Signalübertragung können dabei Störungen (Zusätze, Verzerrungen, Übertragungsfehler) entstehen, die das Signal verändern.

Um den **Beitrag der Informationen** universell zu messen, aber auch zur weiteren mathematischen Beweisführung, wird als kleinste Basis zwischen den Zuständen »0« (z. B. »pink«) oder »1« (z. B. »klausurrelevant«) unterschieden und der Betrag der Information als Bit (»binary digit«) bezeichnet (S. 19). Durch die Kombination mehrerer Bits kann jede Information in Daten kodiert werden – von Wörtern, Bildern, Videos, Musikstücken bis hin zu Gerüchen. Dabei wird Information definiert als ein Maß »für die Freiheit der Wahl, wenn man eine Nachricht aus anderen aussucht« (S. 18) oder mathematisch als ein Logarithmus zur Basis 2 (S. 18 f.). Hätte man beispielsweise 16 alternative Nachrichten frei zur Auswahl, dann entspricht das einem Informationsgehalt von 4 Bit ($\log_2 16 = 4$) usw. (S. 19).

Dabei wird die **Nachrichtenquelle** eine Reihe von Zeichen, Worten und Sätzen auswählen und sie **zu einer Nachricht zusammenstellen** (S. 20). Die Zusammensetzung von Zeichen, Wörtern und Sätzen ist durch Wahrscheinlichkeiten geprägt, z. B. folgt nach dem Adjektiv »rosa« mit höherer Wahrscheinlichkeit ein Substantiv wie z. B. »Panter« oder »Kleid« und mit geringerer Wahrscheinlichkeit »Katze« oder »Schlangengurke«. Diese Verkettungen von Wahrscheinlichkeiten, bei den die vorherige Auswahl die Wahrscheinlichkeiten für die folgende Auswahl beeinflussen, werden zur mathematischen Herleitung und Anknüpfung an bereits bestehende Ansätze verwendet, um Information als Entropie zu beschreiben. Entropie ist ein wichtiger Begriff aus der Thermodynamik und ist ein Maß über die »Vermischtheit einer Situation« (S. 22).

Und so kann auch die Entropie einer Nachrichtenquelle gemessen werden, d. h. je mehr Auswahlmöglichkeiten es gibt (Unsicherheit des Nachrichtenziels), desto höher ist die Entropie. Im Fall sehr wahrscheinlicher Ereignisse (geordnete Strukturen) ist sie sehr niedrig (S. 22 f.). Wird die Wahlfreiheit der Nachrichtenquelle eingeschränkt (z. B. durch irgendwelche semantischen Strukturen wie Regeln der

Rechtschreibung, Grammatik, der gepflegten Kommunikation, Höflichkeitsfloskeln etc.), so wird dieser Entropieanteil als **Redundanz** bezeichnet. »Dies ist der Teil des Aufbaus der Nachricht, der nicht durch die Wahlfreiheit der Quelle bestimmt wird, sondern eher von angenommenen statistischen Regeln, die den Gebrauch der fraglichen Zeichen bestimmen.« (S. 23). So wird für die deutsche Sprache (wie auch für die englische) von einer Redundanz von grob geschätzt 50 % ausgegangen, »wi mn drch Wglssn vn viln Bchstbn as enm Tx fststlln knn.« (GRIMM 2005, S. 151). Der zweite Halbsatz bleibt dennoch verständlich.

Es wird noch einmal betont, dass die **Kapazitäten eines Kanals** weniger durch die Übertragbarkeit der Zeichen, sondern vielmehr durch die zu übertragende Information gemessen wird. Das heißt, durch seine Fähigkeit, das zu übertragen, was eine Quelle an Information erzeugt. Allgemein wird die Informationsmenge (Bits) pro Sekunde als Kapazität des Kanals definiert. Dabei wird eine maximale Übertragungsgrenze für einen effizienten Codierungsvorgang in Höhe des Quotienten aus der Kanalkapazität und der Entropie (Wahlfreiheit einer Nachrichtenquelle) errechnet. Diese Größe ist bis heute für den Fall der verlustfreien Kompression gültig (GRIMM 2005, S. 150 f.). Eine **effiziente Codierung** kann durch Elimination der Redundanz erfolgen (SHANNON/WEAVER 1976, S. 32).

Information wird ja als Wahlfreiheit der Nachrichtenquelle (Unsicherheit des Nachrichtenziels) definiert. Ist der **Übertragungskanal** jedoch möglicherweise **gestört**, kommen zur ursprünglichen Botschaft weitere Informationen dazu, die unerwünscht sind, die die Unsicherheit weiter erhöhen (SHANNON/WEAVER 1976, S. 28 f.). Die Kanalkapazität des Kanals verringert sich dann insofern, da man aus der Empfängersicht von der allgemeinen Nachrichtenunsicherheit die Störunsicherheit zusätzlich abziehen muss (S. 31). Lösung kann durch Codierungsverfahren erfolgen, die nicht die gesamte Redundanz auslöschen (S. 32). Und so sei auch die hohe Redundanz der gesprochenen Sprache zu erklären (z. B. in einer Vorlesung) oder eine geringfügig geringere Redundanz in einer schriftlichen Mitteilung (z. B. einer verständlichen wissenschaftlichen Abhandlung).

SHANNON/WEAVER (1976, S. 35 ff.) unterstreichen noch einmal die **Allgemeingültigkeit der Modellaussagen** auf syntaktischer Ebene (»Wie werden Zeichen fehlerfrei übertragen?«) und stellen Überlegungen zur Übertragung der Erkenntnisse auf semantischen (»Wie genau entsprechen die übertragenen Zeichen der gewünschten Bedeutung?«) und pragmatische Ebenen an (»Wie genau beeinflusst die empfangene Nachricht das Verhalten in der gewünschten Weise?«). Es ist vorstellbar, die obige Darstellung 22 um einen **semantischen Sender und Empfänger** sowie um eine semantische Störquelle zu ergänzen (▶ Dar. 22). So könnte die Nachrichtenquelle Dozentin die Nachricht »Inhalte des Shannon-Weaver-Kommunikationsmodell« absenden, diese verständlich ausformulieren (semantisches Senden) und mit ihrer markanten Stimme aussprechen. Die im Hörsaal sitzenden Studierenden entziffern die mündlichen Signale der Dozentin und versuchen, das Gesagte in ihren bisherigen Wissenskontext einzuordnen (semantischer Empfang). Eine syntaktische Störung des Kommunikationsprozesses wären dabei Störgeräusche oder Ablenkung durch Smartphones. Zwar versucht die Dozentin, den Stoff so weit wie möglich redundanzarm und effizient abzuhandeln, doch weiß sie, dass eine (redundante) Wiederholung mit anderen Worten die Erinnerungsleistungen stärken kann. Haben einige Studierende zwar aktiv zugehört, verstehen aber die Fachbegriffe nicht, z. B. ausländische Studierende wegen Sprachproblemen oder deutschsprachige Studierende wegen Abwesenheit bei bisherigen Vorlesungen, kann dies als eine semantische Störquelle angesehen werden. Eine weitere semantische Störquelle könnte darin bestehen, wenn Studierende den Sinn und Zweck des ganzen Unterfangens (»Wozu brauchen wir Kommunikationsmodelle?«) nicht verstehen.

Das Modell ließe sich hier mit Leichtigkeit auch um entsprechende **pragmatische Komponenten** ergänzen. So könnte man die heutige Kompetenzorientierung der Hochschulbildung als Verhaltensbeeinflussung begreifen, d. h. man möchte, dass Studierende nach ihrem Abschluss die im Studium erlernten Fähigkeiten auch einsetzen. Beispielsweise sollen ethische Prinzipien des Datenschutzes auch später im Unternehmenskontext eingehalten werden, im digitalen Marketing ist Datenschutz jedoch eine Illusion (technische Möglichkeit, aus getrennten Datenschnipseln Profile zu bilden, rechtliche Grauzone, hoher ökonomischer Wettbewerbsdruck). Diese und andere pragmatische Störquellen führen zu einem abweichenden, gesellschaftsgefährdenden Verhalten.

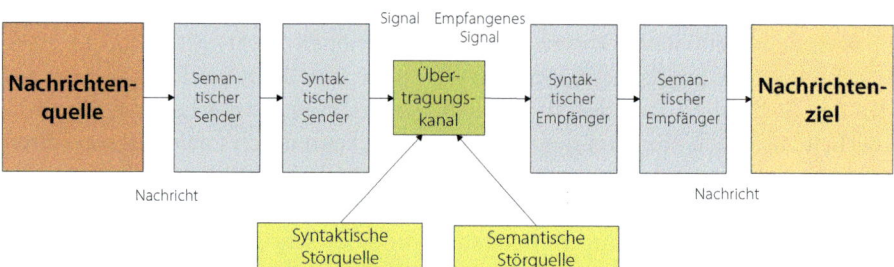

Dar. 23: Eine graphische Darstellung des erweiterten Grundmodells von SHANNON/WEAVER (1976, S. 16)

Das Modell von SHANNON/WEAVER übt eine ungebrochene Faszination auf die Interessentinnen von Kommunikationsmodellen aus, obwohl es außer für Ingenieurwissenschaften (Kennzahlen zur Kapazitätsberechnung) für die heutigen massenmedialen Kommunikationsphänomene nicht mit Mehrwert anwendbar ist. Die Arbeit von SHANNON/WEAVER (1976, S. 24) stellt jedoch ein wichtiges **Basismodell für** diverse Ansätze der persönlichen medienvermittelten Kommunikation dar (▶ Kap. 3.2, 3.3, 3.6 und 3.7). Denn es liefert einen – wenn auch sehr oberflächlichen – Erklärungsansatz, warum **bestimmte technische Kanäle mit nichtuniversellen, beschränkten Eigenschaften** (z. B. Einseitigkeit, Monomedialität wie beim Radio, Zeichenbeschränktheit wie bei SMS) sich trotzdem für bestimmte Aufgaben als besonders geeignet erwiesen haben (Radio zum begleitenden Konsum, SMS/WhatsApp für kurze Mitteilungen etc.).

> **Lesehinweise**
>
> - Shannon, C.E.; Weaver, W.: The mathematical theory of communication, Urbana and Chicago 1949. (deutsche Übersetzung: Shannon, C. E; Weaver, W.: Mathematische Grundlagen der Informationstheorie, München 1976). [Primärquelle]
> - Shannon, C. E.: A mathematical theory of communication, in: The Bell System Technical Journal, Band 27, 1948, S. 379–423. [Primärquelle]
> - Grimm, R.: Digitale Kommunikation, München 2005, S. 125–158. [Einordnung aus der Sicht der Informatik]
> - Krippendorf, K.: Mathematical Theory of Communication, in: Littlejohn, S. W./Foss, K. A. (Hrsg.): Encyclopedia of communication theory, Los Angeles 2009, S. 614–618. [Lesetipp]

3.2 Media Richness (DAFT/LENGEL)

> **Zentrale Erkenntnisse**
>
> - DAFT und LENGEL (1984) versuchen, Organisationsmodelle mit wirtschaftsinformatischen Überlegungen zur Kanalpassung zu verbinden. Kommunikationskanäle werden nach ihrer Reichhaltigkeit unterschieden. Dabei entstehen Empfehlungen, für welche Aufgaben Managerinnen welche Kanäle bevorzugen sollten. Das Media-Richness-Modell bietet eine augenscheinlich-nachvollziehbare (graphische) Erklärung, warum die Verarbeitung von mehrdeutigen Informationen (= mehr Perspektiven, Änderung des Problemverständnisses) zur Aufgabenbewältigung in Organisationen bestimmte (reichhaltige) Medien benötigt. Daraus können Handlungsempfehlungen für Managerinnen zur angemessenen Medienwahl in Organisationen abgeleitet werden. So sind ERP-Systeme beispielsweise prädestiniert, die Informationsunsicherheit zu reduzieren, aber nicht die Mehrdeutigkeit.
> - »Organizations face a dilemma. They must interpret the confusion, complicated swarm of external events that intrude upon the organization. [...] Inside the organization, more confusion arises. [...] Divergent frames of reference, values, and goals generate disagreement, ambiguity and uncertainty. In response to the confusion arising from both the environment and internal differences, organizations must create an acceptable level of order and certainty. [...] How do organizations perform this miracle? Through information processing.« (DAFT/LENGEL 1984, S. 192)
> - Es gibt zahlreiche Studien, die sowohl eine gewisse Gültigkeit des Media-Richness-Modells unterstützten als auch widerlegen. Trotz aller berechtigten Modellkritik besteht der besondere Verdienst von DAFT und LENGEL darin,

> dass sie eine Diskussion angestoßen haben, wann welche Kommunikationskanäle einzusetzen sind, siehe beispielweise DENNIS/VALACICH 1999 (▶ Kap. 3.3).
> - Modellgebiete: Unternehmensführung, Wirtschaftsinformatik, Psychologie, Pädagogik

DAFT/LENGEL (1984) geht der Frage nach, welche **Medienkanäle (strenggenommen: Kommunikationskanäle)** Organisationen **zur Erfüllung von typischen Managementaufgaben** idealerweise einsetzen sollten. Diese interdisziplinäre Untersuchung aus der Unternehmensführung (Organisationsmodelle) und der Wirtschaftsinformatik (Informationssysteme) basiert auf einem Forschungsbericht im Auftrag der US-Marine (DAFT/LENGEL 1983). **Ausgangspunkt** der Überlegungen sind Herausforderungen von Organisationen, die aus der Komplexität vielfältiger externer Ereignisse und interner Prozesse resultieren und durch menschliche Informationsverarbeitung bewältigt werden können (S. 192). Anhand von drei Beispielen (DAFT/LENGEL 1984, S. 192 ff.) wird der **Unternehmenserfolg** auf die Verarbeitung von Informationen, die in angemessener Reichhaltigkeit vorliegen müssen, die Reduktion der Unsicherheit und die Klärung der Mehrdeutigkeit zurückgeführt. Hierfür müssen angemessene Kommunikationskanäle eingesetzt werden (S. 194 f.). Dabei werden die Begriffe »Mehrdeutigkeit« und »Unsicherheit« nicht immer trennscharf voneinander abgegrenzt.

Die Argumentation gliedert sich in vier Schritte. Es werden zunächst verschiedene Medienkanäle hinsichtlich ihrer **Reichhaltigkeit** unterschieden. Anschließend werden ihnen Aufgaben unterschiedlichen Komplexitätsgrades gegenübergestellt. Dabei wird angenommen, dass es ein optimales Verhältnis zwischen der Komplexität des zu bewältigenden Problems und der Reichhaltigkeit des eingesetzten Medienkanals gibt. Im dritten Schritt wird untersucht, wie **Organisationshierarchien** mit Mehrdeutigkeiten und Informationsunsicherheiten umgehen. Schließlich werden verschiedene Konstellationen der obigen drei Dimensionen diskutiert.

Wie reichhaltig sind die einzelnen Medienkanäle bzw. Kanaltypen (Schritt 1)? Reichhaltigkeit wird als eine Menge von Daten mit potenzieller Information definiert. Dabei kann auch ein Augenzwinkern sehr reichhaltig sein, wenn es ein vollständig neues Verständnis einer Situation vermittelt (S. 196). Die Reichhaltigkeit potenzieller Informationen wird durch das verwendete Kommunikationsmedium beeinflusst (S. 196). Als reichhaltigstes Medium wird dabei ein persönliches Gespräch angenommen, da es die paraverbalen und körpersprachlichen Signale sowie alle Freiheiten der gesprochenen Sprache zulässt. Das persönliche Gespräch ermöglicht die multimodale Kommunikation via visuelle, auditive, olfaktorische (riechende), tastende sowie möglicherweise sogar gustatorische (schmeckende) Sinne. Am niedrigsten ist die Reichhaltigkeit der übertragbaren Informationen bei einem schriftlichen Bericht, der in einer Formsprache geschrieben ist, kein persönliches Feedback (z. B. Rückfragen etc.) vorsieht und nur visuelle Sinne anspricht, d. h. monomedial ist. Dazwischen verteilt liegen die Videokonferenz, die Audiokonferenz, der Messenger sowie die persönliche E-Mail. Anhand dieser Kriterien werden verschiedene Medienkanäle hinsichtlich ihrer Reichhaltigkeit differenziert (▶ Dar. 24).

Dar. 24: Reichhaltigkeit von Kommunikationskanälen (Quelle: Eigene Darstellung in Anlehnung DAFT/LENGEL 1984, S. 197; die Spalte »Kanal« im Original wird hier im Sinne der Multimodalität erweitert verwendet)

Medium	Reichhaltigkeit der übertragbaren Informationen	Sprache	Feedback	Quelle	Multimodalität des Kanals
Face-to-face	Sehr hoch	Gesprochene Sprache, paraverbale Signale, Körpersprache	Unmittelbar	Persönlich	visuell, auditiv, olfaktorisch, tasten, evtl. gustatorisch
Videokonferenz (z. B. Zoom)	Hoch	Gesprochene Sprache, ggf. paraverbale Signale und Körpersprache	Unmittelbar	Persönlich	visuell, auditiv
Audiokonferenz/ Telefonat	Mittel	Gesprochene Sprache	Wenige Sekunden	Persönlich	Eingeschränkt auditiv, meistens mit einem eingeschränkten Frequenzband (monomodal)
Messenger (z. B. Microsoft Teams)	Niedrig	Geschriebene Sprache, ggf. gesprochene Sprache und Körpersprache	Sekunden bis Tage	Persönlich	Text, Audio, Grafik und Video
Persönliche E-Mail/ Brief	Niedrig	Formalisierte geschriebene Geschäftssprache	Minuten bis Tage	Persönlich	visuell, ggf. auditiv (eher monomodal)
Bericht/ allgemeine Geschäftsdokumente	Sehr niedrig	Formalisierte geschriebene Geschäftssprache, Zahlen	Nicht vorgesehen	Unpersönlich	Begrenzt visuell (monomodal)

Im nächsten **Schritt (2)** wird die **Komplexität der zu bewältigenden Aufgaben** analysiert. Dabei werden auf der einen Seite einfache, routinemäßige Aufgaben unterschieden (z. B. Inventur, Ermittlung der Mitarbeiterpräsenz), die durch standardisierte Heuristiken gelöst werden können. Auf der anderen Seite erfordern komplexere Probleme (z. B. das Setzen von Zielen und Ausarbeitung von Geschäftsstrategien) individuelle Lösungsansätze, und dem entsprechend einen erhöhten Informations-, Kommunikations- und Zeitbedarf. Dabei stellt die Media-Richness-Hypothese einen positiven Zusammenhang zwischen dem Komplexitätsgrad eines Problems in einer Organisation (Ursache) und dem zu wählenden Medienkanal (Wirkung) fest (▶ Dar. 21).

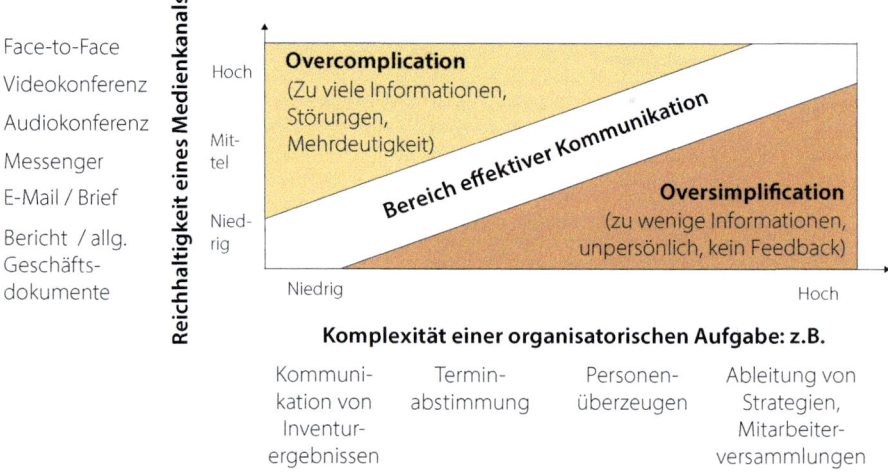

Dar. 25: Eine graphische Darstellung der Media-Richness-Hypothese nach DAFT/LENGEL (1984, S. 199)

Wenn Managerinnen vor komplexen Problemen stehen (z. B. Unzufriedenheit der Mitarbeitenden, Umsatzeinbußen etc.), nutzen sie eher persönliche Gespräche und Conferencing-Tools, die als reichhaltigere Medienkanäle betrachtet werden. Würden Managerinnen in solchen Fällen ausschließlich zur E-Mail oder zu einem standardisierten Bericht greifen, würden Sie dem Problem nicht gerecht werden (**»oversimplification«**), da es kein schnelles persönliches Feedback erlaubt sowie die Komplexität der Informationen nicht unterstützt. Auch standardisierte Berichte aus einem computergestützten Informationssystem wie etwa SAP ERM würden sie hier in diesem Punkt nicht voranbringen. Bei einfachen und gut verstandenen Aufgaben (z. B. Information über Regeln, Terminvereinbarung, Austausch von Dokumenten, Einholung einer Zustimmung bei Vorgesetzten etc.) würden informationsarme Medien wie E-Mails oder Messenger-Nachrichten vollkommen ausreichen. Würde man in diesen Fällen stattdessen das persönliche Gespräch oder ein Telefonat suchen, würde das zu überflüssigen mehrdeutigen Signalen führen (**»overcomplication«**) (S. 200 f.).

Im **Schritt (3)** geht es um **Informationsverarbeitung innerhalb von Organisationen**. Dabei werden zwei Perspektiven unterschieden: vertikale und horizontale. In der **vertikalen Perspektive** wird vor allem die **Mehrdeutigkeit** von Informationen betont. Managerinnen müssen externe Umweltveränderungen beobachten, die meistens sehr widersprüchlich sind und sich nur durch Einholen von zusätzlichen Quellen (Diskussion, Beratungen, Fachexpertise) in Maßnahmen übersetzen lassen (S. 205). Durch die Deutung von widersprüchlichen Informationen wird **eine gemeinsame Basis** für das Handeln von Mitarbeitern geschaffen (S. 206). Diese Interpretationsaufgabe wird vom Top-Management übernommen, um für die Mitarbeitenden auf unteren Managementebenen eine eindeutige Handlungsperspektive zu schaffen (S. 206 f.). Je höher die Mehrdeutigkeit eines Problems, desto reichhaltigere Kommunikationskanäle müssen eingesetzt werden (z. B. in der Change-Kommunikation sollten Workshops gegenüber Newslettern bevorzugt werden, zumindest in der Anfangsphase). Wenn die Mehrdeutigkeit stark reduziert worden ist, kann sie durch Verwendung von computergestützten Informationssystemen (weniger reichhaltige Medien) weiterverarbeitet werden (S. 211 ff.).

In der **horizontalen Perspektive** ist vor allem die **Informationsunsicherheit** relevant, die als »Defizit einer Information« über einen eindeutigen Sachverhalt« definiert ist (DAFT/LENGEL 1986, S. 556). Sie entsteht durch Heterogenität von Produkten oder Zielen innerhalb der Organisationseinheiten, unerwartete Ereignisse bei der Aufgabenbewältigung und Interdependenz verschiedener Organisationseinheiten. Diese Unsicherheitsfaktoren lassen sich durch das Einholen zusätzlicher Informationen in den Griff bekommen, und zwar durch die Operationalisierung von Zielen, Einschätzung von unerwarteten Ereignissen, eine bessere Koordination unter den Abteilungen (DAFT/LENGEL 1986, S. 206). Diese Koordinations- und Informationsversorgung läuft horizontal ab.

Abschließend werden im **Schritt (4)** verschiedene Fälle **von mehrdeutigen/ unsicheren Informationen und angemessenen Kommunikationskanälen** in einer Organisation diskutiert. Dabei werden durch Kombination obiger Faktoren vier idealtypische Situationen unterschieden:

- **Hohe Mehrdeutigkeit, niedrige Unsicherheit**: Je höher die Heterogenität von Aufgaben und Perspektiven innerhalb einer Organisation, desto größer ist die Gefahr von Missverständnissen (Mehrdeutigkeit, die nicht nur in der vertikalen Perspektive auftritt!), die entsprechend durch reichhaltige Kommunikationskanäle reduziert werden können, z. B. durch gelegentliche Telefonate, persönliche Meetings etc. Hier sollte eine gemeinsame Verständnisgrundlage bzw. Kommunikationsbasis geschaffen werden (»common ground«, S. 215).
- **Hohe Mehrdeutigkeit, hohe Unsicherheit**: Je stärker die Organisationseinheiten dabei voneinander abhängig sind (bei hoher Mehrdeutigkeit), desto höher der Koordinationsaufwand und desto intensiver muss der Austausch über solche reichhaltigen Medien (ständiger Austausch, Projektteam, Daily-Scrum-Meetings) erfolgen.

- **Niedrige Mehrdeutigkeit, hohe Unsicherheit**: Ist die Interdependenz der Einheiten hoch, die Mehrdeutigkeit aber gering, reichen ebenfalls informationsärmere Medien aus, die jedoch einen stetigen Informationsfluss unterstützten können. Hier entfalten ERP-Systeme ihr größtes Potenzial.
- **Niedrige Mehrdeutigkeit, niedrige Unsicherheit**: Sind die Mehrdeutigkeit der verwendeten Informationen wie auch die Interdependenz der Organisationseinheiten gering, reichen informationsärmere Medien aus (z. B. Regeln, Prozeduren) (S. 214 ff.).

Insgesamt kann man die Aussagen des Media-Richness-Modells möglicherweise am folgenden Beispiel aus dem Hochschulalltag verdeutlichen. Der Betreuungsprozess einer Abschlussarbeit oder auch einer Projektarbeit erfordert zu Beginn eine Reduktion der Mehrdeutigkeit, z. B. Themenabgrenzung, Gliederungsaufstellung, Festlegung von Prämissen. Erst später ergeben sich viele Nachfragen zu einzelnen Stellen, Formatierungsvorschriften sowie formalen Aspekten. Zuerst sind persönliche Gespräche sehr wichtig, später kann auch viel per E-Mail kommuniziert werden. Ein weiteres Beispiel stellt die synchrone Online-Lehre dar. Synchrone Online-Lehre, als eine unmittelbare Übertragung aus der Präsenzlehre ohne weitere didaktische Elemente, kann bei reinen Massenvorlesungen durchaus hilfreich sein. Sie setzt aber wie in Vorlesungsformaten eine eigenständige und wie auch unterstützte Nachbearbeitung in kleinen Übungsgruppen voraus. In Seminarformaten, die einen geringeren Workload außerhalb der Kontaktzeit vorsehen, ist Online-Lehre schwieriger. Den hier finden unter Umständen weniger Diskussionen statt, drängende Fragen werden nicht gestellt, Kommilitoninnen mit Lernschwierigkeiten haben größere Hemmungen, sich zu melden etc.

ISHII et al. (2019) fasst unterschiedliche empirische Studien zum Media-Richess-Modell zusammen. Dabei wird festgestellt, dass die Modellanwendung über den von DAFT und LENGEL beabsichtigten organisatorischen Kontext auf den interpersonellen Beziehungs- und Bildungskontext übergegangen ist. Auch die Weiterentwicklung von Medienkanälen und Tools sowie der Nutzungsgewohnheiten (mindestens seit Corona) hat die Implikationen des Media-Richness-Modells deutlich ausdifferenziert. Praktisch kann Media Richness weiterhin aufgrund seiner einfachen Zugänglichkeit überleben, auch wenn die Situation in Betrieben und im Privaten deutlich komplexer ist. So gibt es Unternehmen, die auf Präsenz bestehen, und es existieren auch Unternehmen, die ausschließlich in Remote arbeiten. Sicherlich spielen hier auch kulturelle Aspekte eine wichtige Rolle. Und auch gibt es Menschen, die ausgiebig auf Sprachnachrichten auf WhatsApp setzen, während andere Messenger nur als SMS-Ersatz verwenden.

> **Lesehinweise**
>
> - Daft, R. L./Lengel, R. H.: Informations richness: A new approach to managerial behavior and organizational design, in: Research in Organizational Behavior, Vol. 6, 1984, S. 191–233. [Primärquelle]
> - Rice, R. E.: Task analyzability, use of new media, and effectiveness: a multi-site exploration of media richness, in: Organization Science, Jg. 3, 1992, S. 475–500. [empirische Studie]
> - Ishii, K./Lyons, M. M./Carr, S. A.: Revisiting media richness theory for today and future, in: Human Behavior and Emerging Technologies, Jg. 1, Heft 2, 2019, S. 124–131. [Lesetipp]

3.3 Media Synchronicity (DENNIS/VALACICH)

> **Zentrale Erkenntnisse**
>
> - Das Modell der Mediensynchronizität aus dem Jahre 1999 versucht, die Aussagen des Media-Richness-Modells von DAFT/LENGEL (1984) in einem neuen Modell zu verfeinern. Die Angemessenheit eines Medienkanals hängt nicht nur von Eigenschaften der Medienkanäle (Synchronizität), sondern auch von den Aufgabenbewältigungsphasen von Gruppen ab. Medien haben einen unterschiedlichen Grad an Synchronizität (Ausmaß, in dem die Individuen zur gleichen Zeit an der gleichen Aufgabe arbeiten können). Die Informationsverarbeitung von Gruppen mit dem Ziel einer Interpretation besteht aus der Beschaffung (»conveyance«) und Verdichtung der Informationen (»convergence«) (deutsche Übersetzung der Begriffe entlehnt aus BOOS/JONAS 2008, S. 208). Bei Informationsverdichtung sind Medien mit hoher Synchronizität erforderlich. Bei der Informationsbeschaffung sind Medien mit geringer Synchronizität besser geeignet. Es wird zudem angenommen, dass Teams in einer frühen Entwicklungsphase Medien mit einer höheren Synchronizität benötigen als reifere Teams.
> - »In this paper, we defined five media capabilities that subsume and extend the original four dimensions of media richness theory: immediacy of feedback, parallelism, symbol variety, reprocessability, and rehearsability. Based on an analysis of these dimensions, we concluded that face-to-face communication is not always the »richest« medium for communication. The »best« medium or set of media depends upon which of these five dimensions are most important for a given situation.« (DENNIS/VALACICH 1999, S. 8)
> - Das Modell der Mediensynchronizität argumentiert im Vergleich zum Media-Richness-Modell deutlich differenzierter und bietet eine solidere Basis für eine empirische Überprüfung. Es berücksichtigt die Gruppenformungspro-

> zesse und zeigt auf, dass die Angemessenheit eines Medienkanals keine monokausale Variable ist. Die höhere Komplexität des Modells der Mediensynchronizität erklärt möglicherweise seine geringere Verbreitung.
> - Modellgebiete: Psychologie, Unternehmensführung, Wirtschaftsinformatik

Das Modell der Mediensynchronizität nach DENNIS/VALACICH (1999) setzt dort an, wo das Media-Richness-Modell endet (▶ Kap. 3.2). Kritisiert wird vor allem die Schlussfolgerung, dass mehrdeutige Informationen »reichhaltigere Medien« (z. B. das persönliche Gespräch) benötigen würden und weniger reichhaltige Medien (wie E-Mails) eher zur Reduktion der Unsicherheit über eindeutige Sachverhalte einzusetzen seien. DENNIS/VALACICH (1999, S. 1 f.) bemängeln, dass die empirische Lage zur Überprüfung der Gültigkeit des Media-Richness-Modells eher durchwachsen sei, obwohl das Modell selbst eine hohe Augenscheinvalidität besitze (S. 8). Deshalb entwickeln die Autoren ein **Alternativmodell**, das sich vor allem auf Informationsverarbeitungsprozesse innerhalb von Gruppen und Teams konzentriert, statt ausschließlich statische Eigenschaften von Medienkanälen zu adressieren. Der **angemessene Einsatz von Medienkanälen** nach DENNIS/VALACICH wird vor allem auf eine Kombination von drei Faktoren zurückgeführt: die Charakteristika der Medienkanäle, die Arbeitsfunktionen von Gruppen und Phasen der Informationsverarbeitung.

Faktor 1: Es werden folgende grundsätzliche **Charakteristika von Medienkanälen** angenommen (S. 2 f.) (in Anlehnung an die Media-Richness-Theory ▶ Dar. 24):

- **Feedbackgeschwindigkeit** (»immediacy of feedback«): Lässt das Medium eine bidirektionale Kommunikation zu und falls ja, wie intensiv ist diese?
- **Symbolvielfalt** (»symbol variety«): Wie vielfältig kann eine Information kommuniziert werden, d. h. wie viele Kommunikationsmodi sind verfügbar und welche sprachlichen (Ausdrucks-)Vielfalt lassen diese zu?
- **Gleichzeitigkeit/ Parallelität** (»parallelism«): Wie viele Kommunikationsbeziehungen können gleichzeitig ablaufen?
- **Überprüfbarkeit vor dem Senden** (»rehearsability«): Kann eine Nachricht vor dem Senden verbessert werden?
- **Wiederverwendbarkeit** (»reprocessability«): Kann eine Nachricht innerhalb des gleichen Kontextes, ggf. mit Anpassungen, noch einmal verwendet werden?

Einzelne Medienkanäle können anhand dieser Eigenschaften beschrieben werden (▶ Dar. 26). An den Angaben in der Tabelle erkennt man, dass es erstens keinen reichhaltigsten Medienkanal geben kann, weil kein Medienkanal in allen Eigenschaftsausprägungen die höchsten Werte aufweist (S. 3). Zweitens ist kein Medienkanal »monolithisch«, d. h. je nach Ausgestaltung und Nutzung des Kanals in einer Organisation können die Eigenschaften unterschiedlich ausgeprägt sein. Drittens ist eine absolute Rangfolge von Kanälen anhand ihrer Geeignetheit nicht möglich und eher vom Kontext abhängig.

Anstatt Medienkanäle anhand ihrer Reichhaltigkeit zu unterscheiden, wird der Begriff der **Synchronizität** eingeführt: Je besser ein Medienkanal den Gruppenmitgliedern erlaubt, gleichzeitig an einer Aktivität zu arbeiten, umso höher ist seine Synchronizität (S. 5). Die Synchronizität hängt also grundsätzlich von der Feedbackgeschwindigkeit und der Gleichzeitigkeit/ Parallelität der Kommunikationsbeziehungen ab: **Je schneller das Feedback und je geringer die Gleichzeitigkeit, desto höher die Synchronizität und umgekehrt.** So gelten Videokonferenzen mit der Möglichkeit zu Face-to-face-Gesprächen als Medien mit einer hohen Synchronizität, während Audiokonferenzen, E-Mail- und Messenger-Dienste sowie asynchrone Collaboration Tools eher eine mittlere bis niedrige Synchronizität aufweisen (S. 7).

Dar. 26: Synchronizität von Kommunikationskanälen (Quelle: Eigene Darstellung in Anlehnung an DENNIS/VALACICH 1999, S. 3; die Spalte »Synchronizität« wurde hier ergänzt)

	Feedbackgeschwindigkeit	Symbolvielfalt	Gleichzeitigkeit/ Parallelität	Überprüfbarkeit vor dem Senden	Wiederverwendbarkeit	Synchronizität
Face-to-face	Hoch	Niedrig bis hoch	Niedrig	Niedrig	Niedrig	Hoch
Videokonferenz	Mittel-Hoch	Niedrig bis hoch	Niedrig	Niedrig	Niedrig	Hoch
Audiokonferenz/ Telefonat	Mittel	Niedrig	Niedrig	Niedrig	Niedrig	Mittel
Persönliche E-Mail	Niedrig bis mittel	Niedrig bis hoch	Mittel	Hoch	Hoch	Niedrig
Messenger	Mittel	Niedrig bis mittel	Mittel	Niedrig bis mittel	Niedrig bis mittel	Niedrig
Asynchrone Collaboration Tools	Niedrig bis mittel	Niedrig bis hoch	Hoch	Hoch	Hoch	Niedrig

Faktor 2: Es wird postuliert, dass Gruppen typischerweise **drei Arbeitsfunktionen** bewältigen müssen (S. 3 f.). Durch die Bewältigung einer Gruppenaufgabe wird ein Beitrag zum Organisationszweck geleistet (**Produktionsfunktion**). Durch das Einnehmen von Gruppenrollen und die Erarbeitung von Verhaltensnormen wird die Gruppe als eine intakte und soziale Struktur aufrechterhalten (**Gruppenzusammenhalt**). Hierfür müssen Beziehungen zwischen den einzelnen Mitgliedern entsprechend aufgebaut und aufrechterhalten werden (**Unterstützung von Gruppen-**

mitgliedern). Dabei können Gruppen in unterschiedlicher Reihenfolge die Phasen Initiierung, technische Problemlösung, Konfliktlösung und Ausführung durchlaufen. Es ist wichtig zu verstehen, dass die Projektphasen von Gruppen die einzelnen Funktionen unterschiedlich akzentuieren können, z. B. die technische Problemlösung innerhalb der Produktionsfunktion, die Konfliktlösung innerhalb der Arbeitsfunktion »Gruppenzusammenhalts« etc.

Faktor 3: Phasen der Informationsverarbeitung. Zur Reduktion der Mehrdeutigkeit (in einem geringeren Maße auch zur Reduktion der Unsicherheit) müssen Informationen in jeder Arbeitsfunktion (Produktionsfunktion, Gruppenzusammenarbeit, Unterstützung von Gruppenmitgliedern) sowie innerhalb jeder Bearbeitungsphase (Initiierung, technische Problemlösung, Konfliktlösung und Ausführung) ständig interpretiert werden (»sensemaking«). Hierfür werden fünf Strategien identifiziert, die sich teilweise gegenseitig bedingen (S. 4):

a. **Austausch** (»action«): Mitglieder stellen Fragen oder schlagen anderen Gruppenmitgliedern Maßnahmen, Informationen oder Meinungen vor und erwarten eine Antwort,
b. **Triangulation** (»triangulation«): Suchen nach Informationen in allen möglichen Formaten (z. B. quantitativ, qualitativ, graphisch) aus allen möglichen Quellen (z. B. von anderen Gruppenmitgliedern, anderen Organisationen etc.), um ein möglichst vollständiges Bild zu erhalten,
c. **Kontextualisierung** (»contextualization«): Verbindung von neuen und bisherigen Ereignissen (z. B. Bildung von Analogien zu bisherigen Situationen),
d. **Erwägung** (»deliberation«): Aus den über die Strategien in a.-c. gewonnenen Informationen müssen durch langsames und sorgfältiges Nachdenken plausible Muster herausgearbeitet werden (für diese Stufe ist genügend Zeit einzuplanen).
e. **Verschmelzung** (»affiliation«): Es dient dazu, zu verstehen, wie andere Gruppenmitglieder die Informationen deuten und eine Konsensmeinung darüber erzielen.

Die Strategien »Austausch«, »Triangulation« und »Kontextualisierung« werden der **Informationsbeschaffung** (»conveyance«) zugeordnet. Während dieser Phase versuchen Gruppenmitglieder, alle möglichen Informationen zu beschaffen, um die Situation besser zu verstehen. Ohne die Strategie »Erwägung« ist die Informationsbeschaffung jedoch wertlos; sie schließt diese Phase ab. Das ist bei DENNIS/ VALACICH (1999, S. 4) nicht ganz klar getrennt: Erwägung scheint der »Informationsbeschaffung« zugehörig oder befindet sich zumindest an der Grenze zur »Informationsverdichtung«.

Die Strategie »Verschmelzung« wird mit der **Informationsverdichtung** (»convergence«) in Verbindung gebracht. Bei dieser Strategie geht es darum, die Interpretation der Informationen unter den Gruppenmitgliedern abzustimmen. Es geht jedoch weniger um die Information selbst. Ohne diese Prozesse ist eine Mehrdeutigkeitsreduktion nicht möglich (was vom Media-Richness-Modell vernachlässigt wird). Aber auch im Fall einer Unsicherheitsreduktion sind die Phasen »Informationsbeschaffung« und »Informationsverdichtung« unabdingbar, jedoch in einem vereinfachten Ablauf (S. 5).

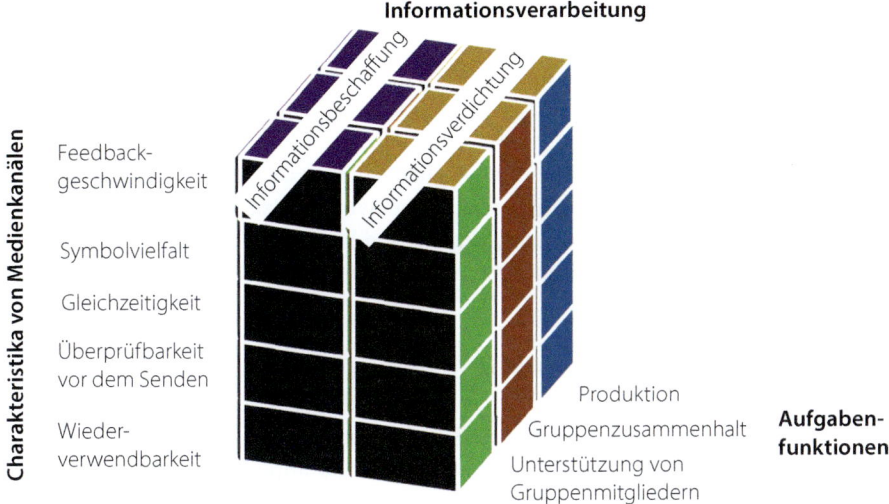

Dar. 27: Die Perspektive des Media-Synchronicity-Modells nach DENNIS/VALACICH (1999, S. 6)

Welche Eigenschaften der Medienkanäle (z. B. hohe Feedbackgeschwindigkeit) werden in welchen Phasen der Kommunikationsprozesse sowie für welche Arbeitsfunktionen benötigt (▶ Dar. 27)? Es werden folgende **Thesen zu Implikationen des Media-Synchronicity-Modells** aufgestellt (S. 5–7):

- Grundsätzlich wird festgestellt, dass Medien mit geringer Synchronizität besser für Informationsbeschaffung geeignet sind, da hier jedes Gruppenmitglied mit der eigenen Geschwindigkeit am besten arbeiten kann. Währenddessen sind für die Phase der Informationsverdichtung Medien mit hoher Synchronizität unabdingbar, da die Gruppenmitglieder sich auf eine Bedeutung der Informationen einigen müssen.
- Für einen Gruppenkommunikationsprozess mit dem Ziel der Informationsverdichtung führen Medien mit hoher Synchronizität (d. h. schnelles Feedback und geringer Parallelität) zu einer besseren Gruppenperformance. Für den Gruppenkommunikationsprozess mit dem Ziel der Informationsbeschaffung (Reduktion der Unsicherheit) führen Medien mit geringer Synchronizität zu einer besseren Gruppenperformance.
- Symbolvielfalt wird nur dann die Performance beeinflussen, wenn die für die Aufgabe benötigte Vielfalt an Zeichen nicht unterstützt wird. Für die Informationsbeschaffung wird eher eine hohe Symbolvielfalt benötigt, für die Informationsverdichtung kann sie niedriger ausfallen.
- Medien mit einer besseren Überprüfbarkeit der Inhalte vor dem Senden werden in beiden Kommunikationsphasen zu höheren Gruppenleistungen führen.

- Eine hohe Wiederverwendbarkeit der Botschaften führt im Gruppenkommunikationsprozess mit dem Ziel der Informationsbeschaffung zu höheren Leistungen. Für die Informationsverdichtung ist keine eindeutige Aussage möglich.
- Etablierte Gruppen mit erarbeiteten Normen sind weniger auf die Medien mit hoher Synchronizität angewiesen als Gruppen, die solche Normen noch herausbilden müssen. Der Bedarf nach Medien mit hoher Synchronizität sinkt umso stärker, je weiter sich eine solche Gruppe beziehungstechnisch weiterentwickelt.
- Neue Gruppen, Gruppen mit neuen Mitgliedern oder Gruppen ohne gemeinsame Normen sind stärker auf Medien mit hoher Synchronizität angewiesen. Außerdem sind solche Gruppen sozialer, aktiver und benötigen daher Medien, die mit ihrer Symbolvielfalt (Körpersprache, paraverbale Signale) solche sozialen Aktivitäten unterstützten.

Die Aussagen des Media-Richness-Modells werden hier weiter ausdifferenziert. So werden sowohl für den Fall der Informationsmehrdeutigkeit als auch -unsicherheit zwei Informationsverarbeitungsprozesse (Informationsbeschaffung und -verdichtung) definiert, die in beiden Fällen ablaufen, jedoch unterschiedlich stark akzentuiert werden. Außerdem kommt es sehr stark auf die konkreten Aufgaben, Gruppenprozesse (Produktion, Gruppenzusammenhalt, Mitgliederkommunikation) und die Mediencharakteristika (Symbolvielfalt, Feedbackgeschwindigkeit, Parallelität, Wiederbearbeitbarkeit und Wiederverwendbarkeit) an. Können die vorliegenden Implikationen eher als eine verfeinerte Bestätigung der Media-Richness-Theorie anzusehen? Möglicherweise, wenn man bedenkt: »Reichhaltige« Medien sind eher solche mit hoher Synchronizität und weniger »reichhaltige« mit einer geringeren Synchronizität; außerdem ist kein Medienkanal in seiner Absolutheit angemessen.

Lesehinweise

- Dennis, A. R./Valacich, J. S.: Rethinking media richness: towards a theory of media synchronicity, in: Sprague, Ralph H. (Hrsg.): Proceedings of the 32nd Annual Hawaii International Conference on System Sciences. Abstracts and CD-ROM of full papers: January 5-8, 1999, Maui, Hawaii, Los Alamitos, CA 1999. [Primärquelle]
- Dennis, A. R. et al.: Media, tasks, and communication processes: A theory of media synchronicity, in: Management Information Systems Quaterly, Band 32, Heft 3, 2008, S. 575-600. [Weiterentwicklung und Systematisierung der Ideen]
- Son, J. et al.: Content features of tweets for effective communication during disasters: A media synchronicity theory perspective, in: International Journal of Information Management, Jg. 45, 2019, S. 56-68. [Lesetipp]

3.4 »The medium is the message« (MCLUHAN)

Zentrale Erkenntnisse

- Marshall McLuhan hatte keine abstrakt formulierten Modelle, seine Ausführungen speisen sich aus einer kunstvoll zusammengestellten Vielfalt von Beobachtungen und markanten Thesen. Seitdem beschäftigen einige seiner bekannteren Thesen wie »Medium is the message« oder »Global village« die Öffentlichkeit. Die Arbeiten von McLuhan einer Disziplin oder einem Genre zuzuordnen, ist schwierig. Am ehesten würde man ihn heute als Medienwissenschaftler bezeichnen. Wir wollen uns vor allem mit seiner Frage beschäftigen: Wie verändern die Medienkanäle (auch Werbung und populäre Kultur) unseren Wirkungsbereich als Menschen und wie wirken sie auf uns zurück?
- Zu Kommunikationsmodellen: »Whenever provoked, Marshall McLuhan would declare, Look, I don't have a theory of communication. I don't use theories. I just watch what people do, what *you* do. Or words to that effect. That's the short answer to our question, »What is McLuhans Theory of Communication?«.«, schreibt der Sohn Eric MCLUHAN (2008, S. 26; Hervorh. i. Orig.)
- Zur Wirkung von Medienkanälen: »An artifact pushed far enough tends to reincorporate the user. The Huns lived on their horses day and night. Technology stresses and emphasizes some one function of man's senses; at the same time, other senses are dimmed down or temporarily obsolesced. The process retrieves man's propensity to worship extensions of himself as a form of divinity. Carried far enough man thus becomes a ›creature of his own machine‹.« (MCLUHAN/POWERS 1989, S. 3)«
- Zur Werbung und Unterhaltung: »Ours is the first age in which many thousands of the best-trained individual minds have made it a full-time business to get inside the collective public mind. To get inside in order to manipulate, exploit, control is the object now. And to generate heat not light in the intention. To keep everybody in the helpless state engendered by prolonged mental rutting is the effect of many ads and much entertainment alike.« (MCLUHAN 1951, S. v)
- Die Medienwelt dreht sich seit Beginn der Digitalisierung, des Internets, Social Media, Corona, generativer KI scheinbar immer schneller und schneller. Unbemerkt verändern wir unser Medienverhalten, die Art, wie wir mit Menschen kommunizieren, wie wir Beziehungen eingehen und pflegen, wie wir arbeiten (Stichwort »Gen Z« in der Arbeitswelt). Es lohnt sich, kurz innezuhalten und zu reflektieren. Hierzu können die von McLuhan aufgeworfenen Fragen helfen.
- Modellgebiete: Medienwissenschaften, Medienästhetik, Mediengeschichte, Soziologie

Die Arbeiten von Marshall McLuhan zu lesen ist eine Zumutung. Es entsteht der Eindruck von bestenfalls nebeneinander formulierten endlosen Thesen, Literaturzitaten und Assoziationen zu irgendetwas mit Medien, Geschichte, Literatur und Kunst. Den Zusammenhang soll man bitte schön selbst suchen. Kann man McLuhans Ausführungen zu einem Modell zusammenfassen? Zumindest der Autor dieses Buches ist daran gescheitert. Aber vielleicht ist das von McLuhan gar nicht beabsichtigt. MCLUHAN/POWERS (1989) sprechen davon, dass abstrakte lineare und kausale Kommunikationsmodelle wie von SHANNON/WEAVER (▶ Kap. 3.1) nicht mehr in der Lage seien, den »all-at-onceness«-Charakter der Informationen darzustellen (S. 3). Die **Erzählweise von McLuhan** ist daher eine von vielen, gleichzeitigen, aufeinander bezogenen kunstvoll umschriebenen Eindrücken ((MCLUHAN 2008), siehe auch das Zitat in »Zentrale Erkenntnisse«). So besteht beispielsweise sein Buch »The Mechanical Bride« aus 60 Essays, die in beliebiger Reihenfolge gelesen werden können (MCLUHAN 1951). Sein Hauptwerk »Understanding Media. The Exension of man« besteht aus 7 Grundkapiteln und 26 Einzelkapiteln (wie das englische Alphabet) zu den jeweiligen Medien im weitesten Sinne des Wortes MCLUHAN 1964). Die Kurzfassung seines Buches »The Medium is the Massage«, das sogar den Druckfehler »Massage« (statt »Message«) übernommen hat, ist als ein Text-Foto-Buch erschienen (MCLUHAN et al. 2001).

Wie Kunst und Publizistik sollen die Arbeiten von Marshall McLuhan **zum Nachdenken anregen**. Eine seiner zentralen Thesen ist, dass Medien Ausweitungen des Körpers und von Technologien sind, die den **Menschen in seinem Wirkungsbereich vergrößern, aber auch auf den Menschen gleichzeitig zurückwirken und ihn verändern** (BALTES et al. 1997, S. 8). So sind TikTok-Videos zu einem weltweiten Auge und Ohr geworden. Instagram zu unserem Geschmackstester. Mit Messengern können wir in die ganze Welt hineinhören und hineinsehen. Und mit Virtual Reality sogar ein immersives Gefühl einer Vor-Ort-Präsenz entwickeln. Aber was machen diese Medien mit uns?

»Medium is the message«, daher sollte man die **Medienkanäle erforschen** und weniger die darüber verbreiteten Botschaften. Macht Online-Targeting und Dark Nudging (»Es sind nur noch zwei Bücher im Bestand«, ▶ Kap. 6.3) uns zu impulsiven Käuferinnen? Welche Implikationen hat die allgegenwärtige Erreichbarkeit und das Verschwinden der letzten Grenzmarkierungen zwischen Berufs- und Privatleben im Homeoffice auf unser Liebesleben? Wird Video Conferencing zum neuen Telefonieren? Ist das Smartphone zum integralen Teil unserer Persönlichkeit geworden so wie die Pferde für die Hunnen (siehe Zitat zur Wirkung von Medienkanälen in »Zentrale Erkenntnisse«)? Sind Social Media unser narzisstischer Spiegel, von dem wir nicht lassen können? Hat Gutenbergs Buchdruck die mündliche Kultur herabgewürdigt und sind die Sprachnachrichten, etwa in WhatsApp, eine Rückkehr zu unseren natürlichen Kommunikationsgewohnheiten?

Einige der Gedanken McLuhans sind posthum herausgegeben worden: In »The Global Village«, 1989 von Koautor Bruce R. Powers (MCLUHAN/POWERS 1989) und in »Laws of Media«, 1988 von McLuhans Sohn Eric (MCLUHAN/MCLUHAN 1988). Darin finden sich die »**Tetrades**«, welche die vielfältigen, gleichzeitigen und interdependenten Wirkungen von Medienkanälen untersuchen sollen (MCLUHAN/POWERS 1989, S. 9; MCLUHAN/MCLUHAN 1988, 7):

- Was wird von einem Medium erweitert oder intensiviert?
- Was wird von ihm überflüssig gemacht oder verdrängt?
- Was wird von ihm wiedergewonnen, das vorher als veraltet galt?
- Was kann es erzeugen, wenn es bis zum Extrem gebracht wird?

Wenn wir uns im beruflichen Kontext einmal E-Mail, Videoconferencing und VR-Anwendungen im Vergleich anschauen, könnten die oberflächlichen Antworten auf die obigen Fragen wie folgt lauten. Die **E-Mail** hat eine schnelle und effiziente Korrespondenz ermöglicht und die Briefpost sowie Telefonie zum Teil verdrängt. Sie hat der schriftlichen Kommunikation wieder zu einem Aufleben verholfen. Bei falscher und extremer Nutzung kann E-Mail jedoch zur Informationsüberlastung führen. **Videoconferencing** hat große und kleine ortsunabhängige Videositzungen ermöglicht, wodurch man Anreisezeit und -ressourcen spart. Zum Teil hat es persönliche Meetings und Reisen verdrängt. Da Videoconferencing eine neue Form ist, wurde eigentlich nichts wiedergewonnen, was vorher veraltet war. Aber bei übermäßiger Nutzung können Übermüdungserscheinungen entstehen (Zoom-Fatigue, ▶ Kap. 3.7). **VR-Anwendungen** im beruflichen Kontext können ein neues Präsenzerleben schaffen und die Gruppenidentifikation stärken (immersives Gruppenerleben, ▶ Kap. 3.5). Ähnlich wie Videokonferenzen können sie das Bedürfnis nach physischen Zusammenkünften reduzieren. Es kann sein, das VR in Zukunft eine Antwort auf die ermüdenden Videokonferenzen sein wird, das bleibt allerdings abzuwarten. Im Extremfall kann VR aber eine Realitätsflucht befördern und die soziale Isolation verstärken (▶ Kap. 3.8). Diese Antworten sind lediglich oberflächliche Gedanken, sie können beliebig vertieft werden.

Ähnlich wie Kunst uns **neue kreative Perspektiven** eröffnen soll, indem sie uns aus unserem rationalistischen Gedankensilo herauszieht, so sind auch die medienwissenschaftlichen Ideen McLuhans zu lesen. Was die einzelnen Arbeiten von McLuhan angeht, so scheint ihre Popularität durch den damaligen Zeitgeist, die eloquente Art des Urhebers und das mediale Interesse an steilen Thesen zu erklären sein. Ob sie überbewertet sind, können die Leserinnen im Selbststudium entscheiden. Denn ähnlich wie der Geschmack für Kunst individuell ist, kann man in McLuhans Arbeiten auch individuelle Akzente setzen. Was die von McLuhan gestellten Fragen angeht, so kann man sie weiterhin als aktuell ansehen. Nur die Antworten unterliegen einer ständigen Veränderung – je nachdem wann man die Fragen gestellt hat.

> **Lesehinweise**
>
> - McLuhan, M.: Understanding media, London, Routledge, 1964. [Primärquelle]

- McLuhan, M./Powers, B. R.: The Global Village. Transformations in World Life and Media in the 21st Century, New York/ Oxford 1989. [Primärquelle]
- Baltes, M. et al. (Hrsg.): Medien verstehen. Der McLuhan-Reader, Mannheim 1997. [Lesetipp]

3.5 Affordance von Virtual Reality (DINCELLI/YAYLA und HAN et al.)

Zentrale Erkenntnisse

- Virtual Reality (VR) im organisatorischen wie privaten Kontext (außerhalb des Gaming-Bereiches) wartet auf ihren Durchbruch. Angetrieben durch (Wahn-)Visionen von Tech-Milliardären (Stichwort »Metaverse«) und erschwinglichen VR-Geräten (Meta Quest 3) hat VR alle Chancen, zu einem festen Teil der Unternehmenswelt zu werden. Wie kann man sich einen erfolgreichen Einsatz von VR in Unternehmen vorstellen? Hierfür liefern DINCELLI/YAYLA (2022) auf der Basis der Affordance Actualization Theory ein mögliches Analyseinstrument. Durch das intuitive Erkennen von Einsatzmöglichkeiten (»Affordances«) wird die VR-Technologie in Unternehmen zu bestimmten Zwecken eingesetzt, was wiederum positive Auswirkungen auf den weiteren Einsatz haben kann oder auch nicht. Insgesamt konnten fünf »Focal Affordances« von VR ermittelt werden. Anhand einer Studie von HAN et al. (2022) konnte gezeigt werden, dass für das Anwendungsszenario »kollaboratives und soziales Computing« positive Effekte des Präsenzerlebens und der Gruppenzugehörigkeit erreicht werden konnten – und zwar bei längerem Einsatz.
- »The experience of being transported to an elaborately simulated place is pleasurable in itself, regardless of the fantasy content. We refer to this experience as immersion. *Immersion* is a metaphorical term derived from the physical experience of being submerged in water. We seek the same feeling from a psychologically immersive experience that we do from a plunge in the ocean or swimming pool: the sensation of being surrounded by a completely other reality, a different as water is from air, that takes over all of our attention, our whole perceptual apparatus. We enjoy the movement out of our familiar world, the feeling of alertness that comes from being in the new place, and the delight that comes from learning to move within it.« (MURRAY 2017, S. 124; Hervorh. i. Orig.)
- »The VR industry is advancing rapidly as more powerful and versatile HMDs (HMD ist ein Fachbegriff für »*head-mounted displays*« bzw. VR-Brillen – Anm. d. Verf.) and VR peripherals are being developed and technology companies

> redirect their attention to immersive VR as a strategic opportunity. [...] Current technological advancements create unique technology affordances that distinguish immersive VR from other similar technologies. Based on affordance-actualization theory, we identified various venues for organizations to benefit from VR while highlighting potential challenges that may arise during the adoption and implementation processes. With the consideration of these strategic opportunities and challenges, organizations could benefit from this emerging technology to increase operational efficiency, improve corporate social responsibility, create new markets, and overall, gain a competitive advantage.« (DINCELLI/YAYLA 2022, S. 16)
- Ob es am Ende wirklich zu einem Durchbruch von VR, Metaverse, You-name-it kommt, bleibt abzuwarten. In jedem Fall sind intuitive Einsatzmöglichkeiten (Erkennen von Affordances) sowohl im privaten als auch im organisatorischen Kontext ein erfolgversprechender Weg, um bestimmte Technologien zum Einsatz zu bringen. Zwar widersprechen die schwerfälligen Microsoft- und SAP-Produkte dieser These. Auf der anderen Seite wurden Windows Phones und Blackberrys durch intuitiv bedienbare iPhones verdrängt.
- Modellgebiete: Designtheorie, Wirtschaftsinformatik, Medieninformatik

Die Metaverse-Vision von Mark Zuckerberg (META 2021) und die erschwingliche Verfügbarkeit von erstklassigen VR-Brillen (wie Meta Quest 3) haben zu einem Aufleben der Science-Fiction-Träume der 1980er und 1990er-Jahre geführt. Das **Metaverse** wird von BALL (2022, S. 29) als ein von der Dimension und Kompatibilität her mit dem Internet vergleichbares Netzwerk beschrieben. Dieses »weiterentwickelte Internet« ahmt mit seinen technischen Eigenschaften eine physische Welt nach, indem es eine eigenständige virtuelle 3D-Welt erschafft. Im Metaverse soll die digitale und die physische Realität miteinander verschmelzen. Einige Technophilosophen sehen VR als eine Realität, die der physischen Realität ebenbürtig ist und sogar mehr: **in** der man in gleicher Weise ein sinnvolles Leben führen kann. Denn man kann nicht vollständig ausschließen, dass die physische Welt in Wirklichkeit eine virtuelle Welt ist (CHALMERS 2022, S. xvii).

Die Euphorie rund um das Metaverse ist auch auf die Berufswelt übergeschwappt. Von welchen Faktoren hängt ein **Einsatz von VR oder Metaverse als neuen Modebegriff im Unternehmenskontext** ab? Neben pauschalen Aussagen von Media Richness Theory (▶ Kap. 3.2, »VR ist besser als Videokonferenzen«) und etwas differenzierteren Schlussfolgerungen von Media Synchronicity Theory (▶ Kap. 3.3, »Es kommt auf Aufgaben und Gruppe an«) ziehen wir die **Technology Affordance** als eine weitere Perspektive heran. Technology Affordance bedeutet, dass Stärken und Schwächen von Technologien im Hinblick auf Einsatzmöglichkeiten durch Menschen unmittelbar erkannt werden (GAVER 1991, S. 79). Dabei sind solche Einsatzmöglichkeiten weniger ein Ergebnis eines kognitiven Auseinandersetzungsprozesses mit der Technologie (siehe etwa das Technology Acceptance Model, ▶ Kap. 4.3), sondern eine intuitive Relation bzw. Beziehung zwischen einem technologischen Artefakt und einer Nutzerin. So wird eine Treppe mit den Stufen automatisch als Mittel zum Aufsteigen erkannt. Ähnliche Beziehungen geht man automatisch zu intuitiv designten Geräten wie einem iPad oder benutzerfreundlich gestalteten Webseiten wie von Netflix ein.

Die Theory of Affordances wurde erstmalig als psychologisch-ökologischer Erklärungsansatz von GIBSON (1977) für bestimmtes Verhalten von Tieren und Menschen im Hinblick auf bestimmte Eigenschaften der Umwelt formuliert. Es gibt diverse Weiterentwicklungen der Theory of Affordance, neben der oben erläuterten Technology Affordance u. a. auch die Affordance Actualization Theory, die versucht, die Frage zu beantworten, wie sich Affordances im Laufe der Zeit anpassen, und zwar durch das Feedback aus Umsetzungsprozessen (STRONG et al. 2014). Die im Folgenden behandelten Studien legen die **Affordance Actualization Theory** zugrunde.

Ein **immersives Erlebnis** bzw. Präsenzerleben, so dass man alles um sich herum vergisst, bleibt nicht nur VR vorbehalten. Diesen Geisteszustand kann auch ein gutes Buch oder eine spannende Serie erzeugen. Ein solches immersives VR-Erlebnis wird durch ein hohes Niveau an Interaktion, Wahrnehmungspräsenz und körperlichem Erleben ermöglicht (DINCELLI/YAYLA 2022, S. 2). Auf der Basis einer Metastudie werden **fünf »Focal Affordances« von immersiver VR identifiziert**: nahtloses körperliches Erleben des virtuellen Körpers (»embodiment«), Beweglichkeit (»navigability«), Sinnempfinden (»sense-ability«), Interaktivität mit Objekten und Akteuren in der virtuellen Realität (»interactivity«), Möglichkeit, Objekte aus der physischen Realität nachzubauen und komplett neue Aspekte einzufügen (»create-abilty«). Als eine Ausprägung einiger dieser Affordances können soziales Erleben, Spaß und Gruppengefühl verstanden werden (HAN et al. 2022). Diese Affordances werden durch eine Reihe von technischen Elementen ermöglicht, z. B. Körpersensoren, Eyetracking, KI-Tools, leicht zu bedienende Software-Plattformen etc. (S. 4). Auch Charakteristika von Nutzerinnen haben einen Einfluss auf die Affordances (▶ Dar. 28, linker Teil).

Der Einsatz von VR ist in mannigfaltigen Branchen untersucht worden – in der Ausbildung oder im Training (z. B. in der medizinischen Ausbildung, Flugzeugwartung), im Gesundheitssektor (z. B. Behandlung von Phobien, Schmerzmanagement) und Service und Einzelhandel (z. B. Einkaufen, Museumsbesuch). (S. 5–8). Beim Einsatz **im organisationalen Kontext** werden zwei Kategorien von Anwendungsszenarien unterschieden. Auf der einen Seite wird kollaboratives und soziales Computing als das wichtigste Anwendungsfeld identifiziert, bei dem in virtuellen Umgebungen komplexe Simulationen, Konfliktlösungen und eine bessere Zusammenarbeit auf Distanz ermöglicht werden sollen. Auf der anderen Seite werden unter persönlichem Management solche Szenarien verstanden wie öffentliches Sprechen, Bewerbungsgespräche etc.

All diese Szenarien innerhalb des unmittelbaren organisatorischen Kontextes, aber auch im Hinblick auf Kundinnen und Lieferantinnen können Organisationen helfen, ihre Ziele besser zu erreichen. Die **wahrgenommenen Potenziale** für die

Organisationen werden in **Aktualisierungsprozessen** realisiert, indem bestimmte Aktionen in VR-Umgebungen (z. B. Interaktion von Avataren, Nutzung von einheitlichen oder individuellen Avataren, gemeinsame Diskussion oder Feilen an Ideen, Malen im 3D-Raum) zu bestimmten Ergebnissen führen. Diese Ergebnisse sind beispielsweise reichhaltigere Erfahrungen, eine kreativere Zusammenarbeit, ein besseres Gruppengefühl, bessere Trainingsergebnisse etc. (▶ Dar. 28, rechter Teil). Gleichzeitig sind die Umsetzungsprozesse iterativ und wirken sich über eine Rückkopplungsschleife auf die Aktionen, aber auch auf die Affordences aus. Im letzteren Fall wird vielleicht die VR-Ausrüstung vervollständigt und/ oder Nutzerinnen entwickeln neue Fähigkeiten sowie Erfahrungswerte. Diese wiederum wirken sich positiv oder auch negativ auf die VR-Affordences aus (▶ Dar. 28, Rückkopplungspfeile).

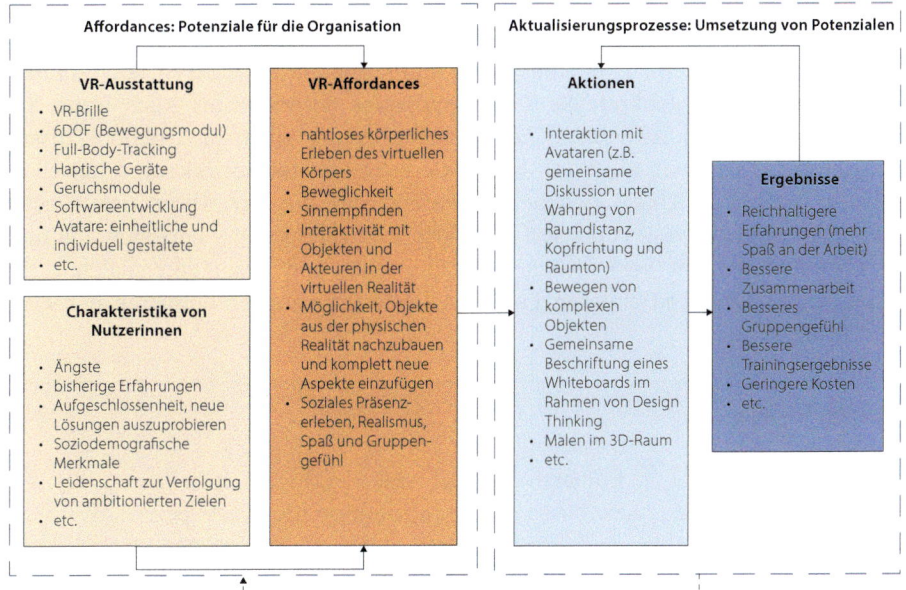

Dar. 28: Aktualisierungsprozesse der VR Affordances in einer Organisation (Quelle: in Anlehnung an DINCELLI/YAYLA 2022, S. 11, HAN et al. 2022, S. 8–11, 15–19, STRONG et al. 2014, S. 70)

In einer **VR-Studie**, die über acht Wochen im Rahmen einer Lehrveranstaltung durchgeführt wurde, haben HAN et al. (2022) positive Effekte des räumlichen, persönlichen und sozialen Präsenzerlebens wie auch Spaß und Gruppengefühl festgestellt. Diese Effekte haben über die Versuchszeit zugenommen. Dabei haben sie die Hälfte der Studiendauer mit einheitlichen Avataren und die andere Hälfte der Studie mit individuell gestalteten Avataren (im Rahmen der technischen Möglichkeiten der verwendeten Plattform) gearbeitet. Bei einheitlichen Avataren war zwar die Selbstpräsenz niedriger, aber der Spaßfaktor höher. Bei individuellen

Avataren haben sich diese beiden Kennzahlen umgekehrt. In beiden Fällen hat die **Gruppenzugehörigkeit über die Versuchszeit zugenommen**; sie wurde darüber hinaus positiv durch vorherige persönliche Kontakte beeinflusst. Eine **wesentliche Erkenntnis der Studie** besteht darin, dass die längere Einsatzzeit eine wichtige Rolle für das Herausbilden von immersiven Erfahrungen spielt. Diese Aussage kann ein Anhaltspunkt für die obigen Affordance-Aktualisierungsprozesse sein (S. 13–19).

Die Technology Affordance und Affordance Actualization Theories zeigen, wie intuitiv wahrgenommene Eigenschaften von Technologien bei der Realisierung ihrer Potenziale spielen können und wie sie sich durch diese Einschätzungen bei Benutzung verändern können. Eine Studie, die über längeren Zeitraum durchgeführt wurde, bestätigt diese Vermutungen, d. h. eine zeitlich beständige Nutzung spielt eine wichtige Rolle bei der Adoption von Technologien und Erreichung von Organisationszielen. **Was ist unser Erkenntnisgewinn?** Die obigen Modelle scheinen interessante Frameworks zu sein, um die Adoptionsprozesse neuer Technologien in Organisationen zu systematisieren und insgesamt zu erklären, aber können sie darüber hinaus konkrete Einführungsprozesse unterstützen? Auch wenn die Entwicklerinnen der Affordance Actualization Theory einen praktischen Einsatz vorführen (STRONG et al. 2014), bleibt diese Systematik abstrakt und zuweilen schwer zugänglich. Eine mögliche Schlussfolgerung aus der Affordance Theory kann die Wirkungsweise von sog. Technology Evangelists sein – Personen, die sich in Unternehmen mit verschiedenen Technologien und ihren Potenzialen aktiv auseinandersetzen und anderen Personen sowie Organisationseinheiten den Einsatz erklären.

> **Lesehinweise**
>
> - Dincelli, E./Yayla, A.: Immersive virtual reality in the age of the Metaverse: A hybrid-narrative review based on the technology affordance perspective, in: The Journal of Strategic Information Systems, Jg. 31, Heft 2, 2022, https://doi.org/10.1016/j.jsis.2022.101717. [Primärquelle]
> - Han, E. et al.: Understanding Group Behavior in Virtual Reality: A Large-Scale, Longitudinal Study in the Metaverse, 72nd Annual International Communication Association Conference, Paris, 2022, https://ssrn.com/abstract=4110154. [Primärquelle]
> - Norman, D. A.: The Design of Everyday Things. Revised and Expanded Edition, New York 2013. [Anwendung der Affordance Theory im Designbereich]
> - Volkoff, O./Strong, D.: Affordance Theory and How to Use it in IS Research, in: Galliers, R./Stein, M.-K. (Hrsg.): The Routledge companion to management information systems, Routledge companions in business, management and marketing, Abingdon 2018, S. 232–245. [Lesetipp]

3.6 Hyperpersonal Perpective (WALTHER)

> **Zentrale Erkenntnisse**
>
> - Die Hyperpersonal Perspective will als eine Art Gegenentwurf zum Media-Richness-Modell zeigen, dass trotz technisch beschränkter computervermittelter (digitaler) Kommunikationskanäle zwischen Nutzerinnen Beziehungen entstehen können, welche reale Beziehungen an Intensität übersteigen. Dieses Phänomen entsteht dadurch, dass aus Empfängerperspektive die wenigen empfangbaren Reize verallgemeinert und überinterpretiert werden. Andererseits kann der Sender durch die Kontrolle des Kommunikationskanals seine Selbstdarstellung so gestalten, dass er eine soziale Anerkennung erhält. Beide, Empfänger und Sender, wechseln ihre Rollen und geben sich wechselseitig positives Feedback. Durch eine solche gegenseitige Verstärkung entsteht die Illusion einer vertrauensvollen (»hyperpersönlichen«) Beziehung.
> - »Despite a tendency in our literature to value »friendly« or »intimate« interaction highly [...], there are times when less interpersonal or socioemotional communication is beneficial. In this sense, if CMC (computer-mediated communication – Anm. d. Verf.) fostered less personal interaction than did unmediated communication, it might be advantageous for those dyadic or group encounters in which more impersonal interaction is valued.« (WALTHER 1996, S. 6).
> - Können eingeschränkte computervermittelte Medienkanäle in der Lage sein, eine Beziehung aufzubauen, die ein persönliches Gespräch an Intimität übersteigt? In der Tat ist das denkbar, wenn man nachgewiesene Effekte der parasozialen Interaktion (Aufbau von Beziehungen zu Medienfiguren ▶ Kap. 4.1) betrachtet. Und in der Arbeitswelt nach Corona können Audiokonferenzen und Chats (▶ Kap. 3.7) sehr wohltuend sein. Allerdings kann ohne einen persönlichen Austausch die Arbeitsproduktivität leiden.
> - Modellgebiete: Psychologie, Medieninformatik

Den Ausgangspunkt bildet die These (u. a. Media-Richness-Modell ▶ Kap. 3.2), wonach persönliche Kommunikation im Fall von komplexen Problemen und aufgrund des sozialen Charakters nicht durch computervermittelte Kommunikation ersetzt werden kann (WALTHER 1996, S. 3). In die gleiche Kerbe hauen die VR-Studien (▶ Kap. 3.5). WALTHER (1996, S. 4 f.) widerspricht, indem er zeigt, dass die (textbasierte) computervermittelte Kommunikation in aufgabenorientierten Prozessen hilfreich sein kann, um persönliche und soziale Störungen zu minimieren. Im Fall der **»hyperpersönlichen Kommunikation«** kann die textbasierte computervermittelte Kommunikation sogar die Intensität einer Face-to-face-Kommunikation übersteigen. Unterstützend werden die verbreitete Nutzung von E-Mail-Adressen, die Existenz von anonymen Online-Freundschaften und virtuellen Communities als Beispiele angeführt. Die Kommunikation im damaligen Internet (Web 1.0) war aufgrund geringer Übertragungsbandbreiten sehr stark auf Texte und Bilder mit niedriger Auflösung beschränkt.

Dabei wird computervermittelte Kommunikation in ihrer Entstehung als Nebenprodukt der Vernetzung von Computern aus Sicherheits- und Informationsredundanzgründen beschrieben (siehe das ARPANet-Projekt). Im Laufe der Zeit sind daraus sinnvolle Gruppenkommunikationstools entstanden (S. 5). Zwar wurde in den früheren Studien das Fehlen der interpersönlichen Effekte und des Gruppenzusammenhalts bemängelt, andererseits konnte auch gezeigt werden, dass computervermittelte Kommunikation gerade wegen des unpersönlichen Umfeldes Vorteile entfalten kann, wenn z.B. eine gleichberechtigtere Diskussion geführt werden soll (S. 7). Dabei kann sich die Unpersönlichkeit u. a. auf das Herausfiltern von visuellen und audiovisuellen Reizen/ Signalen (»cues-filtered-out«) zurückführen lassen (S. 8). Andere Forschungsergebnisse (u. a. aus anderen Studien von Walther) legen dagegen nahe, dass auch bei computervermittelter Kommunikation der Aufbau sozialer Beziehungen beabsichtigt ist. Das Fehlen der für persönliche Kommunikation typischen Reize/ Signale (z.B. audiovisuelle Reize) wird dabei durch andere Reize (z.B. Rechtschreibung, Stilausdruck, Emojis) substituiert. **Annahmen über Kommunikationspartner werden dann mit dem reduzierten Reiz-Set angestellt und getestet.** Die in früheren Studien festgestellte, langsamere Entwicklung von sozialen Beziehungen könnte jedoch durch das zeitlich eingeschränkte Forschungsdesign relativiert werden (S. 10–13).

Auf der Basis einer empirischen Untersuchung wird festgestellt, dass Gruppen, die ausschließlich **computervermittelt** kommuniziert haben, ihre Kommunikation in Bezug auf verschiedene **soziale und intime Dimensionen höher bewertet** haben als die direkte Face-to-face-Kommunikation. WALTHER (1996, S. 17) nennt dieses Phänomen die »hyperpersonelle Kommunikation«. Aus der Empfängerperspektive werden bestehende geringe Reize verallgemeinert und damit überinterpretiert, um dann über den Sender Rückschlüsse zu erlauben (S. 18). So können Rechtschreibfehler als Zeichen für Unzuverlässigkeit oder Ungebildetheit angesehen werden. Eine solche Selbstdarstellung kann in einem computervermittelten Kommunikationskanal aufgrund reduzierter Reize sowie asynchroner Kommunikation besser kontrolliert werden (S. 19).

Die **reduzierten Reize** helfen einerseits dem Sender, sich von seiner »Schokoladenseite« zu präsentieren – egal, welche Makel er haben kann (S. 20). Dabei können Audio-/ Telefonkonferenzen **ein besseres Bild von Kommunikationspartnerinnen** erzeugen als Videokonferenzen (S. 21). Die asynchrone Kommunikation kann andererseits zu einer **Entspannung** bei Kommunikationspartnern führen, da diese an Gruppenaktivitäten nach eigener Vorstellung teilnehmen können. Auch können sozial- und aufgabenbezogene Prozesse, die bei einer Face-to-face-Kommunikation gleichzeitig ablaufen, bei einer computervermittelten Kommunikation entkoppelt werden (S. 24). Die selektive Aussendung von Reizen (mehr Zeit in die Botschaftskonstruktion) kann zudem durch asynchrone computervermittelte Kommunikation begünstigt werden (S. 25).

Ein Konstruktionsbestandteil der hyperpersonellen Interaktion ist die **gegenseitige Verhaltensbestätigung**, welche durch Feedbackschleifen zu einer Verstärkung der Beziehung führt. In der computervermittelten Kommunikation kann eine solche gegenseitige Verhaltensbestätigung die reduzierten Reize zu einem verstärkten positiven Eindruck führen. Wenn wir an Online-Bekanntschaften auf Instagram oder Tinder denken, so kann die Kommunikation von Personen, von denen man glaubt, sie seien attraktiv, als besonders aufregend empfunden werden (S. 27).

Eine (eher einseitig ablaufende) hyperpersonelle Kommunikation soll nun am **Beispiel einer rein audio- und folienbasierten Online-Vorlesung** erläutert werden, und zwar mit Hilfe der graphischen Darstellung nach dem Kommunikationsquadrat von SCHULZ VON THUN (▶ Kap. 2.4). Dabei wird unterstellt, dass es vorher keinen persönlichen Kontakt zwischen dem Dozenten und den Studierenden gegeben hat. Der Dozent, der seinen Vorlesungsstoff in Form eines ablesbaren Skriptes vorbereitet hat, kommt schnell zu treffenden Formulierungen. Für ihn ist die Beziehung perfekt: Studierende hören aufmerksam zu, einige wenige unterbrechen durch kluge Fragen. Sie scheinen die Vorlesung mit einer besonderen Aufmerksamkeit zu verfolgen, denn sie reden nicht miteinander, spielen nicht auf dem Smartphone etc., zumindest nicht direkt beobachtbar. Beim Dozenten stellt sich das Gefühl einer besonders vertrauensvollen Beziehung zu den Studierenden und eines besonderen Lerneifers ein (▶ Dar. 29).

Dar. 29: Empfangsvorgang in einer Online-Vorlesung nach WALTHER (Quelle: Eigene Darstellung in Anlehnung an SCHULZ VON THUN 2011, S. 28–34; Foto: https://pixabay.com/en/event-auditorium-conference-1597531/, CC0)

Bei der Klausurkorrektur ist der Schreck groß – es scheint nur ein Bruchteil des Vorlesungsstoffes bei den Studierenden angekommen zu sein. **Was ist schiefgelaufen?** Vermutlich haben viele Studierende die Vorlesung im Hintergrund laufen lassen oder sich nicht getraut, zu fragen, wenn sie etwas nicht verstanden haben.

Vielleicht auch, weil sie der Vorlesung nicht systematisch gefolgt sind. Nur ein Bruchteil der Lernenden ist anscheinend der Lehrveranstaltung bis zum Ende gefolgt. Der Mangel an kritischen Rückmeldungen hat also zu einem einseitig verzerrten Bild beim Dozenten geführt.

Führen die multimedialen (mehrere Präsentationstechnologien vereinend) und multimodalen (mehrere Sinne ansprechend) Möglichkeiten von VR und anderen Tools dazu, dass die Beziehungen persönlicher und intensiver erlebt werden? Wenn ja, dann würde man persönliche Kommunikation, VR-Anwendungen und Videoconferencing systematisch bevorzugen. Stattdessen erlebt man Ermüdungseffekte wie »Zoom Fatigue« (▶ Kap. 3.7), aber auch positive psychologische Effekte vom Arbeiten in Remote (SHIMURA et al. 2021). Auch wenn die frühen technischen Bedingungen, unter denen die Hyperpersonal Perspective entstanden ist, stark evoluiert haben, kann sie vielleicht so manche Tinder-Enttäuschung, aber auch den Einsatz von Avataren und den Erfolg von Filter-Funktionen auf Snapchat und Instagram erklären.

Lesehinweise

- Walther, J. B.: Computer-Mediated Communication: Impersonal, Interpersonal, and Hyperpersonal Interaction, in: Communication Research, Vol. 23, No. 1, 1996, S. 3–43. [Primärquelle]
- Walther, J. B./Whitty, M. T.: Language, Psychology, and New New Media: The Hyperpersonal Model of Mediated Communication at Twenty-Five Years, in: Journal of Language and Social Psychology, Jg. 40, Heft 1, 2021, S. 120–135. [Metastudie]

3.7 Videoconference Fatigue (BAILENSON und BAUER/RIEDL)

Zentrale Erkenntnisse

- Videoconference Fatigue ist zu einem natürlichen Begleiter unseres beruflichen Alltags geworden. Die Ermüdungseffekte lassen sich insbesondere auf widersprüchliche nonverbale Signale in Videokonferenzen zurückführen: Menschenblicke aus nächster Nähe, kognitive Belastung durch intensives Empfangen und Senden von Signalen, Selbstbewertung bei Betrachtung des Eigenvideos und Einschränkungen der physischen Mobilität. Ferner werden organisatorische (z. B. Pausen zwischen den Meetings), persönliche (z. B. Vermeidung von Multitasking) und technische Bewältigungsstrategien (z. B. Nutzung von Eye Contact Effect) betrachtet.
- »For decades, scholars have predicted that communication technology will disrupt the practice of commuting to and from work ten times per week.

> Even when face-to-face meetings will become safe again, it is likely the culture has finally shifted enough to remove some of the previously held stigmas against virtual meetings. With slight changes to the interface, Zoom has the potential to continue to drive productivity and reduce carbon emissions by replacing the commute. Videoconferencing is here to stay, and as media psychologists it is our job to study this medium to help technologists build better interfaces and users to develop better use practices.« (BAILENSON 2021, S. 5)

- Die hier präsentierten Erklärungsansätze (»Warum fühlen wir uns in Videokonferenzen unwohl?«) und Gestaltungsvorschläge (»Welche Bewältigungsstrategien können verfolgt werden?«) heben die komplexe Wechselbeziehung zwischen Tool-Design und menschlichen (nonverbalen) Verhaltensweisen hervor. Viele der Erkenntnisse lassen sich mit gesundem Menschenverstand vorwegnehmen, und zugleich werden die bereits erkannten Fehler weiterhin begangen, beispielsweise die zeitliche Länge einiger Videokonferenzen.
- Modellgebiete: Wirtschaftsinformatik, Medienpsychologie, nonverbale Kommunikation

Videoconference oder Zoom Fatigue (engl. Ermüdung) ist ein Phänomen, das im Zuge der Corona-Pandemie vermehrt aufgetreten ist. Sicherlich haben der häufige ungeschulte Umstieg, die übermäßige Benutzung und der fehlende persönliche Kontakt dazu beigetragen. Heutzutage ist Videoconferencing aus dem Berufsalltag nicht mehr wegzudenken, und dies nicht nur in Berufen mit einem hohen Anteil an Remote-Arbeit. Entsprechend sind auch die o. g. Effekte der Ermüdung festzustellen. Wie sind diese Effekte kommunikationstheoretisch zu erklären und welche Bewältigungsstrategien gibt es? Zum Phänomen Videoconfence Fatigue gibt es zahlreiche Publikationen, in denen eine Reihe von Modellen angewendet worden ist, u. a. Media-Richness-Theorie (▶ Kap. 3.2), Attention Restoration Theory und Ansätze der nonverbalen Kommunikation (▶ Kap. 2.2).

Die empirischen Erkenntnisse von NESHER SHOSHAN/WEHRT (2022, S. 844) widersprechen den pauschalen Aussagen des Media-Richness-Modells. Letzteres prognostiziert, dass Videokonferenzen gegenüber anderen Formen des digitalen Austausches bevorzugt werden. Da das Media-Richness-Modell keine Aussagen über die Intensität des Medieneinsatzes macht, ist es als Erklärungsansatz bedingt geeignet. Einen weiteren psychologischen Ansatz stellt die Attention Restoration Theory, welche die Ermüdungserscheinungen in der anhaltenden Aufmerksamkeit begründet sieht (BENNETT et al. 2021). Aufmerksamkeit wird dabei als eine biologische Überlebensstrategie der Menschheit angesehen, die eine Konzentration auf Problemlösungen und Gefahren erfordert, jedoch nicht über einen längeren Zeitraum aufrechterhalten werden kann (KAPLAN 1995).

Eine wesentliche einfachere und überzeugendere Erklärung bietet BAILENSON (2021). Danach lassen sich die Ermüdungserscheinungen auf die **Überlastung** durch widersprüchliche nonverbale Signale zurückführen. Es werden vier Faktoren genannt:

- **Menschenblicke aus nächster Nähe.** Im menschlichen Verhalten spielt die Raumdistanz eine wichtige Rolle. Beispielsweise nimmt man bei unbekannten Menschen automatisch eine Distanz von 120 bis 220 cm ein (WEINGARDT 2011, S. 57). So blickt man im Aufzug den mitfahrenden Personen nur ungerne in die Augen. In einer Besprechung vor Ort mit mehreren Menschen befindet man sich ebenfalls auf Distanz und unterhält nicht ununterbrochen einen Blickkontakt. In Videokonferenzen wird allerdings erwartet, dass man ständig in die Kamera schaut, da ansonsten der Eindruck einer parallelen Tätigkeit und Unaufmerksamkeit entsteht. Und so wird man in einer Videokonferenz ununterbrochen von vielen Augen aus unmittelbarer Entfernung begleitet, teilweise über mehrere Stunden (S. 2–3).
- **Kognitive Belastung:** In persönlicher Kommunikation von Angesicht zu Angesicht findet das nonverbale Verhalten auf natürliche Weise statt. In digitalen Videoumgebungen sind nonverbale Signale sowohl beim Aussenden als beim Empfangen mit zusätzlichen Bemühungen verbunden. So wird man beispielsweise übermäßig viel nicken, um die Zustimmung zu signalisieren. Auch die Suche nach nonverbalen Signalen führt zu einer zusätzlichen Belastung, u. a. werden die wenigen sozialen Hinweisreize überinterpretiert (▶ Kap. 3.6). Dies alles führt zu einer höheren kognitiven Belastung (S. 3–4). Auch die Attention Restoration Theory unterstützt diese Argumentation.
- **Erhöhte Selbstbewertung bei Betrachtung des Eigenvideos:** Wie wäre es, sich selbst ständig im Spiegel zu sehen? Für nicht narzisstisch veranlagte Persönlichkeiten ist dies wahrscheinlich ermüdend, selbstbewertend, kritisch. Ähnliche Effekte sind auch bei Videoconferencing feststellbar (S. 4).
- **Beschränkungen der physischen Mobilität:** Während einer Videokonferenz ist eine physische Präsenz innerhalb eines bestimmten, von der Kamera ausgeleuchteten Bereichs notwendig. Ist man nicht sichtbar, entsteht der Eindruck eines unaufmerksamen Zuhörens. Bei persönlichen Zusammentreffen ist ein starres Sitzen nicht notwendig und eine Änderung der Position wird geduldet (S. 4–5).

BAUER/RIEDEL (2023) unterscheiden im Rahmen einer Metastudie **vielfältige Bewältigungsstrategien** im Umgang mit Videoconference Fatigue. **Organisatorische Maßnahmen** sollten insbesondere Pausen zwischen Meetings sowie deaktivierte Kameras bzw. Audiokonferenzen vorsehen. Zudem sollten folgende weitere Aspekte berücksichtigt werden: eine beschränkte Meetingdauer, eine Reduktion der Zahl von Meetings, eine fachgerechte Moderation, ein angemessener Zeitpunkt (außerhalb von Tageszeiten mit einer höheren Müdigkeit), Schulungen, eine angemessene technische Ausstattung etc. Zu **persönlichen Maßnahmen** gehören u. a. die Vermeidung von Multitasking, eine Bewegung zwischen Besprechungen, ein direkter Blick in die Kamera (statt zu den Teilnehmerinnen), eine entsprechende Einrichtung des Arbeitsplatzes (z. B. durch einen höhenverstellbaren Tisch), Deaktivierung der Selbstansicht, Verwendung der Stummschaltung, bewusstes Wegschauen vom Monitor. Darüber hinaus sind folgende **technologische Maßnahmen** denkbar wie z. B. die Ermöglichung eines »Together Mode«, bei dem gemeinsames Sitzen nachgeahmt wird. Ferner kann der Einsatz von Avataren in VR eine Lösung darstellen, um persönliche Begegnungen besser nachzuahmen (▶ Kap. 3.5). Zur Lösung können auch Algorithmen beitragen, die das direkte Blicken in die Kamera simulieren (Eye Contact Effect) (MEYER 2023). Auch BAILENSON (2021) plädiert für die entsprechenden technischen Anpassungen von Videoconference Tools.

Wendet man gesunden Menschenverstand an, kann man die Ergebnisse der obigen Publikationen im Großen und Ganzen vorwegnehmen. Und dennoch hilft uns das Gewahrwerden unseres typischen Verhaltens in Videokonferenzen, um Übermüdungserscheinungen zu vermeiden. Und auf die Mischung von persönlichen und digitalen Kanälen kommt es an. Gleichzeitig führen uns die obigen Erklärungsansätze vor Augen, welchen Einfluss nonverbale Kommunikation auf unser Verhalten ausübt. Videokonferenzen sind nicht mehr wegzudenken, aber sowohl die Toolanbieter als auch wir müssen den Umgang damit überdenken.

Lesehinweise

- Bailenson, J. N.: Nonverbal overload: A theoretical argument for the causes of Zoom fatigue, in: Technology, Mind, and Behavior, Jg. 2, Heft 1, 2021, https://doi.org/10.1037/tmb0000030. [Primärquelle]
- Bauer, V./Riedl, R.: Bewältigungsstrategien von Videoconference Fatigue, in: HMD Praxis der Wirtschaftsinformatik, Jg. 60, Heft 6, 2023, S. 1289–1311. [Lesetipp]
- Lewis, L.: How workers really feel about meetings, 12.08.2024, https://miro.com/blog/how-workers-feel-about-meetings/, letzter Zugriff: 14.09.2024. [Studie des Tool-Herstellers Miro]

3.8 Vermeidung sozialer Isolation (HOLT-LUNSTAD, VAN ZOONEN/SIVUNEN)

Zentrale Erkenntnisse

- Während das Thema »Remote Arbeit« häufig aus der unternehmerischen Produktivitäts- und Führungsperspektive (▶ Kap. 3.9) beleuchtet wird, geht es in diesem Abschnitt um persönliche Folgen dieses Phänomens, das sich negativ auf die Gesundheit auswirken kann. Häufig werden soziale Isolation als Folge von Remote Arbeit genannt. Studien zeigen dagegen, dass im Vergleich zum reinen Remote-Arbeiten eine digital-vermittelte Form das Gefühl

einer sozialen Isolation eher vermindern kann. Unabhängig von diesem positiven Befund ist das Aufrechterhalten von Beziehungen im Homeoffice schwieriger, so dass man Unternehmen, aber auch Mitarbeitende von sich aus stärker auf die Pflege von sozialen Kontakten achten sollten.
- »[...] our study suggest that remote workers and managers could benefit from training programs on how to maintain open communication between remote workers. This could facilitate sufficient interaction through structured daily check-ins and prevent employees from feeling deprived of social relationships [...]. Furthermore, beyond providing an adequate technological infrastructure, organizations should provide opportunities for remote social interaction, especially through informal encounters that are particularly affected by abrupt transitions to remote work. Such encounters could happen by leaving time before and after online meetings or by organizing online social events.« (VAN ZOONEN/SIVUNEN 2022, S. 618)
- Studien zeigen, dass Remote Arbeit die soziale Isolation erhöhen kann, wenn soziale Beziehungen beeinträchtigt werden. Eine große Zahl der verfügbaren Studien ist vor Corona entstanden und hat deshalb nur eine beschränkte Aussagekraft. Das trifft auch auf einige Studien zu, die während Corona durchgeführt wurden. So langsam tasten wir uns heran, welcher Anteil an Remote Arbeit gesund ist. In jedem Fall haben Unternehmen eine Sorgfaltspflicht, dass soziale Verbindungen durch geeignete Formate und Initiativen zwischen Mitarbeitenden aufrechterhalten bleiben. Denn soziale Isolation kann nachgewiesenermaßen negative gesundheitliche Effekte entfalten.
- Modellgebiete: Psychologie, computer-vermittelte Kommunikation

Zunächst stellen wir uns die Frage, wie **soziale Verbindungen das Wohlbefinden, die Erkrankungswahrscheinlichkeit (Morbidität) sowie die Sterblichkeit beeinflussen können**. HOLT-LUNSTAD (2021) fasst die sozialen Beziehungen mit ihren verschiedenen Ausprägungen (Struktur, Funktion und Qualität) unter dem Begriff »soziale Verbindungen« zusammen. Es gibt unterschiedliche Kombinationsmöglichkeiten dieser Ausprägungen. Dabei kann eine große Familie zwar die benötigte Pflegeunterstützung bereitstellen, aber das wird (z. B. wegen schwieriger Familienverhältnisse) nicht unbedingt zu qualitativ besseren Beziehungen führen. Andererseits kann ein enger Familienkreis genau diese Unterstützung leisten (S. 252). Es gibt zahlreiche Studien, die einen direkten Zusammenhang zwischen einem erhöhten Sterberisiko und sozialer Isolation/ Einsamkeit sehen. Ein ähnlicher Zusammenhang wird zwischen Isolation/ Einsamkeit und Morbidität vermutet (S. 253). Auch psychologische (z. B. Stress) sowie Verhaltensfaktoren (z. B. schlechte Ernährungsgewohnheiten) können soziale Verbindungen negativ beeinflussen (▶ Dar. 30).

PRIMACK et al. (2017) stellen in ihrer Untersuchung fest, dass **Social-Media-Nutzung mit wahrgenommener sozialer Isolation** korreliert. Vermutet, aber nicht vollständig ermitteln konnten sie, ob die soziale Isolation die Nutzung erst

3.8 Vermeidung sozialer Isolation (HOLT-LUNSTAD, VAN ZOONEN/SIVUNEN)

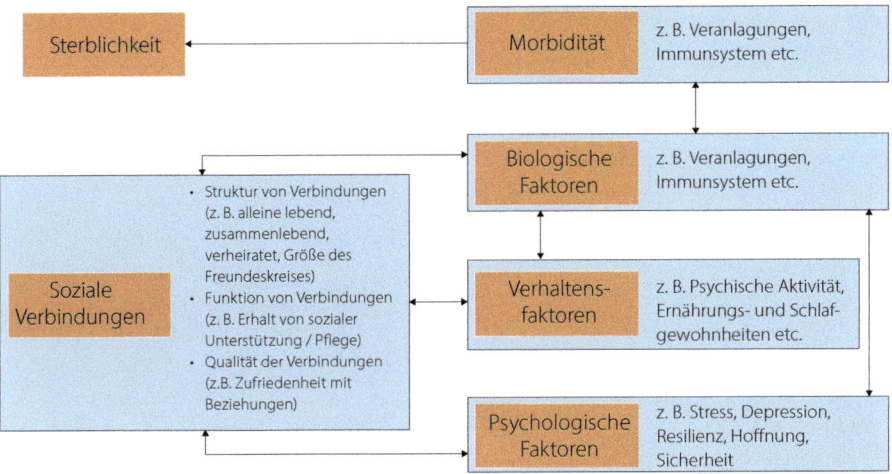

Dar. 30: Vereinfachtes Modell der Auswirkungen von sozialen Verbindungen auf Wohlbefinden (Quelle: In Anlehnung an HOLT-LUNSTAD 2021, S. 254)

auslöst oder das Gefühl der Isolation eine Folge intensiven Social-Media-Konsums darstellt. Auch mögliche Verstärkungseffekte sind denkbar. Für Social Media als Ursache der Isolation sprechen die Ergebnisse von BRAILOVSKAIA et al. (2020), die eine langfristige Folge eines Facebook-Verzichts untersucht haben. Hier konnte eine entsprechende Kausalität zwischen Social-Media-Nutzung und beispielsweise Depression oder Rauchverhalten festgestellt werden.

Soziale Verbindungen sind also wichtig für das persönliche Wohlbefinden. **Aber treffen die obigen Effekte auch auf Remote Arbeit zu?** Führen fehlende soziale Beziehungen zu sozialer Isolation und psychischen Belastungen? Ja, insbesondere bei Personen, die eine höhere »work loneliness« und fehlende Kontrolle über das Arbeitsgeschehen empfinden (BECKER et al. 2022, S. 458). VAN ZOONEN/SIVUNEN (2022) haben dagegen herausgefunden, dass Häufigkeit der Remote Arbeit zwar zur wahrgenommenen sozialen Isolation führt, jedoch medienvermittelte Kommunikation (z. B. Telefonie, Videokonferenzen etc.) diesen Effekten entgegenwirken kann. Diese beiden Variablen scheinen zwar gegenläufig zu sein, stehen jedoch in keinem direkten Abhängigkeitsverhältnis (S. 617–618). YARBERRY/SIMS (2021) haben eine positive Rolle eines virtuellen Mentorings festgestellt, um die Mitarbeitenden bei ihren Anpassungsprozessen zu unterstützen (S. 246).

Remote Arbeit und andere Formen digitaler Mediennutzung können soziale Isolation begünstigen, wenn sie soziale Beziehungen beeinträchtigen. Dieser individuell empfundene mehrdimensionale Zustand kann weitrechende gesundheitliche Folgen haben. Wir stellen aber fest, dass der Zusammenhang zwischen sozialer Isolation und Remote Arbeit kein linearer ist. Daher ist es wichtig, dass Unternehmen frühzeitig darauf achten, dass **soziale Verbindungen** durch geeignete Formate und Initiativen zwischen Mitarbeitenden gepflegt werden. Auch Mitarbeitende selbst sollten eigenverantwortlich handeln und das eigene soziale Handeln sowie den eigenen Umgang mit digitalen Medien reflektieren.

> **Lesehinweise**
>
> - Holt-Lunstad, J.: The Major Health Implications of Social Connection, in: Current Directions in Psychological Science, Jg. 30, Heft 3, 2021, S. 251–259. [Primärquelle]
> - van Zoonen, W./Sivunen, A. E.: The impact of remote work and mediated communication frequency on isolation and psychological distress, in: European Journal of Work and Organizational Psychology, Jg. 31, Heft 4, 2022, S. 610–621. [Primärquelle]
> - Brailovskaia, J. et al.: Less Facebook use – More well-being and a healthier lifestyle? An experimental intervention study, in: Computers in Human Behavior, Jg. 108, 2020, https://doi.org/10.1016/j.chb.2020.106332. [Studie zum Wohlbefinden ohne Social Media]
> - Yarberry, S./Sims, C.: The Impact of COVID-19-Prompted Virtual/Remote Work Environments on Employees' Career Development: Social Learning Theory, Belongingness, and Self-Empowerment, in: Advances in Developing Human Resources, Jg. 23, Heft 3, 2021, S. 237–252. [Lesetipp]

3.9 Remote Leadership (PIANESE et al.)

> **Zentrale Erkenntnisse**
>
> - Arbeiten in Remote ist seit der Corona-Pandemie ein heißes Eisen. Von einigen verteufelt, von den anderen in den Himmel getragen. Einige Studien wie die von YANG et al. (2022) stellten während der coronabedingten Remotephase fest, dass die Zahl der Kommunikationskanäle bei Microsoft zwischen verschiedenen Unternehmensbereichen stagniert sowie die synchrone Kommunikation zulasten der asynchronen Kommunikation zurückgegangen ist. Diese Effekte können die Produktion, die Führbarkeit und Innovationsfähigkeit eines Unternehmens langfristig beeinflussen. Im Zusammenhang mit Remote-Settings wird als Lösungsansatz sehr häufig das Konzept des Transformational Leaderships nach BURNS (1978) angeführt, welches auf das Wecken intrinsischer Motivation bei den Mitarbeitenden ausgerichtet ist. PIANESE et al. (2023) fassen im Rahmen einer Metastudie verschiedene Erkenntnisse zusammen, und zwar vor dem Hintergrund der Frage, wie Unternehmen gegenüber Mitarbeitenden in Remote-Settings Kontrolle ausüben sollen – u. a. durch klare Regeln, gemeinsame Werte, Vertrauensaufbau, Transformational Leadership und Selbstkontrolle.

- »Our results show that the shift to firm-wide remote work caused business groups within Microsoft to become less interconnected. It also reduced the number of ties bridging structural holes in the company's informal collaboration network, and caused individuals to spend less time collaborating with the bridging ties that remained. Furthermore, the shift to firm-wide remote work caused employees to spend a greater share of their collaboration time with their stronger ties, which are better suited to information transfer, and a smaller share of their time with weak ties, which are more likely to provide access to new information.« (YANG et al. 2022, S. 43)
- Leadership in Remote-Settings ist nur eine von vielen Stellschrauben. Abgesehen von den vielschichtigen kulturellen Prozessen spielen auch die eingesetzte Technologie, die Kompetenzen der Führungspersonen und Teamdynamik eine große Rolle. Die von PIANESE et al. (2023) aufgestellten Bestandteile einer erfolgreichen Remote-Kontrolle in Teams erinnern stark an Scrum (▶ Kap. 2.8), was bei häufigem Remote-Einsatz dieses Frameworks nicht verwundert.
- Modellgebiete: Leadership, Kommunikation im BWL-Kontext

Remote Arbeit (Homeoffice, Arbeiten in Virtual Teams, Mobile work etc.) ist immer noch umstritten. Vor Corona war Remote Arbeit in der Managementliteratur ein viel- und kontrovers diskutiertes Thema, aber eines auf einem hohen theoretischen Niveau. Denn Remote Arbeit schien nur in ausgewählten Unternehmen, Branchen und Berufsfeldern praktiziert worden zu sein. Dank der Pandemie konnten wir alle Expertinnen in Remote Arbeit werden. Doch mehr als zwei Jahre nach Auslaufen der Corona-Maßnahmen gibt es keine eindeutige Antwort, ob Remote Arbeit förderlich für Produktivität ist oder nicht. Kein Monat vergeht, in dem nicht irgendein ein Unternehmen seine Beschäftigten zurück in die Präsenz beordern will. In der Wissenschaftsdomäne werden erste Learnings aus der Corona-Pandemie reflektiert, doch welche Effekte sind davon wirklich von Dauer? **Und welche Faktoren beeinflussen die Performance von Remote Teams?**

YANG et al. (2022) haben mit Hilfe der Daten von 60.000 Microsoft-Beschäftigten die ersten sechs Monate der erzwungenen **Remote-Zusammenarbeit nach Corona-Ausbruch** untersucht. Sie haben festgestellt, dass entgegen den Vorhersagen der Media-Richness- (▶ Kap. 3.2) und Media-Synchronicity-Modelle (▶ Kap. 3.3) die synchrone Zusammenarbeit insgesamt zurückgegangen ist (sowohl die persönliche, die in diesem Zeitraum bei null lag, als auch die digitale via Microsoft Teams) und die ungeplante asynchrone Zusammenarbeit überdurchschnittlich angestiegen ist (S. 47–48). Gleichzeitig wurde festgestellt, dass die Bezugsgruppen der Mitarbeitenden sich im Wesentlich nicht verändert haben. Die Autorinnen schlussfolgern, dass eine solche Verstärkung des Silodenkens langfristig zu **Rückgängen im informellen Wissenstransfer, Produktivität von Mitarbeitenden und ihrer Innovationskraft** führen könnte. Sicherlich können diese Erkenntnisse durch Corona verzerrt worden sein, jedoch sollten Unternehmen Entscheidungen auf Remote-Umstellung nicht übereilt treffen (S. 49–50).

Führungsstile in Remote-Settings werden häufig dem Konzept des Transformational Leaderships untergeordnet (siehe z. B. NEUFELD et al. 2010, KELLEY/KELLOWAY 2012, SINCLAIR et al. 2021). BURNS (1978) beschreibt das Transaktionale Leadership als eine Austauschbeziehung zwischen Leadern und Nachfolgern: Jobs für Stimmen, Subventionen für Spenden und Unterstützung usw. Das Transformationale (im Original »Transforming«) Leadership versucht dagegen, die Motive und Bedürfnisse der Follower zu befriedigen, um sie dazu zu motivieren, selbst Verantwortung zu übernehmen (BURNS 1978, S. 4).

Im Rahmen einer Metastudie untersuchen PIANESE et al. (2023), wie **Organisationen in Remote-Settings sicherstellen, dass Mitarbeitende mit den Unternehmenszielen konform agieren** (S. 327). Dabei identifizieren sie fünf Kontrolldomänen: formelles Kontrollsystem (z. B. Management durch Ziele bzw. Management-by-objectives), Führungsstil (z. B. Transformatives Leadership), vertrauensvolle Beziehungen (z. B. zwischen Führungskräften und Mitarbeitenden, aber auch unter den Mitarbeitenden selbst), Identifikation mit der Organisation (z. B. wie man sich selbst im Verhältnis zur Organisation sieht) und Identifikation mit der Arbeit (z. B. durch eine sinnstiftende Tätigkeit).

In ausgewerteten Studien wurde herausgefunden, dass Standardverfahren und Regeln insbesondere in komplexen Remote-Projekte geschätzt wurden. Gleichzeitig haben sie geholfen, gemeinsame organisatorische Normen und Werte der Unternehmenskultur zu etablieren (**Kontrollsysteme**). Einerseits können eindeutige Kommunikationsregeln Vertrauen im Team aufbauen (z. B. alle müssen zum Meeting antreten, alle sollen einen sinnvollen Beitrag leisten etc.). Andererseits kann Transformatives Leadership und/ oder dezentrales Leadership die Kreativität, die Motivation und die Performance steigern (**Führungsstil**). Vertrauensbeziehungen spielen in Remote Teams eine größere Rolle als in Vor-Ort-Teams. Das Vertrauen, welches auf kognitiver Anerkennung der Kompetenzen, Verlässlichkeit und Professionalität basiert, kann sogar wichtiger sein als soziale Bindungen (**vertrauensvolle Beziehungen**). Das Gefühl, von der Organisation unterstützt zu werden, wirkt sich positiv auf die Performance eines Remote Teams (**Identifikation mit der Organisation**) aus. Gemeinsame Werte sollten in persönlichen Teambuildings entwickelt werden (**Identifikation mit der Arbeit**). Technologien sollen dabei diese Selbstkontrolle innerhalb von Teams ermöglichen und auf diese Weise Vertrauensaufbau unterstützen (▶ Dar. 31).

Wie so häufig, bleibt Leadership-Literatur in ihren Aussagen vage. Sicherlich gibt es nicht den einen Leadership-Stil, denn dieser ist von der Entwicklungsphase der Mitarbeiterinnen abhängig. Beispielsweise wird Mikromanagement häufig verflucht, aber in der Fahrschule verschafft uns das Mikromanagement der Fahrlehrerin Sicherheit. Da aber **keine direkte Kontrolle in Remote Teams möglich und sinnvoll** ist, denn diese würde die Teamzusammenarbeit völlig unproduktiv machen, funktioniert das nur über **gegenseitiges Vertrauen und Selbstkontrolle**. Alle diese Aussagen, die von PIANESE et al. (2023) aus verschiedenen Studien

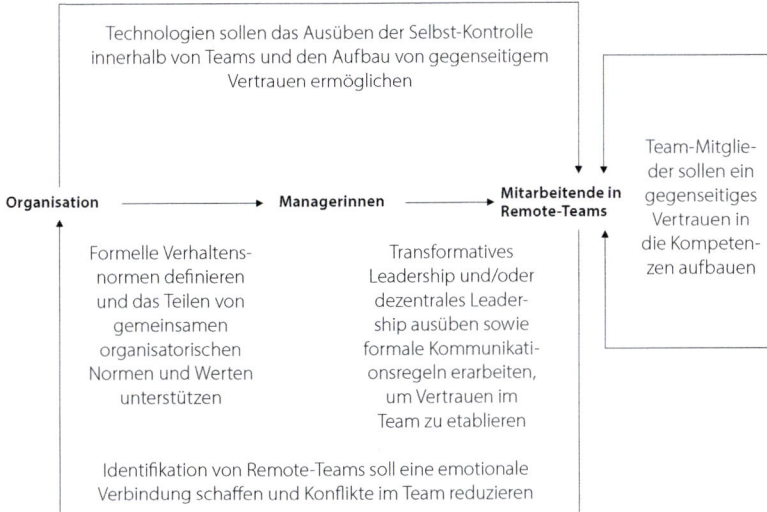

Dar. 31: Kontrolldomänen in einem Remote Team (Quelle: In Anlehnung an PIANESE et al. 2023, S. 339).

zusammengeflickt wurden, erinnern unweigerlich an Scrum mit seinen definierten Rollen, Events und Artefakten sowie dezentralem Selbstmanagement (▶ Kap. 2.8). Dies erklärt möglicherweise auch, warum Scrum in Remote-Projekten häufig und sinnvoll zum Einsatz kommt (WICHMANN/RÖPSTORFF 2022, S. 293 ff.).

> **Lesehinweise**
>
> - Pianese, T. et al.: Organizational control in the context of remote working: A synthesis of empirical findings and a research agenda, in: European Management Review, Jg. 20, Heft 2, 2023, S. 326–345. [Primärquelle]
> - Arunprasad, P. et al: Exploring the remote work challenges in the era of COVID-19 pandemic: review and application model, in: Benchmarking: An International Journal, Jg. 29, Heft 10, 2022, S. 3333–3355. [Lesetipp]
> - Lee, M. R.: Leading Virtual Project Teams. Adapting Leadership Theories and Communications Techniques to 21st Century Organizations, Best Practices and Advances in Program Management, 2nd edition, New York 2014. [Überblick über Basiskonzepte]

4 Modelle der Nutzung und Interaktion mit Medien und KI

4.1 Parasoziale Interaktion (HORTON/WOHL)

> **Zentrale Erkenntnisse**
>
> - Das Modell der parasozialen Interaktion erklärt, mit welchen Mitteln Medienunternehmen eine starke Bindung der Rezipientinnen an ihre Medienfiguren (Personae) erzeugen können. Dabei wird deutlich, dass das Massenmedienprodukt den Rezipientinnen das Gefühl einer Individualkommunikation vermittelt. HORTON/WOHL (1956) liefern zudem eine Erklärung für das Fan-Verhalten, die Identifikation mit einer virtuellen Figur (»Persona«) sowie eine pathologische Ausprägung der parasozialen Interaktion.
> - »Seen from this standpoint, it seems to follow that there is no such discontinuity between everyday and para-social experience as is suggested by the common practice, among observers of these media, of using the analogy of fantasy or dream in the interpretation of programs which are essentially dramatic in character. The relationship of the devotee to the persona is, we suggest, experienced as of the same order as, and related to, the network of actual social relations. This, we believe, is even more the case when the persona becomes a common object to the members of the primary groups in which the spectator carries on his everyday life. As a matter of fact, it seems profitable to consider the interaction with the persona as a phase of the role-enactments of the spectator's daily life.« (HORTON/WOHL 1956, S. 228)
> - Die Wirkung der parasozialen Interaktion ist gut messbar – wie u. a. spätere Studien von RUBIN/PERSE/POWELL (1985) belegen. Sie lässt sich auch sehr gut auf Influencer, Avatare, Sprachassistenten und Bots übertragen. Tiefenpsychologische Variablen lassen sich damit jedoch nur bedingt anhand von Beobachtungen und Befragungen ermitteln.
> - Modellgebiete: Psychologie, Soziologie, Kommunikationswissenschaften, Medieninformatik, Influencer Marketing

HORTON/ WOHL (1956) beschreiben das **Phänomen der eingebildeten direkten zweiseitigen Kommunikation** zwischen den Rezipientinnen (»spectator«) und fiktiven Medienpersonen (»performer«, »persona«) in audio- und audiovisuellen Massenmedien. Solche Interaktionen erlauben vergleichbare Kommunikationsbedingungen, die denen in Primärgruppen ähneln (z. B. Familien, Freundeskreise). Diese sind zwar aufgrund des technischen Mediencharakters faktisch einseitig, werden von den Rezipientinnen jedoch als wechselseitig erlebt. Solche Interaktionen werden von HORTON/WOHL (S. 215) als **parasozial** (»para« steht für über bzw. hinausgehend) bezeichnet: »The more the performer seems to adjust his performance to the supposed response of the audience, the more the audience tends to make the response anticipate. This simulacrum of conversational give and take may be called para-social interaction.«

Solche Interaktionen können parasoziale Beziehungen ermöglichen. Die Rezipientin kann **solche Beziehungen selbst steuern**, denn sie versprechen ihr keine oder nur eine geringe Verpflichtung, Anstrengung oder Verantwortung. Solche Beziehungen können jederzeit unterbrochen werden oder auch mit Hilfe der Fantasie ein Eigenleben entwickeln. Doch eigentlich können nur solche Beziehungen eingegangen werden, welche **von Massenmedien angeboten** werden. Ein echter Rückkanal ist (zumindest zur damaligen Zeit im Jahr 1956) selten gegeben, so dass es nicht zum Aufbau einer »echten« zweiseitigen Beziehung kommt. Die Rezipientin hat im Fall einer Unzufriedenheit nur die Option des Beziehungsabbruchs (S. 215).

Anders als in den elektronischen Massenmedien, bei denen ebenfalls Personen fiktionale Rollen übernehmen, endet die Vorstellung im Theater spätestens mit der Verbeugung der Schauspielerinnen beim Schlussapplaus, die beteiligten Personen kehren dann in die reale Welt zurück. Nicht so in den Massenmedien. Auch können in der massenmedialen Welt **selbst Puppen und Zeichentrickfiguren eine Persönlichkeit entwickeln**. Die Existenz solcher und anderer (menschlicher) Persönlichkeiten ist deshalb an die Medien gebunden und reicht meist nicht über sie hinaus (S. 216).

Die fiktive Medienperson oder »Persona« kann eine **intime Beziehung mit einem unbekannten Massenpublikum** herstellen. Dabei kann die Rezipientin die Persona in gleicher Weise wie eine Freundin beobachten, das Verhalten interpretieren usw. Die objektive Performance der Persona ist kein Produkt der Phantasie, phantasiebehaftet ist vielmehr die Wahrnehmung dieser Performance durch die Rezipientin (S. 216). Die Persona offeriert eine langfristige Beziehung: Sie erscheint regelmäßig, kann in Routinen des täglichen Lebens eingeplant werden, lässt die Rezipientin an kleinen Episoden ihres öffentlichen und vielleicht auch privaten Lebens teilhaben. Die Beziehung der Rezipientin zur Persona kann dabei eine Vorgeschichte haben. Dadurch bekommt jede Handlung der Persona für die Rezipientin einen tieferen Sinn, den Außenstehenden bleibt dieser aber verborgen oder hinterlässt gar einen okkulten Eindruck (S. 216), z. B. das typische Fan-Verhalten in allen seinen Spielarten – von Star Wars über das Marvel-Universum bis hin zu Manga-Cosplay. Wie würden unsere Urgroßeltern wohl reagieren, wenn Sie plötzlich als Darth Vader, Thor oder Naruto verkleidet vor ihnen stünden? Die Persona kann als Freundin, Beraterin oder Vorbild angesehen werden. Sie folgt einem Format und ist daher eine perfekte Konstante im dynamischen Leben ihrer Anhängerin (S. 217). Auch das Image der Persona, passend zum Format, wird in allen möglichen Kontexten innerhalb und außerhalb des Medienformats gestärkt (S. 220).

Die **Illusion der Intimität** (Innigkeit) in der Beziehung zu einer Persona kann auf vier, sich gegenseitig verstärkenden Wegen erzeugt werden (S. 217 f.):

- Die Persona versucht, Gesten, Gesprächsart oder Situation eines informellen persönlichen Treffens nachzuahmen. Dabei wird das Programm als ein spontaner Ablauf inszeniert. Als Beispiel sind Radiomoderatorinnen anzuführen, die sich live vorstellen, ein Gespräch im Freundeskreis zu führen, um lebhafter zu wirken.
- Die Persona versucht, Grenzen zwischen ihr und der Show sowie dem Publikum aufzuheben. So werden an den Sendungen teilnehmende Personen mit Vornamen oder sogar mit Spitznamen angesprochen, um die besondere Nähe der Beziehung zu betonen. Die Rezipientin fühlt sich diesem Kreis zugehörig (z. B. bei Talkrunden zu sportlichen Ereignissen, Fußballspielen oder politischen Talkshows).
- Die Persona versucht, die Formatrealität mit der Zuschauerrealität zu vermischen, indem sie spontan mit dem Publikum im Studio oder auf der Straße interagiert. Zu diesem Zweck wird z. B. den User Generated Content von Kundinnen gerne von Unternehmen kommentiert.
- Die technische Aufnahme wird eingesetzt, um eine **Ich-Perspektive zu erzeugen**, wie z. B. im Fall von Ego-Shootern im Gaming-Bereich.

Die Rezipientin ist an sich unabhängig, jedoch ist ihre Unabhängigkeit insofern relativ, weil sie sich beim Eintritt in die Interaktion an die gebotenen Perspektiven erst einmal gewöhnen muss. Ihre Rolle in dieser Beziehung ist vorbestimmt. Geht sie die Beziehung ein, so hat sie **keine Wahl als der Gambit-Strategie der Persona** zu folgen (S. 219).

Es müssen verschiedene Bedingungen für die Akzeptanz der parasozialen Rolle durch das Publikum erfüllt sein. So muss die Rezipientin die expliziten sowie impliziten Bedingungen eines Formats verstanden haben, um dort einzusteigen. Es stellt sich die Frage, ob ihr normales »Ich« als System von Rollenmustern und Selbstwahrnehmungen mit den projizierten Normen und Werten kompatibel ist (S. 220). Diese Persona spielt die Rolle der Rezipientin, basierend auf einer Struktur von Annahmen über ihr Reaktionsverhalten. Dabei darf die Fehlertoleranz der Rezipientin nicht ausgereizt werden, ansonsten droht der Abbruch der Beziehung. Gleichzeitig muss eine »Median-Rezipientin« angesprochen werden. Ein Fehler wäre beispielsweise eine intellektuelle Diskussion zu führen, bei der die tatsächliche Rezipientin nicht über das Basiswissen verfügt (S. 221).

Akzeptable Rollen und Motive für parasoziales Verhalten hängen von den Rollenmustern und alltäglichen sozialen Situationen der Rezipientin ab (S. 221). Parasoziale Rollen können mit der Einnahme eines sozialen Status verbunden sein (S. 222). **Solche Rollen sind möglicherweise in der Realität niemals erreichbar**, z. B. die perfekte Freundin, der zuvorkommende Kavalier etc. Sie können aber auch auf die alltäglichen Situationen vorbereiten, z. B. in den klassischen Seifenopern. Parasoziale Beziehungen bieten der Rezipientin eine Gelegenheit, solche Rollen zu spielen (in denen sie sich sozial eingebunden fühlt), die ihr soziales Umfeld nicht bieten (z. B. aufgrund sozialer Isolation) (S. 222). Auch können Personen aus dem Publikum mit typischen Eigenschaften als besonders wertschätzend dargestellt werden – jede Rezipientin hat dann das Gefühl, ebenso wertschätzend behandelt zu werden (S. 223).

Es können **Fälle extremer Parasozialität** auftreten, wenn Rezipientinnen sozial isoliert, unbeholfen, schüchtern, alt sind oder eine körperliche Beeinträchtigung haben und Massenmedien zur Kompensation ihrer möglicherweise unglücklichen Lage nutzen (S. 223). Das kann jedoch pathologische Züge annehmen, wenn parasoziale Beziehungen persönliche zu ersetzen drohen (S. 223). Es werden verschiedene Beispiele von Medienformaten beschrieben, bei denen der Hunger nach Zärtlichkeit, Partnerschaft, Zweisamkeit etc. (scheinbar) bedient wird. Dabei wird rein auditiv verbreiteten Programmen sogar eine stärkere Wirkung beigemessen als audiovisuellen (S. 223 ff.). Das Image, das eine Persona aufbaut, ist sicherlich Fassade, die es auch privat zu pflegen gilt. Personae werden als Verkörperung von populären kulturellen Werten sowie als moderne Heldenfiguren verehrt. Wichtig ist außerdem das Motiv der Bestätigung durch parasoziale Interaktion mit ihnen. Das Verfolgen solcher Motive kann aggressives Fanverhalten und sogar Stalking erklären (S. 226 f.).

Parasoziale Interaktion kann zur **Erklärung vieler Phänomene** herangezogen werden: Interaktion mit Influencerinnen, echten (z. B. Pamela Reif) wie virtuellen (z. B. Noonoouri), Avataren (z. B. Gatebox) und Figuren im Gaming-Bereich (Non-Player-Character). Je weniger Reize zur Verfügung stehen, desto mehr spielt das Kopfkino (▶ Kap. 3.6) dabei eine Rolle, z. B. bei Radioprogrammen und Sprachassistenten. Parasoziale Interaktionen und Beziehungen sind messbar und nachweisbar, und aufgrund von der digitalen Rückkanalfähigkeit und der künstlichen Intelligenz von Avataren, Chatbots und Robotern relevanter denn je. Oder sind das alles nur Folgen einer mangelhaften Medienkompetenz?

> **Lesehinweise**
>
> - Horton, D./Wohl, R. R.: Mass Communication and Para-Social Interaction, in: Psychiatry, Vol. 19 (3), 1956, S. 215–229. [Primärquelle]
> - Rössler, P.: Skalenhandbuch Kommunikationswissenschaft, Wiesbaden 2011, S. 277–298. [Forschungsdesigns zur parasozialen Interaktion]
> - Forster, R. T. (Hrsg.): The Oxford handbook of parasocial experiences, Oxford library of psychology series, New York 2024. [umfassender Überblick über das Forschungsfeld]

4.2 Uses and Gratifications Approach (KATZ et al.)

Zentrale Erkenntnisse

- Die Publikation von KATZ et al. (1974) stellt eine Zusammenfassung der bis dahin vorliegenden Forschungsergebnisse zur Mediennutzungsforschung dar, um sie nach dem Uses and Gratifications Approach zu ordnen. Hierfür werden gemeinsame Annahmen gebildet, ein Paradigma des Ansatzes entwickelt sowie eine Forschungsagenda aufgestellt. Der Uses and Gratifications Approach geht davon aus, dass Nutzerinnen aktiv und gezielt bestimmte Medieninhalte nachfragen, um erwartete Gratifikationen zu erhalten. Studien dieser Forschungstradition sollen u. a. folgende Erkenntnisfragen beantworten: Welche Bedürfnisse führen zur Nachfrage nach bestimmten Contenttypen und Mediengattungen (Beschreibung)? Welchen Einfluss üben soziale Bedingungen auf den Medienkonsum aus (Erklärung)? Wie können Werbeformen so gestaltet werden, dass sie nicht als Störung empfunden werden (Gestaltung)?
- »What is essence is this art of so-called gratification research? It is simply an approach to data collection, a heuristic model relating audience dispositions to other elements in the mass communication process, or perhaps even a theory in its own right? [...] The uses and gratifications approach, they seem to be saying, is a research strategy that can provide a home for a variety of hypotheses about specific communication phenomena and a testing ground for propositions about audience orientations stemming from more than one sociological or psychological theory.« (KATZ/BLUMLER 1974, S. 15)
- Der Uses and Gratification Approach ermöglicht die systematische Erfassung von Gratifikationen von alten und neuen Mediengattungen. Er bietet einen »barrierefreien« Einstieg für Forschende anderer Disziplinen. Zudem kann er gut erklären, wie soziale Faktoren die Mediennutzung beeinflussen. Auf der anderen Seite werden tiefenpsychologische und unbewusste Beweggründe vernachlässigt. Es fehlt eine theoretische Basis, z. B. wie soll zwischen aktiven und passiven Nutzerinnen unterschieden werden? Die Aktivität von Nutzerinnen bleibt vielmehr eine nützliche Annahme.
- Modellgebiete: Kommunikationswissenschaft (Publikumsforschung), Soziologie, Marketing

Der Uses and Gratifications Approach (Theorie der selektiven Zuwendung) ist ein **Paradigmenwechsel** in der damals dominierenden Kommunikationsforschung: Anstatt »What do the media do to the people?« wird »What do people do with the media?« (KATZ 1959, S. 2) gefragt. Das Modell will Rezipientinnen als aktiv (auch im Sinne der Wirkungsforschung) darstellen, auch wenn schlussendlich eine gewisse Seite des Rezipientenverhaltens weiterhin als passiv zugegeben wird (»beery, house-slippered, casual viewer of television«, KATZ et al. 1974, S. 30).

Die Entwicklung des Uses Gratifications Approach hat sich in vier Phasen vollzogen. In den 1940 bis 1950er-Jahren wurden **Funktionsmotive verschiedener Rezipientengruppen** in Bezug auf spezifische Contentformate beschrieben. In diese Phase fallen die vielzitierten Untersuchungen von Herta Herzog z.B. zu Gratifikationsmotiven von amerikanischen Hausfrauen aus dem Konsum von Radio-Seifenopern (KATZ et al. 1974, S. 20). In den späten 1960er-Jahren erfolgte eine quantitative Operationalisierung von **sozialen und psychologischen Faktoren**, welche unterschiedliche Muster des Medienkonsums erklären sollten. Die 1970er- und 1980er-Jahre stellten einen zahlenmäßigen Höhepunkt der Uses-and-Gratifications-Forschung dar, die mit Hilfe der Gratifikationsdaten versucht hat, verschiedene Facetten des Kommunikationsprozesses zu erklären. Mit dem Aufkommen von computer- und onlinebasierten Mediengattungen mit neuen Eigenschaften wie etwa Interaktivität kam es seit den 1990er-Jahren zu einem Revival dieses Forschungsansatzes (BLUMLER/KATZ 1974, S. 13, RUGGIERO 2000, S. 13 ff.).

Die **Vorläuferstudien** haben nicht zu einem theoretischen Fundament beigetragen, denn Mediennutzungsmotive wurden in einer offenen Form beim Rezipienten erfragt, ohne sie quantitativ zu kategorisieren; Gratifikationen wurden nicht auf Bedürfnisse zurückgeführt; auch wurde nicht nach Verbindungen zwischen Medienfunktionen gesucht, um eine versteckte Struktur von Mediengratifikationen zu entdecken (KATZ et al. 1974, S. 20).

Erst das hier zitierte Paradigma begründet den Forschungsansatz. Dabei wird eine **Kausalkette** aufgestellt, die bis heute den Kern des Uses and Gratifications Approach ausmacht (▶ Dar. 32). Demnach wird davon ausgegangen, dass bestimmte soziale (z.B. monotone Fließbandarbeit) und psychologische (z.B. Nichterfüllung durch Arbeit) Faktoren zu Bedürfnissen (z.B. Realitätsflucht, Glücksubstitution) führen. Aufgrund vergangener Konsumerfahrungen wird erwartet, dass solche Bedürfnisse durch Medienkonsum bestimmter Inhalte (z.B. Komödien, Action- und Science-Fiction-Filme, Computerspiele) befriedigt werden können und dann eine Gratifikation (z.B. Sich-Hineinversetzen, Sich-stark-Fühlen, Glücksgefühle) sowie unbeabsichtigte Effekte auslösen (z.B. Mediensucht, soziale Isolation) (S. 20–21).

Der Uses and Gratifications Approach fußt dabei auf **fünf Annahmen** (S. 21–22):

a. Die Rezipientinnen von Massenmedien werden als aktiv betrachtet, d.h. die Mediennutzung erfolgt in der Regel zielgerichtet. Dabei kann auch ein scheinbar passiver Gewohnheitskonsum durch Erwartungen an seine Gratifikationswirkung hervorgerufen werden.
b. Es sind die Rezipientinnen von Massenmedien, die den Kommunikationsprozess entsprechend ihren Bedürfnissen initiieren. In diesem Kontext wird ein direkter Einfluss von Mediencontent auf Einstellungen und Verhalten eher verneint.
c. Medien konkurrieren mit anderen (breit aufzufassenden) Quellen der Bedürfnisbefriedigung, z.B. VR-Gaming versus Zirkus-Besuch.
d. Rezipientinnen sind sich ihrer Ziele und Bedürfnisse bewusst und können diese benennen oder zumindest erkennen, wenn sie damit in verständlicher Weise konfrontiert werden.

e. Die Verallgemeinerung und Bewertung der Motive sollten durch die befragten Rezipientinnen erfolgen.

Paradigma des UGA-Ansatzes

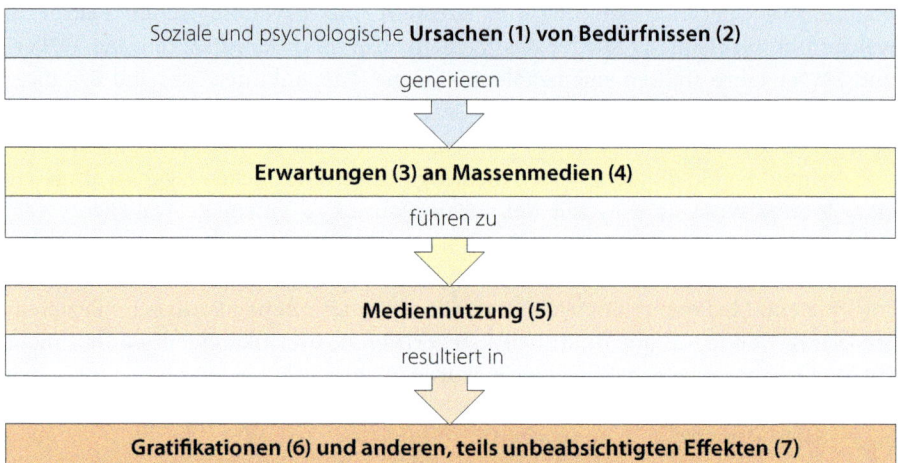

Dar. 32: Paradigma des Uses and Gratifications Approach nach KATZ et al. (1974, S. 20–21)

Dar. 33: Empirisch erhobene Motive der Fernsehnutzung (Quelle: in Anlehnung an SIX/GLEICH/ GIMMLER 2007, S. 341)

Nach Greenberg 1994	Nach McQuail, Blumler, Brown 1972	Nach Rubin, Perse 1987	Für Soap-Operas nach Rubin, Perse 1988
• Entspannung • Geselligkeit • Information • Gewohnheit • Zeitfülle • Selbstbindung • Spannung • Eskapismus	• Ablenkung/ Zeitvertreib (u. a. Flucht aus der Routine, aus der Last von Problemen, emotionale Befreiung) • Persönliche Beziehungen (u. a. Geselligkeit, soziale Nützlichkeit) • Persönliche Identität (u. a. Persönlicher Bezug, Realitätsexploration, Werteverstärkung) • Kontrolle der Umgebung	• Lernen • Gewohnheit bzw. Zeitvertreib • Geselligkeit • Eskapismus • Spannung bzw. Erregung • Entspannung	• Aufregende bzw. spannende Unterhaltung • Information – Voyeurismus • Eskapismus bzw. Entspannung • Zeitvertreib • Soziale Nützlichkeit • Geselligkeit

Am Beispiel der Fernsehnutzung wurden verschiedene Studien zur Untersuchung der Rezeptionsmotive ermittelt (▶ Dar. 33). Verschiedene Untersuchungen kommen zu teils ähnlichen, teils unterschiedlichen Motiven. Worin liegen die Quellen für die Gratifikationen, die zu solchen Motiven führen? Interessant sind aber damalige Erkenntnisse, die drei Typen von **Quellen für Gratifikationen** ausgemacht haben sollen: den Mediencontent, das eigentliche »Sich-dem-Medienkonsum-Aussetzen« sowie den sozialen Kontext des Medienkonsums.

Der **Mediencontent** kann als eine vielfältige Quelle von Gratifikationen angesehen werden. Das können die einzelnen Handlungspersonen, das Storytelling, die Ansprache etc. sein (▶ Kap. 4.1). Auch das **Sich-dem-Medienkonsum-Aussetzen** kann sehr unterschiedlich ausfallen. So kann ein Bedürfnis nach sinnlosem Zeitvertreib durch Fernsehkonsum, ein Bedürfnis nach sinnvollem Zeitvertreib durch das Lesen eines Buches, ein Bedürfnis nach Tagesstrukturierung durch ein im Hintergrund laufendes Radio sowie ein Bedürfnis nach gemeinsamem Zeitvertreib durch gemeinsamen TV-Konsum oder Kinobesuch befriedigt werden. Jedes Medium bietet dabei eine einzigartige Kombination von charakteristischem Content, typischen Attributen (z. B. Druckerzeugnis versus Rundfunk) sowie typischen Konsumsituationen (z. B. zu Hause versus draußen, allein versus in Gruppen) (S. 24–25).

Interessant sind vor allem die **sozialen Bedingungen des Massenmedienkonsums**. So wird etwa gefragt, welche Art von Medienbeschallung eine Fließbandarbeiterin erwartet. Oder was bestimmte Rezipientinnen motiviert, nach politischen Informationen zu suchen und warum andere Rezipienten wiederum solche Informationsangebote vermeiden? Dabei wird eine allgemeine Struktur über solche Beziehungen hergeleitet. Die soziale Situation führt zur

- Entstehung von Schwierigkeiten und Konflikten, denen durch Medienkonsum mit Entspannung begegnet wird (z. B. monotone Arbeit im Büro);
- Wahrnehmung von Problemen, die durch Informationen aus den Medien die nötige Aufmerksamkeit erhalten (z. B. Personen, die sozial abgehängt wurden, finden auf Facebook, Telegram etc. Gleichgesinnte und können sich radikalisieren);
- Verminderung der Möglichkeiten der Bedürfnisbefriedigung im täglichen Leben, welche dann an Massenmedien zur komplementären, ergänzenden oder substitutiven Erfüllung/ Realisierung gerichtet werden (z. B. ältere Personen, die nicht mehr reisen können, rezipieren gerne Reisesendungen);
- Entstehung von bestimmten Werten, deren Bestätigung und Ausleben durch Konsum kongruenter Medienangebote ermöglicht wird (z. B. das Lesen bestimmter Parteienzeitungen wie »Junge Freiheit«);
- Erwartungshaltung bezüglich der Kenntnis bestimmter massenmedialer Inhalte, die zum Aufrechterhalten der Mitgliedschaft in einer besonderen sozialen Gruppe rezipiert werden (z. B. das Rezipieren von Instagram-Kanälen eines Jetset-Freundkreises) (S. 26–27).

KATZ et al. (1974) zielten ursprünglich auch darauf ab, die **Wirkungsforschung** neu auszurichten, die in damals vorherrschenden Ansätzen von einer passiven Beeinflussbarkeit der Konsumentinnen ausging (▶ Kap. 6.1). Dieser Forschungsstrang des Uses and Gratifications Approach hat sein Erkenntnispotenzial noch immer nicht ausgeschöpft. Beispielsweise ließen sich die Bannerblindheit erklären, die auf die übermäßige Bannerbenutzung im frühen Internet zurückging (negative Erwartung → Vermeidung des Lesens), aber auch das Entstehen von Native Advertising (z. B. Bereitstellung eines nützlichen Contents mit werblichem Akzent) und auch erfolgreiche Targeting-Ansätze des selbstbestimmten Konsums (wie von der Firma »Welect« praktiziert).

KATZ et al. (1974, S. 22–29) haben **eine Forschungsagenda** aufgestellt, die auf damals vorliegenden Forschungsergebnissen aufbaut und theoretische Lücken zu füllen versucht. Insbesondere sollen Kategorien von Gratifikationen stärker vereinheitlicht, Zusammenhänge zwischen den einzelnen Stufen besser herausgearbeitet und verallgemeinert werden usw. Es wird an der Stelle verzichtet, diese Forschungsagenda wiederzugeben, da sie in der späteren Literatur zum Teil abgearbeitet wurde. Es gibt viele theoretische Weiterentwicklungen (siehe GLEICH 2021), jedoch scheinen die oben erläuterten Grundlagen weiterhin die »dunkle Materie« der Uses-and-Gratifications-Forschungsrichtung auszumachen. Die Einfachheit dieses Ansatzes ist zugleich Segen und Fluch. Aufgrund seiner Einfachheit stellt er eine breite Plattform für verschiedene, auch interdisziplinäre Forschungsansätze. Zugleich macht seine Breite es schwer, aufbauend auf den einzelnen Studien eine belastbare Theorie über menschliches Nutzungsverhalten zu formulieren.

> **Lesehinweise**
>
> - Katz, E. et al.: Utilization of Mass Communication by the Individual, in: Blumler, J. G/Katz, E. (Hrsg.): The Uses of Mass Communications, Beverly Hills 1974, S. 19–32. [Primärquelle]
> - Katz, E. et al.: Uses and Gratifications Research, in: The Public Opinion Quarterly, Vol. 37, No. 4, 1973, S. 509–523. [Primärquelle]
> - Gleich, U.: Uses-and-Gratifications im Wandel der Zeit. Entwicklung eines kommunikationswissenschaftlichen Ansatzes, in: Media Perspektiven, Heft 9, 2021, S. 461–476. [Lesetipp]
> - Rössler, P.: Skalenhandbuch Kommunikationswissenschaft, Wiesbaden 2011, S. 46–82. [Forschungsdesigns zum Uses and Gratifications Approach]
> - Falgoust, G. et al.: Applying the uses and gratifications theory to identify motivational factors behind young adult's participation in viral social media challenges on TikTok, in: Human Factors in Healthcare, Jg. 2, 2022, https://doi.org/10.1016/j.hfh.2022.100014. [Studie zur TikTok-Nutzung]

4.3 Technology Acceptance Model (DAVIS et al.)

Zentrale Erkenntnisse

- Das Technology Acceptance Model (TAM) von DAVIS (1986) dient der Vorhersage der Erfolgswahrscheinlichkeit neuer Anwendungssysteme in Unternehmen. Inzwischen wird TAM breit eingesetzt, um das Nutzungsverhalten neuer Medien, Geräte und Apps abzuschätzen. Dabei wird die erwartete Systembenutzung über verschiedene, miteinander verbundene Variablen geschätzt: Verhaltensabsicht, Einstellung zur Nutzung, wahrgenommene Einfachheit in der Bedienung und Nützlichkeit sowie externe Variablen. Das Modell basiert auf der Theory of Reasoned Action (TRA) von FISHBEIN/AJZEN (1975), die allgemeiner formuliert und daher häufig für einen breiteren Kreis an Fragestellungen geöffnet ist. Im hier wiedergegebenen Beitrag von DAVIS et al. (1989) werden beide Modelle beschrieben und anhand einer Studie verglichen. Der Schwerpunkt liegt jedoch auf der TAM.
- »Organizational investments in computer-based tools to support planning, decision-making, and communication processes are inherently risky. Unlike clerical paperwork-processing systems, these »end-user computing« tools often require managers and professionals to interact directly with hardware and software. However, end-users are often unwilling to use available computer systems that, if used, would generate significant performance gains« (DAVIS et al. 1989, S. 982).
- TAM liefert eine einfache und theoretisch fundierte Erklärung des Nutzerverhaltens und der Nutzerakzeptanz von IT-basierten Informationssystemen, und zwar nicht nur in Organisationen, sondern auch bei der Akzeptanz von neuen Mediengattungen durch Privatanwenderinnen. Es hilft, die Akzeptanz eines Systems vorherzusagen, und ggf. Ursachen für eine mangelnde Akzeptanz zu ermitteln, um korrigierend einzugreifen. TAM ist recht verbreitet, was durch seine Einfachheit in der empirischen Anwendung erklärt werden kann.
- Modellgebiete: Wirtschaftsinformatik, Sozialpsychologie, Marketing

Ein weiteres Modell in der Kategorie der Mediennutzungsmodelle ist das **Technology Acceptance Model (TAM)**, welches von DAVIS (1986) im Rahmen seiner Doktorarbeit aus der **Theory of Reasoned Action (TRA)** nach FISHBEIN/AJZEN (1975) hergeleitet wurde. Es handelt sich um ein spezifisches Modell, um die Akzeptanz aufkommender Anwendungssysteme (Software) durch kognitive und affektive Faktoren zu erklären und vorherzusagen. Im zugrunderliegenden Aufsatz von DAVIS et al. (1989, S. 983) werden die beiden Modelle anhand einer empirischen Studie zur Akzeptanz/ Zurückweisung der freiwilligen Nutzung von Textverarbeitungssoftware durch 107 MBA-Studierende miteinander verglichen. Beide Modelle, TAM und TRA, sollen das Verhalten der Probandinnen erklären und vorhersagen.

Die **Theory of Reasoned Action** (TRA) ist eigentlich ein gut erforschtes Modell, das viele Facetten des menschlichen (Mediennutzungs-)Verhaltens abzudecken vermag (DAVIS et al. 1989, S. 983). Das Modell stammt ursprünglich aus der Sozialpsychologie und soll das bewusst intendierte Verhalten durch Rückführung auf verschiedene Variablen berechenbar machen. TRA gilt als gut operationalisierbar und messbar, jedoch weist sie zwangsläufig auch Grenzen auf. So werden externe Variablen nicht gesondert unterschieden, sondern fließen indirekt in die genannten Determinanten ein (S. 984 f.) (▶ Dar. 34).

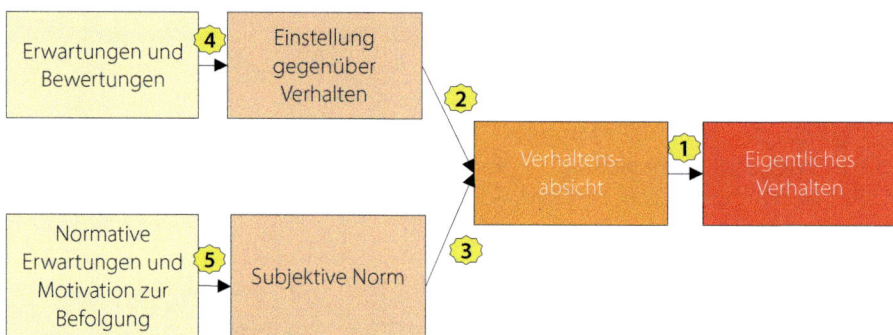

Dar. 34: Theory of Reasoned Action nach FISHBEIN/AJZEN (Quelle: Eigene Darstellung von DAVIS et al. 1989, S. 94)

1. Das eigentliche Verhalten geht auf eine Verhaltensabsicht zurück.
2. Die Verhaltensabsicht wird wiederum auf eine Einstellung (= individuelle, positive oder negative Gefühle) über die Ausführung eines bestimmten Verhaltens zurückgeführt sowie
3. auf die subjektive Norm zu diesem Verhalten (= Wahrnehmung einer Person, ob die meisten für ihn wichtige Personen ein bestimmtes Verhalten begrüßen oder missbilligen würden).
4. Die Einstellung ist ihrerseits determiniert durch Erwartungen über Konsequenzen des Verhaltens und die Bewertung dieses Verhaltens.
5. Die subjektive Norm wird beeinflusst durch wahrgenommene normative Erwartungen relevanter Personen oder Gruppen sowie durch die Motivation, diese Erwartungen zu erfüllen (S. 983 f.).

Das Technology Acceptance Model verwendet die Theory of Reasoned Action als theoretische Basis, ist aber **speziell auf die Erklärung des Computer-Nutzerverhaltens und die Nutzerakzeptanz von Anwendungssystemen** ausgerichtet (S. 983). Dabei werden ein breites Spektrum von nutzerrelevanten Computertechnogien sowie unterschiedlichste Nutzergruppen abgedeckt. Das Ziel des Modells ist es, einerseits die Akzeptanz eines Systems vorherzusagen und andererseits Ursachen für eine mangelnde Akzeptanz zu identifizieren, um diese ggf. korrigieren zu können (▶ Dar. 35).

4.3 Technology Acceptance Model (DAVIS et al.)

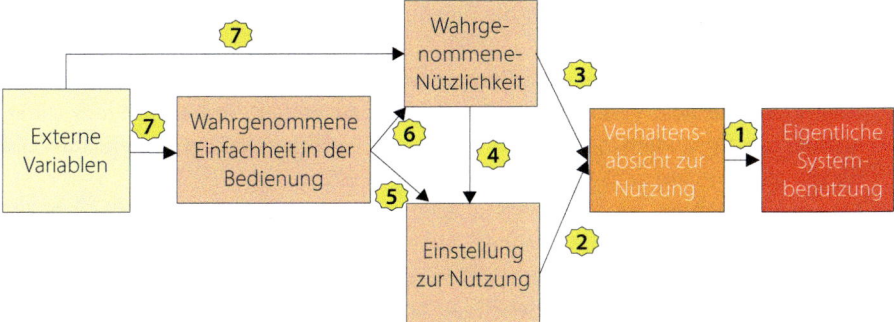

Dar. 35: Technology Acceptance Model nach DAVIS et al. (1989, S. 985)

1. Die **Systembenutzung** (das kann eine Anwendung, ein Betriebssystem etc. sein) wird auf eine Verhaltensabsicht zurückgeführt.
2. Die **Verhaltensabsicht** wird wiederum von zwei Variablen bestimmt: der Einstellung zur Benutzung und der wahrgenommenen Nützlichkeit. Dass eine bestimmte Einstellung gegenüber der Nutzung in eine Verhaltensabsicht mündet, wurde schon in der TRA angenommen und ist nachvollziehbar.
3. Dass jedoch die **wahrgenommene Nützlichkeit** an dieser Stelle parallel die Verhaltensabsicht beeinflusst, ist neu. Die wahrgenommene Nützlichkeit wird dabei als subjektive Wahrscheinlichkeit für eine potenzielle Nutzerin definiert, dass die Nutzung einer konkreten Anwendung ihre Leistungsfähigkeit im organisationalen Kontext erhöht. Wenn also z. B. eine neue Software im Unternehmen eingeführt wird und die Nutzerin das Gefühl hat, dass sie durch ihre Benutzung Zeit spart und/ oder eine größere Leistung erbringen kann, ist die subjektive Wahrscheinlichkeit hoch (S. 985 f.). Diese Überlegung geht auf die Annahme zurück, dass in einer Organisation trotz möglicherweise negativer Einstellung bezüglich einer Anwendung die damit zu bewirkende Leistungssteigerung (und die erhoffte Gehaltssteigerung) durch die Nutzung einer Anwendung ausschlaggebend ist.
4. Die **Einstellung zur Nutzung** hängt wiederum von zwei Faktoren ab: von der wahrgenommenen Nützlichkeit und der wahrgenommenen Einfachheit der Benutzung. Diese beiden Faktoren stellen in Anlehnung an die TRA konkrete Erwartungen dar, die die Einstellung positiv oder auch negativ beeinflussen sollen. Dabei wurde die wahrgenommene Nützlichkeit, ein extrinsischer Motivationsfaktor, bereits in Punkt 3 erklärt (S. 987).
5. Interessant ist die **wahrgenommene Einfachheit der Benutzung**, die als ein intrinsischer Motivationsfaktor in das Modell eingebaut wurde. Die wahrgenommene Einfachheit der Benutzung wird als Erwartungshaltung der potenziellen Nutzerin im Hinblick auf einen geringeren Aufwand bei der Anwendungsbenutzung beschrieben (S. 985). Vor allem wirkt sie auf Einstellung über die »Self-Efficacy Expectation« aus (▶ Kap. 2.8). Je einfacher eine Interaktion mit einem System ist, desto höher ist diese Selbstwirksamkeitserwartung der

Nutzerin, d.h. ihr Vertrauen in die eigenen Fähigkeiten, das System steuern zu können (S. 987).
6. Eine **leichtere technische Bedienbarkeit** des Systems kann sich ebenfalls positiv auf die wahrgenommene Nützlichkeit auswirken, indem freigewordene Ressourcen für andere Aktivitäten umverteilt werden (weniger Arbeitsaufwand für die gleiche Leistung) (S. 987).
7. **Externe Variablen** wie das Systemdesign können die wahrgenommene Nützlichkeit direkt oder indirekt über die wahrgenommene Einfachheit in der Bedienung beeinflussen. Verdeutlicht wird das im Aufsatz anhand des Beispiels zweier ähnlich einfach zu bedienender Anwendungen, von denen eine Anwendung eine höhere Leistungsfähigkeit aufweist (z.B. höhere Graphikschärfe). Auch Menüs, Symbole, Bedienung mit der Maus oder Touchscreens (anstatt Textbefehle) können die Benutzbarkeit einer Anwendung stark erhöhen. Ferner können Lerneffekte bei Nutzerinnen die wahrgenommene Nützlichkeit erhöhen (S. 987 f.). Den gleichen Effekt können Training und Dokumentation (»Gebrauchsanweisung«) ausüben.

Gegenüber TRA ergeben sich in Wesentlichen folgende **Unterschiede**:

- Die allgemeinen Erwartungen und Bewertungen werden im TAM durch die beiden Schlüsselerwartungen »wahrgenommene Nützlichkeit« und »wahrgenommene Einfachheit der Benutzung« konkretisiert (S. 985).
- Dabei werden diese beiden Konstrukte gesondert behandelt, um ihren Einfluss auf die Einstellungsbildung separat zu analysieren (S. 988).
- Die »subjektive Norm« wird aufgrund einer fehlenden theoretischen und psychometrischen Basis nicht mehr aufgeführt (S. 986).
- Externe Variablen werden im TAM explizit aufgeführt und es wird ihnen ein direkter Einfluss zugestanden (S. 988 f.).

Das Technology Acceptance Model soll anhand eines weiteren Beispiels aus dem Hochschulkontext verdeutlich werden. In einem Kurs, in dem wissenschaftliches Arbeiten vermittelt wird und als Prüfungsleistung eine Hausarbeit abzugeben ist, wird als Arbeitserleichterung die Benutzung eines Literaturverwaltungssystems zur freiwilligen Benutzung empfohlen. Daraufhin wird ein von der Hochschule lizenziertes Softwarepaket vorgestellt. In einer vorherigen Umfrage sind zunächst ca. 80 % der Kursteilnehmerinnen bereit, die Software zu nutzen. Zum Ende des Semesters wird in einer erneuten Abfrage herausgefunden, dass nur ungefähr 30 % der Studierenden das Paket auch tatsächlich eingesetzt haben. Wie könnte man diese niedrige Benutzungsrate erklären?

TAM liefert dazu folgende Erklärung: Die Software ist benutzerfreundlich und bedarf keiner besonderen Schulung (externe Variablen). Die wahrgenommene Einfachheit der Bedienbarkeit ist größtenteils gegeben: Man muss das Programm lediglich herunterladen, installieren und die Lizenzdaten eintragen. Auch die wahrgenommene Nützlichkeit ist positiv: Es ergibt sich ein besserer Überblick über vorhandene Quellen, ein digitales Quellenmanagement, die Wiederverwendbarkeit von Quellen in späteren schriftlichen Arbeiten, das automatisierte Einlesen von Quellenmetadaten etc. wird ermöglicht. Das Tool hat aber einen entscheidenden Nachteil: Die Zitationsform lässt sich nicht automatisiert einstellen und muss daher manuell nachbearbeitet werden. Damit ist die Nützlichkeit stark eingeschränkt. Die grundsätzliche Einstellung zu neuer Software ist unter Studierenden indifferent verteilt, da es sich nicht um einen techniknahen Studiengang handelt. Da nur noch zwei weitere Studienarbeiten in dieser Form zu scheiben sind, stellt sich für viele Studierende die wahrgenommene Nützlichkeit als nicht sehr hoch heraus. Nur bei einigen scheint sie höher verteilt zu sein, möglicherweise wegen erhoffter Lerneffekte im Hinblick auf ein geplantes Masterstudium.

Was könnte die Dozentin also tun, wenn sie künftig die **Akzeptanz der Software** erhöhen möchte? Sie sollte ihre Zitationsansprüche so formulieren, dass die Literaturverwaltungssoftware dies problemlos umsetzen kann. Und sie könnte auch moralischen Druck aufbauen, indem sie die Verwendung einer Literaturverwaltungssoftware zu einer Standardanwendung erklärt. Im Technology Acceptance Model könnte man diesen Einfluss in einer externen Variable abbilden (etwa in der bereits aus der Theory of Reasoned Action bekannten Größe »normative Erwartung und Motivation zur Befolgung«).

In einer empirischen Studie haben DAVIS et al. (1989, S. 989–999) die Modelle TRA und TAM verglichen, die sich beide als nützlich erwiesen haben, jedoch ohne klar zu dominieren. So konnten **Verhaltensabsichten** in beiden Ansätzen als **Indikatoren zur Vorhersage** der tatsächlichen Nutzung angesehen werden (S. 997).

Auch die **Verhaltensabsichten** konnten (in TAM) anhand der Determinanten »wahrgenommene Nützlichkeit« und »wahrgenommene Einfachheit der Bedienung« erklärt werden. Eine ähnliche Erklärungskraft besitzt TRA, obwohl dort diese Determinanten über spezifische Bewertungen und Gewichte zunächst in einer Befragung hergeleitet werden müssen. Dabei war die intrinsisch motivierte »wahrgenommene Einfachheit der Bedienung« in der frühen Phase der Softwarenutzung wichtiger, später gewann die extrinsisch motivierte »wahrgenommene Nützlichkeit« die Oberhand (S. 998). Damit sollte es bei der Software weniger um die Benutzerfreundlichkeit gehen, sondern vielmehr um versprochene Nützlichkeit (S. 1000). **Überraschend** war die eher unauffällige Ausprägung der subjektiven Normen in der Theory of Reasoned Action, die möglicherweise die Unangemessenheit und fehlende theoretische Fundierung dieses Faktors bestätigen (S. 998).

Auch die Frage, ob **Einstellungen ausschließlich eine vermittelnde Variable** zwischen Bewertungen und der Verhaltensabsicht sind (wie in TRA) oder ob es weitere Determinanten dazwischen gibt (wie in TAM – wahrgenommene Nützlichkeit), wurde nicht wie erwartet beantwortet. Es gab Anzeichen, dass Einstellungen eine **weitaus geringere Rolle** bei der Vermittlung zwischen Bewertungen und Verhaltensabsichten spielen als bei beiden TRA und TAM bisher angenommen wurde (S. 999).

Sowohl TAM als auch TRA haben seit ihrem Erscheinen zahlreiche Nachbesserungen erhalten. TRA wurde durch die Theory of Planned Behavior (TPB), einem der Autoren des ersten Modells, AJZEN (1991) erweitert. Beide TRA und TPB sind durch ihre allgemein formulierte Form für alle möglichen Fragestellungen zugänglich, z. B. zur Analyse der Einstellungen bei der Kondombenutzung (ALBARACCIN et al. 2001). TAM wurde u. a. als TAM2 (VENKATESH/DAVIS 2000) und TAM3 (VENKATESH/BALA 2008) weiterentwickelt. Ob sich der Erklärungswert dadurch signifikant erhöht hat, bleibt fraglich. Das Ursprungsmodell hat in weiteren Studien längst die organisationalen Grenzen verlassen und wird häufig in Studien zu neuen Technologien und Anwendungen, z. B. für mobiles Commerce, im Bildungskontext sowie in der digitalen Gesundheitsversorgung als theoretisches Gerüst genutzt (DAVIS/GRANIĆ 2024, S. 40–45).

Lesehinweise

- Davis, F. D. Jr.: A technology acceptance model for empirically testing new end-user information systems: Theory and results, Ph. D. Thesis, MIT Sloan School of Management, 1986. [Primärquelle]
- Davis, F. D. et al.: User Acceptance of Computer Technology: A Comparison of Two Theoretical Models, in: Management Science, Band 35, Heft 8, 1989, S. 982–1003. [Primärquelle]
- Fishbein, M./Ajzen, I.: Belief, Attitude, Intention, and Behavior: An Introduction to Theory and Research, MA, Addison-Wesley, 1975. [Primärquelle]
- Green, K.: Reasoned Action Theory, in: Littlejohn, Stephen W, Foss, Karen A. (Hrsg.): Encyclopedia of communication theory, Los Angeles 2009, S. 826–828. [Überblick zur Entwicklung der TRA]
- Davis, Fred D./Granić, A.: The Technology Acceptance Model: 30 Years of TAM, Cham 2024. [Überblick zur Entwicklung des TAM]

4.4 Die soziologischen Konsumansätze (VEBLEN, BOURDIEU und BECK)

Zentrale Erkenntnisse

- Zur Erklärung von Konsumgewohnheiten werden hier drei soziologische Ansätze aus der Theorie sozialer Ungleichheiten vorgestellt: von Thorstein Veblen (Theory of Leisure Class), Pierre Bourdieu (Feine Unterschiede) und Ulrich Beck (Individualisierungsthese). Veblen hat vor mehr als hundert Jahren eine ungewöhnlich kritische Abhandlung über Konsumgewohnheiten der Oberschicht geschrieben, die von Verschwendung geprägt waren. Bourdieu unterscheidet neben den ökonomischen auch soziale und kulturelle Kapitalarten, die kumuliert den Status einer Person im sozialen Raum bestimmen und den Geschmack einer Person prägen. So lässt sich über den

Geschmack für u. a. kulturelle Güter der soziale Status von Personen bestimmen bzw. die Personen ordnen sich darüber selbst einer Gesellschaftsschicht zu. Beck dagegen beobachtet eine Verwischung bisheriger Klassengrenzen und leitet daraus eine Individualisierung für das Arbeitsleben her, die aber genauso auf Konsumgewohnheiten durchreicht.

- »Auch kulturelle Güter unterliegen einer Ökonomie, doch verfügt diese über ihre eigene Logik. Die Soziologie sucht die Bedingungen zu rekonstruieren, deren Produkt die Konsumenten dieser Güter und ihr Geschmack gleichermaßen sind; zugleich ist sie bemüht, die unterschiedlichen Weisen der Aneignung der zu einem bestimmten Zeitpunkt als Kunst rezipierten Kulturgüter sowie die gesellschaftlichen Voraussetzungen der Herausbildung der als legitim anerkannten Aneignungsweise analytisch zu beschreiben. Ein umfassendes Verständnis des kulturellen Konsums ist freilich erst dann gewährleistet, wenn »Kultur« im eigenschränkten und normativen Sinn von »Bildung« dem globaleren ethnologischen Begriff von »Kultur« eingefügt und noch der raffinierteste Geschmack für erlesenste Objekte wieder mit dem elementaren Schmecken von Zunge und Gaumen verknüpft wird.« (BOURDIEU 1987, S. 17)

- »In diesem Beitrag soll vielmehr die skizzierte Perspektive systematisch entwickelt werden, daß sich in den vergangenen zwei bis drei Jahrhunderten in allen reichen westlichen Industrieländern und besonders deutlich in der Bundesrepublik Deutschland unter dem Deckmantel weitgehend konstanter Ungleichheitsrelationen ein *gesellschaftlicher ›Individualisierungsprozeß‹* von bislang unbekannter Reichweite und Dynamik vollzogen hat und immer noch vollzieht. Genauer: ein historisch spezifischer ›Individualisierungs*schub*‹, in dessen Verlauf auf dem Hintergrund eines relativ hohen materiellen Lebensstandards und weit vorangetriebener sozialer Sicherheiten durch die Erweiterung von Bildungschancen, durch Mobilitätsprozesse, Ausdehnung von Konkurrenzbeziehungen, Verrechtlichung der Arbeitsbeziehungen, Verkürzung der Erwerbsarbeitszeit und vielem anderen mehr die Menschen in einem historischen Kontinuitätsbruch aus traditionellen Bindungen und Versorgungsbezügen herausgelöst und auf sich selbst und ihr individuelles ›(Arbeitsmarkt-)Schicksal‹ mit allen Risiken, Chancen und Widersprüchen verwiesen wurden und werden.« (BECK 1983, S. 40–41, Hervorh. i. Orig.)

- Diese und andere soziologische Ansätze eignen sich gut, um die wirtschaftswissenschaftlichen Scheuklappen abzulegen und neue Blicke zu wagen. Konsuminszenierungen auf Instagram, der Gang in die Opera, der Stadionbesuch – das sind alles Aktionen, um sich innerhalb der Gesellschaft sozial zuzuordnen. Auch die Individualisierung des Konsums, die durch digitale Möglichkeiten erst ermöglicht wird, beeinflusst Konsumgewohnheiten dahingehend, dass wir uns innerhalb gesellschaftlicher Kreise ständig neu verorten müssen. Luxus- als auch Individualisierungsbedürfnisse lassen

> sich auf der breiten Plattform des Uses and Gratifications Approach visualisieren (▶ Kap. 4.2).
> - Modellgebiete: Soziologie, VWL

Soziologinnen sind Philosophinnen der Moderne. Ähnlich wie die Werke von Platon, Kant und Hegel bringen ihre Gedanken massenweise Menschen zum Nachdenken. Wie die Klassiker, scheinen sie ihre Reizwirkung aus der schieren unendlichen Textlänge zu beziehen. Keine Soziologin, die etwas auf sich hält, publiziert unter 500 oder 1.000 Seiten. Häufig sind soziologische Thesen in den vielschichtigen Argumentationslinien verstreut, als ob sie nur für die würdigen Leserinnen (diejenigen mit der längsten Konzentrationsspanne) vorherbestimmt seien. Dabei sind ihre Ideen häufig einfacher als im Schrifttum dargestellt; aber in ihrem Kern nicht weniger bedeutend.

Die folgenden **drei Ansätze von Veblen, Bourdieu und Beck** gehen auf vieldiskutierte soziologische Werke zurück, die sich mit Konsum aus gesellschaftlicher Perspektive beschäftigen. Uns geht es hier weniger darum, die sozialen Ungleichheiten zu erklären, sondern vielmehr Erklärungen für Konsummotive heranzuziehen, die in wirtschaftswissenschaftlicher Literatur fehlen oder oberflächlich behandelt werden.

Das Werk von Thorstein Veblen **»The Theory of Leisure Class«** (»Theorie der feinen Leute«, erstmalig 1899 erschienen) behandelt das Verhalten der US-amerikanischen Oberschicht der damaligen Zeit. Erstsemesterinnen in Mikroökonomie-Vorlesungen lernen, dass Veblen-Güter superiore Güter sind, deren Konsum mit steigendem Einkommen überproportional ansteigt. Wie VEBLEN (1912) ausführt, haben ostentative Freizeit und Konsum nichts mit ökonomisch begründeten Nutzenmaximierung in einer Gesellschaft zu tun. Vielmehr sind sie ein Überbleibsel archaischer Gesellschaftsstrukturen (S. 13–14). Das Eigentum ist dabei ein Mittel zum Zweck, um einen gesellschaftlichen Status zu erlangen und aufrechtzuerhalten (S. 38). Wer demonstrativ nicht arbeitet, stellt seinen sozialen Status zur Schau (S. 47). Damit werden auch die **Konsumpräferenzen von Protz und Verschwendung** geprägt, nicht von der eigentlichen Nützlichkeit (S. 132). Veblen dekliniert seine Thesen anhand verschiedener Beispiele durch z. B. Bekleidung (S. 173).

Die **»Feinen Unterschiede«** von Pierre Bourdieu (erstmalig 1979 erschienen) ist ein klassisches Thema in SoWi-Kursen der gymnasialen Oberstufe. Bourdieus Arbeit kann als eine Verfeinerung der Thesen von VEBLEN verstanden werden. In den »feinen Unterschieden« wird das ökonomische Kapital um soziale und kulturelle Dimensionen erweitert. Das ökonomische Kapital ist mit Besitzverhältnissen verbunden (z. B. Gutsherrenhaus). Das soziale Kapital besteht aus sozialen Beziehungen (z. B. Facebook- und LinkedIn-Netzwerk), auf die man zurückgreifen kann. Das kulturelle Kapital besteht in Wissen und Qualifikationen, die in der Familie (z. B. in einem akademischen Haushalt) oder während der Ausbildung erworben wurden.

Diese Kapitalformen bestimmen den Status einer Person im sozialen Raum. Dabei können sie miteinander korrelieren (z. B. reicher, gebildeter, alter, weißer Mann) oder nicht (ein verarmter Hochschullehrer) (ABELS 2019, S. 297). Der Habitus, d. h. typische Gedanken, Wahrnehmungen und Verhaltensmuster, helfen, sich im Rahmen eines bestimmen sozialen Raums zu bewegen. Der Habitus fixiert dabei die Position einer Person im sozialen Raum. Der soziale Status von Personen lässt sich anhand ihrer Konsumgewohnheiten bzw. ihres Geschmacks für Kulturgüter eindeutig ablesen.

Dabei werden **drei klassenspezifische Geschmacksarten** unterschieden: herrschender Geschmack der Bourgeoisie (z. B. Mahlers Sinfonie Nr. 9), Mittelklassengeschmack (z. B. Besuch einer Cézanne-Ausstellung) und der »barbarische« Geschmack (z. B. Schlagergrölen im »Megapark« auf Mallorca). (S. 298). Dabei versucht die obere Klasse, sich von den beiden »niederen« Klassen abzugrenzen. Die mittlere Klasse dagegen befindet sich in der Sandwich-Position zwischen einem Auf- und Abstieg. Gegen einen Abstieg versucht sie sich u. a. mit formalen Bildungsabschlüssen zu verteidigen (S. 300). Ein anderer Teil der Mittelklasse versucht, durch Konsumgewohnheiten seine Zugehörigkeit zu einer höheren Klasse vorzugaukeln (S. 302).

Die **Individualisierungsthese** von Ulrich BECK (1983) besagt, dass aufgrund der Veränderung der Ausbildungs- und Arbeitsdynamiken in einem Wohlfahrtsstaat die bisherigen Klassengrenzen verwischen. Durch Aufhebung bisheriger industriegesellschaftlicher Zwänge haben Gesellschaftsmitglieder andere Voraussetzungen für eine freiere Entfaltung – sie müssen sich eine eigene Biografie erschaffen, sich selbst inszenieren, Netzwerke erschließen. Individualisierung hat auch schon vor diesem Schub stattgefunden, jedoch in einem geringeren Maße. Individualisierung ist vielmehr ein notwendiger Teil des menschlichen Sinnsuchens und der Überlebensfähigkeit (wenn man der existenzialistischen Philosophie folgt), die nun auf geringere Beschränkungen stößt (BECK/BECK-GERNSHEIM 1993, S. 179–180).

Welche Schlussfolgerungen lassen sich aus den obigen Werken für Konsum- bzw. Nutzungsgewohnheiten ziehen? Luxusgüter und bestimmte exklusive Beschäftigungen werden nachgefragt, um sich von der Mittelklasse abzugrenzen. Auch ein abgehobener kultureller Geschmack spielt eine wichtige Rolle – ob ein feiner Wein, ein Opernbesuch in der ersten Reihe, Mäzenatentum für ein Museum für bildende Kunst etc. Auf der anderen Seite ermöglichen digitale Geschäftsmodelle individuelle Podcast-Playlists, TikTok-Streams, Reiseerfahrungen und sogar Müsli-Mischungen. Doch am Ende bleiben Fragen: Werden wir uns in individuellen Welten immer weiter ausdifferenzieren? Finden wir uns innerhalb von neuen Konsumwelten zurecht? Beeinflusst die Sichtbarkeit des Konsums auf Social Media unsere Konsumgewohnheiten zugunsten von Luxus-Gütern?

Lesehinweise

- Beck, U.: Jenseits von Stand und Klasse? Soziale Unsicherheiten, gesellschaftliche Individualisierungsprozesse und die Entstehung neuer sozialer Formationen und Identitäten, in: Kreckel, R. (Hrsg.): Soziale Ungleichheiten, Göttingen, 1983, S. 35–74. [Primärquelle]
- Bourdieu, P.: Die feinen Unterschiede. Kritik der gesellschaftlichen Urteilskraft, 25. Auflage, Frankfurt am Main 2016 (erstmalig 1979 veröffentlicht). [Primärquelle]
- Veblen, T.: The Theory of the Leisure Class. An Economic Study of Institutions, New York 1912. (deutsche Übersetzung: Veblen, T.: Theorie der feinen Leute: Eine ökonomische Untersuchung der Institutionen, Frankfurt am Main 2007). [Primärquelle]
- Abels, H.: Einführung in die Soziologie. Band 2: Die Individuen in ihrer Gesellschaft, Studientexte zur Soziologie, 5. Auflage 2019, Wiesbaden 2019, 291–304, 369–373. [Lesetipp]

4.5 Sozialer Vergleich (FESTINGER)

Zentrale Erkenntnisse

- Menschen gleichen ihre Meinungen und Fähigkeiten ständig an der Realität ab. Das ist vermutlich Teil unseres biologischen Programms. Wenn keine objektiven Maßstäbe vorhanden sind, werden soziale Vergleichsmaßstäbe, d. h. Meinungen und Fähigkeiten Anderer als Referenz herangezogen. Da man sich eher an Personen mit ähnlichen Meinungen und Fähigkeiten orientiert, entstehen in der Folge homogene Gruppen. Mitglieder dieser Gruppen versuchen meist, sich hinsichtlich Meinungen anzugleichen.
- »The drive for self evaluation concerning one's opinions and abilities has implications not only for the behavior of persons in groups but also for the processes of formation of groups and changing membership of groups. To the extent that self evaluation can only be accomplished by means of comparison with other persons, the drive for self evaluation is a force acting on persons to belong to groups, to associate with others. And the subjective feelings of correctness in one's opinions and the subjective evaluation of adequacy of one's performance on important abilities are some of the satisfactions that persons attain in the course of these associations with other people. How strong the drives and satisfactions stemming from these sources are compared to the other needs which people satisfy in groups is impossible to say, but it seems clear that the drive for self evaluation is an

> important factor contributing to making the human being »gregarious«.« (FESTINGER 1954, S. 135–136)
> - Die Theorie sozialen Vergleiches ist ein sehr weitreichender Ansatz aus der Psychologie und kann nicht nur Gruppenbildungsprozesse und Gruppendynamiken in Organisationen erklären, sondern überhaupt unsere gesellige Natur und die Existenz sozialer Ungleichheiten, die Wirkungsweise des Wettbewerbsmechanismus, wie auch möglicherweise unsere exzessive Instagram- und LinkedIn-Nutzung.
> - Modellgebiet: Sozialpsychologie, Kommunikationswissenschaft, Soziologie, Leadership

In neun Hypothesen entwickelt FESTINGER (1954) seine Theorie des sozialen Vergleiches, die bisherige Theorien zur Meinungsbildung innerhalb von sozialen Gruppen erweitern soll (S. 117). Dabei wird sozialer Vergleich als eine Folge eines von Menschen verspürten Dranges beschrieben, ihre Meinungen und Fähigkeiten zu bewerten, um Unsicherheit und Fehleinschätzung des eigenen Verhaltens zu reduzieren. Auch wenn eine objektive Bewertung von Fähigkeiten grundsätzlich denkbar ist (z. B. bei sportlichen Läufen hinsichtlich Schnelligkeit und Strecke), ist sie in der Realität meistens nicht eindeutig möglich (z. B. bei Gedichten, Hausarbeiten, Wahlergebnissen etc.). Eine objektive Bewertung von Meinungen ist sogar noch komplizierter (z. B. Leistungen der Ampel-Koalition seit 2021) und manchmal sogar unmöglich (z. B. bei moderner Kunst) (S. 117–118). Wie gehen Menschen damit um? Wenn keine objektiven Maßstäbe vorhanden sind, **bewerten Menschen ihre Meinungen und Fähigkeiten durch einen Vergleich mit anderen Menschen** (S. 118).

Je größer jedoch der Unterschied zu eigenen Meinungen und Fähigkeiten, desto geringer die Motivation, sich mit anderen zu vergleichen. Dies ist nachvollziehbar, denn Studierende im 1. Semester würden sich nur bedingt gerne mit einer Nobelpreisträgerin vergleichen. Die gleiche Aussage gilt für Meinungen: z. B. würde eine Grünen-Anhängerin ihre eigene Meinung zur Atomkraft nur bedingt an der eines Industrielobbyisten orientieren (S. 120–121). **Personen würden sich eher an Personen mit ähnlichen Meinungen und Fähigkeiten orientieren** und versuchen, den Meinungsunterschied innerhalb einer Gruppe zu verringern (S. 124).

In folgenden Ausführungen beschäftigt sich FESTINGER mit qualitativen Einflüssen auf das Verhalten, ob beispielsweise mit größerer Attraktivität einer Gruppe sich **der soziale Druck erhöht**, die eigene Meinung stärker an die Gruppenmeinung anzupassen (S. 131). Auch lassen sich aus den Ausführungen eine Reihe von Aussagen zu wettbewerblichen gruppendynamischen Prozessen ableiten, die aus unterschiedlichen Fähigkeiten resultieren. Fähigkeiten sind von einem Leistungsdrang gekennzeichnet, während Meinungen eher ein Spektrum abbilden (S. 124–125). Diese und andere Aussagen werden experimentell gewonnenen Ergebnissen gegenübergestellt. Beispielsweise konnte empirisch gezeigt werden, dass in einer Dreiergruppe mit einer deutlich abhebenden Leistungsträgerin die beiden anderen

Personen sie an weiteren Leistungen zu hindern versuchen (S. 127). **Solche Erkenntnisse sind interessant für Teambildung und Leadership.**

Sofern Selbstbewertung nur durch Vergleich mit anderen Personen erreicht werden kann, ist sie eine **treibende Kraft** hinter der Motivation von Menschen, bestimmten Gruppen anzugehören, schlussfolgert FESTINGER. Auch lassen sich damit einige gruppendynamische Prozesse erklären (S. 135–136). Menschen suchen sich ihre Gruppen nach Ähnlichkeit zu ihren Meinungen und Fähigkeiten. Und sie tendieren wiederum dazu, Gruppen zu verlassen, wenn sich ihre diesbezüglichen Erwartungen nicht erfüllen – sofern keine anderen Gründe (z. B. Reputationsstrafen) dagegensprechen.

Die obigen Prozesse sozialen Vergleichs erklären gleichzeitig mehrere **gesellschaftliche Phänomene**. Zunächst einmal ist eine natürliche Folge der obigen Gruppenbildungsprozesse eine Vielfalt von Meinungsgruppen, die in sich selbst wiederum homogener ausgeprägt sind. Auch scheinen sich auf diese Weise gleichermaßen höher- und niederrangige Statusgruppen stärker voneinander abgrenzen zu wollen, was damit soziale Ungleichheiten erzeugt (S. 136) (▶ Kap. 4.4). Minderheitengruppen können dazu tendieren, wenn die Unterschiede zu den restlichen Gruppen größer sind, eine sehr viel stärkere Homogenität hinsichtlich Meinungen zu erreichen, was die These der Polarisierung einiger Gruppen stützten würde (S. 136–137) (▶ Kap. 5.6). Wenn wiederum für eine Person eine Gruppe sehr attraktiv erscheint, obwohl der Meinungsunterschied zwischen ihr und der Gruppe sehr groß ist, ist diese Person geneigt, ihre Meinung anzupassen (▶ Kap. 5.5). (S. 137). Und schließlich kann der Drang nach sozialem Vergleich die Konkurrenzmechanismen erklären, die hinter dem ökonomischen Wettbewerb stecken (S. 138).

Neben den obigen Implikationen gibt es eine Reihe von Studien, welche den Zusammenhang zwischen Mediennutzung und sozialen Vergleichsprozessen untersuchen. Beispielsweise wird gefragt, wie und mit welcher Auswirkung **Social Media für sozialen Vergleich** genutzt werden kann. So gibt es Anhaltspunkte dafür, dass die Nutzung von Facebook mit einer hohen persönlichen Orientierung an sozialem Vergleich zusammenhängt. Auch hat die Facebook-Nutzung u. a. ein niedrigeres Selbstwertgefühl zur Folge (VOGEL et al. 2015, S. 254). Ähnliche Effekte sind für Instagram festzustellen, dessen Nutzung – aus Gründen des sozialen Vergleiches – eine höhere Unzufriedenheit mit dem eigenen Körper auslösen kann (PEDALINO/CAMERINI 2022). Und schließlich: Haben Sie schon einmal nach ihrem täglichen LinkedIn-Scroll Neid empfunden? Hat Sie das motiviert, sich weiterzuentwickeln? Wollten Sie dann auch übertriebene Posts über den eigenen beruflichen Erfolg posten? Auch diese Effekte lassen sich auf sozialen Vergleich zurückführen (VERDUYN et al. 2020). Insgesamt ist der soziale Vergleich ein sehr weitreichender Ansatz aus der Psychologie, der viele Phänomene des unmittelbaren gesellschaftlichen Lebens erklärt, sowohl in der direkten und medienvermittelten Kommunikation als auch in der Mediennutzung.

> **Lesehinweise**
>
> - Festinger, L.: A theory of social comparison processes, in: Human Relations, Jg. 7, Heft 2, 1954, S. 117–140. [Primärquelle]
> - Gleich, U.: Parasoziale Interaktion und sozialer Vergleich, in: Wünsch, Carsten et al. (Hrsg.): Handbuch Medienrezeption, Baden-Baden 2014, S. 243–256. [Lesetipp]
> - Pedalino, F./Camerini, A.-L.: Instagram Use and Body Dissatisfaction: The Mediating Role of Upward Social Comparison with Peers and Influencers among Young Females, in: International journal of environmental research and public health, Jg. 19, Heft 3, 2022, https://www.mdpi.com/1660-4601/19/3/1543. [Studie zu Folgen sozialen Vergleichs auf Instagram]
> - Verduyn, P. et al.: Social comparison on social networking sites, in: Current Opinion in Psychology, Jg. 36, 2020, S. 32–37. [Sozialer Vergleich auf LinkedIn]

4.6 Das Streben nach Unterhaltung (POSTMAN)

> **Zentrale Erkenntnisse**
>
> - Neil Postman hat sein Buch im Jahr 1984 verfasst. In der Einleitung verweist er u. a. auf die für das Jahr 1984 prophezeite Dystopie von George Orwell (»1984«) und zeigt sich erleichtert, dass sie nicht eingetreten ist (POSTMAN 1985, vii). Er will zeigen, dass eher die dystopische Vision von Aldous Huxley aus »Brave New World« wahrscheinlicher werde, weil Fernsehen die Schriftkultur verdrängt habe. Dies verflache den öffentlichen Diskurs, mache ihn sensationsorientiert und reiße die Tatsachen aus dem Kontext. Schließlich gebe es kein Bildungsfernsehen, sondern es gelte das allgegenwärtige Primat der Unterhaltung, so seine polemische Kritik US-amerikanischer Medien der 1980er-Jahre.
> - »Orwell warns that we will be overcome by an externally imposed oppression. But in Huxley's vision (gemeint ist die Dystopie aus dem Buch »Brave New World« – Anm. d. Verf.), no Big Brother is required to deprive people of their autonomy, maturity arid history. As he saw it, people will come to love their oppression, to adore the technologies that undo their capacities to think. What Orwell feared were those who would ban books. What Huxley feared was that there would be no reason to ban a book, for there would be no one who wanted to read one. Orwell feared those who would deprive us of information. Huxley feared those who would give us so much that we would be reduced to passivity and egoism. [...] Orwell feared we would become a captive culture. Huxley feared we would become a trivial culture, preoccu-

> pied with some equivalent of the feelies [...]. This book is about the possibility that Huxley, not Orwell, was right«. (POSTMAN 1985, S. vii–viii)
> - POSTMAN (1985) ist eine verständliche und überzeugende Lektüre, die die allgemeine These der Verflachung der Inhalte und der Verdummung der Bevölkerung vertritt. Man könnte im Text »Fernsehen« durch »TikTok« austauschen und die Aussagen würden nichts an ihrer Gültigkeit verlieren. Aber war das nicht immer so, dass ein neues Medium (z. B. Print) die bisherige Kultur verändert hat, sowohl im positiven als auch im negativen Sinne? Und ist die Unterhaltungsorientierung nicht ohnehin ein in der Vergangenheit verkümmerter Teil unseres Strebens nach Glückseligkeit?
> - Modellgebiete: Soziologie, Medienwissenschaften

Neil POSTMAN (1985) richtet mit »Amusing Ouselves to Death« den Blick auf den Siegeszug des Kanals »Fernsehen« über geschriebene Sprache aller Art, und zwar anhand zahlreicher US-spezifischer Beispiele. Er argumentiert, dass die Erfindung der Uhr oder der Schrift nicht nur die Ausweitung der menschlichen Macht ist, sondern auch **seine Art des Denkens transformiert.** McLuhans These (▶ Kap. 3.4) paraphrasierend seien die Medien keine Botschaften, sondern Metaphern für ihre Wirkungsweise. So gesehen würden Medien den Content unserer Kultur produzieren (S. 15–17).

POSTMAN möchte argumentativ zeigen, dass sich der **öffentliche Diskurs durch die TV-Dominanz negativ verändert** hat. Während zur Zeit des Höhepunktes gedruckter Medien der Diskurs sich durch die Eigenschaften seriös, kohärent und rational ausgezeichnet hat, veränderte er sich im Fernsehzeitalter der 1970er- bis 1980er-Jahre hin zu oberflächlich, verkümmert und absurd (S. 18). POSTMAN nimmt an, dass jedes neue Medium die Diskurskultur verändert. Jedes neue Medium impliziere eine bestimmte Art, wie über Wahrheit und Wirklichkeit kommuniziert wird. Die auf diese Weise durch das Fernsehen kreierte Realität sei jedoch minderwertig, gefährlich und absurd (S. 31). Die Zwänge des Print-Contents würden einen sinnvollen Text erfordern, der paraphrasierbar und hinsichtlich seiner Wahrhaftigkeit eindeutig bewertbar sei (»propositional content«) (S. 57–58).

Den Beginn des Zeitalters des Showbusiness (als Metapher für das Fernsehzeitalter) verbindet POSTMAN mit dem Telegraphen. Es sei der Anfang einer Sprache der Schlagzeilen gewesen – **sensationsorientiert und aus dem Kontext gerissen.** Das Nachrichtenwesen habe sich von »knowing about things« zu quantitativ »knowing of lots of things« verschoben (S. 81). Ähnliche Effekte habe das Aufkommen der Fotografie gehabt. Die elektronischen Medien wie Radio und Fernsehen hätten zwar diese Welt primitiver Spielarten (»Peek-a-Boo-World«) nicht erfunden, aber den Menschen sehr wohl ermöglicht, darin zu leben (S. 90). So gesehen sei das Fernsehen das Fenster zur Realität (S. 91) (▶ Kap. 5.4). Die Tiefe der vermittelten Informationen sinke aber, denn alle TV-vermittelten Inhalte seien unterhaltungslastig. (S. 92–93).

POSTMAN fragt: »What is television? What kinds of conversations does it permit? What are the intellectual tendencies it encourages? What sort of culture does it produce?« (S. 98). Diese Fragen beantwortet er durchgehend negativ: **Fernsehen** sei ein leicht zugängliches Medium, es sei ausschließlich auf Verbreitung der Unterhaltungsinhalte ausgerichtet, und das sei auch letztlich die Kultur, die dadurch entstehe. Die gleiche Problematik betreffe auch die TV-Bildungsprogramme, die Edutainment propagierten (S. 165 f.). Die Dominanz des Fernsehens und die unterhaltungsorientierte Kultur würden am Ende zu ähnlichen Verhältnissen der passiven Glückseligkeit, allgemeinen Gleichgültigkeit, fehlende Bildung etc. führen, die von Aldous Huxley in seinem Werk **»Brave New World«** (erschienen in 1931) **prognostiziert worden war**. Die Vision von Orwell in »1984« (erschienen in 1949) werde dagegen in absehbarer Zeit nicht eintreten.

Das Werk von POSTMAN (1985) ist **eine klassische Erzählung von bösen neuen Medien**. In der Menschheitsgeschichte wurde es immer nur schlimmer: Zunächst waren es die bösen Bücher (»verbrennt sie!«), Zeitungen (»zensiert die Presse«), dann die Fotografien (»sie stehlen unsere Seele«), das Radio (»verbreitet Massenpanik«) und schließlich das Fernsehen (»unermüdliche Massenverdummung«). Im digitalen Zeitalter waren es dann Google (»Google macht uns blöde«), das Smartphone (»dement wegen Smartphone«), die Blogs (»viel zu tendenziös«), dann Facebook (»Verflachung der Ausdruckfähigkeit durch Likes«), Twitter (»Yeah, ich muss nicht mehr als 140 Zeichen schreiben«), Youtube (»ich muss nie mehr lesen«), WhatsApp (»Rechtschreibregeln werden überbewertet«), Wikipedia (»mein Hausaufgabenbetreuer«), Instagram (»Selbstdarstellung mit Filtern«) und nun TikTok (»kurze Videos für kurze Konzentrationsspannen«) und schließlich ChatGPT (»wissenschaftliche Arbeiten auf Knopfdruck«). Man könnte der Argumentation von POSTMAN (1985) durchaus folgen und – »o tempora, o mores« – den Verfall der Sitten beklagen.

Wir haben dieses Kommunikationsmodell bewusst nicht im Kapitel über gesellschaftlich-politische Kommunikation eingeordnet, denn unser Erkenntnisinteresse gilt der Frage: **Was sind Konsequenzen für Mediennutzung?** Welche fundamentalen Veränderungen wie das Metaverse werden wir noch erleben oder wird es Gegenbewegungen geben: BeReal statt TikTok, Verbote und Demonopolisierung, Digital Detox und Tabletverbot an Schulen (statt derzeit voranschreitender iPadisierung im Unterricht)? Der Siegeszug der Unterhaltung nimmt scheinbar kein Ende. Als Folge davon kann die Gamification betrachtet werden. Ob in Lernsettings in höherer Bildung, in Vorstellungsgesprächen oder im Beruf (▶ Kap. 2.8). Sind die zum Überleben erforderlichen Sicherheitsbedürfnisse gesichert und ist nun die Selbstentfaltung an der Reihe? Gehört die spielerische Herangehensweise zum entfesselten Lernen der Informationsgesellschaft? Oder ist das alles bloß Eskapismus und wir enden irgendwann in der Tyrannei des Unterhaltungs-Dopamin-Kicks?

Lesehinweise

- Postman, N.: Amusing Ourselves to Death. Public Discourse in the Age of Show Business, London 1985. (deutsche Übersetzung: Postman, N.: Wir amüsieren uns zu Tode. Urteilsbildung im Zeitalter der Unterhaltungsindustrie, Frankfurt am Main 1988). [Primärquelle]
- Weisbrod, L.: Soziale Medien: Das Ende von Social Media, in: Die Zeit, 18.02.2024, https://www.zeit.de/2024/08/soziale-medien-nutzung-facebook-instagram, letzter Zugriff: 19.09.2024. [These zur passiven Nutzung von Social Media]
- Janssen, J.-K./Tremmel, S.: Die Psycho-Tricks der App-Entwickler, in: heise Online, 15.10.2019, https://www.heise.de/ratgeber/Die-Psycho-Tricks-der-App-Entwickler-4547123.html, letzter Zugriff: 19.09.2024. [Lesetipp]
- Sayre, S./King, C.: Entertainment and society. Influences, impacts, and innovations, 2nd edition, New York 2010. [Unterhaltungstheorie]

4.7 Konsumkapital-Hypothese (STIGLER/BECKER)

Zentrale Erkenntnisse

- Die Konsumkapital-Hypothese ist eine interessante Herangehensweise der VWL, um Veränderungen im Geschmack modelltheoretisch erklären zu können. Die Logik – in der Primärquelle in trockene Mathematik eingekleidet – ist schnell erklärt: Je mehr Wissen man zu einem bestimmten Konsumgegenstand (z. B. einen Fußballverein) erwirbt, desto attraktiver ist der zukünftige Konsum.
- »On the traditional view, an explanation of economic phenomena that reaches a difference in tastes between people or times is the terminus of the argument: the problem is abandoned at this point to whoever studies and explains tastes (psychologists? anthropologists? phrenologists? sociobiologists?). On our preferred interpretation, one never reaches this impasse: the economist continues to search for differences in prices or incomes to explain any differences or changes in behavior.« (STIGLER/BECKER 1977, S. 76)
- Die Behandlung der Konsumkapital-Hypothese in diesem Buch soll zeigen, wie die wirtschaftswissenschaftliche Disziplin an das Phänomen Kommunikation herangeht – mit teilweise überraschend erkenntnisreichen Ergebnissen. Der regelmäßige Sportcontent-, Musik- und Film-Konsum kann so erklärt werden, wenn auch nur einseitig mit rationalistischen Motiven.
- Modellgebiet: VWL

Wirtschaftswissenschaftlerinnen haben mitunter eigenartige Ansichten – so mag es zumindest Menschen ohne den fachlichen Hintergrund erscheinen. George J. Stigler und Gary S. Becker, beide spätere Wirtschaftsnobelpreisträger, verfolgen in ihrem vielzitierten Aufsatz das Ziel, Konsumverhalten (z. B. Nachfrage nach »guter Musik«), das sich über die Zeit verändert, auf stabile Geschmackseinstellungen zurückzuführen. Das Modell soll auch den Einfluss von Werbung, die Nachfrage nach Mode, sowie die Existenz von Gewohnheit und Tradition und nicht der Sucht erklären. STIGLER/BECKER (1977) versuchen zu zeigen, dass **zeitliche Änderungen im Konsumverhalten** – worunter sie auch Sucht fassen – auf (relative) **Preis- und Einkommensänderungen** zurückgehen. Denn sie nehmen an, dass Geschmack im Zeitablauf stabil bleibt und sich von Mensch zu Mensch ohnehin nicht stark unterscheidet – anders als in anderen Disziplinen und vom gesunden Menschenverstand vielfach angenommen wird (S. 76).

Das Modell postuliert, dass der **Nutzen aus einer aktiven Funktion abgeleitet wird**, die nicht nur von **Marktgütern** (z. B. die neuen Scripted-Reality-Liebeshow auf Netflix), sondern auch von **Zeit, Wissen und Fähigkeiten der konsumierenden Person** abhängt. Es wird im Laufe der Zeit ein Konsumkapital aufgebaut, das durch vergangene Konsumerfahrungen positiv beeinflusst wurde. Damit erhöht sich der zusätzliche (Grenz-)Nutzen durch eine zusätzlich konsumierte Einheit (S. 78–79), z. B. von neuen Star Wars-Filmen oder auch Fußballveranstaltungen. Auch Suchtverhalten kann so erklärt werden. Traditionen und Gewohnheiten werden u. a. dadurch begründet, dass hohe Such- und Analysekosten für neue Alternativen vermieden werden (S. 82). Auch wird der Einfluss der Werbung nicht als Geschmacksänderung angesehen, sondern als eine Veränderung der Nachfrage aufgrund eines wahrgenommenen höheren Nutzens (hervorgerufen durch Werbung) (S. 84). Die Nachfrage nach Mode wird mit sozialer Unterscheidung begründet (▶ Kap. 4.4), so dass Mode mit steigendem Einkommen nachgefragt wird, um den sozialen Status zu signalisieren (was auch Resultat eines Nutzenkalküls darstellt) (S. 88).

Warum so abstrakt, fragen sich nichtökonomische Leserinnen bestimmt. Antwort: Weil sich die Zusammenhänge modelltheoretisch elegant herleiten lassen. Zudem stützen sie das **Axiom des rational handelnden Menschen (Homo oeconomicus)**. Es ist erstaunlich, aber die Konsumkapital-Hypothese kann in der Tat die Popularisierung von Sportarten erklären, beispielsweise durch gemeinsame Vater-Kind-Besuch von Fußballspielen, den regelmäßigen Konsum von Formel-1-Sendungen am Sonntag (was soll man sonst am Sonntagnachmittag machen), die regelmäßige Befassung mit bestimmten Inhalten in der Schule etc. Ein weiteres Beispiel könnte das anhaltend schlechte Abschneiden deutscher Teilnehmerinnen beim Eurovision Song Contest sein. Je häufiger ein Song im Vorfeld gespielt wird, desto größer ist seine Chance auf einen Sieg – das wäre eine Vorhersage der Konsumkapital-Hypothese. Schaut man sich das durchschnittliche Abschneiden der Big-Five-Länder der letzten Jahre an, die nicht im Halbfinale antreten müssen, dann kann man – mit Ausnahme Italiens als Ausreißer – Anzeichen für die Gültigkeit dieser Vermutung sehen.

> **Lesehinweise**
>
> - Stigler, G. J./Becker, G. S.: De Gustibus Non Est Disputandum, in: The American Economic Review, Jg. 67, Heft 2, 1977, S. 76–90 [Primärquelle]
> - Horky, T. et al.: Nur der Fußball: Sport, Konsumkapitaltheorie und COVID-19, in: Horky, T./Nieland, J.-U. (Hrsg.): COVID-19 und die Sportkommunikation. Der Einfluss der Corona-Pandemie auf Sport, Medien und Journalismus, Wiesbaden 2024, S. 69–91. [Anwendung auf Fußballpopularisierung]
> - van Berkel, M.: »The more you know, the more you enjoy«. Empirische Überprüfung von Netzwerkeffekten in medialen Sportangeboten, Diss. Zürich 2017, https://www.zora.uzh.ch/id/eprint/172555/1/Diss_MartinavanBerkel.pdf, letzter Zugriff: 22.09.2024 [Lesetipp]

4.8 KI in der Uncanny Valley (MORI)

> **Zentrale Erkenntnisse**
>
> - Uncanny Valley (deutsch – die unheimliche Schlucht) ist eine Hypothese von Masahiro Mori aus dem Jahr 1970, dass Roboter zwar immer menschenähnlicher werden, ab einem bestimmten Punkt ihre Menschlichkeit jedoch nur noch als gruselig interpretiert wird. Es gebe einen natürlichen Wendepunkt, so Mori, den Designerinnen von Robotern und anderen künstlichen Systemen (Avataren, Chatbots, Smart Speakern, KI) nicht überschreiten können. Stattdessen sollten sie versuchen, von vornherein kein übermäßig menschenähnliches Design zu verfolgen.
> - »The mathematical term *montonically inscreasing function* describes a relation in which the function y = f (x) increases continuously with the variable x. For example, as effort x grows, income y increases, or as a car's accelerator is pressed, the car moves faster. This kind of relation is ubiquitous and easily understood. In fact, because such monotonically increasing functions cover most phenomena of everyday life, people may fall under the illusion that they represent all relations. [...]. A example of a function that does not increase continuously is climbing a mountain – the relation between the distance (x) traveled by a hiker toward the summit and the hiker's altitude (y) – owing to the intervening hills and valleys. I have noticed that, in climbing toward the goal of making robots appear like human, our affinity for them increases until we come to a valley [...], which I call the *uncanny valley*« (MORI 2012, S. 98, Hervorh. i. Orig.).
> - Uncanny Valley hat als Konzept, trotz der japanischen Originalquelle, eine schnelle Verbreitung gefunden und wird vermutlich auch künftig eine Rolle spielen. Seine Bekanntheit hat es vermutlich den technischen Entwicklungen

> der letzten fünfzig Jahre und den zahlreichen Science-Fiction-Filmen zu verdanken. So haben wir im Text mit Filmfiguren als Beispielen gearbeitet. Vermutlich ist dieser Effekt auf unser instinktives Verhalten zurückzuführen, wenn Erwartungen eines lebendigen Organismus dem tatsächlichen Verhalten des Systems nicht entsprechen. Insgesamt scheint es aufgrund der fortschreitenden Vermenschlichung der Systeme durch KI einen weiteren Forschungsbedarf zu geben.
> - Modellgebiete: Informatik, Human-Computer-Interaction (Medieninformatik)

Uncanny Valley geht auf einen in japanischer Sprache 1970 verfassten Artikel von Masahiro Mori zurück. MORI (2012) spricht davon, dass obwohl **Roboter immer menschenähnlicher** werden, es dennoch einen **Wendepunkt** gibt, an dem ihre Wahrnehmung durch Menschen sich **von sozial gewohnt und akzeptabel** hin **zu unheimlich umkehrt**. Dieser Effekt wird als »uncanny valley« (unheimliches Tal) bezeichnet. Das Wahrnehmungsspektrum von »beruhigende Seite von sozialer Nähe, Präsenz und Bindung« zu »Unheimlichkeit eines seelenlosen Menschen« wird vom japanischen Begriff »Shinwakan« beschrieben, der in allgemeiner Literatur wohl ungenau mit Affinität übersetzt wird (mehr bei MACDORMAN 2019, S. 226).

Während bei Industrierobotern eine **Menschenähnlichkeit** gar nicht beabsichtigt ist, sondern rein die Funktionalität im Vordergrund steht, sind diese Maschinen dennoch menschenähnlicher als herkömmliche Maschinen (▶ Dar. 36). Spielzeugroboter haben dagegen eine größere Nähe zum menschlichen Ideal, auch wenn man ihr Roboterwesen direkt erkennt. Da die Beispiele von MORI teilweise allgemein, teilweise auch sehr japanisch (Bunraku Puppe etc.) gehalten sind, haben wir auf fiktive Figuren aus diversen Filmen zurückgegriffen, z. B. R2-D2 und C-3PO aus dem Star-Wars-Universum. R2-D2 ist zwar, was Menschenähnlichkeit angeht, am weitesten entfernt, zeigt jedoch eine menschliche Empathie und Entscheidungsbereitschaft in seinen Handlungen. C-3PO ist dagegen menschenähnlicher gebaut, jedoch sofort als Android zu erkennen, denn er besitzt keine Hautverkleidung und seine Körpersprache, Mimik etc. ist nur rudimentär einprogrammiert. An diesen Beispielen gilt bisher der Zusammenhang »je menschenähnlicher, desto besser akzeptiert« (linker Teil, ▶ Dar. 36).

Vom anderen Ende des grafischen Modells gedacht, erfüllen Menschen per se vollständig die **Menschlichkeitskriterien**, auch wenn MORI etwa zwischen gesunden und kranken Menschen (leicht abgestuft) unterscheidet. Außerdem spricht er von einer deutlich negativen Wahrnehmung von Handprothesen, sicherlich eine Perspektive der 1970er-Jahre. Um die Thesen verständlicher zu machen, werden auch hier fiktive Filmfiguren als Beispiele angeführt: Es handelt sich um den Protagonisten aus dem Film »Der 200 Jahre alte Mann«, der ursprünglich als ein Android erschaffen, jedoch durch verschiedene biologische Implantate immer menschenähnlicher wurde (durch einen Pfeil angedeutet). Ein ähnliches Beispiel stellt der Android »Data« aus Star Trek dar. Er besitzt von vornherein keine Emotionen (außer teilweise in späteren Folgen und Filmen), verfügt jedoch über einen freien Handlungswillen. Sein tollpatschig wirkendes Streben, menschlicher zu erscheinen, ist von vornherein zum Scheitern verurteilt, und trotzdem wirkt er in seinen rational geleiteten Überlegungen erfrischend menschenähnlich. Darüber hinaus gibt es filmische Beispiele von Menschen mit technischen Erweiterungen (sog. Cyborgs) wie der Fall von »The Major« aus »Ghost in the Shell«, deren Gehirn in einen Roboterkörper implantiert wurde. Damit hat sie sich von ihrer »perfekten Menschlichkeit« zwar entfernt, was auch hier durch einen Pfeil angedeutet wird (▶ Dar. 36).

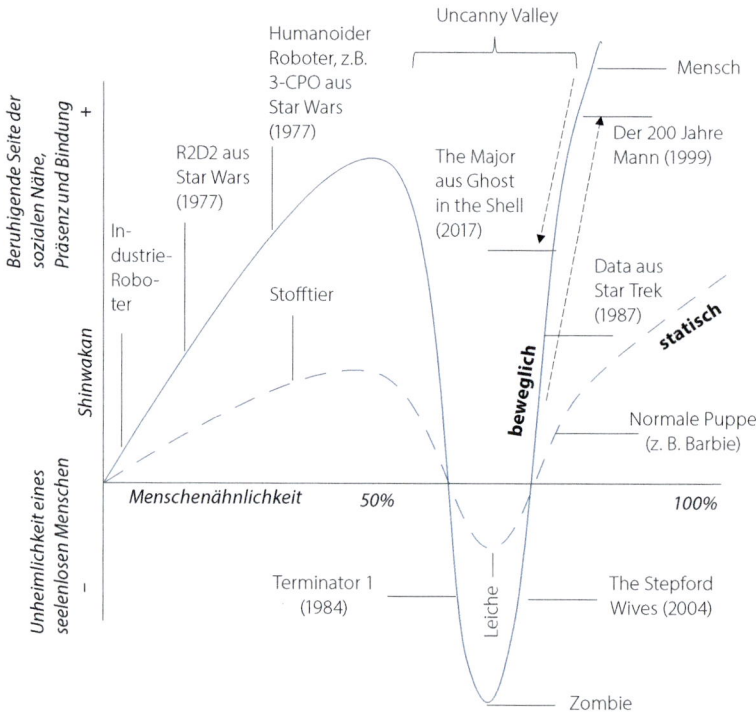

Dar. 36: Uncanny Valley (Quelle: Eigene Darstellung nach MORI 2012, S. 99)

Nun zu den unheimlich wirkenden **»menschenähnlich-seelenlosen« Erscheinungen**. Ein klassisches Beispiel hierfür ist eine Leiche, die das negative Extrembeispiel darstellt. Wer uns aber eine besondere Angst einjagt, das sind die »lebendigen« Toten – die Zombies. Zombies sind ein Bestandteil der westlichen Horror- und Halloween-Kultur geworden, auch wenn sie in uns eigentlich Schreckgefühle auslösen. Es gibt noch weitere, etwas abgestufte Beispiele. So der Terminator aus »Terminator 1«, dessen Roboterwesen durch seine physische Kraft und die fehlenden Emotionen unmittelbar erkennbar ist. Vermutlich wird unser Unheimlichkeitsgefühl durch seine Bösewicht-Rolle im Film verstärkt. Ein weiteres Beispiel für Uncanny-Valley-Erscheinungen sind auch die Stepford Wives aus dem Remake von 2014, die als perfekte Ehefrauenroboterinnen ihr wahres Wesen erst später offenbaren (▶ Dar. 36).

Die Dynamik von Figuren macht nach MORI (2012, S. 99) einen signifikanten Unterschied aus, wie menschenähnlich etwas bzw. jemand erscheint und dementsprechend auch kann die Enttäuschung besonders groß ausfallen. Das deutet darauf hin, dass es sich **um Erwartungen und erwartungskonformes Verhalten** dreht. Wenn man also einen Menschen erwartet, jedoch »nur« eine menschenähnliche Gestalt oder künstliche Körperteile wahrnimmt, entsteht ein unbefriedigendes Gefühl. Der Uncanny-Valley-Effekt wird von MORI auf den Selbsterhaltungstrieb zurückgeführt, der uns vor Gefahren aus unserer Umwelt schützen soll. Insbesondere scheinen wir im Oberkörperbereich diese Gefahren wahrzunehmen. MORI empfiehlt daher, den Wendepunkt vor dem »Rückfall ins unheimliche Tal« als gegeben zu nehmen und stattdessen kein übermäßig menschenähnliches Design zu verfolgen (S. 100).

Der Uncanny-Valley-Effekt wurde vielfach in der Fachliteratur aufgegriffen und zwar nicht nur in Bezug auf Roboter, sondern erweitert auf alle möglichen Mensch-Computer-Interaktionen (Serviceroboter, virtuelle Figuren im Gaming-Bereich, Chatbots, Sprachassistenten, KI etc.). Exemplarisch werden im Folgenden ausgewählte Studien erläutert. SONG/SHIN (2024) untersucht empirisch die Wirkung des Uncanny-Valley-Effektes auf **Vertrauen sowie Kaufintentionen durch realistisch gestaltete Chatbot-Avatare**. Die Studie konnte den obigen Effekt bestätigen, dass je größer die Menschenähnlichkeit eines Avatars war, desto unheimlicher wurde er wahrgenommen. Mit einer Ausnahme: Die Unheimlichkeit konnte jedoch durch Avatare von Berühmtheiten gemildert werden. Die Autorinnen führen das auf den Vertrautheitsgrad der Personen zurück (S. 451–452) Oder vielleicht ist das auch die offenkundliche Erkenntnis, dass Brad Pitt gerade nicht am anderen Ende der Tastatur sitzt und z. B. die Beschwerde zum vermüllten Mietwagen beantwortet.

WITTMANN/MORSCHHEUSER (2022) schlagen eine andere Richtung ein, indem sie im Rahmen einer Metastudie **Publikationen zur Interaktion mit fiktiven Spielfiguren** (sog. Non-Player-Charakters, NPC) im Gaming-Bereich auswerten. Die Autoren kommen zum Fazit, dass die Interaktion insbesondere durch zwei Kategorien von Faktoren positiv beeinflusst wird: Feedback-Muster des NPC (direktes und sofortiges Feedback, Auslösen von emotionalen Reaktionen und Neugier etc.) sowie Fähigkeiten des NPC, im Spiel Learnings zu vermitteln (z. B. Spielerinnen müssen im Spiel Entscheidungen treffen) sowie auch aus der bisherigen Interaktion zu lernen (z. B. durch Speichern bisheriger Aussagen der Spielerinnen). Hier lassen sich auch Parallelen zur parasozialen Interaktion nach HORTON/WOHL herstellen (▶ Kap. 4.1).

BLUT et al. (2021) versuchen im Rahmen einer Metastudie neben Uncanny Valley auch noch andere Faktoren zu identifizieren und zueinander in Beziehung zu setzen, indem sie u. a. das Technology Acceptance Model (▶ Kap. 4.3) heranziehen und versuchen, die Wirkung des Anthropomorphismus (Menschenähnlichkeit) mit u. a. Ease of Use und Intention of Use zu verbinden. Die Ergebnisse stehen zum Teil **im Widerspruch zur obigen Uncanny-Valley-Hypothese**, denn Menschenähnlichkeit von Robotern würde von den Kundinnen begrüßt, jedoch sollte der Robotereinsatz nicht zur Vortäuschung der Menschlichkeit eingesetzt werden (S. 651). Es ist zu erwarten, dass im Zusammenhang mit Entstehung von digitalen Zwillingen und ersten brauchbaren Roboter-Lösungen die Forschung weiter aufblüht und sich zahlreiche Theorieerweiterungen entwickeln werden – allein aus der unmittelbaren Nutzungspraxis heraus.

Lesehinweise

- Mori, M.: The Uncanny Valley, in: IEEE Rebotics & Automation Magazine, June, 2012, S. 98–100 (erstmalig in japanischer Sprache erschienen 1970 als »Mori, Masahiro: The Uncanny Valley, in: Energy, Jg. 7, Heft 4, 1970, S. 33–35«). [Primärquelle]
- MacDorman, K. F.: Masahiro Mori und das unheimliche Tal: Eine Retrospektive, in: Haensch, K./Nelke, L./Planitzer, M. (Hrsg.): Uncanny Interfaces, Hamburg, Textem Verlag, 2019, S. 220–234. [Lesetipp]
- Rapp, A. et al.: The human side of human-chatbot interaction: A systematic literature review of ten years of research on text-based chatbots, in: International Journal of Human-Computer Studies, Jg. 151, 2021, https://doi.org/10.1016/j.ijhcs.2021.102630. [Umfassender Literaturüberblick zu ChatBots]
- Song, S. W./Shin, M.: Uncanny Valley Effects on Chatbot Trust, Purchase Intention, and Adoption Intention in the Context of E-Commerce: The Moderating Role of Avatar Familiarity, in: International Journal of Human-Computer Interaction, Jg. 40, Heft 2, 2024, S. 441–456. [Studie zur Bestätigung des Uncanny Valley Effect]
- Wittmann, M./Morschheuser, B.: What do games teach us about designing effective human-AI cooperation? – A systematic literature review and thematic synthesis on design patterns of non-player characters, in: CEUR Workshop Proceedings (Hrsg.): Proceedings of the 6th International GamiFIN Conference, 2022. [Übertragung von Erkenntnissen aus dem Gaming-Bereich]
- Blut, M. et al.: Understanding anthropomorphism in service provision: a meta-analysis of physical robots, chatbots, and other AI, in: Journal of the Academy of Marketing Science, Jg. 49, Heft 4, 2021, S. 632–658. [Metastudie mit Erweiterung um TAM-Aspekte und andere Modelle]

4.9 Computer Are Social Actors (CASA) (NAAS/MOON)

Zentrale Erkenntnisse

- »Computer Are Social Actors« schlägt ein Paradigma vor, wonach Menschen bei der Benutzung von Computern (als damals neues Phänomen in den 1990er-Jahren) unterbewusst menschliche Verhaltungsweisen praktizieren. Solche Verhaltensweisen umfassen die Anwendung von sozialen Kategorien sowie Zuschreibung von Persönlichkeitseigenschaften. Es gibt zahlreiche stützende empirische Studien und weitere Anwendungsmöglichkeiten.
- »The results supported the hypothesis that individuals would mindlessly gender-stereotype computers. Both male and female participants found the female-voiced evaluator computer to be significantly *less friendly* than the male-voiced evaluator, even though the content of their comments was identical. In addition, the generally positive praise from a male-voiced computer was more compelling than the same comments from a female-voiced computer: Participants thought the tutor computer was significantly *more competent* (and friendlier) when it was praised by a male-voice computer, compared to when it was praised by a female-voiced computer. And finally, the female-voiced tutor computer was rated as significantly more informative about love and relationships compared to the male-voice tutor, while the male-voiced tutor was rated as significantly more informative about computers [...].« (NASS/MOON 2000, S. 85 – Hervorh. i. Orig.).
- Auf den Blick trival und wie »more of the same« wirkend (▶ Kap. 4.1), erweist sich CASA dennoch als ein einfacher und praktischer Erklärungsansatz für die menschliche Interaktion mit neuen Medien. Er ist ein Must Read für Interface-Designerinnen, aber auch für Entwicklerinnen von Chatbot- und Sprachassistent-basierten Produkten sowie Dialogen.
- Modellgebiet: Medieninformatik (Interface Design), Sozialpsychologie

Im Kapitel 4.1 wurde ein Ansatz dargestellt, in dem sich Menschen Beziehungen mit Medienfiguren einbilden. Hier zum Ende des Kapitels 4 werden Medienfiguren durch Computer ersetzt: »Computer are Social Actors« (CASA) besagt, dass Menschen mit Computern so interagieren, als wären diese Menschen. CASA wurde aus der allgemeineren Media Equation Theory von REEVES/NASS (2003) abgeleitet. Die dahinter liegende Behauptung lautet »media equal real life« und die daraus folgende Interaktion mit Computern, TV und digitalen Medien sei »fundamentally social and natural« (S. 5). NASS/MOON (2000) konsolidieren die Ergebnisse der computerbezogenen Media-Equation-Studien zusammen, um CASA als eigenständiges Konzept zu etablieren. Anders als beispielsweise im Ansatz des Uncanny Valley (▶ Kap. 4.8) gehen Menschen nach dem CASA-Paradigma nicht davon aus, dass Computer sich menschenähnlich verhalten. Stattdessen wird angenommen, dass obwohl für Benutzerinnen offensichtlich ist, dass Computer keine Menschenähnlichkeit aufweisen (S. 82), sie dennoch **unterbewusst (»mindless«) soziale Regeln und Erwartungen an Computer herantragen** (S. 82). Diese unterbewussten Reaktionen lassen sich darauf zurückführen, dass Menschen bestimmte Verhaltensweisen für Mensch-Mensch-Interaktion auf Mensch-Computer-Interaktion übertragen. Diese Verhaltensweisen (»Skripte«) werden von bestimmten Hinweisreizen ausgelöst (S. 83).

In Studien konnte gezeigt werden, wie Menschen **soziale Kategorien** wie Ethnie und Gender und **soziales Verhalten** wie Höflichkeit und Gegenseitigkeit auf Computer übertragen – bis hin zur Zuweisung von bestimmten **Persönlichkeitseigenschaften** (S. 82–83). Beispielsweise konnte in einer Studie gezeigt werden, dass Computern Geschlechterrollen zugeordnet wurden: Computer mit weiblicher Stimme im Bewertungskontext wurden weniger freundlich empfunden, Computer im Tutorkontext mit männlicher Stimme wurden für signifikant kompetenter gehalten (siehe Zitat in »Zentrale Erkenntnisse«). (S. 85). Auch wurde Computern, die in ihrem simulierten Verhalten die gleiche Ethnizität repräsentiert haben wie die Benutzerinnen, ein höheres Vertrauen ausgesprochen (S. 86). Es konnte außerdem gezeigt werden, dass Benutzerinnen mit Computern ein Gemeinschaftsgefühl entwickelten, z. B. durch das »Tragen« identischer Farben – blaues Armband bei Menschen und blauer Rahmen am Computermonitor (S. 87). Auch Verhaltensweisen wie gegenseitige Höflichkeit (höfliche Antworten auf höfliche Fragen des Computers) konnten nachgewiesen werden. Ferner konnte eine gegenseitige Selbstoffenbarung beobachtet werden, z. B. je mehr der Computer »sein Leid beklagte«, häufiger mal abzustürzen, desto offener wurden menschliche Antworten (S. 88–90). Auch Computern zugewiesene Persönlichkeitsmerkmale, die mit entsprechenden Charakterzügen der Menschen übereinstimmten, konnten zu positiveren Nutzungserfahrungen führen (S. 91–92).

Eine neue Anwendungsrichtung von CASA zeigen EDWARDS et al. (2014) auf, die das Paradigma auf die Fragestellung übertragen, ob Benutzerinnen mit einem Twitter-Bot (einem Algorithmus) in einer ähnlichen Form interagieren wie mit menschlichen Twitter-Benutzerinnen. Die Ergebnisse der Untersuchung sind insgesamt konsistent zur CASA: Die wahrgenommene Glaubwürdigkeit und Kommunikationskompetenz von **Twitter-Bots** haben sich **nicht signifikant von menschlichen Nutzerinnen unterschieden** (S. 374). Daraus konnte die Schlussfolgerung gezogen werden, dass Organisationen mit begrenzten Ressourcen auf Bots setzen können (S. 375), ohne Glaubwürdigkeitseinbußen zu befürchten.

GAMBINO et al. (2020) argumentieren, dass Technologien und Benutzergewohnheiten sich verändert hätten, so dass eine **Erweiterung des ursprünglich CASA-Modells** erforderlich geworden sei (S. 72). So hätten sich die Menschen an die Computer gewöhnt. Auch seien Computer und andere Technologien deutlich menschenähnlicher geworden (S. 76–77). Die ursprünglichen menschlichen Kommunikationsskripte wurden nicht mehr ohne Änderung auf neue Technologien übertragen, sondern Menschen haben durch Schulungen, Nutzungserfahrung sowie Medienerziehung angemessenere Skripte für Mensch-Computer-Interaktion entwickelt (S. 77–78). Es wird vorgeschlagen, nicht nur diese neuen, spezifischen Skripte zu untersuchen, sondern auch zu erforschen, wie diese sich auf die Mensch-Mensch-Interaktion auswirken (S. 78–80).

Was auf den ersten Blick wie ein inhaltsleeres Konzept wirkt, entpuppt sich als ein praktischer **Erklärungsansatz für menschlichen Umgang mit neuen Medien**. Es lassen sich Parallelen zu den Axiomen von Watzlawick erkennen (▶ Kap. 2.3), und zwar zum von uns selbst formulierten 6. Axiom: »Trotz offensichtlich fehlender persönlicher Beziehungsaspekte (z. B. in massenmedialer anonymer Kommunikation) und analoger Kommunikationsmodi (z. B. in reiner Text-Kommunikation) können Menschen durch Interpretation verfügbarer Sachaspekte eine Beziehung zu Gegenständen, medial vermittelten Inhalten und zu Figuren/Personen entwickeln«. CASA verdeutlich die Wichtigkeit von Interfaces, die nach menschenähnlichen Kommunikationsskripten agieren sollten. Möglicherweise ist auch so der raketenhafte Aufstieg von ChatGPT zu erklären. Und auch der bisherige Erfolg von Alexa (GAO et al. 2018) lässt erahnen, dass das Zero Interface künftig eine stärkere, wenn nicht gar dominierende Rolle spielen könnte. Zero Interface bezeichnet sprachgesteuerte Interaktion. »Zero« (deutsch »null«) verweist darauf, dass man dafür keine technischen Vorkenntnisse benötigt.

Lesehinweise

- Nass, C./Moon, Y.: Machines and Mindlessness. Social Responses to Computers, in: Journal of Social Issues, Jg. 56, Heft 1, 2000, S. 81–103 [Primärquelle]
- Reeves, B./Nass, C.: The media equation. How people treat computers, television, and new media like real people and places, Center for the Study of Language and Information Publication, Cambridge 2003 (erstmalig 1996 veröffentlicht) [Lesetipp]
- Gambino, A. et al.: Building a Stronger CASA: Extending the Computers Are Social Actors Paradigm, in: Human-Machine Communication, Jg. 1, 2020, S. 71–86 [Weiterentwicklung von CASA]
- Edwards, C. et al.: Is that a bot running the social media feed? Testing the differences in perceptions of communication quality for a human agent and a bot agent on Twitter, in: Computers in Human Behavior, Jg. 33, 2014, S. 372–376 [Anwendung von CASA auf Bot-Algorithmus]

5 Modelle der gesellschaftlich-politischen Kommunikation

5.1 Meinungsführerinnen vs. Massenmedien (LAZARSFELD et al.)

> **Zentrale Erkenntnisse**
>
> - Mit ihrer Publikation markiert LAZARSFELD et al. (1968) den Beginn der Meinungsführerforschung. Die großangelegte Studie wurde in einem Wahlbezirk in Ohio im Vorfeld der Präsidentschaftswahlen im Jahr 1940 durchgeführt. Die als Ergebnis der Studie formulierte Zwei-Stufen-Fluss-Hypothese besagt, dass bei den meisten Menschen persönliche Beziehungen einen stärkeren Einfluss auf die Wahlentscheidung ausüben als die Massenmedien. Eine besondere Rolle nehmen Meinungsführerinnen, die ihre Informationen aus den Massenmedien (Stufe 1) beziehen und diese über persönliche Beziehungen an andere Menschen weitergeben (Stufe 2).
> - »A special role in the network of personal relationships is played by the »opinion leaders«. [...] they engaged in political discussion much more than the rest of the respondents. But they reported that the formal media were more effective as sources of influence than personal relationships. This suggests that ideas often flow *from* radio and print *to* the opinion leaders and *from* them to the less active sections of the population.« (LAZARSFELD et al. 1968, S. 151 – Hervorh. i. Orig.).
> - Die Zwei-Stufen-Fluss-Hypothese relativiert den unmittelbaren Einfluss von Massenmedien und stellt ihn in Verhältnis zur interpersonalen Kommunikation. Es ist lediglich eine Hypothese, für deren Gültigkeit es Anhaltspunkte gibt. Die Hypothese kann jedoch keine Allgemeingültigkeit beanspruchen. In späteren Studien konnte jedoch zumindest die zweite Stufe der Hypothese (zum besonderen Einfluss von Meinungsführerinnen) empirisch bestätigt werden. Dies lässt sich gut auch auf Marketinginfluencerinnen und Wahlkampfführung übertragen.
> - Modellgebiete: Kommunikationswissenschaften (Wirkungsforschung), Politikwissenschaften, Soziologie (Meinungsführerforschung)

Der politische Wahlkampf um das Präsidialamt in den USA ähnelt einem großen Poker-Spiel mit hohen Wetteinsätzen, bei dem nur eine Kandidatin gewinnen kann. Deshalb werden die zu diesem Zeitpunkt neuesten Technologien und Methoden der Wahlforschung eingesetzt. So wurde in der Obama-Wahlkampagne 2012 mit umfangreichen Big-Data-Modellen gearbeitet, um granulare Wahlvorhersagen zu erzielen und Online-Spenden zu generieren (ISSENBERG 2012). Die Trump-Wahlkampagne 2016 basierte u. a. auf illegal abgeschöpften 50 Mio. psychologisch analysierten Facebook-Profilen (NELLES 2018). Vor diesem Hintergrund ist das Zustandekommen und die Finanzierung einer Studie wie der von LAZARSFELD et al. (1968) zu erklären. Sie markiert den **Beginn der Meinungsführerforschung.** In ihrem Eingangsstatement wollten die Autorinnen untersuchen, wie und aufgrund welcher Faktoren Menschen bestimmte Wahlentscheidungen während des Wahlkampfes im Jahr 1940 getroffen haben (S. 1). Die Studie wurde im Landkreis Erie County, Ohio, durchgeführt. Pragmatische, aber auch erhebungstechnische Gründe haben diese Entscheidung beeinflusst: Der Landkreis war klein genug, um von den Interviewern flächendeckend bearbeitet werden zu können, zudem stand er nicht unter einem überregionalen Einfluss und hatte sich damals seit vier Jahrzehnten parallel zu den bundesweiten Wählertrends in den USA entwickelt (S. 3).

Dabei wurde ein für die damalige Zeit **innovatives Forschungsdesign** eingesetzt, bei dem die Wahlentscheidungsentwicklung im Verlauf der politischen Kampagne verfolgt werden konnte. Das wurde dadurch erreicht, indem dieselben Personen über einen längeren Zeitverlauf befragt wurden (S. 2). Im Mai 1940 wurde jedes vierte Haus des Bezirks von einer meist weiblichen Interviewerin aufgesucht. Es wurden ca. 3.000 Personen repräsentativ für den Landkreis hinsichtlich der Kriterien Alter, Geschlecht, Wohnort, Bildungsstand, Telefon- und Autobesitz sowie Herkunft ausgewählt (S. 3). Durch eine geschichtete Stichprobe wurden 4 (ebenfalls repräsentativ zusammengesetzte) Gruppen von jeweils 600 Personen ausgewählt. Von diesen 4 Gruppen wurden 3 als Kontrollgruppen einmalig befragt und eine Hauptgruppe (»the panel«) wurde im Zeitraum Mai bis November monatlich interviewt (S. 3–5). Die Befragten aus der Hauptgruppe wurden kontinuierlich beaufsichtigt und sobald eine der Personen ihr Votum gegenüber einer vorherigen Befragung veränderte, wurden sie detailliert nach ihren Beweggründen befragt (S. 5).

Es kristallisierte sich eine **Gruppe von Meinungsführerinnen** heraus, die sich am lebhaftesten an der Kampagne beteiligte (S. 49). Man hat versucht, Meinungsführerinnen und Meinungsbefolgende durch Selbstauskunft (Hauptkritikpunkt der Studie) zu ermitteln, u. a. durch Fragen nach beabsichtigter politischer Beeinflussung von anderen Personen (S. 50). Personen, die positiv geantwortet haben (21 % der Stichprobe), wurden zu Meinungsführerinnen »aufgewertet«. Es hat sich gezeigt, dass solche Meinungsführerinnen in allen Berufsgruppen zu finden sind und ihre Position unabhängig vom sozialen Status einnehmen (S. 50). Dabei haben 61 % der Meinungsführerinnen sich selbst als besonders interessiert an Wahlen bezeichnet – im Vergleich zu den 24 % bei den Meinungsbefolgenden (S. 51). Sowohl die hoch- als auch die geringinteressierten Meinungsführerinnen zeichneten sich jedoch durch **einen höheren Medienkonsum** (nach Zeitungen, Radiosendungen, Zeitschriften) als die Meinungsbefolgenden aus (S. 51).

In den folgenden Kapiteln der Studie wurden die Ergebnisse zu Wechselwählerinnen, vor allem ihre Motive dargestellt (S. 52–64), da sie die einzige Gruppe ausmachten, die sich im Verlauf der Kampagne dem Prozess der Entscheidungsfindung unterzogen hat (S. 8). Insgesamt wurde unterschieden zwischen »Mai-Wählerinnen« (Entscheidung stand fest und hat sich während der Kampagne nicht verändert), »Juni-bis-August-Wählerinnen« (Entscheidung wurde durch die Kampagne beeinflusst und hat sich bis zur Wahl nicht mehr verändert) sowie »September-bis-November-Wählerinnen« (Entscheidung blieb bis zum letzten Augenblick offen) (S. 52). Dabei zeigte sich, dass **Personen, deren Wahlentscheidung sich verzögert hat, politisch weniger interessiert waren und sich zum anderen in einer widersprüchlichen Entscheidungssituation befanden** (S. 53), z. B. indem sie der Beeinflussung durch Familienmitglieder ausgesetzt waren.

Folgende Effekte, die zeigen, wie politische Propaganda die Wahlentscheidungen beeinflusst, wurden identifiziert:

- **Aktivierungseffekt**: Anfangs unentschiedene Wählerinnen mit typischen Stammwählermerkmalen entscheiden sich (vorhersagbar) für eine bestimmte Partei, d. h. sie werden durch die Propaganda aktiviert (S. 73),
- **Bestätigungseffekt**: Ungefähr die Hälfte der Wählerinnen haben ihre Wahlentscheidung vor Kampagnenstart bereits getroffen und werden von den politischen Aktionen der von ihnen unterstützten Partei jeweils in ihrer Wahlentscheidung bestätigt (S. 87) – diesem Effekt wurde die höchste Bedeutung beigemessen (S. 102),
- **Bekehrungseffekt**: Es ließ sich ein geringer Anteil unentschiedener Wählerinnen beobachten, die sich trotz typischer Stammwählermerkmale aufgrund politischer Propaganda zu einer abweichenden Wahlentscheidung verleiten lassen (S. 94).
- Auch **Mitläufereffekte** bei unentschiedenen Wählerinnen konnten aufgrund der Erwartungen über den Wahlsieger beobachtet werden (S. 107 f.) (siehe Schweigespirale, ▶ Kap. 5.5).

Die Ergebnisse der Studie von LAZARSFELD et al. (1968, S. 150) wiesen darauf hin, dass persönliche Beziehungen innerhalb sozialer Gruppen für eine politische Homogenität sorgen. **Persönliche Beziehungen üben einen stärkeren Einfluss auf die Wahlentscheidung als Massenmedien aus.** Eine besondere Rolle wurde den Meinungsführerinnen zuerkannt: Sie seien diskussionsfreudiger, die Massenmedien würden auf sie stärker als persönliche Beziehungen einwirken (S. 151). Daraus leiten die Autoren die Hypothese des Zwei-Stufen-Flusses der Kommunikation ab (▶ Dar. 37): Informationen aus den Medien (Radio und Print) fließen zunächst zu den Meinungsführern und von letzteren anschließend zu den weniger aktiven Segmenten der Bevölkerung (S. 151). Es wurde also vermutet, dass interpersonale Kontakte stärker wirken als die politischen Inhalte in den Massenmedien, was dem damals herrschenden Glauben an die direkte Einwirkung seitens der Massenmedien widersprach.

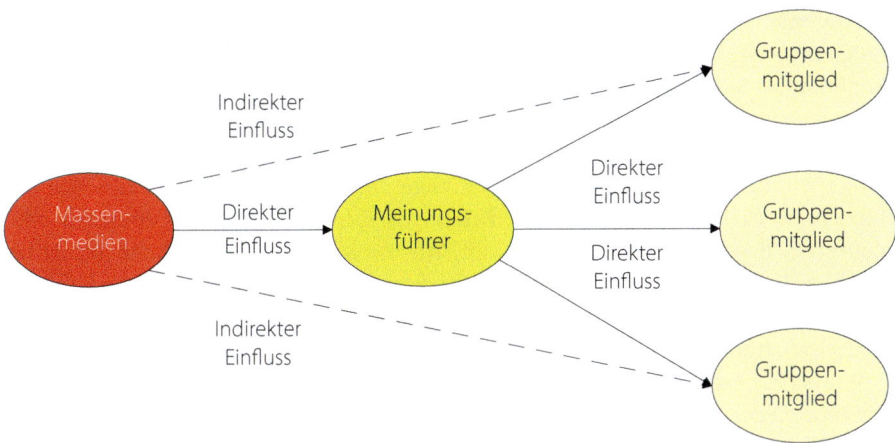

Dar. 37: Zwei-Stufen-Fluss-Modell nach LAZARSFELD et al. (Quelle: Eigene Darstellung in Anlehnung an EMRICH 2008, S. 68)

Hierfür wurden **verschiedene Erklärungsansätze** formuliert:

- Eine gewisse Rolle mag die Reaktanz der Personen gegenüber den in Massenmedien offensiv beworbenen Mitteilungen spielen; in sozialen Beziehungen wird dagegen von einer weniger starken Absicht anderer Personen ausgegangen (S. 152 f.).
- Selbst wenn hinter den politischen Face-to-face-Gesprächen mit den Meinungsführerinnen Beeinflussungsabsichten stecken, können sich die Meinungsführerinnen argumentativ viel individueller auf die zu beeinflussenden Personen einstellen – im Gegensatz zu den Massenmedien (S. 153 f.).
- Beeinflusste Personen können aufgrund des gruppenkonformen Verhaltens »Fügsamkeitsprämien« erhalten (S. 154 f.).
- Auch das Vertrauen in eine intime Quelle ist höher als im Fall der Massenmedien (S. 155 f.).
- Persönliche Kontakte können eine Person erst dazu bringen, wählen zu gehen und für einen Kandidaten zu stimmen, jedoch ohne jegliche Überzeugungen (S. 157).

Die Autorinnen merken allerdings hierzu selbstkritisch an, dass die Datenbasis nicht ausreichend wäre, um die obigen Zusammenhänge zu begründen (S. 150). Eine **Folgestudie** führten KATZ/LAZARSFELD (1955) in der Stadt Decatur, Illinois (60.000 Einwohner), durch. Für die Studie wurden zunächst 800 Frauen mit einem Basisfragebogen befragt (S. 138), und aus den von ihnen benannten 1549 Bezugspersonen wurden in der Folgebefragung wiederum 634 Personen interviewt (S. 151). Auf diese

Weise hat man versucht, die Beziehungspositionen zwischen Meinungsführerinnen und Meinungsbefolgenden von mindestens zwei Seiten bestätigen zu lassen (S. 153) und so die Limitationen der vorherigen, auf Selbstauskunft der Probandinnen basierenden Studie zu beheben. Dabei haben von den 634 befragten Personen 442 ihre Rollen bestätigt. Davon wurden 232 als bestätigte Meinungsführerinnen identifiziert (»opinion leaders« oder »influentials«).

Insgesamt ging es in der Studie um die **Entscheidungsbeeinflussung** in einem der **vier Alltagsbereiche**: haushaltsbezogenes Kaufverhalten/ Marketing, Bekleidung, politische Angelegenheiten und Filmgeschmack/ Kinobesuche. Es sollte untersucht werden, was die jeweilige Person zur Meinungsführerin in einem oder mehreren dieser Lebensbereiche macht. Hierzu wurden drei mögliche Variablen erhoben: Der Lebenszyklus (Alter, Familienstand), die soziale und wirtschaftliche Lage (Wohnungsmiete, Bildungsstand) sowie die Geselligkeit (Zahl von Kontakten, Freundschaften) (S. 220–223).

Wie sich gezeigt hat, waren im Fall des haushaltsbezogenen Kaufverhaltens/ Marketing, der Bekleidung und der Filme/ des Kinobesuchs der **Lebenszyklus** besonders wichtig: Im ersten Fall gehörten eher ältere, kinderreiche Frauengruppen zu den Meinungsführerinnen, in den beiden anderen Fällen jüngere Frauen. Auch die **Geselligkeit** spielte bis auf Filme/ Kinobesuche bei allen anderen Entscheidungen eine signifikante Rolle. Der **(höhere) soziale Status** war jedoch nur bei politischen Angelegenheiten von Bedeutung (S. 324).

Dabei haben KATZ/LAZARSFELD (1955, S. 312–320) festgestellt, dass **Meinungsführerschaft nur für bestimmte Themenbereiche** gilt und die Meinungsführerinnen für drei (von vier) Themenbereichen nur 3,1 % von 704 befragten Personen ausmachten. Anhaltspunkte für die Gültigkeit der Hypothese vom Zwei-Stufen-Fluss konnten insofern gefunden werden, dass Meinungsführerinnen (im Gegensatz zu den Meinungsfolgenden), unabhängig vom Bildungsstand, einen viel höheren Medienkonsum aufweisen und die Medien als wichtigste Quelle ihrer Entscheidung anführen. In einigen Fällen sind diese Unterschiede jedoch nicht signifikant. Die Studie liefert somit allenfalls eine **indirekte Bestätigung für die Gültigkeit des Zwei-Stufen-Flusses**. Es wurde vermutet, dass weniger relevant ist, wie stark der Medienkonsum war, sondern eher welche Medien konkret konsumiert wurden (S. 320).

In KATZ (1957) werden diese und andere einschlägige Studien noch einmal kritisch reflektiert und der ausschließliche Einfluss von Medien auf die Meinungsführer hinterfragt. So haben Meinungsführerinnen schon bei KATZ/LAZARSFELD (1955) angeführt, selbst durch zwischenmenschliche Beziehungen beeinflusst zu werden (KATZ 1957, S. 68). Dabei wird die Zwei-Stufen-Fluss-Hypothese nur für den zweiten Abschnitt der zwischenmenschlichen Beziehungen als gültig angesehen, die je nach Thema und Kontext als Informationskanal, Quelle sozialen Drucks oder sozialer Unterstützung genutzt werden können (KATZ 1957, S. 77). Versucht man nun, diese Erkenntnisse in Form des bisherigen Zwei-Stufen-Flusses zu visualisieren, kommt man zu der etwas trivialen Darstellung (▶ Dar. 38).

5.1 Meinungsführerinnen vs. Massenmedien (LAZARSFELD et al.)

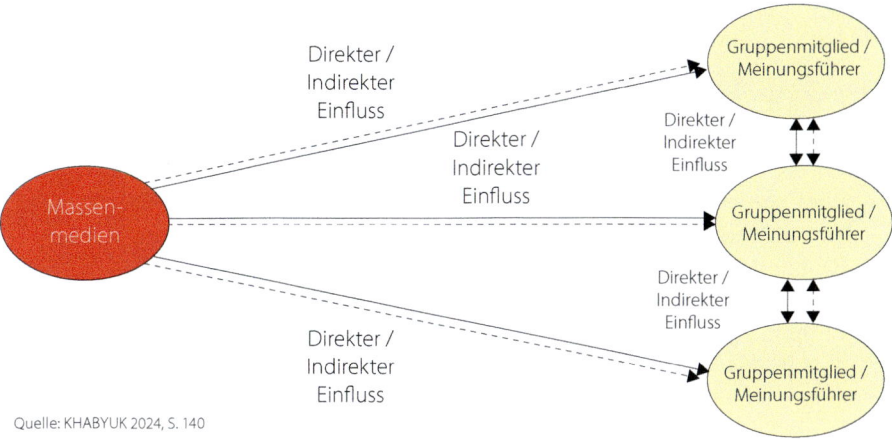

Quelle: KHABYUK 2024, S. 140

Dar. 38: Weiterentwicklung des Zwei-Stufen-Fluss-Modells nach KATZ/LAZARSFELD und KATZ

Das Zwei-Stufen-Fluss-Modell und die Meinungsführerforschung sind heute ein fester Bestandteil der Medienwirkungsforschung. Die Popularität der Hypothese lässt sich möglicherweise dadurch erklären, dass zum Zeitpunkt des Erscheinens der Studie den Massenmedien eine dominante Bedeutung beigemessen wurde. Auch wenn die Zwei-Stufen-Fluss-Hypothese nicht vollständig fundiert werden konnte, bleibt unbestritten, dass Menschen sich von anderen Menschen leiten lassen, die sich in bestimmten Themen scheinbar besser auskennen (z. B. Jamie Oliver als Kochexperte) oder eine höhere soziale/ gesellschaftliche Position einnehmen (z. B. Carsten Maschmeyer als Finanzexperte). Der Siegeszug von Instagram und anderen Social Media hat eine neue Gattung von Meinungsführerinnen hervorgebracht, die zwar durch massenmediale Plattformen wirken, jedoch interpersonale Beziehungen imitieren. Die Influencerinnen beeinflussen nachweislich das Konsumentenverhalten, insbesondere durch Interaktion mit ihnen. Um authentisch zu sein, müssen sie jedoch eigene, für ihre Followerinnen interessanten Inhalte posten (CASALÓ et al. 2020). Schließlich wurden einige Ideen der Zwei-Stufen-Fluss-Hypothese von der Diffusionsforschung (▶ Kap. 5.7) und der Schweigespirale (▶ Kap. 5.5) übernommen.

> **Lesehinweise**
>
> - Lazarsfeld, P. F. et al.: The People's Choice. How the voter makes up his mind in a presidential campaign, 3. Auflage, New York, London 1968 (erstmalig 1944 publiziert) [Primärquelle – Erststudie]
> - Katz, E./Lazarsfeld, P. F.: Personal influence. The Part Played by People in the Flow of Mass Communication, Glencoe 1955 [Primärquelle – Folgestudie]

- Katz, E.: The Two-Step Flow of Communication: An Up-To-Date Report on an Hypothesis, in: The Public Opinion Quarterly, Jg. 21, Heft 1, 1957, S. 61–78 [Primärquelle – finale Betrachtung]
- Jäckel, M.: Medienwirkungen. Ein Studienbuch zur Einführung, 5. Auflage, Wiesbaden 2011, S. 125–157 [Lesetipp]
- Choi, Sujin: The Two-Step Flow of Communication in Twitter-Based Public Forums, in: Social Science Computer Review, Jg. 33, Heft 6, 2015, S. 696–711 [Opinion Leadership auf Twitter/X]
- Casaló, L. V. et al.: Influencers on Instagram: Antecedents and consequences of opinion leadership, in: Journal of Business Research, Jg. 117, 2020, S. 510–519. [Studie zum Einfluss der Influencer als Opinion Leader]

5.2 Agenda Setting-Hypothese (MCCOMBS/SHAW)

Zentrale Erkenntnisse

- Agenda Setting ist eine relativ einfach gestrickte Hypothese über den zeitlich verzögerten Zusammenhang zwischen der Medien- und der Publikumsagenda. Sie liefert eine Erklärung der menschlichen Wahrnehmung in Bezug auf die in den Medien verbreiteten Nachrichten. Sie relativiert die Aussage der Zwei-Stufen-Fluss-Hypothese, wonach die Medien keinen signifikanten Einfluss auf Wahlpräferenzen hätten. Die Studie von MCCOMBS/SHAW (1972) zeigt, dass Wählerinnen ein volles Spektrum der über die Medien vermittelten politischen Wahlagenda tragen.
- »Interpreting the evidence from this study as indicating mass media influence seems more plausible than alternative explanations. Any argument that the correlations between media and voter emphasis are spurious – that they are simply responding to the same events and not influencing each other one way or the other – assumes that voters have alternative means of observing the day-to-day changes in the political arena. This assumption is not plausible; since few directly participate in presidential election campaigns, and fewer still see presidential candidates in person, the information flowing in interpersonal communication channels is primarily relayed from, and based upon, mass media news coverage. The media are the major primary sources of national political information; for most, mass media provide the best – and only – easily available approximation of ever-changing political realities.« (MCCOMBS/SHAW 1972, S. 185)
- Die Agenda Setting-Hypothese ist in zahlreichen Folgestudie bestätigt worden, trotz der Kritik an ihrer »Einfachheit«. Sie hat dennoch eine praktische Bedeutung für Public Relations und Markenwerbung. Agenda Setting bleibt auch in der algorithmischen Medienwelt aktuell, etwa für Google-Sucher-

5.2 Agenda Setting-Hypothese (MCCOMBS/SHAW)

> gebnisse oder auch ChatGPT-Output. Daher sollte Medienerziehung auf das Erkennen dieser Effekte gerichtet sein.
> - Modellgebiete: Politikwissenschaften, Kommunikationswissenschaften (Wirkungsforschung), Public Relations, Soziologie, Medienpädagogik

Öffentliche Meinung als Konzept ist bei LIPPMANN (1922) früh diskutiert worden, insbesondere vor dem Hintergrund, dass Medien uns ein bestimmtes, teilweise fiktives Bild unserer Realität vermitteln (S. 3–7, 29). Doch wie konkret gelangt dieses Bild in unsere Köpfe? Einen wichtigen Baustein dazu liefert die Agenda Setting-Hypothese, die von einer während der Präsidentschaftswahlen 1968 durchgeführten Studie gestützt wird. Ausgangspunkt der Studie ist (ganz im Sinne von LIPPMANN) die Feststellung, dass Wählerinnen meistens nur mittelbar über die Medien oder andere Personen an Wahlinformationen gelangen, d. h. selten aus erster Hand. In früheren Studien war zwar ermittelt worden, dass **Massenmedien in solchen Kampagnen kaum einen signifikanten Einfluss auf die Einstellungen der Wählerinnen** hätten (siehe u. a. LAZARSFELD et al. ▶ Kap. 5.1), jedoch würden letztere doch schon allein aus der enormen Quantität an angebotenen Informationen lernen (MCCOMBS/SHAW 1972, S. 176 f.). Einige Rezipientinnen suchen aktiv nach Informationen, z. B. solche mit einem höheren Bildungsniveau oder mit einem höheren politischen Interesse. Obwohl der Großteil der Rezipientinnen passiv konsumiert, sind ab einer bestimmten Intensität an Medienkonsum die unterschiedlichen politischen Positionen bekannt.

In früheren Studien konnte festgestellt werden, dass Wählerinnen ihre Einstellungen in einem direkt proportionalen Zusammenhang zu den von einer von einer politischen Kampagne gesetzten Akzenten entwickeln. Dabei könnten Medien den Rezipientinnen möglicherweise nicht vorgeben, **was** sie im Detail denken sollen (z. B. eine bestimmte Kandidatin wählen), jedoch sehr wohl, **worüber** sie nachdenken sollen (z. B. dass bestimmte Kandidatinnen eine bestimmte Agenda vertreten). Dies bildet die Basis für die Agenda Setting-Hypothese (▶ Dar. 39): »(...) *the mass media set the agenda for each political campaign, influencing the salience of attitudes toward the political issues.*« (S. 177, Hervorh. i. Orig.).

Zur Überprüfung der Hypothesen wurden die Aussagen der Wählerinnen in Chapel Hill den im Zeitraum im Wahlgebiet verbreiteten Medieninhalten gegenübergestellt (S. 177). Es wurden 100 repräsentative Interviews zwischen September und Oktober 1968 geführt. Dabei wurden Personen ausgewählt, die angaben, noch keine Wahlentscheidung getroffen zu haben. Die also, so eine Annahme, empfänglich für Wahlinformationen sein dürften (S. 178). Das **Forschungsdesign** sah außerdem vor, die in Chapel Hill relevanten TV-, Zeitungs- und Zeitschriftenangebote zu identifizieren und die einzelnen Berichte darin durch Inhaltsanalyse auszuwerten. Die Veröffentlichungen wurden kriterienbasiert in Haupt- und Nebenpublikationen (in Abhängigkeit von der eingeräumten Zeit, Position, Fläche etc.) sowie in 15 inhaltliche Kategorien (6 politische Kategorien, 3 den Wahlkampf betreffend, 6 für jeden Kandidaten) eingeteilt (S. 178 f.).

5 Modelle der gesellschaftlich-politischen Kommunikation

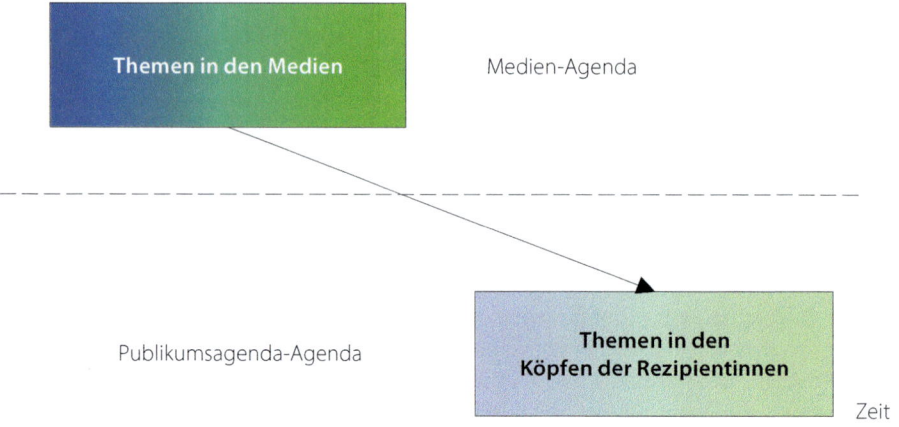

Dar. 39: Die Agenda Setting-Hypothese (Quelle: MERTEN 1999, S. 365)

Ein **Ergebnis der Inhaltsanalyse** war (S. 179), dass ein beträchtlicher Anteil an Inhalten weniger den politischen Themen gewidmet war (»Außenpolitik«, »Recht und Ordnung«, »Fiskalpolitik«, »Gemeinwohl«, »Bürgerrechte« und »Anderen«) als vielmehr dem Wahlkampf selbst (»Umfragen«, »Wahlkampfereignisse« und »Wahlkampfanalysen«; je nach Kandidatin von 20–60 % der Veröffentlichungen). Ein weiteres interessantes Ergebnis war, dass die Kandidatinnen unterschiedliche thematische Akzente gesetzt haben, z. B. haben die Republikaner außenpolitische und sicherheitspolitische Themen ungefähr gleichstark gewichtet (38 und 32 %), während die Demokraten sich vor allem auf die Außenpolitik konzentriert haben (64 %).

Die Studie konnte einen beträchtlichen **Einfluss von Medien auf die Urteile von Wählerinnen** feststellen. Die Korrelation von unabhängigen Urteilen der Wählerinnen zu den politischen Themen der Wahlkampagne mit den in den Medien vertretenen Themen ist annähernd 1, sowohl für Haupt- als auch für Nebenpublikationen. Dies wird als ein Zeichen eines sehr starken Zusammenhangs zwischen der von den Medien gesetzte Agenda und den Urteilen von Wählerinnen gewertet (S. 180 f.). Dabei scheinen die Wählerinnen das Gesamtspektrum der Wahlthemen zu reflektieren. Dieses Ergebnis spricht dafür, dass Wählerinnen trotz Präferenzen für bestimmte Kandidatinnen alle Nachrichten rezipieren.

Um den **Vorwurf der Klumpenbildung** auszuräumen, wird diese Aussage noch einmal anhand eines Datensets von 45 (von den insgesamt 100 interviewten) Personen überprüft, die zwar eine erste Kandidatenpräferenz angegeben, jedoch noch keine endgültige Entscheidung getroffen hatten. Eine Auswertung dieses Datensets zeigt, dass in den meisten Fällen eine höhere Korrelation zwischen den Wählerurteilen und der Gesamtthemenagenda besteht als zwischen Wählerurteilen und den spezifischen Parteinachrichten (ausgewiesen für einzelne Medienangebote, z. B. New York Times). Auch dieses Ergebnis unterstützt die Agenda Setting-Hypothese (S. 181 f.).

Zur **Verfeinerung der Argumentation** wird noch überprüft, ob und inwiefern Wählerinnen generell mit den Themen konkreter Medienangebote übereinstimmen und ob die inhaltlichen Schwerpunkte unter den Medienangeboten übereinstimmen. Hier werden größere Abweichungen gefunden, die auch zum Teil auf die Mediengattungsspezifika zurückzuführen sind (z. B. unterschiedliche Erscheinungsfrequenz von Zeitschriften bzw. Fernsehsendungen). Auch die Berichterstattung über Themen unterscheidet sich von Medienangebot zu Medienangebot (S. 183 f.). Insgesamt aber scheinen die Wählerurteile die in den Medieninhalten vertretenen politischen Themen zu repräsentieren, was wiederum für eine Agenda Setting-Funktion der Medien spricht, auch wenn die im kleinen Datenset vorgefundenen Korrelationen darüber keinen Hinweis enthalten.

Die Agenda Setting-Hypothese ist in zahlreichen Folgestudien bestätigt worden. Sie zeigt vereinfacht unsere biologische Fähigkeit, unsere (massenmediale) Umwelt zu beobachten. Auch die Wirkungen von verschiedenen schädlichen Inhalten sind relevant für Medienerziehung. Das Modell erklärt ferner, warum es **für Politikerinnen wichtig ist, in den Medien präsent zu sein**, sogar mit negativen Schlagzeilen. Nach dergleichen Logik wirken die Public Relations für Unternehmen. Agenda Setting wirkt nicht nur auf Wahlpräferenzen, sondern auch allgemein auf das Spektrum der wahrgenommenen Alternativen, ganz gleich, ob das gesellschaftliche Themen sind, Anbieter von Shampoo-Marken oder algorithmisch ausgelieferte Google- oder ChatGPT-Ergebnisse. Durch mobile Geräte und Smart Speaker wird die ausgewählte Menge an Informationen sogar noch kleiner, was den Raum an präsentierten Alternativen weiter einschränkt.

Lesehinweise

- McCombs, M. E.; Shaw, D. L.: The Agenda Setting Function of Mass Media, in: The Public Opinion Quarterly, Vol. 36, No. 2, 1972, S. 176–187. [Primärquelle]
- Brück, P.: Wahlwerbung im Radio, Wiesbaden 2014, S. 199–243. [Studie zum Agenda Setting]
- McCombs, M. E./Valenzuela, S.: Setting the agenda. The news media and public opinion, 3rd edition, Cambridge, UK, Medford, MA 2021. [Aktueller Forschungsstand]
- Gleich, U.: Agenda Setting in der digitalen Medienwelt, in: Media Perspektiven, Heft 3, 2019, S. 126–140. [Lesetipp]

5.3 Nachrichtenwertfaktoren (GALTUNG/RUGE)

Zentrale Erkenntnisse

- In der Journalismusforschung sind die Nachrichtenwertfaktoren nach GALTUNG/RUGE (1965), später verfeinert von anderen Autorinnen, ein etablierter Begriff. Nach welchen Kriterien wählen Medien Ereignisse aus, um darüber zu berichten? Gibt es deshalb Verzerrungen (»bias«) zwischen der Realität und den Medieninhalten? GALTUNG/RUGE (1965) identifizieren betriebs- und kulturbedingte Nachrichtenwertfaktoren, z. B. Negativität der Nachrichten, und prüfen anschließend diese anhand einer Inhaltsanalyse der internationalen Berichterstattung von vier norwegischen Zeitungen. Sie zeigen, dass je nach verfügbaren Nachrichtenwert-Charakteristika ein verzerrendes Bild über ein Land entstehen kann, z. B. bei kulturell-fernen Ländern wird nur über besonders negative Ereignisse berichtet.
- »We are concerned with the first half of this chain, from world events to news image, or, to be more specific, to the printed page in the newspaper since our data refer to that. In other words: *how do ›events‹ become ›news‹?* This does not mean that the second half is unimportant – on the contrary, it is the personal image, not the newspaper that counts, but this will be discussed in a later article. In analyzing the first half we shall treat the news media as non-personal indivisible entities and not distinguish between the journalist in the field in the news-sending country, the local press agency bureau, the district bureau, the central bureau of the press agency, the district bureau on the receiving end, the local bureau in the news-receiving country, the news editor in the receiving newspaper, the layout man, and what not – to indicated a chain with some seven or eight steps in it. (..) but our analysis will treat news media *in abstracto* and limit itself to some reasoning from first principles.« (GALTUNG/RUGE 1965, S. 65) (Hervorh. i. Orig.; das Zitat nimmt Bezug auf eine Kette, die in abgewandelter Form Darstellung 40 zeigt).
- Die Nachrichtenwertfaktoren wurden sicherlich nicht von GALTUNG/RUGE (1965) erfunden, aber erstmals empirisch getestet. Die Studie wurde erheblicher methodischer Kritik unterzogen – für die Inhaltsanalytische Herangehensweise, für die Beschränkung auf das Zeitungswesen, für Konzentration auf internationale Nachrichten etc. Es wurden zahlreiche alternative Nachrichtenwertfaktoren vorgeschlagen. Und dennoch scheinen die neuen Erkenntnisse in der Klarheit die bisherige Ausgangsquelle nicht zu überragen. Es ist zu erwarten, dass der weitere Diskurs sich aus der journalistischen Ecke in Richtung algorithmusgesteuerter Bias verlagert, siehe z. B. Google-Ranking-Faktoren.
- Modellgebiete: Journalismus, Kommunikationswissenschaften, Friedensforschung

5.3 Nachrichtenwertfaktoren (GALTUNG/RUGE)

GALTUNG/RUGE (1965) haben einen Meilenstein der Journalismusforschung gesetzt. Die Autorinnen gehen der Frage nach, wie internationale Ereignisse in der heimischen Presse zu Nachrichten werden. Sie untersuchen die Funktion der Medien als Gatekeeper (deutsch: Pförtner). Dabei stellen sie fest, dass die Medienhäuser in der Auswahl von berichtenswerten Ereignissen sich stark an den sog. Nachrichtenwertfaktoren orientieren. Dadurch ergibt sich eine **Diskrepanz zwischen der tatsächlichen Lage in der Welt und der Medienberichterstattung** (▶ Dar. 40). Eine objektive Sicht der Dinge sei vor allem deshalb wichtig, weil internationale Politik an der Medienberichterstattung ausgerichtet ist (S. 64). Diese Aussage ist insbesondere im Kontext der Friedensforschung zu werten, der die beiden Autorinnen entstammen.

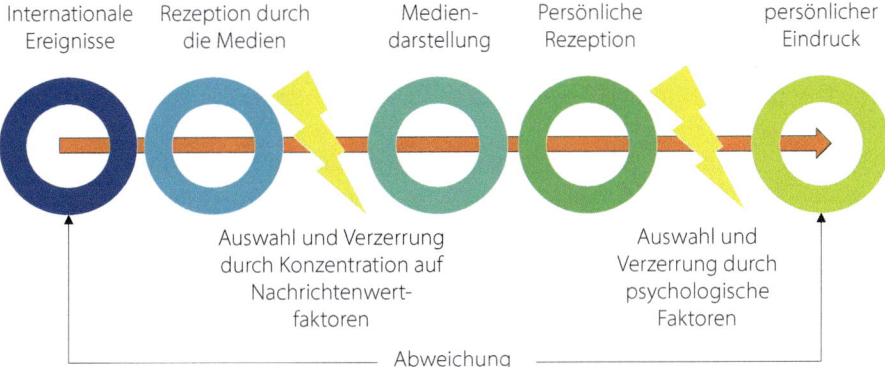

Dar. 40: Verzerrungen in der Nachrichtenkommunikation (Quelle: In Anlehnung an GALTUNG/RUGE 1965, S. 65)

GALTUNG/RUGE stellen fest, dass in der Welt ständig Ereignisse passieren, doch was Medien als Ereignis definieren, werde teilweise durch die Geschäftslogik eines spezifischen Mediums sowie teilweise durch die Kultur der Zielgruppe geprägt. Aus einer Reihe von Schlussfolgerungen leiten die Autorinnen zwölf **Nachrichtenwertfaktoren** ab, welche bei der Auswahl von Ereignissen entscheiden, ob ein Ereignis zu einer Nachricht wird (S. 66–71):

1. **Passung zur Publikationsfrequenz**, z. B. Ergebnisse der Fußball-Bundesliga in einer Zeitung (Beispiel passt auch zum 7. Nachrichtenwertfaktor),
2. **Aufmerksamkeitsschwelle**, z. B. ein brutaler Mord,
3. **Eindeutigkeit**, z. B. die Geburt von Pandas im Berliner Zoo,
4. **Bedeutung/ Relevanz im kulturellen Kontext**, z. B. Berichterstattung zum Transfer bei Bayern München,
5. **Erwartungskonformität**, z. B. Berichte über ständige Verspätungen bei der Deutschen Bahn,
6. **Überraschung**, z. B. »Bundeskanzler Scholz redet Tacheles«,

7. **Kontinuität**, z. B. Gerichtsprozesse, über die man wiederholt schreiben kann,
8. **Passung zum ausbalancierten Nachrichtenbild**, z. B. mehrere wichtige Nachrichten aus einem Kriegsgebiet werden gegenüber unwichtigen Nachrichten aus verschiedenen anderen Ländern vernachlässigt,
9. **Nachrichten über Elite-Nationen**, z. B. über die US-Wahlkampagnen von Trump und Harris wird eher und tiefer berichtet als über die Wahlkampagne einer Europa-Verfechterin in Moldau,
10. **Nachrichten über Elite-Personen**, z. B. Berichte über Ereignisse im »Sommerhaus der Stars«,
11. **Personifizierung**, z. B. Berichte zum Unfall von Michael Schumacher,
12. **Negativität der Nachrichten**, z. B. der öffentlich ausgetragene Streit von Cora und Ralph Schumacher.

GALTUNG/RUGE postulieren, dass je mehr Nachrichtenwertfaktoren erfüllt sind, desto eher werden Ereignisse als Nachrichten identifiziert und umso stärker konzentriert man sich im weiteren Berichten wie auch Rezeptionsprozess auf diese Faktoren, wodurch die tatsächliche Realität verzerrt wird (siehe Störfaktoren, ▶ Dar. 40). Um ihre Hypothesen zu testen, führen die Autorinnen **eine Inhaltsanalyse der Berichterstattung** über die Kongokrise (1960), kubanische Revolution (1960) und den Zypernkonflikt (1964) in vier norwegischen Zeitungen durch.

Ausgewählte Nachrichtenwerte werden hier operationalisiert und in Kombinationen getestet (S. 72–80). Sie finden insbesondere eine **Bestätigung für ihre Komplementärhypothese**, d. h. ein Nachrichtenwertfaktor kann einen anderen kompensieren (S. 80–81), wobei natürlich kein Abgleich zu allen anderen realen Ereignissen in der Welt stattfinden konnte (S. 71). Dies gilt auch umgekehrt: Über Länder mit geringer kultureller Ähnlichkeit und niedrigem internationalen Ansehen wird meist nur negativ und/ oder über die Elite und/ oder unerwartete Ereignisse berichtet (S. 83–84). Zum Schluss formulieren die Autorinnen einige Empfehlungen für eine ausgewogenere Berichterstattung, insbesondere zum reflektierten journalistischen Umgang mit Nachrichtenwertfaktoren (S. 84–85).

HARCUP/O'NEILL (2001) dokumentieren die Fülle an folgenden **Untersuchungen**, die zum Teil das methodische Vorgehen und ihre Konzentration auf internationale Krisennachrichten kritisieren, zum anderen versuchen, die bisher identifizierten Nachrichtenwertfaktoren zu hinterfragen und um neue zu erweitern. Insgesamt werden die Nachrichtenfaktoren bestätigt, jedoch erfordern sie eine Präzisierung im Hinblick auf die tägliche Nachrichtenarbeit der Medien. Auch fünfzig Jahre später gibt sich der Koautor Johan Galtung in einem Interview mit der Medienberichterstattung unzufrieden, denn seine Theorie sei nicht als Warnung verstanden, sondern als Anleitung missbraucht worden. Dagegen sei die Hauptaufgabe der Medien, ein möglichst akkurates und tiefes Bild der Realität zu zeichnen (HIRSCHI 2019).

Einen fundamental neuen Weg in der Untersuchung von Nachrichtenwertfaktoren wählen BEDNAREK/CAPLE (2017). Sie schlagen eine multicodale (= z. B. nicht nur über Text, sondern auch über Bilder und Videos) und multimodale (= mehrere

Sinne ansprechend) Analyse der Nachrichteninhalte hinsichtlich ihres Potenzials vor, Diskurse zu konstruieren. Ihren Ansatz nennen Sie »**Discursive News Values Analysis« (DNVA)** (S. 4, 6–7). Sie übernehmen Nachrichtenwertfaktoren u. a. auch von GALTUNG/RUGE, interpretieren sie jedoch teilweise neu und ergänzen eigene, z. B. Impact – »The event is discursively constructed as having significant effects or consequences (not neccesarily limited to impact on the target audience)« (BEDNAREK/CAPLE 2017, S. 55). Der DNVA-Erklärungsansatz bietet Potenzial für Erfassung neuer Phänomene wie z. B. den diskursorientierten Nachrichtenwert der Fake News (BAISSA et al. 2024).

Wiederum andere Autorinnen versuchen, die **Nachrichtenwertfaktoren auf Social Media** anzuwenden. Einige Quellen untersuchen u. a., wie die Benutzung von Instagram-Kanälen der Medienorganisationen sich auf Nachrichtenwerte auswirkt, z. B. insbesondere durch Verbreitung negativer Nachrichten – trotz des positiven Charakters dieser Plattformen (AL-RAWI et al. 2021). DEVITO (2017) verschiebt den Blick von Nachrichtenwerten auf »Algorithmuswerte« von Social Media am Beispiel von Facebook, um u. a. festzustellen, dass Verbindungen zwischen Nutzerinnen und zum Ausdruck gebrachte Nutzerinteressen den Algorithmus des persönlichen News Feed besonders stark beeinflussen (siehe auch Filterblasen und Echokammern, ▶ Kap. 5.6).

Einen anderen **Brückenschlag** zwischen auf den Algorithmus bezogenen Fragestellungen und der journalistischen Nachrichtenwerte-Diskussion versuchen WELBERS et al. (2016), die sich fragen, inwiefern klassischen Nachrichtenfaktoren in ihrer Bedeutung abnehmen, da Medienhäuser sich zunehmend an Online-KPI (Key-Performance-Indikatoren) wie Klickzahlen orientieren. Zwar verneinen die in der Studie befragte Redakteurinnen von niederländischen Medien diese Frage mehrheitlich, jedoch scheint diese Rückmeldung nicht ganz aufrichtig zu sein. BORNEWASSER (2020) ist deutlich realistischer und zeigt das Spannungsverhältnis zwischen der Nutzung von Search Engine Optimization (SEO) und der redaktionellen Berichterstattung. Er legt nahe, künftig Online-Trends sowie die technischen Google-Vorgaben stärker zu beachten, wenn man die eigenen redaktionellen Beiträge in Nachrichten-Suchmaschinen wie Google News gelistet sehen möchte. Generell ist das Thema SEO eines, das Contentschaffende und Webseitenbetreibende seit mehr als 20 Jahren unaufhörlich begleitet, denn mit jedem neuen Google-Update ändern sich die Suchmaschinen-Nachrichtenwertfaktoren (BEUS 2024).

Verzerren Nachrichtenwertfaktoren die Realität? Diese Frage ist schwierig zu beantworten, denn hierfür müssen man die Realität untersuchen. Es gibt aber auf jeden Fall Indizien, dass die Medien betriebs- und kulturbedingt andere Akzente in der Auswahl von Nachrichten setzen. Weil über bestimmte (teils unwichtige) Ereignisse mehr und über andere (teils sehr wichtige) Ereignisse weniger berichtet wird, handeln wir auf der Basis eines verzerrten Bildes. Berichterstattung in Medien folgte bestimmten Logiken, die im Wettbewerbsprozess und ihren Geschäftsmodellen verankert sind – insbesondere, um Aufmerksamkeit zu gewinnen. Inzwischen kommen noch durch den Algorithmus bedingte Faktoren dazu, wie die Ranking-Faktoren von Google (▶ Kap. 5.6). Ob ein intransparent agierender Akteur mit einem weltweiten Monopol im Suchmaschinen-Markt nun zu einer realistischen Abbildung von Inhalten, nicht nur Nachrichteninhalten, führt? Auch wenn man dagegen derzeit wenig regulatorisch tut, so bleibt doch eine Maßnahme ganz sicher: die eigene Medienkompetenz, zu hinterfragen, wie stark die in den Medien vermittelten Informationen der Realität entsprechen und andere (seriöse) Quellen zu konsultieren.

> **Lesehinweise**
>
> - Galtung, J./Ruge, M. H.: The structure of foreign news. The presentation of the Congo, Cuba and Cyprus crises in four Norwegian newspapers, in: Journal of peace research, Jg. 2, Heft 1, 1965, S. 64–91 [Primärquelle]
> - Bednarek, M./Caple, H.: The discourse of news values. How news organizations create newsworthiness, New York 2017 [Weiterentwicklung]
> - Harcup, T./O'Neill, D.: What Is News? Galtung and Ruge revisited, in: Journalism Studies, Jg. 2, Heft 2, 2001, S. 261–280 [Rückblick]
> - Bornewasser, J.: SEO im Newsroom, in: Köhler, T. (Hrsg.): Fake News, Framing, Fact-Checking: Nachrichten im digitalen Zeitalter. Ein Handbuch, Bielefeld 2020, S. 239–262 [Lesetipp]

5.4 Kultivierungshypothese (GERBNER/GROSS)

> **Zentrale Erkenntnisse**
>
> - Die Kultivierungshypothese untersucht die Wirkung, die vom in den 1970er-Jahren dominierenden Medium Fernsehen ausgeht. Sie besagt, dass die Gewaltdarstellungen im Fernsehprogramm, die einen hohen Anteil am Gesamtprogramm haben, in Verbindung mit einem übermäßigen Konsum zu einer abweichenden sozialen-konstruierten Realität führen (z. B. weniger Vertrauen zu Mitmenschen). Das Fernsehen sozialisiert Menschen allgemein in Standardrollen und Verhaltensmuster (»Mainstreaming«). In einer langfristig angelegten Studie zum Violence Profile konnte dies durch Kennzahlen des Violence Index, Risk Ratio und Cultural Indicators verdeutlicht werden. Die regelmäßig aufgelegte Studie wurde in den Jahren 1968 bis 1993 durch George Gerbner durchgeführt, danach von Nancy Signorielli fortgeführt. Spätere Untersuchungen versuchen, Kultivierungseffekte auf andere Mediengattungen und Kontexte zu übertragen.
> - »The automobile that burst upon the dusty highways of the turn of the century was seen by most people as just a horseless carriage rather than as a prime mover of a new way of life. Similarly, those who grew up before television tended to think of it as just another in the long series of techno-

logical innovations in mass communications. Consequently, modes of thinking and research rooted in experience with other media have been applied to the television. These earlier modes of study were based on selectively used media and focused on attitude or behavior change. Both assumptions are largely inadequate to the task of conceptualizing and investigating the effects of television.« (GERBNER/GROSS 1976, S. 173)
- »TV penetrates every home in the land. Its seasonal, cyclical, and perpetual patters of organically related fact and fiction (all woven into an entertainment fabric producing publics of consumers for sale to advertisers) again encompass essential elements of art, science, technology, statecraft, and public (as well as most family) story-telling. The information-poor (children and less educated adults) are again the entertainment-rich held in thrall by the myths and legends of a new electronic priesthood.« (GERBNER/GROSS 1976, S. 175–176)
- Die Kultivierungshypothese war damals eine neue Forschungsrichtung. Sie ging davon aus, dass sich keine künstlichen Kontrollgruppen innerhalb der Gesellschaft bilden ließen, da die gesamte Gesellschaft dem TV-Einfluss unterlag. Stattdessen hat man versucht, durch Erfragung der TV-Konsum-Intensität und einiger Schlüsseleinstellungen zur Realität Vergleiche zwischen den Gruppen von Normal- und Vielseherinnen anzustellen. In den 1970er-Jahren war die Kultivierungsforschung sicherlich sehr relevant, vor allem in den USA mit dem sehr hohen Anteil an Waffengewalt. Inzwischen hat das Interesse deutlich nachgelassen. Nichtsdestotrotz hat die Kultivierungsforschung auch heute eine besondere Relevanz, wenn man den inzwischen passiven Social-Media-Konsum über Instagram und TikTok verfolgt und die sich daraus ergebenden Sozialisierungseffekte abzuleiten versucht. Außerdem erwartet man Mainstreaming-Effekte von KI-generierten Inhalten, die aufgrund ihres Lernalgorithmen zwangsläufig stereotypisch agieren.
- Modellgebiete: Kommunikationswissenschaft (Medienwirkungsforschung), Medienwissenschaft, Soziologie

Ein übermäßiger Kontakt mit Gewalt in TV-Programmen führt dazu, dass die über das Fernsehen vermittelte soziale Realität sich signifikant in den Urteilen von Rezipientinnen niederschlägt, so die **Kultivierungshypothese** (▶ Dar. 41). Die Kultivierungsforschung blickt inzwischen auf mehr als 50-jährige Tradition zurück. Sie wurde von George Gerbner im Jahr 1968 begründet und seitdem in regelmäßigen Publikationen weiterentwickelt, zuletzt als »Violence Profile No. 16« im Jahr 1993. Seitdem wird die Forschungsrichtung von einer Co-Coautorin der späteren Kultivierungsstudien Nancy Signorielly fortgeführt (SIGNORELLI et al. 2019, S. 2–5).

Als Hauptquelle wird in wissenschaftlicher Literatur die 7. »Violence Profile«-Studie (GERBNER/GROSS 1976) angesehen. Ihr Ausgangspunkt ist die Betrachtung des Fernsehkonsums als des dominierenden Systems (der vordigitalen Zeit) zur Kultivierung von gesellschaftlichen Normen (»enculturation«). Fernsehen ist somit ein Medium zur Sozialisierung von Menschen in Standardrollen und Verhaltensweisen (S. 173–175). Es wird argumentiert, dass die Wirkungen des Fernsehprogramms einen **anderen Forschungsansatz** als die Erforschung anderer Mediengattungen benötigen, denn: Fernsehen erfordert keine Lesekompetenzen wie Print-Medien, anders als Kino ist es kostenlos (werbefinanziert) und bietet ein Dauerprogramm, anders als Radio kann es nicht nur erzählen, sondern auch zeigen, anders als Theater und andere Events kommt es direkt nach Hause etc. (S. 176).

Es stellt sich die Frage, **welche sozial konstruierte Realitäten** durch das Fernsehen geprägt werden. Dabei wird unter sozial konstruierter Realität eine kohärente Antwort auf die Fragen nach Existenz, Bedeutung, von Zusammenhängen und der moralischen Legitimation eines bestimmten Sachverhaltes verstanden (S. 176). Das Hauptaugenmerk wird auf die Wirkung von Gewaltdarstellungen in Unterhaltungsprogrammen gerichtet (S. 177), denn **Gewalt ist das dramatischste und billigste Mittel, um Regeln des gesellschaftlichen Machtspiels zu demonstrieren** (S. 183). Die Autoren stellen sich die Fragen, ob Fernsehgewalt nicht zu einer Vereinheitlichung der Annahmen über Gewalt (z. B. Verbrecher sind stets Männer), Ängsten als Element einer (politischen) Manipulation (z. B. ohne eine eigene Waffe bist du ausgeliefert), Duldung der Gewalt durch mächtige Akteure (z. B. Banden) sowie Widerstand gegen sinnvolle Veränderungen führt (z. B. Waffenbesitz ist heilig, egal wie viele Amokläufe an Schulen passieren) (S. 177–178). **Fernsehwelt** scheint in Teilen **attraktiver als die Realität** zu sein, denn Probleme bleiben dort niemals ungelöst, gute Taten werden belohnt und Verbrechen bestraft. »Die Welt des Fernsehdramas ist eine Mischung aus Wahrheit und Lüge, Präzision und Verzerrung« (S. 179, Übers. d. Verf.).

Wie sollte man die **Wirkungen der Gewalt im Fernsehen** erforschen? Da der Fernsehkonsum alle Gesellschaftsschichten betrifft, ist es schwierig, Gewaltvorstellungen auf Fernseheinwirkung als Ursache zurückzuführen (S. 180). Der in der Studie verfolgte Ansatz versucht, TV-Gewaltdarstellungen mit Befragungen von Rezipientinnen zu Fakten, Normen und Werten in Verbindung zu setzen. Eine der Hauptkennzahlen dieser Studien ist das »Kultivierungsdifferential«, das die Unterschiede in den Befragungsergebnissen von TV-Vielseherinnen zu Rezipienten mit geringerem TV-Konsum festhält (S. 181–182). (▶ Dar. 41).

Die **Gewaltdarstellungen** werden im Rahmen einer Inhaltsanalyse erhoben. Basierend auf den Gewaltdarstellungen (Gewaltanteil, Gewaltrollen etc.) wird ein »**Violence Index**« errechnet, separat nach Familienstunden (S. 196), Abendstunden (S. 197) und Kinderzeit am Wochenende (S. 198). Ferner werden relative Risikokennzahlen (»**Risk Ratio**«) für Opfer-/ Täter-Darstellungen einzelner Zielgruppen (z. B. Kinder und Jugendliche) gebildet (S. 184, 199). In den Jahren 1967 bis 1975 war ein Großteil des TV-Programms der gewaltreichen Kategorie »Action« zuzurechnen, in den Zeichentrickfilmen war dieser Anteil sogar höher als im durchschnittlichen Erwachsenenprogramm (S. 187–186). Bemerkenswert war auch die von den Autoren festgehaltene Stabilität des hohen Anteils von Gewaltdarstellungen in TV-Programmen (S. 186) sowie des daraus resultierend hohen »Violence Index« für alle Sender und Sendezeiten.

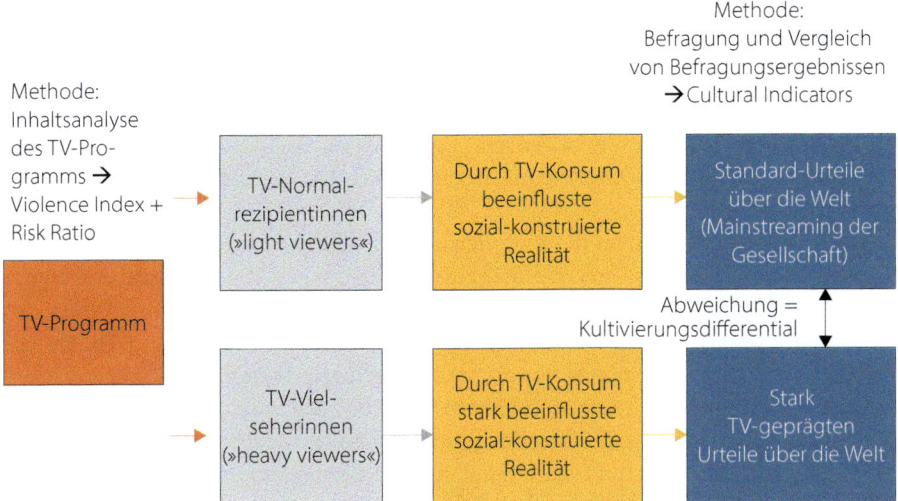

Dar. 41: Ansatz und Untersuchungsmethode des Violence Profiles (Quelle: Eigene Darstellung in Anlehnung an GERBNER/GROSS 1976)

Die **Kultivierungsindikatoren** (»Cultural Indicators«) stellten eine abschließende Komponente der Violence Profile dar. Es konnten durchgängig Unterschiede in sozialen Realitäten zwischen den befragten starken und durchschnittlichen TV-Rezipientinnen festgestellt werden. So wurde beispielsweise die Frage »Kann den meisten Menschen vertraut werden« von den Vielseherinnen deutlich negativer beantwortet als von der Vergleichsgruppe. Auch die subjektiv eingeschätzte Wahrscheinlichkeit, in Gewaltsituation involviert worden zu sein, war bei den Vielseherinnen viel höher als bei durchschnittlichen Rezipientinnen. Selbstkritisch stellen die Autoren fest, dass die Vielseher-Konsumgewohnheiten **Teil eines komplexeren Syndroms** sind, bestehend aus niedrigem Bildungsstand, höherer Ängstlichkeit, niedrigem Einkommen etc. Es wird jedoch angenommen, dass der Fernsehkonsum eine bedeutende Rolle bei der Aufrechterhaltung dieses Komplexes darstellt (S. 191–193).

Neben den **Folgeuntersuchungen zu Gewalteffekten** wurde die Kultivierungshypothese als Mainstreaming-Hypothese verallgemeinert (GERBNER et al. 1980) und auf eine Reihe von weiteren Fragestellungen übertragen (SIGNORIELLI et al. 2019). So haben VOGEL et al. (2015) gefragt, ob eine langjährige Benutzung von Facebook andere Einstellungen zum Datenschutz und öffentlichen Umgang mit privaten Daten kultiviert. Mit Einschränkungen konnte hier die Kultivierungshypothese bestätigt werden. ŻEREBECKI et al. (2021) legen nahe, dass TV-Interaktionen mit typischen LGTBQ+-Charakteren positivere Minderheiten-Einstellungen fördern können. Ein weiterer Forschungsstrang geht den Kultivierungseffekten durch Computerspiele nach.

VON MIERLO/VAN DEN BULCK (2004) haben im **Gaming-Bereich** keine vergleichbaren Kultivierungseffekte wie beim TV-Konsum gefunden, da eine aktivere Haltung von Spielenden keine Kultivierung fremder Werte zulasse, so ein Erklärungsversuch der Studie. Eine andere Studie von BEULLENS et al. (2011) konnten durch das beobachtbare Verhalten von jungen Erwachsenen in Autospielen (zum Untersuchungszeitpunkt noch kein Führerschein) das spätere Fahrverhalten vorhersagen.

STEIN et al. (2021) haben die Kultivierungshypothese auf die Wahrnehmung des Körperbildes junger **Instagram-Nutzerinnen** übertragen. Die Kultivierungshypothese konnte die Theorie des sozialen Vergleiches (▶ Kap. 4.5) hinsichtlich des Verständnisses von medien-vermittelten Körperbildern gut ergänzen (z. B. Essstörungen), und zwar am Beispiel von Homogenisierungseffekten. Gleichzeitig hat die Intensität der Nutzung keine signifikante Rolle bei der Erzeugung negativer Wirkungen gespielt. Eine neue Forschungsrichtung scheint sich bei Mainstreaming-Effekten von KI-generierten Inhalten aufzutun, die aufgrund ihrer Lernalgorithmen Inhalte mit den höchsten Wahrscheinlichkeiten bevorzugen und damit Stereotype verstärken (UNESCO/IRCAI 2024).

> **Lesehinweise**
>
> - Gerbner, G./Gross, L.: Living with Television: The Violence Profile, in: The Journal of communication, Jg. 26, Heft 2, 1976, S. 172–199 [Primärquelle]
> - Signorielli, N. et al.: The Violence Profile: Five Decades of Cultural Indicators Research, in: Mass Communication and Society, Jg. 22, Heft 1, 2019, S. 1–28 [Zusammenfassung des bisherigen Forschungsstandes]
> - Żerebecki, B. G. et al.: Can TV shows promote acceptance of sexual and ethnic minorities? A literature review of television effects on diversity attitudes, in: Sociology Compass, Jg. 15, Heft 8, 2021 [empirische Studie]
> - van Mierlo, J./van den Bulck, J.: Benchmarking the cultivation approach to video game effects: a comparison of the correlates of TV viewing and game play, in: Journal of adolescence, Jg. 27, Heft 1, 2004, S. 97–111 [Lesetipp]
> - Stein, J.-P. et al.: Every (Insta)Gram counts? Applying cultivation theory to explore the effects of Instagram on young users' body image, in: Psychology of Popular Media, Jg. 10, Heft 1, 2021, S. 87–97 [Übertagung der Kultivierungshypothese und Instagram-Nutzung]
> - UNESCO/IRCAI: Systematic Prejudices. An Investigation into Bias Against Women and Girls in Large Language Models, 2024, https://unesdoc.unesco.org/ark:/48223/pf0000388971, letzter Zugriff: 04.11.2024 [Mainstreaming durch KI]

5.5 Die Schweigespirale-Hypothese (NOELLE-NEUMANN)

Zentrale Erkenntnisse

- Die Schweigespirale-Hypothese besagt, dass Personen ihre Meinung hin zur Mehrheitsmeinung ändern, da sie Angst vor sozialer Isolation haben. Die Wahrnehmung einer Meinung als Mehrheitsmeinung können Journalistinnen durch ihre Berichterstattung beeinflussen. Die Schweigespirale erklärt die Funktionsweise von Meinungsverbreitungsprozessen in einer Gesellschaft. Sie identifiziert Mitläufertendenzen. Das Modell agiert auf der Beschreibungs- und Analyseebene, kann aber sehr wohl für die Beeinflussung einer Massenmeinung verwendet werden, z. B. sollen Politikerinnen so oft wie nur möglich sich in den Medien präsentieren, damit ihre Meinung mit maximaler Intensität verbreitet wird.
- »Und nun entwickelte sich eine eigentümliche Dynamik. Wer von der neuen Ostpolitik [Willy Brands Anfang der 1970er-Jahre – Anm. d. Verf.] überzeugt war, spürte wie das, was er dachte, von allen gebilligt wurde. Und also äußerte er sich laut und voll Selbstvertrauen und zeigte seine Ansichten; diejenigen, die die neue Ostpolitik ablehnten, fühlten sich alleingelassen, zogen sich zurück, verfielen in Schweigen. Und eben dieses Verhalten trug dazu bei, dass bei ersteren stärker schienen, als sie wirklich waren, und die letzteren schwächer. Diese Beobachtungen in ihrem Umkreis veranlassten wieder andere, sich laut zu bekennen oder ihre Ansichten herunterzuschlucken und zu schweigen, bis wie in einem Spiralprozess die einen öffentlich ganz dominierten und die anderen aus dem öffentlichen Bild völlig verschwunden und ›mundtot‹ waren. Das ist also der Vorgang, den man als ›Schweigespirale‹ bezeichnen kann« (NOELLE-NEUMANN 2001, S. 18).
- Das Modell skizziert Meinungsprozesse im Allgemeinen und den Einfluss von Massenmedien. Es präsentiert Überlegungen über die menschliche Natur und den Mechanismus des Zusammenhalts einer Gesellschaft. Die zugrundeliegenden Hypothesen lassen sich aufgrund einer Vielzahl von Einflussfaktoren nur bedingt makroskopisch testen.
- Modellgebiete: Soziologie, Politik-, Kommunikationswissenschaften (Wirkungsforschung)

Der Kern der Schweigespirale ist erstmalig im Journal of Communication (NOELLE-NEUMANN 1974) beschrieben worden. Rezipiert im deutschsprachigen Raum wird insbesondere die im Jahr 1980 als Buch publizierte erweiterte Fassung (NOELLE-NEUMANN 2001). Dort findet sich auch die Darstellung und Begründung des Modells, auf das sich das Eingangszitat bezieht. Die philosophisch-soziologische Argumentationsweise in den Werken der Klassiker wird von der Autorin als sinnvoll erachtet, denn es sei »äußerst unwahrscheinlich«, dass der zu untersuchende Effekt der Schweigespirale »den feinfühligen und nachdenklichen Beobachtern

[...] entgangen ist« (S. 21). Die Autorin, die das Instituts für Demoskopie in Allensbach am Bodensee gegründet hat, war zeitlebens wegen ihrer journalistischen Tätigkeit im Dienst des Nazi-Regimes umstritten (KRUKE 2013).

Modell der Schweigespirale
nach NOELLE-NEUMANN 2001 (1980)

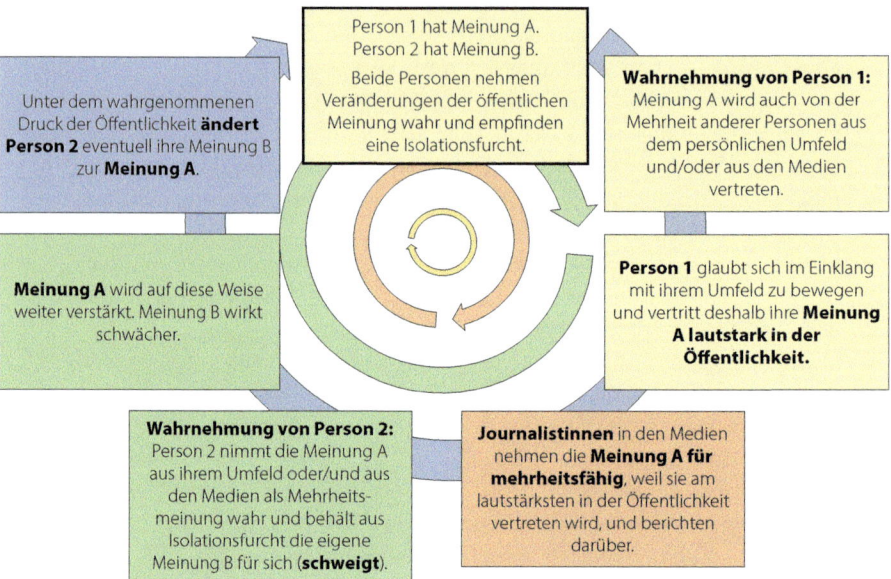

Dar. 42: Die Schweigespirale nach NOELLE-NEUMANN (2001) (Quelle: Eigene Darstellung in Anlehnung an MERTEN 1999, S. 373)

In aller Kürze könnte man die Schweigespirale als **eine sich selbst verstärkende Tendenz bei der Bildung der öffentlichen Meinung** bezeichnen. Je stärker eine Person ihre Meinung (Person 1 mit Meinung A ▶ Dar. 42) auf der Seite der Gesellschaftsmehrheit sieht, desto lautstärker und erkennbarer vertritt sie diese in der Öffentlichkeit. Je isolierter sie sich in ihrer Meinung empfindet (z. B. Person 2 mit Meinung B), desto geringer ist die Wahrscheinlichkeit für eine öffentliche Meinungsbekundung. Dabei ist die subjektive Wahrnehmung der einzelnen Person ausschlaggebend dafür, ob ihre Meinung mehrheitsfähig ist oder nicht. Diese subjektive Wahrnehmung können Massenmedien (hier insbesondere Journalistinnen) stark beeinflussen, indem sie bestimmte Meinungen stärker hervorheben. Aus Isolationsfurcht (ein Mensch ist ein soziales Wesen) verzichtet die Person, die sich zur Minderheit gehörig fühlt, auf die Meinungsbekundung und folgt der Mehrheitsmeinung. Damit verstärkt sich die als Mehrheitsmeinung geltende Meinung immer weiter, die als Minderheitsmeinung geltende Meinung wird immer weniger präsent. Dabei können vor dem Beginn des Prozesses der Schweigespirale beide

Meinungen gleichauf liegen, die Meinung A kann die Mehrheitsmeinung sein oder im Extremfall sogar eine Minderheitsmeinung, die durch die Schweigespirale erst mehrfähig wird. Die Metapher der Spirale ist sehr passend gewählt. Denn sie verdeutlicht ihre verstärkende Wirkung, aber auch die Möglichkeit, dass die damit bezeichnete Entwicklung sich umkehren kann.

In ihrem Vorwort interpretiert NOELLE-NEUMANN (2001, S. VII) den Inhalt einer Ballettaufführung, in der es um die Mitglieder einer fiktiven mittelalterlichen Gemeinschaft und ihre Verhaltensmuster geht: Meinungspioniere, Meinungsführerinnen und Mitläuferinnen. Dabei ergreift die Autorin Partei für die Meinungsführerinnen und **das Publikum, welches den ausgefallenen Moden des Meinungspioniers blind nachläuft**. Wer dessen Verhalten kritisiert, verleugnet die soziale Natur der Menschen, so NOELLE-NEUMANN. Denn genau solche Verhaltensmuster würden das Gemeinwesen zusammenhalten. Das gleiche Verhalten lasse sich in der heutigen Gesellschaft beobachten, jedoch mit einem weiteren Akteurstyp, den Journalistinnen, die über die Meinungsführerinnen in den Medien berichten (S. VIII).

Das Modell der Schweigespirale entstand unter anderem aus einer umstrittenen Wahlprognose des Instituts für Demoskopie zur Bundestagswahl 1965. Damals kippten die zunächst ausgeglichenen Meinungsumfragen zu CDU und SPD kurzfristig in einem deutlichen **»Last-minute-swing«** zugunsten der CDU (S. 13 f.). Bei den Bundestagswahlen 1972 war ein ähnlicher Effekt zu beobachten gewesen. Dabei haben sich vor allem Personen am »Last-minute-swing« beteiligt, die bei einer Wählerbefragung »habe kaum Bekannte« angegeben hatten. Dies wurde als Furcht vor der Isolation gedeutet (S. 20).

Es wurden empirische Anzeichen für die ständige **Umweltbeobachtung des Meinungsklimas** durch Menschen gefunden, welche eine Voraussetzung für das Entstehen der Schweigespirale ist. Auch konnte gezeigt werden, dass Personen sich sicherer im Meinungsausdruck fühlten, wenn sie Gleichgesinnten gegenüberzustehen glaubten. So wurde im sog. **Eisenbahntest** die Redebereitschaft vor dem Hintergrund einer fiktiven Eisenbahnfahrt mit einer Person, die eine bestimmte strittige Meinung vertritt, abgefragt. Dabei waren solche Personen redseliger, die mit dem fiktiven Reisenden in der Meinung übereinstimmten (S. 40 f.). Dieser Effekt wurde auch für das Tragen von Abzeichen, Aufklebern und Plakaten nachgewiesen (S. 42–45). Auch die Isolationsfurcht konnte u. a. in einem **sog. Drohtest** mit einer radikaleren Aussage nachgewiesen werden (S. 70).

Um die **Wirkung des Medieneinflusses auf die öffentliche Meinung** zu überprüfen, wurde die Umweltwahrnehmung in Abhängigkeit vom Medienkonsum getestet. Damit sollte nachgewiesen werden, dass der Medienkonsum ebenfalls zur Meinungsbeobachtung genutzt wird und deshalb das Meinungsklima beeinflussen kann (S. 229–232). Dabei wurde der These nachgegangen, inwiefern die Wahrnehmung der Journalisten die Medienberichterstattung beeinflusst – mit verschiedenen Anhaltspunkten, jedoch ohne ein abschließendes Ergebnis (S. 232–240).

Das Modell der Schweigespirale kann neben seinem Erklärungszweck auch zur **Gestaltung der Realität** dienen. Dies sollte am Beispiel des Wahlkampfes im Jahr

1976 nachgewiesen werden. Damals hätten CDU-Anhänger eine viel stärkere persönliche Präsenz gezeigt und damit die Schweigespirale verhindert, jedoch die Wahl gegen SPD/ FDP trotzdem knapp verloren (S. 241 f.). In diesem Zusammenhang wird der Begriff des doppelten Meinungsklimas erwähnt: »Je nach Mediennutzung nehmen Personen ein verschiedenes Meinungsklima wahr« (S. 243). Dies verdeutlich noch einmal neben der Bedeutung der Mund-zu-Mund-Propaganda die Relevanz der Medienpräsenz für politische Parteien.

Die einzelnen Bestandteile der Schweigespirale sind empirisch erfolgreich getestet worden. In ihrer Retrospektive plädieren SCHEUFELE/MOY (2000) für eine stärkere makroskopische Perspektive, für die Schweigespirale ursprünglich konzipiert wurde. Die Wechselwirkung der Medien und der Referenzgruppen lässt Parallelen zu LAZARSFELD et al. (1968) (▶ Kap. 5.1) erkennen. SCHULZ/RÖSSLER (2013, S. 173–180) übertragen die Schweigespirale in die Welt der Online-Foren. Hier lassen sich Ähnlichkeiten zur Echokammern-Thematik erkennen (▶ Kap. 5.6).

Lesehinweise

- Noelle-Neumann, E.: The Spiral of Silence a Theory of Public Opinion, in: The Journal of communication, Jg. 24, Heft 2, 1974, S. 43–51 [Primärquelle]
- Noelle-Neumann, E.: Die Schweigespirale. Öffentliche Meinung – unsere soziale Haut, 6. Auflage, München 2001 [Primärquelle]
- Jäckel, M.: Medienwirkungen. Ein Studienbuch zur Einführung, 5. Auflage, Wiesbaden 2011, S. 276–293 [Lesetipp]
- Scheufele, D. A./Moy, P.: Twenty-Five Years of the Spiral of Silence: A Conceptual Review and Empirical Outlook, in: International Journal of Public Opinion Research, Jg. 12, Heft 1, 2000, S. 3–28 [Rückblick]

5.6 Filterblasen und Echokammern (SUNSTEIN und PARISER)

Zentrale Erkenntnisse

- Filterblasen und Echokammern sind als Phänomene durch Individualisierungsalgorithmen und Social Media bekannt geworden. Durch Personalisierung entziehen sich die Menschen anderen Meinungen und so kann sich keine gemeinsame Basis mehr herausbilden, die für eine Demokratie notwendig ist. Eine weitere Folge dieser Tendenzen ist die Polarisierung, da Menschen in homogenen Meinungsforen sich gegenseitig bestätigen. Es wird befürchtet, dass die Gesellschaft in einem Mosaik aus Subkulturen endet.
- »The phenomenon of group polarization has conspicuous importance for the communications market, where groups with distinctive identities increasing-

- ly engage in withingroup discussion. Effects [...] should be expected with terrorist and hate groups, as well as with less extreme organizations of all sorts. If the public is balkanized, and if different groups are designing their own preferred communications packages, the consequence will be not merely the same but still more balkanization, as group members move one another toward more extreme points in line with their initial tendencies. At the same time, different deliberating groups, each consisting of like-minded people, will be driven increasingly far apart, simply because most of their discussions are with one another.« (SUNSTEIN 2007, S. 63)
- »Personalization is based on a bargain. In exchange for the service of filtering, you hand large companies an enormous amount of data about your daily life – much of which you might not trust your friends with. [...] Ultimately, the filter bubble can affect your ability to choose how you want to live. [...] When you enter a filter bubble, you're letting the companies that construct it choose which options you're aware of. You may think you're the captain of your own destiny, but personalization can lead you down a road to a kind of informational determinism in which what you've clicked on the past determines what you see next – a Web history you're doomed to repeat. You can get stuck in a static, evernarrowing version of yourself – an endless you-loop.« (PARISER 2011, S. 16)
- Die damals prophezeiten Effekte von Filterblasen und Echokammern lassen sich gegenwärtig gut erleben. Zwar scheinen sich Polarisierungseffekte weniger zu realisieren, jedoch findet sehr wohl eine Fragmentierung der Publika statt. Es wird erwartet, dass diese Problematik sich durch generative KI weiter verschärft.
- Modellgebiete: Soziologie, Rechtsphilosophie, Informatik

Unter Individualisierung könnte der Drang verstanden werden, sich in unserem einzigartigen Wesen von allen anderen Individuen zu unterscheiden (▶ Kap. 4.4). Zwar weisen die Filterblasen- und Echokammern-Ansätze einen gewissen Bezug zur Individualisierungsthese i. w. S. auf, jedoch hängen sie mindestens im gleichen Maße mit der Schweigespirale-Hypothese zusammen (▶ Kap. 5.5). Die Schweigespirale geht auf unsere Isolationsfurcht zurück und impliziert, dass wir uns deswegen einem mehrheitlichen Geschmack anschließen. Wir bewegen uns in der Filterblasen- und Echokammern-Thematik also irgendwo zwischen dem **Streben nach Einzigartigkeit** (Filtern nach unserem individuellen Gusto) und einer **kollektivistischen Haltung** (unsere Meinung von den anderen bestätigen lassen und andere ähnliche Meinungen als Mehrheitsmeinung anerkennen). Auch lassen sich gewisse Bezüge zur Theorie des sozialen Vergleichs erkennen (▶ Kap. 4.5).

Die Verbreitung des Konzepts der Echokammern wird insbesondere mit SUNSTEIN (2001) in Verbindung gebracht. Der Beitrag SUNSTEIN (2007) stellt eine geringfügig revidierte Fassung dar, die im Folgenden zugrunde gelegt wird. SUNSTEIN (2017) ist zwar eine Neuauflage, die allerdings im Hinblick auf Argumentationslinien, Begrifflichkeiten und Beispiele keinen Erkenntnisgewinn erbringt und deshalb hier nicht beachtet wird.

Der Ausgangspunkt ist eine hypothetische Annahme, es gäbe eine allgemein verfügbare technologische Möglichkeit, **jeden gewünschten Content für sich zu filtern**. Im Endeffekt würde das dazu führen, dass Personen die für sich irrelevanten Informationen ausfiltern (z. B. Nachrichten über den Nahostkonflikt) und dafür ausschließlich präferierte Inhalte erhalten (z. B. über die Dubai-Schokolade) (SUNSTEIN 2007, S. 1–3). Personalisierung ist das Zauberwort. Dabei muss man nicht die eigenen Präferenzen vollständig dokumentieren. Es reicht, Konsumentinnen mit ähnlichen Vorlieben zu folgen (z. B. »Kundinnen, die das Buch gekauft haben, haben auch jenes Buch gekauft« (S. 4). All das könnte in einer Diktatur der Empfehlungssysteme enden (S. 5). Denn für eine Demokratie ist es essenziell, andere Meinungen zu hören, von denen man nicht gewusst hat, dass sie existieren (S. 5–6). Darüber hinaus braucht eine gesunde Gesellschaft eine breite Basis gemeinsamer Erfahrungen, um eine gegenseitige Empathie aufzubauen (S. 6). Personengruppen mit ähnlichen Meinungen würden eine übermäßige Selbstsicherheit und Selbstermächtigung entwickeln, ihre Überzeugungen mit allen Mitteln, notfalls gewalttätig, durchzusetzen (S. 10). Mögliche Verbreitung von Fake News, Entwicklung von Konsumenteneinstellung gegenüber demokratischen Prozessen und eine generelle Gefährdung der Meinungsfreiheit werden als Gefahren anerkannt, die von einem durchdringenden Filtermechanismus ausgehen könnten (S. 11–12).

SUNSTEIN argumentiert, dass die öffentlichen Foren wie Parks die Funktion haben, Informationen, Positionen und Meinungen zwischen Menschen auszutauschen, an die man sonst nicht gedacht hätte. Damit soll eine breite Basis für eine gemeinsame Verständigung erst geschaffen werden. Während journalistisch geprägte Medien, beispielsweise durch Nachrichtensendungen, dies ermöglicht haben, sieht es bei digitalen individualisierbaren Medien eher schlecht aus (S. 29–31). Stattdessen werden sich durch perfekte Filterung der Inhalte folgende Effekte einstellen: **Fragmentierung der Präferenzen, Nachfrage nach Solidaritätsgütern** (z. B. Parteizeitungen und verschiedenes Fan-Verhalten) sowie **fehlende Bereitschaft, sich mit widersprüchlichen Informationsquellen auseinanderzusetzen** (S. 44–45).

Die Gruppierung von Gleichgesinnten kann außerdem zu einer **Polarisierung** führen, (S. 60) die durch überzeugende Proargumente, eine Fülle unterstützender Informationen, das Fehlen von Gegenargumenten, den Wunsch nach sozialer Zugehörigkeit und die Verringerung von Unsicherheit bei extremen Positionen begünstigt wird (S. 64–67). Die soziale Komponente begünstigt Informationslawinen (»cybercascades«) und damit eine Verbreitung von Memes, einseitigen Meinungen und Fake News (S. 86 ff.). Insbesondere die Informationslawinen sowie Fake News stellen eine gesellschaftliche Gefahr dar. SUNSTEIN kritisiert auch Blogs für ihre Einseitigkeit und sieht sie nicht als Beitrag zur Meinungsvielfalt (S. 144 ff.).

PARISER (2011) argumentiert ähnlich, dass individuelle Suchergebnisse am Beispiel von Google und Facebook zur Entstehung von Meinungsblasen führen. Die von Filterblasen ausgehende Gefahr würden einerseits durch ihre **Zentrifugalkraft** zu einer **Fragmentierung der einzelnen Interessen** führen. Darüber hinaus wird herausgestellt, dass die Filterblase, in die man sich begibt, unsichtbar ist – im Gegensatz zum Lesen einer Parteizeitung, die für ihre einseitige Position bekannt ist (S. 9–10). Eine persönliche Folge davon kann sein, dass die Entscheidungsfreiheit dadurch eingeschränkt wird oder gar verloren geht (S. 16). Zwar werden journalistische Medien als Intermediär ausgeschaltet, aber die algorithmischen Intermediäre sind kein gleichwertiger Ersatz (S. 59). Gesellschaftlich wird das **Verschwinden der öffentlichen Meinung** heraufbeschwört, da am Ende mehrere unvernetzte Meinungssegmente gegenüberstehen (S. 155). Schlussendlich kann das in einer **Mosaik von Subkulturen** enden (S. 221).

Auch wenn die Themen der Filterblasen und Echokammern um die Zeit der Empfehlungssysteme, des Web 2.0 und der Entstehung von Social Media bekannt wurden, haben sie nichts von ihrer Relevanz verloren. Vielmehr kann man **die damals prophezeiten Effekte gegenwärtig in ihrer ganzen bunten Vielfalt beobachten.** So haben Fake News viele negative gesellschaftliche Impulse ausgelöst. Im ÖPNV sehen wir heute bereits, dass ein öffentlicher Diskurs nicht mehr stattfindet. Vielmehr versuchen Menschen, mit Zero-Noise-Kopfhörern sich der Umgebung zu entziehen. Es wird bereits jetzt prophezeit, dass das Ausblenden via VR-Brille der nächste Individualisierungsschritt sein wird (als belletristische Bearbeitung überzeugend bei SHELDON 2018). Es wird zudem erwartet, dass generative KI die o. g. Problematik weiter verschärft, da die Antworten auf der Basis vergangener Daten generiert werden (siehe z. B. SHARMA et al. 2024). In Bezug auf die Echokammern gibt es in der Literatur Belege für eine Fragmentierung der Publika, jedoch wider Erwarten weniger Anhaltspunkte für eine Polarisierung (siehe z. B. NYHAN et al. 2023).

> **Lesehinweise**
>
> - Pariser, E.: The filter bubble. What the Internet is hiding from you, London 2011 [Primärquelle]
> - Sunstein, C. R.: Republic.com 2.0, Princeton, Ewing 2009 [Primärquelle]
> - Gleich, U.: Auswirkungen von Echokammern auf den Prozess der Meinungsbildung, in: Media Perspektiven, Heft 2, 2019, S. 82–85. [Lesetipp]
> - Nyhan, Brendan et al.: Like-minded sources on Facebook are prevalent but not polarizing, in: Nature, Jg. 620, Heft 7972, 2023, S. 137–144. [Empirische Studie]
> - Cinelli, Matteo et al.: The echo chamber effect on social media, in: Proceedings of the National Academy of Sciences of the United States of America, Jg. 118, Heft 9, 2021, https://doi.org/10.1073/pnas.2023301118. [Umfangreiche Studie zu Echokammern]
> - Sheldon, Joss: Individutopia, Rebel Books 2018. [Lesetipp]

5.7 Diffusion von Innovationen (ROGERS)

Zentrale Erkenntnisse

- Das Modell der Diffusion (Verbreitung) von Innovationen nach ROGERS (2003) zeigt eine Vielfalt von Einflussfaktoren auf, weshalb sich einige Innovationen durchsetzen und andere nicht. Unter Innovation wird dabei nicht notwendigerweise eine objektiv neue Idee verstanden, es reicht, wenn sie von einer sozialen Gruppe subjektiv als neu wahrgenommen wird. Auf den Diffusionsprozess wirken dabei vier Faktorenbereiche aus: Attribute einer Innovation, Kommunikation einer Innovation über Kommunikationskanäle, die zeitliche Dimension sowie die Struktur eines sozialen Systems. ROGERS unterscheidet verschiedene Gruppen eines sozialen Systems anhand ihrer Einstellungen zur Adoption (Übernahme) von Innovationen, z.B. Early Adopter.
- »Diffusion is a special type of communication in which the messages are about a new idea. The newness of the idea in the message content gives diffusion its special character. The newness means that some degree of uncertainty is involved in diffusion. [...] Diffusion is a kind of *social change*, defined as the process by which alternation occurs in the structure and function of a social system. When new ideas are invented, diffused, and adopted or rejected, leading to certain consequences, social change occurs.« (ROGERS 2003, S. 6)
- Das Modell zeigt Elemente und Verläufe eines Diffusionsprozesses von Innovationen in einem sozialen System und Erfolgsfaktoren auf. Es verdeutlicht, warum der Einsatz von geeigneten Kommunikationsmaßnahmen und Meinungsführerinnen zur Beschleunigung des Innovationsprozesses und zum Erreichen einer kritischen Masse sinnvoll ist. Das Modell ist in Teilen empirisch getestet und ist in der Praxis gut anwendbar, auch wenn es zu sehr auf Innovation als eine positive Erscheinung ausgerichtet ist.
- Modellgebiete: Soziologie, Marketing, Geschichts- und Kommunikationswissenschaften, Organisationsentwicklung, Change-Kommunikation

»Diffusion of Innovations« erschien bereits 1962 und wurde seitdem immer wieder aktualisiert. Die letzte hier verwendete Auflage aus dem Jahre 2003 enthält beispielsweise Bezüge zur Diffusion von digitalen Innovationen in der Gesellschaft und zum Digital Divide (ROGERS 2003, S. XIX; ▶ Kap. 5.8). Das Grundmodell scheint sich bewährt zu haben (S. XV). Der Autor kam ursprünglich über die Erforschung von Innovationsprozessen in der Landwirtschaftssoziologie zu diesem Themenkomplex, wechselte jedoch in die kommunikationswissenschaftliche Domäne über (S. XVII). Nach seiner Auffassung sind Diffusionsprozesse von Innovationen universelle **Grundprozesse des sozialen Wandels** (S. XVI).

Im Folgenden wird das **Grundmodell** dargestellt (ROGERS 2003, S. 1–38). Der Schreibstil des Werks wirkt für einen Soziologen ungewöhnlich klar und verständlich. Weitere Teile des Buches gehen auf die geschichtliche Genese der interdisziplinären Diffusionsforschung und Kritik heutiger Forschungsströmungen zurück. Sie stellen detaillierte Herleitungen der Ausführungen dar. Anhand von vielen Fallstudien werden der Prozess der Innovationsentstehung, der Innovationsentscheidungsprozess, Faktoren der Innovationsannahmerate, Innovationstypen, Diffusionsdynamiken und ihre Abhängigkeit von Kommunikation und Meinungsführern skizziert. Die letzten Abschnitte widmen sich der pragmatischen Gestaltungsperspektive, also der Frage, was der Veränderungsagent bewirken kann, wie Innovationsprozesse in Organisationen ablaufen und welche Konsequenzen Diffusionsprozesse haben können.

Den Ausgangspunkt der Überlegungen bildet die Herausforderung für Individuen und Organisationen, wie man die Verbreitung von Innovationen beschleunigen kann (S. 1). **Diffusion** wird dabei **als ein Prozess** mit vier Kernelementen definiert, die im Folgenden erörtert werden. Dabei ist jeder Verbreitungsprozess von Innovationen einzigartig – der Ablauf ist je nach Rahmenbedingung mal sehr schnell, mal etwas langsamer.

a) Attribute einer Innovation

Die Innovation muss nicht objektiv neu sein. Ausschlaggebend ist die Wahrnehmung einer Idee, eines Verfahrens oder eines Gegenstandes durch Individuen als neuwertig (S. 12 f.). Auch das Wissen um die »Innovation« muss nicht neu sein, sondern auf eine veränderte (positive) Einstellung zur Umsetzung dieser Innovation zurückzuführen sein. Wenn man von Innovationen spricht, sind dies meistens **technologische Innovationen**, die eine wirtschaftlichere Input-Output-Relation der Ressourcennutzung erlauben, z. B. Einsparen von Anfahrtswegen und Reisen durch digitale Besprechungen.

Technologische Innovationen haben eine **Hardware**- (z. B. neue Prozessoren) und eine **Softwareseite** (z. B. neue Algorithmen). In vielen Fällen besteht die Innovation nur aus der Software bzw. der Information. Solche Ideen verbreiten sich aufgrund ihrer geringeren Beobachtbarkeit langsamer. Zur Beschleunigung der Innovationsdiffusion werden daher Hardwarekomponenten häufig günstiger verkauft, um die Einnahmen über die Softwarekomponente zu erzielen, z. B. im Fall einer vergünstigten Videospielekonsole, die über höhere Spielpreise quersubventioniert wird.

Eine Innovation führt bei potenziellen Interessentinnen zunächst zu Unsicherheiten über die **persönlichen Konsequenzen** der Annahme einer Innovation. Die Entscheidung darüber kann in einen Informationssuch- und einen Informationsverarbeitungsprozess zerlegt werden, in welchem das Individuum Vor- und Nachteile eines Innovationsprozesses abwägt (S. 14).

Über die Annahme einer Innovation entscheiden darüber hinaus die wahrgenommenen **Attribute einer Innovation** (S. 15 f.):

- relative wahrgenommene Vorteile gegenüber einer bereits existierenden Lösung, z. B. günstigerer Preis, höheres soziales Prestige, größere Bequemlichkeit,
- Kompatibilität mit bestehenden Normen, Erfahrungen, Bedürfnissen von potenziellen Umsetzern, z. B. kann ein Sparschwein nicht unbedingt einen Sparreiz bei einer Kundin muslimischen oder jüdischen Glaubens auslösen, denn das Schwein gilt für sie als unreines Tier,
- Komplexität einer Innovation kann das Verständnis erschweren, z. B. das Erlernen von Kommunikationsmodellen als Grundlagen für das spätere berufliche Handeln,
- Ausprobierbarkeit von Innovationen kann die Unsicherheit über Konsequenzen abbauen, z. B. kostenlose Test- oder Basisversion einer neuen Software,
- Beobachtbarkeit von Ergebnissen der Innovationen kann zu den gleichen Effekten führen wie Ausprobierbarkeit.

Die Annahmerate einer Innovation ist umso höher, je höher der relative Vorteil, die Kompatibilität, die Möglichkeit zum Ausprobieren und die Beobachtbarkeit und geringer die Komplexität ist (S. 16 f.).

b) Kommunikation einer Innovation und Kommunikationskanäle

Kommunikation ist damit ein Prozess, in welchem Teilnehmer Informationen (Bedeutungen) miteinander erschaffen und teilen, um ein **gemeinsames Verständnis für bestimmte Ereignisse** zu erlangen (S. 5 f.). Dabei wird der Kommunikationsprozess nicht als ein-, sondern zweiseitig betrachtet, denn die Auseinandersetzung mit einer Innovation stellt einen Interaktionsprozess dar. Die Diffusion ist ein spezieller Kommunikationsprozess, bei dem Neues kommuniziert wird. Dies impliziert eine Unsicherheit über die verfügbaren Alternativen und die daraus resultierenden Konsequenzen. Information ist dabei ein Mittel, um die Unsicherheit zu reduzieren. In einen solchen **Kommunikationsprozess** sind involviert (S. 18):

a. eine konkrete Innovation,
b. eine Person mit Erfahrungen im Umgang mit dieser Innovation,
c. eine Person ohne Erfahrungen im Umgang mit dieser Innovation,
d. ein Kommunikationskanal zur Verbindung der Personen aus b. und c.

Als **Kommunikationskanäle** können dabei Massenmedien besonders hilfreich sein, um Informationen zu verbreiten. Interpersonelle Kommunikation kann bei der Überzeugung in der Entscheidungsphase jedoch wichtiger sein (S. 18 f., 21). In Anlehnung an das Zwei-Stufen-Fluss-Modell (▶ Kap. 5.1) lassen sich Meinungsbefolgende stärker von den persönlichen Beziehungen zu den Meinungsführerinnen leiten, während Meinungsführerinnen sich stärker auf Massenmedien reagieren (ROGERS 2003, S. 305).

Die Ähnlichkeit (Homophilie) von Individuen hinsichtlich bestimmter Attribute (z. B. Bildung, sozioökonomischer Status, Überzeugungen) kann die Verbreitung einer Innovation positiv beeinflussen. Je unterschiedlicher die Personen sind, die über eine Innovation kommunizieren, desto langsamer verläuft die Diffusion. Dabei ist die Unterschiedlichkeit (Heterophilie) eines der Kernprobleme solcher Prozesse. Jemand, der eine technische Innovation einführen möchte, kann dabei technisch besser ausgebildet sein als die zur Innovation zu bewegenden Personen und nicht ihre Sprache sprechen und deshalb weniger überzeugend wirken (S. 19). Ein gewisser Grad an Unterschiedlichkeit (in bestimmten Attributen) muss gegeben sein, sonst kann kein Wandel stattfinden. Wenn aber z. B. eine Lehrerin ihre Schülerinnen zu ihrem Social-Media-Verhalten belehren will, wird sie weniger Erfolg haben, als wenn dies ältere Mitschülerinnen tun. Im Projekt »Medienscouts NRW« (www.medienscouts-nrw.de) spielen deshalb die älteren Mitschülerinnen eine ausschlaggebende Rolle bei dieser Form der Medienerziehung. Sobald eine Innovation eine kritische Masse (▶ Dar. 43) erreicht, verbreitet sie sich selbstverstärkend weiter (S. 343).

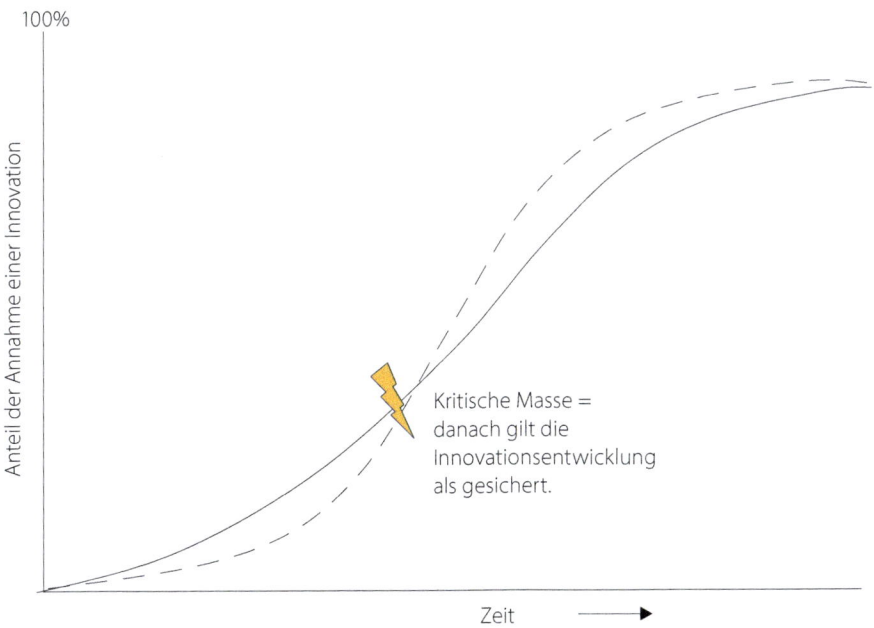

Dar. 43: Die kritische Masse eines Diffusionsprozesses (Quelle: ROGERS 2003, S. 344)

c) Die zeitliche Dimension eines Diffusionsprozesses

Ein **Diffusionsprozess** umfasst den Innovationsentscheidungsprozess, die Innovationseinstellungen eines Individuums im Vergleich zu den Einstellungen anderer Mitglieder des sozialen Systems sowie das allgemeine Annahmeverhalten einer

Innovation in einem sozialen System innerhalb einer gegebenen Zeit. Der **Innovationsentscheidungsprozess** umfasst dabei die Phasen »Wissen« (Kennenlernen der Innovation und ihrer Funktionen), »Überzeugung« (positive oder negative Einstellung zur Innovation aufbauen), »Entscheidung« (Annahme oder Ablehnung einer Innovation), »Implementierung« (Umsetzung einer Innovation) und »Bestätigung« (Reflektion bzw. Überdenken der Umsetzungsentscheidung) (S. 20, 169). Das **allgemeine Annahmeverhalten** einer Innovation in einem sozialen System innerhalb einer gegebenen Zeit lässt sich in der Regel mit einer S-Kurve verdeutlichen (▶ Dar. 43): Zunächst kommt die Innovation nur zögerlich zum Einsatz, nach dem Durchbruch und der Bildung einer kritischen Masse geht es schneller voran und anschließend sinkt die Annahmerate wieder (S. 23).

Eine wichtige Leistung von ROGERS (2003) ist die **Einteilung der Mitglieder** eines sozialen Systems nach ihren Einstellungen, eine Innovation anzunehmen (S. 22). Hierfür kann die S-förmige Innovationsadaptionskurve (▶ Dar. 43) in eine Normalverteilung überführt werden (▶ Dar. 44). Um den Mittelwert der Innovationseinstellung »µ« dieser Normalverteilung mit einer Standardabweichung »+/- σ« werden die Gruppen »frühe« (setzen eine Idee vor der frühen Mehrheit um, S. 283 f.) und »späte Mehrheit« (Skeptikerinnen, S. 284) gesetzt, auf der rechten Seite werden die darüberhinausgehenden Gruppen als »Nachzügler« (konservative Traditionalistinnen, S. 284 f.) klassifiziert. Auf der linken Seite werden im Bereich zwischen einer (»µ - σ«) und zwei Standardabweichungen (»µ - 2σ«) die »frühen Umsetzerinnen« (höchster Anteil an lokaler Meinungsführerschaft; S. 283, höherer Bildungsgrad und sozialer Status; S. 288) klassifiziert und die ersten, die eine Innovation annehmen, sind die Innovatorinnen (S. 280 f.). Um möglichst nah an der Primärquelle zu bleiben, haben wir die englischsprachige Terminologie beibehalten.

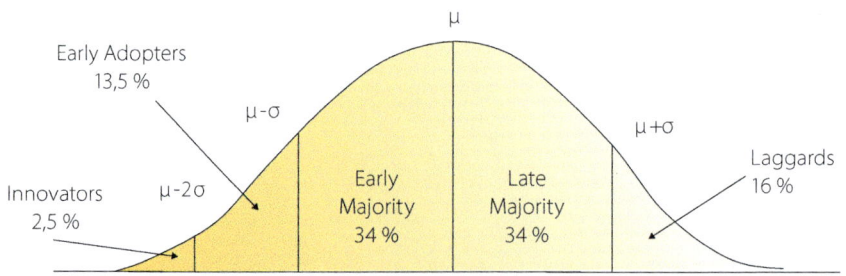

Dar. 44: Einstellungen bezüglich Innovation nach ROGERS (2003, S. 5, 281)

d) Die Struktur eines sozialen Systems und die Bedeutung von Meinungsführerinnen

Ein **soziales System** wird durch eine Menge verbundener **Individuen, informeller Gruppen und Organisationen** beschrieben, die nach einer Lösung für ein gemeinsames Problem suchen (S. 23 f.). Dabei kann jedes Element eines sozialen Systems von einem anderen unterschieden werden. Diffusion ist dabei ein Prozess des sozialen Wandels, der Struktur und Funktionen eines solchen sozialen Systems beeinflusst (S. 6).

Die Struktur eines sozialen Systems wird definiert als **Verhaltensmuster seiner Mitglieder**, die dem System und dem menschlichen Verhalten eine gewisse **Stabilität und Regularität** verleiht. Eine solche formale Struktur ist eine Art von Information und hilft, Unsicherheiten zu verringern (S. 24 f.). Auf der anderen Seite gibt es die Kommunikationsstruktur, die informelle Kommunikationsmuster repräsentiert, z. B. das Kommunizieren gleichartiger Mitglieder in Cliquen. Auch Normen sind ein Aspekt eines sozialen Systems als etablierte Muster für geduldetes und erwartetes Verhalten. Sie können ebenfalls Einfluss auf das Innovationsverhalten üben. Diese Elemente eines sozialen Systems können Erfolg einer Innovation determinieren.

Meinungsführerinnen können die Entwicklung einer Innovation verstärken oder abschwächen. Dabei spiegeln sie die Normen eines sozialen Systems wider. Wenn die Mitglieder gegenüber Innovationen weniger aufgeschlossen sind, sind die Meinungsführer das auch (S. 27). Im Vergleich zu ihren Imitatoren (Followern) sind Meinungsführerinnen stärker allen möglichen Formen der externen Kommunikation ausgesetzt und daher kosmopolitischer unterwegs, haben einen höheren sozioökonomischen Status und stehen Innovationen aufgeschlossener gegenüber (S. 27). Ihre wichtigste Eigenschaft ist jedoch ihre einzigartige und einflussreiche Position in der Kommunikationsstruktur des sozialen Systems. Durch die interpersonellen Beziehungen kann die Meinungsführerin ein soziales Vorbildmodell für innovatives Verhalten bieten, welches nachgeahmt wird. Jedoch darf sich die Meinungsführerin nicht zu sehr von den üblichen Normen entfernen (S. 27). Im Gegensatz zur Meinungsführerin kann ein »Change Agent« nicht über den vergleichbaren Respekt im sozialen System verfügen, jedoch die Meinungsführerin für ihre Zwecke engagieren (S. 27), z. B. im Fall von Influencer Marketing. Es macht außerdem einen Unterschied aus, welcher Innovationsentscheidungstyp in einem sozialen System getroffen wird: Ist das eine optionale und freiwillige Innovationsentscheidung oder eine kollektive Innovationsentscheidung oder wird die Entscheidung autoritär verordnet (S. 28 f.)?

Die Diffusion von Innovationen ist ein anerkanntes Modell, das u. a. auf anderen Erkenntnissen wie der Meinungsführerforschung nach LAZARSFELD et al. (1968) aufbaut (▶ Kap. 5.1). Die Begrifflichkeiten wie Early Adopters und Late Majority sind zu einem festen Vokabular der Diffusionsforschung geworden. Das Modell findet **in verschiedenen Kontexten Anwendung** (z. B. bei der Analyse der zunehmenden Verbreitung von ChatGPT im Bildungswesen (RAMAN et al. 2023) und hat andere Modelle inspiriert wie z. B. die Change-Kommunikation nach KOTTER (▶ Kap. 6.9) oder das Technology Acceptance Models (▶ Kap. 4.3). Einzelne Ausschnitte des Diffusionsmodells sind empirisch getestet worden und verdeutlichen anhand von Beispielen die Praktikabilität des Modells. Auf der anderen Seite wird u. a. kritisiert, dass die Klassifikation der Innovationseinstellungen spekulativ und die Sichtweise auf die Innovation rein positiv geprägt ist (MACVAUGH/SCHIAVONE 2010, S. 204 ff.).

> **Lesehinweise**
>
> - Rogers, E. M.: Diffusion of innovations, 5. Auflage, New York 2003 [Primärquelle]
> - Prasad Agrawal, K.: Towards Adoption of Generative AI in Organizational Settings, in: Journal of Computer Information Systems, Jg. 64, Heft 5, 2024, S. 636–651. [Studie zur Einführung von KI in Unternehmen – u. a. am Beispiel von ROGERS]
> - MacVaugh, J./Schiavone, F.: Limits to the diffusion of innovation, in: European Journal of Innovation Management, Jg. 13, Heft 2, 2010, S. 197–221 [Überblick anderer Diffusionsmodelle im Vergleich zu ROGERS]

5.8 Die Wissenskluft-Hypothese (TICHENOR et al.)

> **Zentrale Erkenntnisse**
>
> - Die Wissenskluft-Hypothese geht von zunehmenden Unterschieden im Allgemeinwissen aus, obwohl der Zugang zu den Medien so gut ist wie nie zuvor. Eine entscheidende Variable ist der Bildungsstand, dessen unterschiedliche Ausprägung zur Abweichung zwischen sozialen Subsystemen führt. Ein ernüchterndes Ergebnis des Forschungsansatzes besteht in der Schlussfolgerung, dass es eine Informationskampagne eigentlich nie schaffen wird, alle Bevölkerungsschichten zu erreichen. Auf diese Weise sollen Risiken für ein »Auseinanderbrechen« der Gesellschaft thematisiert werden. Als eine besondere Form der Wissenskluft betrachten wir den Digital Divide – die Kluft zwischen verschiedenen Gruppen in physischem Zugang und Nutzung von digitalen Medien sowie digitalen Kompetenzen.
> - »Acquisition of knowledge about science and other public affairs issues may be viewed as a component of social change consistent with a cumulative change model. According to this perspective, a given increment of change may lead to a chain reaction appearing as an increased rate of acceptance of a pattern of behavior, a belief, a value, or an element of technology in a social system. [...] Because certain subsystems within any total social system have patterns of behavior and values conducive to change, gaps tend to appear between subgroups already experiencing change and those that are stagnant or slower in initiating change.« (TICHENOR et al. 1970, S. 159)
> - Diese Wissenskluft-Hypothese zeigt, dass der Abbau der Hürden für den Wissenszugang noch keine Gleichheit in der Gesellschaft herbeiführt. Es ist

5.8 Die Wissenskluft-Hypothese (TICHENOR et al.)

> vielmehr die Bildung und der Kompetenzaufbau. Ein ähnliches aktuelles Phänomen betrifft den Digital Divide, eine neue Kluft-Hypothese in einer Informationsgesellschaft. Daher bleibt die Wissenskluft-Hypothese – in neuen Kontexten – weiterhin aktuell.
> - Modellgebiete: Soziologie, Diffusionsforschung, Kommunikationswissenschaften (Wirkungsforschung)

Es wird angenommen, dass die **Wissensaufnahme** im Wesentlichen über Wissenschaft und öffentliche Angelegenheiten eine Kettenreaktion im sozialen System in Form einer erhöhten Akzeptanz einer Technologie, eines Verhaltensmusters, einer Einstellung etc. auslöst. Da in einigen sozialen Subsystemen Verhaltensnormen und -muster gegenüber solchen Änderungen aufgeschlossener sind (z. B. in gebildeten Bevölkerungsschichten) als in einigen anderen sozialen Subsystemen (z. B. in weniger gebildeten Bevölkerungsschichten), entstehen **Lücken zwischen solchen Subsystemen** (TICHENOR et al. 1970, S. 159).

Auf der Basis bisheriger Forschungsergebnisse und Daten aus vier weiteren Studien haben TICHENOR et al. die allgemeine Hypothese überprüft: Wenn Informationen von den Massenmedien in die sozialen Systeme fließen, können Bevölkerungsschichten mit hoher Bildung diese Informationen tendenziell schneller aufnehmen als Bevölkerungsschichten mit niedriger Bildung, so dass der **Wissensabstand** zwischen diesen Gruppen sich eher vergrößert als verkleinert (S. 159 f.)?

Diese Hypothese wird bei TICHENOR et al. (1970, S. 163) zur empirischen Überprüfung in **Unterhypothesen** überführt (▶ Dar. 45). Unterhypothese 1 postuliert, dass im Zeitablauf der Wissenserwerb von massenmedial stark verbreiteten Nachrichten (»Hauptnachrichten«) bei Personen höherer Bildung (HB) mit einer höheren Rate verläuft als bei Personen mit einem niedrigeren Bildungsniveau (NB). Damit soll der Nachweis der Wissenskluft über einen **zeitlichen Unterschied** zwischen den Schichten erbracht werden. Unterhypothese 2 versucht, die Wissenskluft über einen Unterschied des **massenmedial erworbenen Vorwissens** nachzuweisen. Es wird demnach postuliert, dass zu einem bestimmten Zeitpunkt die Korrelation zwischen Wissenserwerb von massenmedial stark verbreiteten Nachrichten (»Hauptnachrichten«) und dem jeweiligen Bildungsgrad höher ist als zwischen Wissenserwerb von massenmedial weniger stark verbreiteten Nachrichten (»Nebennachrichten«) und dem jeweiligen Bildungsgrad.

Es werden darüber eine **Reihe von Annahmen** getroffen (S. 160). Es wird zunächst klargestellt, dass die Wissenskluft-Hypothese nicht so gemeint ist, dass Personen niedriger Bildung völlig uninformiert bleiben oder der bestehende Wissensbestand absolut abnimmt. Es wird darüber hinaus angenommen, dass der Zuwachs an Wissen linear oder kurvenförmig verläuft, aber niemals irreversibel ist. Zum anderen wird angenommen, dass der Punkt von abnehmenden Grenzerträgen aus den Massenmedienimpulsen noch nicht erreicht worden ist, und wenn er erreicht sein sollte, dass die Entwicklungen (gleichzeitig) auf verschiedenen Niveaus ablaufen. Diese Annahme soll ausschließen, dass bei einer Gruppe mögli-

Dar. 45: Präzisierung der Wissenskluft-Hypothese nach TICHENOR et al. (1970, S. 163)

Unterhypothese 1 (im Zeitablauf):	Massenmedial stark verbreitete Nachrichten (»Hauptnachrichten«)	Massenmedial weniger stark verbreitete Nachrichten (»Nebennachrichten«)
Personen mit hohem Bildungsgrad (HB)	Wissenserwerb für »Hauptnachrichten« bei Personen mit HB	
	>	
Personen mit niedrigem Bildungsgrad (NB)	Wissenserwerb für »Hauptnachrichten« bei NB	

Unterhypothese 2 (für einen Zeitpunkt):	Massenmedial stark verbreitete Nachrichten (»Hauptnachrichten«)		Massenmedial weniger stark verbreitete Nachrichten (»Nebennachrichten«)
Personen mit hohem Bildungsgrad (HB)	Korrelation zwischen Wissenserwerb und Bildungsgrad für »Hauptnachrichten«	>	Korrelation zwischen Wissenserwerb und Bildungsgrad für »Nebennachrichten«
Personen mit niedrigem Bildungsgrad (NB)	Korrelation zwischen Wissenserwerb und Bildungsgrad für »Hauptnachrichten«	>	Korrelation zwischen Wissenserwerb und Bildungsgrad für »Nebennachrichten«

cherweise schon Sättigungseffekte einsetzen, bei einer anderen dagegen noch nicht. Die Wissenskluft-Hypothese gilt primär für öffentliche Angelegenheiten und Wissenschaftsnachrichten. Für andere Themen wie z. B. Börsennachrichten oder Sport muss sie nicht unbedingt zutreffen.

Die Wissenskluft-Hypothese scheint zu erklären, warum Informationskampagnen (z. B. zur Corona-Impfung) es **nicht schaffen, die Öffentlichkeit insgesamt zu erreichen**. Dabei mehren sich in verschiedenen Studien die Anzeichen, dass die Wissensaufnahme mit dem Bildungsgrad zusammenhängt. Die öffentlichen Informationskampagnen zu gesellschaftlich relevanten Themen wie z. B. zur Tätigkeit der UNO zeigen, dass davon vor allem die Schichten mit höherer Bildung profitieren und die »bildungsfernen Schichten« als Hauptzielgruppe der Kampagne diese Informationen ignorieren (S. 161).

Verschiedene Studienergebnisse wurden als empirischer **Nachweis** der Wissenskluft-Hypothese herangezogen.

- **Die Diffusion von Top-Nachrichten:** Personen mit höherem Bildungsniveau hatten innerhalb der ersten beiden Tage ihres Bekanntwerdens im Vergleich zu Personen niedrigerer Bildung ein höheres Wissen. Der Unterschied hat sich in einer langfristigen Betrachtung sogar noch vergrößert (S. 163).

- **Wissensstand und Einstellungen im Zeitablauf**: Hier wurde auf langfristige Befragungsdaten eines Meinungsforschungsinstitutes zurückgegriffen, bei denen u. a. die gleichen Fragen gestellt wurden, die im relevanten Zeitraum auch die nötige Medienresonanz erhielten: Korrekte Identifikation von künstlichen Erdsatelliten (»Sputnik«), Glauben an eine Mondlandung mit Menschen und Glauben an einen Zusammenhang zwischen Rauchen und Krebserkrankungen (S. 163). Für alle drei Themen konnte eine Zunahme der Korrelation zwischen Bildungsgrad und Wissensstand festgestellt werden. Andere Faktoren wie die Änderung des Ausbildungssystems könnten sich verzerrend auswirken und wurden nicht betrachtet (S. 164 f.). Bei der Frage nach der Mondlandung (erste Befragung 1949, letzte Befragung 1965; erste Mondlandung hat sich 1969 ereignet) war außerdem erkennbar, dass die Antworten von Befragten im Zeitablauf immer weiter auseinandergegangen sind – in Abhängigkeit vom Bildungsabschluss und damit im Einklang mit der Wissenskluft-Hypothese (S. 165 f.).
- **Nachrichtenstreikstudie**: Eine Umkehrung der Wissenskluft-Hypothese kann bedeuten, dass ohne Berichterstattung in den Massenmedien die Wissensstandunterschiede für beide Bildungsgruppen abnehmen. Deshalb wurde das Wissen in zwei regionalen Gebieten verglichen – in einem gab es einen Zeitungsstreik, in dem anderen keinen. Am Ende der ersten Streikwoche konnte gezeigt werden, dass die Unterschiede im Wissen von aktuellen Angelegenheiten (Anzahl richtig beantworteter Fragen) zwischen College- und High-School-Absolventen im Gebiet ohne Zeitungsstreik beachtlich höher war als bei Personen im Streikgebiet. Da Informationen über den allgemeinen Bildungsgrad in den Gemeinden nicht zur Verfügung standen, seien die Ergebnisse vorsichtig zu werten (S. 167).
- **Verständnis von Wissenschaftsartikeln**: Alle bisherigen Studien waren zwar konsistent mit der Wissenskluft-Hypothese, die sich jedoch nur über Zwischenvariablen ableiten ließ. Eine weitere Untersuchung wurde unternommen, um diese Variablen direkt zu beobachten. Gemäß der Unterhypothese 2 wurde angenommen, dass die Korrelation zwischen Bildungsstand und den massenmedial stark verbreiteten Themen (»Hauptthemen«) höher ist als die Korrelation zwischen Bildungsstand und den massenmedial weniger stark verbreiteten Themen (»Nebenthemen«). Dieser Unterschied liegt darin begründet, dass Personen mit einem höheren Bildungsstand über entsprechendes Vorwissen verfügen, dass sie aus Massenmedien erhalten haben sollten (S. 167). Für die Studie wurden 600 Personen gebeten, zwei verschiedene Wissenschaftsartikel aus Zeitungen aus der Umgebung aus beiden Kategorien »Haupt-« und »Nebennachrichten« zu lesen. Sie wurden anschließend zu den Inhalten befragt und die Richtigkeit ihrer Antworten wurde bewertet (S. 168 f.). Die Ergebnisse waren eindeutig zugunsten der Wissenskluft-Hypothese zu deuten, mit einigen Ausnahmen für den medizinisch-biologischen Inhaltsbereich. Den letzteren Effekt führen die Autoren der Studie darauf zurück, dass auch Personen mit einer durchschnittlichen Bildung sich für Gesundheitsnachrichten interessieren.

5 Modelle der gesellschaftlich-politischen Kommunikation

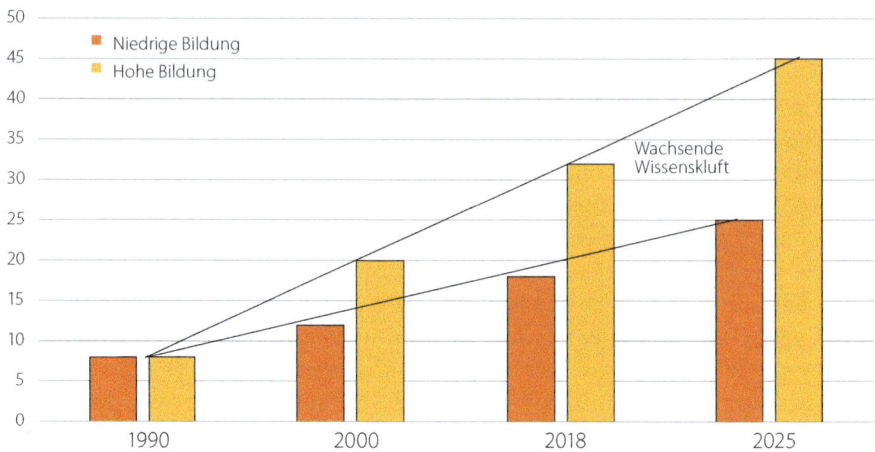

Dar. 46: Wachsende Wissenskluft im Hinblick auf öffentliche Angelegenheiten nach TICHENOR et al. (Quelle: In Anlehnung an MERTEN 1999, S. 374 f.)

Für die Wissenskluft-Hypothese (▶ Dar. 46) existieren mehrere **Erklärungsansätze** (S. 162). So verfügen Personen mit höherer Bildung über höhere Kommunikationsfähigkeiten sowie ein höheres Vorwissen zum Lesen und Einordnen von Nachrichteninhalten. Auch ein relevanter sozialer Kontakt mit einem größeren Personenkreis kann die Wahrscheinlichkeit zur Diskussion von Inhalten der öffentlichen Angelegenheiten erhöhen. Ferner kann Selektivität, Akzeptanz und das Behalten der Inhalte entsprechend den Einstellungen und Bildungsdifferenzen ebenfalls den unterschiedlichen Wissensaufbauprozess erklären. Nicht zuletzt spielt auch die Natur der Massenmedien eine Rolle, z. B. richten Zeitungen sich eher an die Bedürfnisse von Personen mit höherer Bildung und behandeln öffentliche Themen intensiver. Grundsätzlich könnte die **gesellschaftliche Implikation der Massenmedien** in der Summe sogar negativ ausfallen, stellen TICHENOR et al. (1970) fest, denn die Massenmedien scheinen die Unterschiede in sozialen Systemen eher zu erhöhen, anstatt sie abzumildern. Dadurch könnten sich soziale Probleme in der Gesellschaft sogar noch verschärfen (S. 170).

Als eine besondere Form der Wissenskluft wird der **Digital Divide** betrachtet. Dieser beschreibt die ungleiche Verteilung des Zugangs zu digitalen Technologien und deren Nutzungskompetenzen (VAN DIJK 2020, S. 1). Während diese Kluft sich in den 1990er- und 2000er-Jahren durch Unterschiede im physischen Zugang (schnelles Internet, passende Hardware) und den erforderlichen Skills (wie erstelle ich mir ein kostenloses E-Mail-Konto) auftat, gilt sie inzwischen als weitgehend behoben, zumindest in den westlichen Ländern. Die Diskussion verschob sich seit den 2010er-Jahren auf die Folgen der Internetnutzung (S. 7–14), z. B. Erreichen der eigenen Datenhoheit, Erkennen von Fallstricken aus Phishing-Attacken, Nutzung von Social Media (RADOVANOVIĆ et al. 2015) und Folgen der Algorithmen und künstlicher Intelligenz für besonders gefährdete Bevölkerungsschichten (LUTZ 2019).

Die Wissenskluft-Hypothese ist in der Ungleichheitsforschung etabliert und will darauf aufmerksam machen, dass allein eine Bereitstellung von Massenmedien noch keine gesellschaftlich relevante Gleichheit herbeigeführt wird. **Vielmehr ist Bildung und Kompetenzaufbau ein Instrument, um diese Gleichheit zu erzeugen.** Ähnliche Schlussfolgerungen lassen sich aus der Diskussion um den Digital Divide ziehen. Es ist notwendig, dass in einer Informationsgesellschaft eine notwendige Kompetenz für digitales Nutzungsverhalten aufgebaut wird. Bei ständigen neuen Entwicklungen wie zuletzt rund um die generative Intelligenz wird eine gewisse Wahrscheinlichkeit offensichtlich, dass Bevölkerungsgruppen mit einer schlechteren digitalen Kompetenz auf der Strecke bleiben werden. Auf der anderen Seite stimmt die Hypothese mit der allgemein üblichen Feststellung »Oh Zeiten, oh Sitten« überein. Werden aber einige Bevölkerungsschichten im Vergleich wirklich schlauer und andere dümmer? Man kann hier allenfalls Tendenzen aufzeigen. Oder findet nicht einfach nur eine Verlagerung des Wissens statt?

Lesehinweise

- Tichenor, P.J. et al.: Mass media flow and differential growth in knowledge, in: The Public Opinion Quarterly, Jg. 34, Heft 2, 1970, S. 159–170 [Primärquelle]
- Viswanath, K./Finnegan, J.R.: The Knowledge Gap Hypothesis: Twenty-Five Years Later, in: Burleson, B.R./Kunkel, A.W. (Hrsg.): Communication yearbook, 19. Annual reviews of communication research, London 1996, S. 187–228 [Kritischer Rückblick auf den Ansatz der Wissenskluft]
- van Dijk, J.: The Digital Divide, Cambridge, Medford 2020 [Überblick Digital Divide]
- Radovanović, D. et al.: Overcoming digital divides in higher education: Digital literacy beyond Facebook, in: New Media & Society, Jg. 17, Heft 10, 2015, S. 1733–1749 [Kompetenzkluft bei der Nutzung von Social Media]
- Lutz, C.: Digital inequalities in the age of artificial intelligence and big data, in: Human Behavior and Emerging Technologies, Jg. 1, Heft 2, 2019, S. 141–148 [Studie zur Kluft in datenbasierten Algorithmen bei gefährdeten Bevölkerungsschichten]

5.9 Gesellschaft als soziales System (LUHMANN)

Zentrale Erkenntnisse

- Niklas Luhmanns Systemtheorie ist umstritten. Einige feiern sie, andere kritisieren die angeblich antihumanistischen Annahmen der Ansätze und die Komplexität (RASTELLI 2019). Luhmann verspricht eine umfassende

Theorie der Gesellschaft. Die Gesellschaft wird als ein autopoietisches (selbstreferenzierendes), geschlossenes System beschrieben, das sich durch Kommunikation selbst organisiert und durch funktionale Differenzierung in Teilsysteme wie Wirtschaft, Politik und Wissenschaft Komplexität bewältigt. Von Luhmann, der seine Ideen in diversen Publikationen entwickelt hat, werden insbesondere »Soziale Systeme« (LUHMANN 1984) und früheren Publikationen rezipiert. Luhmann selbst sah »Gesellschaft der Gesellschaft« (erschienen in 1997, zitiert als LUHMANN 2021) als sein Hauptwerk.

- »Bei meiner Aufnahmen in die 1969 gegründete Fakultät für Soziologie der Universität Bielefeld fand ich mich konfrontiert mit der Aufforderung, Forschungsprojekte zu benennen, an denen ich arbeite. Mein Projekt lautete damals und seitdem: Theorie der Gesellschaft; Laufzeit: 30 Jahre; Kosten: keine. [...] Für die Theorie der Gesellschaft war von Anfang an eine Publikation gedacht gewesen, die aus drei Teilen bestehen sollte: einem systemtheoretischen Einleitungskapitel, einer Darstellung des Gesellschaftssystems und einem dritten Teil mit einer Darstellung der wichtigsten Funktionssysteme der Gesellschaft. Bei diesem Grundkonzept ist es geblieben, aber die Vorstellungen über den Umfang mußten mehrfach korrigiert werden. Im Jahre 1984 konnten ich das »Einleitungskapitel« in der Form eines Buches unter dem Titel »Soziale Systeme: Grundriß einer allgemeinen Theorie« publizieren. [...] Seit den frühen 80er Jahre wurde zunehmend klar, welche Bedeutung die *Vergleichbarkeit* der Funktionssysteme für die Gesellschaftstheorie hat. [...] Andererseits kann es kein Zufall sein, wenn sich zeigen lässt, daß sehr heterogene Funktionsbereiche wie Wissenschaft und Recht, Wirtschaft und Politik, Massenmedien und Intimbeziehungen vergleichbare Strukturen ausweisen – alleine deshalb schon, weil ihre Ausdifferenzierung Systembildung erfordert. [...] Diese Überlegung hat dazu geführt, daß die Ausarbeitung von Theorien für die einzelnen Funktionssysteme vorgezogen wurde. Publiziert sind inzwischen: Die Wirtschaft der Gesellschaft (1988), Die Wissenschaft der Gesellschaft (1990), das Recht der Gesellschaft (1993) und die Kunst der Gesellschaft (1995). Weitere Texte dieser Art sollen folgen. Inzwischen waren aber auch die Arbeiten an der Theorie des Gesellschaftssystems fortgeschritten. Konvolute von mehreren tausend Manuskriptseiten waren, zum Teil als Begleittexte für Vorlesungen entstanden, ohne eine publizierbare Form zu gewinnen. [...] Der hier publizierte Text ist das Resultat dieser wechselvollen Geschichte.« (LUHMANN 2021, S. 11).
- An Luhmanns Systemtheorie und seinem Begriffsappart verzweifeln viele. Er liefert ein Instrumentarium zu Beschreibung von sozialen Systemen jeder Art. Die Allgemeingültigkeit und die Anwendbarkeit auf alle sozialen Lebensbereiche will er scheinbar anhand der schieren Menge an Veröffentlichungen vorführen. Luhmann erklärt u. a., warum sich die Gesellschaft in Subsysteme ausdifferenziert, die von außen nur bedingt steuerbar sind. Er hat auch aus heutiger Sicht Relevanz, z. B. in Bezug auf die Teilsysteme Banken,

> Kryptowährungen, Social-Media-Plattformen, amerikanische Politik, Schulsystem etc.
> - Modellgebiet: Soziologie, Psychologie, Erkenntnisphilosophie

Woher kommt die **Faszination für Luhmanns Systemtheorie**? Ein Jahr vor seinem Tod im Jahr 1998 hat Niklas Luhmann sein Hauptwerk »Gesellschaft der Gesellschaft« vollendet. Auf dieses Ergebnis hat er 30 Jahre lang hingearbeitet. Niklas Luhmann hat mit seinem Gesamtwerk eine universelle soziologische Theorie der Gesellschaft beabsichtigt. Er arbeitete interdisziplinär, insbesondere an den Schnittstellen von Psychologie, Biologie und Philosophie. Luhmann wollte die **Soziologie auf ein neues (system-)theoretisches Fundament** stellen. Sein Opus magnum beläuft sich seitenmäßig auf mehr als 1000 Seiten (LUHMANN 2021). Das »Einleitungskapitel« dazu – »Soziale Systeme« (LUHMANN 1984) – hat gerade mal 600 Seiten. Luhmanns Texte sind zudem sprachlich schwer zugänglich. Mit beiden Aspekten (Seitenumfang und Verständlichkeit) scheint sich Luhmann in der Tradition der großen Philosophen wie Kant zu sehen. Doch anders als Kant, hat Luhmann nie nachträglich eine Kurzfassung seines Hauptwerks veröffentlicht.

Luhmanns **universelle Theorie der Gesellschaft** soll auf alle möglichen sozialen Systeme anwendbar sein. Er versucht, eine vom Staatsdenker Thomas Hobbes aufgeworfene und u. a. vom Soziologen Talcott Parsons übernommen Frage zu verfolgen, wie **menschliches Zusammenleben** voluntaristisch (d. h. weder mit Zwang noch durch ausschließlich egozentristische Nutzenerwägungen geprägt) **funktionieren kann** und wie solche (offenen) sozialen Systeme sich aufrechterhalten (KNEER/NASSEHI 1993, S. 35–36). Der Besuch einer Weiterbildung bei Parsons markierte einen Wendepunkt in Luhmanns Hochschulkarriere.

LUHMANN (1984) gibt einen fundierten Einblick in die recht abstrakte Denkwelt des Autors. **Seine Kernthese besteht darin,** dass die Gesellschaft aus voneinander abhängigen sozialen Systemen besteht, die sich wiederum durch Kommunikation manifestieren, sich durch die Selbstreferenz organisieren und durch Sinn operieren. Folgende wesentliche Begriffe und Konzepte sind – ohne Anspruch auf Vollständigkeit – für das weitere Verständnis besonders relevant:

- **Systemtheorie**: Ansatz zur Untersuchung von Zusammenhängen und Interaktionen in komplexen Systemen, die als Menge von Elementen und ihren Beziehungen zueinander betrachtet werden. Die Komplexität der Systeme entsteht u. a. durch ihre Selbstorganisation bzw. Selbstreferenz (KNEER/NASSEHI 1993, S. 17–25). LUHMANN (1984) bezeichnet seinen Beitrag als Theorie selbstreferentieller Systeme (S. 24).
- **Soziales System:** Etwas abstrakt wird ein System als jeder soziale Kontakt begriffen – bis hin zur Gesellschaft als Gesamtheit aller möglichen Kontakte (S. 33). Menschen stehen nicht im Zentrum der Betrachtungen, sondern – etwas abstrakt – soziale Kontakte. Es werden drei Arten von sozialen Systemen nach ihrer Dimension unterschieden: Interaktions- (z. B. Gesprächsgelegenheiten im

Supermarkt), Organisations- (z. B. in Unternehmen) und Gesellschaftssysteme (z. B. das Teilsystem Wirtschaft) (LUHMANN 1984, S. 16).

- **Unterscheidung System/ Umwelt:** Systeme orientieren sich an der Umwelt. Zugleich entstehen sie und erhalten sich durch eine Differenz zur Umwelt (S. 35, 243). Ein System betrachtet seine Umwelt als Summe aller anderen Systeme (S. 37).
- **Systemdifferenzierung:** Innerhalb eines Systems kann es zur Bildung von eigenen Untersystemen kommen, die das ursprüngliche System als ihre Umwelt betrachten (S. 37).
- **Selbstreferenz/ Autopoiesis:** Prinzip, nach dem Systeme sich durch Beziehungen zwischen ihren Elementen reproduzieren, d. h. sich selbst erhalten, verstärken und von der Umwelt abgrenzen (S. 59–60). Solche Systeme müssen operativ als geschlossen (autonom) funktionieren. Dies ist die Voraussetzung für ihre Offenheit. Damit werden solche Systeme nicht durch die Umwelt determiniert, aber sehr wohl beeinflusst (KNEER/NASSEHI 1993, S. 51–56).
- **Komplexität der Umwelt:** Gesamtheit der möglichen Ereignisse und Zustände. Soziale Systeme sollen die Komplexität reduzieren. Das führt aber dazu, dass nicht alle Alternativen in einem System möglich sind, und dass deswegen Systeme sich in Teilsysteme ausdifferenzieren (LUHMANN 1984, S. 262–263).
- **Kommunikation:** Diese besteht als eine Einheit von Information, Mitteilung und Verstehen (LUHMANN 1984, S. 203). Soziale Systeme bestehen aus Kommunikation und deren Zurechnung als Handlung (S. 240).

Luhmanns Systemtheorie hat weitreichende Konsequenzen für das Verständnis moderner (offener) Gesellschaften. Sie zeigt, dass **Gesellschaft als umfassendes soziales System aus ausdifferenzierten funktionalen Teilsystemen** besteht (z. B. Wirtschaft, Politik, Wissenschaft), die jeweils ihre eigene Rationalität und Autonomie besitzen. Diese funktionale Differenzierung ermöglicht es, die Komplexität moderner Welt zu bewältigen. Zugleich behalten und entwickeln diese ihre eigene Logik. Ihr Hauptziel besteht darin, ihren Bestand zu sichern. Damit können sich auch mal stärker von der Umwelt abkoppeln und sind nur noch bedingt von außen steuerbar.

Einzelnen Funktionsbereiche hat Luhmann separate Werke gewidmet. Beispielsweise werden in LUHMANN (1988) die obigen Begriffe und Prinzipien der sozialen Systeme angewandt:

- Wirtschaft als **autopoietisches System:** »Die Wirtschaft ist demnach ein ›autopoietisches‹ System, das die Elemente, aus denen es besteht, selbst produziert und reproduzieren muß.« (S. 17).
- Interessant sind die zielführenden und noch heute tagesaktuelle **Schlussfolgerungen**, die Luhmann aus der Anwendung seines systemtheoretischen Ansatzes auf negative externe Effekte des Marktes zieht: »[...] über Preise könnte man es nicht! Als Ergebnis ist demnach festzuhalten, daß die Gesellschaft durch ihre Wirtschaft nicht über die dort ausgelösten Umweltprobleme informiert wird [...]«. (S. 35).

- Zum Geld als **Kommunikationsmedium**: »Im Kontext einer Theorie, die soziale Systeme im allgemeinen und Gesellschaftssysteme im besonderen als Systeme der Reproduktion von Kommunikation beschreibt, muß auch Geld zunächst und vor allem als Medium der Kommunikation behandelt werden.« (S. 230).
- Zur **Ausdifferenzierung von Systemen**: »Geld ermöglicht es, ein besonderes Funktionssystem für Wirtschaft auf der Basis der Grundoperation der Geldzahlung auszudifferenzieren.« (S. 243).
- Und nun zur **begrenzten Steuerbarkeit des Teilsystems Wirtschaft** durch das Teilsystem Politik: »Die Steuerung des Systems ist also immer Selbststeuerung, ob sie nun mit Hilfe einer intern konstruierten Unterscheidung von Selbstreferenz und Fremdreferenz sich auf das System selbst bezieht oder auf seine Umwelt. Das politische System hat in dieser Hinsicht keine Ausnahmeposition; auch die Politik kann nur sich selber steuern, und wenn ihre Steuerung sich auf ihre Umwelt bezieht, dann eben auf ihre Umwelt.« (S. 334).

LUHMANN (2021) scheint alle bisherigen Vorarbeiten in zwei Bänden noch einmal zu bündeln und vervollständigen zu wollen. Dort erhebt er den Anspruch, alle Phänomene des Sozialen beschreiben zu wollen. Luhmann sieht sich wohl in der philosophischen Tradition von Hegel, der ebenfalls versucht hat, seinen für universell gehaltenen dialektischen Dreisatz »These-Antithese-Synthese« auf möglichst viele Bereiche zu übertragen. Dabei verfolgt Luhmann in diesem Werk folgende Argumentationslinien (in Anlehnung an RUSTEMEYER 1999, S. 150, 152–158):

- **Sinn**: Ein zentraler Begriff, der die Differenzierung zwischen gegenwärtigen und potenziellen Zuständen ermöglicht und mit dem Systeme operieren.
- **Kommunikation**: Als Kern der sozialen Systeme besteht Kommunikation aus den Elementen Information, Mitteilung und Verstehen. Sie organisiert die Verknüpfung der Elemente sozialer Systeme. »Gesellschaft ist nicht ohne Kommunikation zu denken, aber auch Kommunikation nicht ohne Gesellschaft.« (LUHMANN 2021, S. 13)
- **Differenzierung**: Die Gesellschaft wird als funktional differenziertes System beschrieben, in dem verschiedene Funktionssysteme (Wirtschaft, Wissenschaft, Politik usw.) autonom unter eigener Wirklichkeitskonstruktion agieren, aber dennoch aneinander gekoppelt arbeiten.
- **Evolution und Integration**: Die Gesellschaft entwickelt sich evolutionär durch zunehmende Komplexität und funktionale Differenzierung. Medien spielen dabei die entscheidende Rolle bei der Übertragung des Sinns.
- **Philosophischer Kontext**: Die Theorie bewegt sich im Spannungsfeld zwischen Soziologie und Philosophie. Sie greift auf traditionelle philosophische Fragen zurück, zielt jedoch darauf ab, diese durch eine soziologische Perspektive zu ersetzen. Luhmann setzt dabei auf Paradoxien (z. B. eine Gesellschaft, die sich selbst beschreibt, ist gleichzeitig Beobachterin und Gegenstand der Beobachtung), um die Kontingenz (Menge an möglichen alternativen Entwicklungen) sozialer Ordnungen zu reflektieren.

Der systemtheoretische Ansatz allgemein hilft, besser zu verstehen, warum einige gesellschaftliche Subsysteme sich von außen abschotten – ob algorithmisch erzeugte Filterblasen (▶ Kap. 5.6) oder soziale Systeme bei der Diffusion von extern »injizierten« Innovationen (▶ Kap. 5.7) etc. Auch der Ansatz von WATZLAWICK et al. (2011) wendet die entsprechende systemische Brille auf Interaktionen an, um Beziehungen statt Individuen in den Blick zu nehmen (▶ Kap. 2.3). Was ist mit Luhmanns Vision der Systemtheorie? Seine Kernthesen – genial, um den Entwicklungspfad der modernen Gesellschaft nachzuvollziehen. Seine Komplexität – erdrückend, wenn man ihn im Original lesen will. Die Nutzbarkeit seiner Konzepte – beschränkt, da es als deskriptives Modell zur Erfassung aller möglichen sozialer Systeme konzipiert ist.

Lesehinweise

- Luhmann, N.: Soziale Systeme, Frankfurt am Main 1984 [Primärquelle]
- Kneer, G./Nassehi, A.: Niklas Luhmanns Theorie sozialer Systeme. Eine Einführung, Paderborn 1993 [verständliche Erklärung der Luhmannschen Gedankenwelt, allerdings ohne das Hauptwerk »Gesellschaft der Gesellschaft«]
- Siegert, G./Brecheis, D.: Werbung in der Medien- und Informationsgesellschaft, Wiesbaden, VS Verlag für Sozialwissenschaften, 2005, S. 105–174 [Übertragung der systemtheoretischen Perspektive auf Werbung]
- Willemse, J./Ameln, F. v.: Theorie und Praxis des systemischen Ansatzes, Berlin, Heidelberg, Springer Berlin Heidelberg, 2018, S. 23–54 [psychologische Herangehensweise an Luhmann mit Bezug zu Watzlawick – Lesetipp]

6 Modelle des Marketings und der Unternehmenskommunikation

6.1 SOR-Modell (WOODWORTH, LAVIDGE/STEINER und RAY et al.)

Zentrale Erkenntnisse

- SOR- und Hierarchiemodelle sind grundlegend für das Marketing als Disziplin. Sie beantworten u. a. folgende Fragen: Wie beeinflusst eine Kommunikationsbotschaft eine Rezipientin? Welche psychologischen Größen (Konstrukte) liefern Anhaltspunkte für das beabsichtigtes Kaufverhalten einer Konsumentin? Welchen Zwischenphasen durchlaufen Konsumentinnen, bis sie einen Kauf tätigen? Wie kann man verschiedene Kaufentscheidungsverläufe kategorisieren (Hierarchiemodelle)?
- »A stimulus is any form of energy acting upon a sense organ and arousing some activity of the organism. The stimulus may be pressure on the skin, light entering the eye, sound entering the ear, etc. Usually the stimulus is complex. Much light, of different shades and colors, is entering the eye from the objects before it. The whole mass of stimuli acting at once upon the organism may be called the situation. Sometimes, but not always, it is possible to specify which stimulus out of this whole mass is effective in arousing an activity. If a person starts at an unexpected noise, the noise rather than any other element in the situation was the effective stimulus. [...] On the assumption that any activity that occurs is touched off by some stimulus, a little scheme of formula for the arousing of activity is often employed, namely, the stimulus-response formula, written S – R, or S → R [...]. But a little reflection shows that the formula, so interpreted, is incomplete; for the stimulus really acts upon the organism, and the organism makes the response. If we use the letter O for the organism or individual, our formular should properly read, S – O – R, or S → O → R [...]. In order to predict the response, we must know not only the stimulus, but also the organism stimulated.« (WOODWORTH 1929, S. 225–226)
- SOR-Modelle sind feste Anhaltspunkte für die Marketingpraxis, um den Erfolg von Marketingkampagnen zu strukturieren, zu messen und vorherzusagen. Auf der anderen Seite sind SOR-/Hierarchiemodelle unvollkommene Abbilder des Kaufprozesses. Obwohl das SOR-Modell als ein White-Box-Mo-

dell gedacht ist, bringt es nur bedingt Klarheit in die inneren Prozesse der menschlichen Psyche – verhaltens- und neurowissenschaftliche Ansätze bieten hier tiefere Einblicke. Inzwischen werden SR-Modelle sehr erfolgreich im Online-Marketing im Rahmen von A-/B-Testing eingesetzt, die sich zunehmend auf andere Mediengattungen ausbreiten.
- Modellgebiete: Marketing, Kommunikationswissenschaft (Wirkungsforschung), Psychologie

Das Stimulus-Organismus-Response (SOR)-Modell hat Generationen von Betriebswirtinnen und Marketingfachleuten geprägt. Es geht auf den Psychologen WOODWORTH (1929, S. 226 ff.) zurück. **Das SR-Paradigma** (dazu zählt auch das Container-Modell ▶ Dar. 2) baut ausschließlich auf beobachtbaren Größen auf und betrachtet den Stimulus als einzige Erklärungsvariable. Andere Variablen zur Erklärung des Verhaltens werden ausgeblendet (BRUHN 2018, S. 35). Ob das SOR-Modell im Gegensatz dazu als transparente White-Box zu werten ist, bleibt zu bezweifeln.

Das **SOR-Modell** bietet eine Fülle von intervenierenden Variablen (▶ Dar. 47), die die Wirkung des Stimulus bestimmen. Hinter »Organismus« stehen verschiedene psychologische Prozesse, die allgemein in kognitiven und affektiven Reaktionen zusammengefasst werden (BRUHN 2018, S. 35–36). Im Laufe der Zeit hat man eine Reihe von gedanklichen Zwischenvariablen herausgearbeitet, die als verhaltenswissenschaftliche Konstrukte relevante Zustände des Konsumentenverhaltens beschreiben, u. a. das Involvement als eine Bereitschaft, Informationen aufzunehmen und zu verarbeiten; oder die Einstellungen als gespeicherte Bereitschaften, etwas anzunehmen oder abzulehnen etc. (BOLTZ/TROMMSDORFF 2022, S. 36–38).

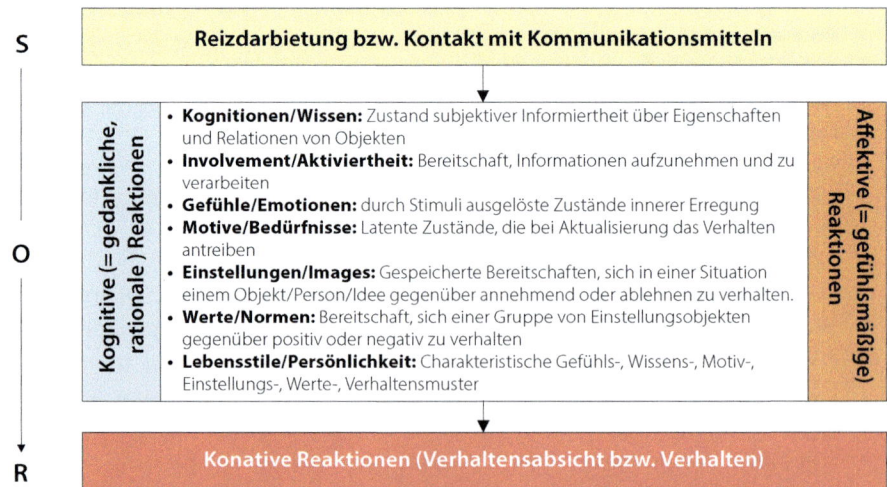

Dar. 47: Das Stimulus-Organismus-Response-Modell nach heutigem Verständnis (Quelle: Eigene Darstellung in Anlehnung an BRUHN 2018, S. 36, BOLTZ/TROMMSDORF 2022, S. 37–38)

Eine Weiterentwicklung des allgemeinen SOR-Modells stellen **Hierarchiemodelle** dar. Ein Hierarchiemodell ist beispielsweise die AIDA-Faustregel (Attention-Interest-Desire-Action). Ein über die AIDA-Faustregel hinausgehendes Hierarchiemodell findet sich bei LAVIDGE/STEINER (1961, S. 59 f.). Hier wird angenommen, dass eine Kaufentscheidung nicht sofort, sondern in mehreren Schritten getroffen wird. Solche Schritte (▶ Dar. 48) setzen an dem Punkt an, an dem das Produkt bzw. die Marke einem Konsumenten unbekannt ist und arbeiten sich durch die Stufen »Kennen«, »Wissen«, »positive Einstellung«, »Präferenz« und »Kaufneigung« bis hin zum Kauf. Auch dort werden diese Stufen schon in kognitive, affektive und konative Komponenten eingeteilt. Dabei ist klar, dass die Distanz zwischen den Stufen nicht gleich groß ist. Hier werden frühe Überlegungen zu Kaufentscheidungen geäußert, die wir heute als High- oder Low-Involvement-Käufe bezeichnen. Je höher das Involvement, desto länger werden die einzelnen Stufen passiert, je geringer das Involvement, desto schneller geht ein solcher (Impuls-)Kauf voran.

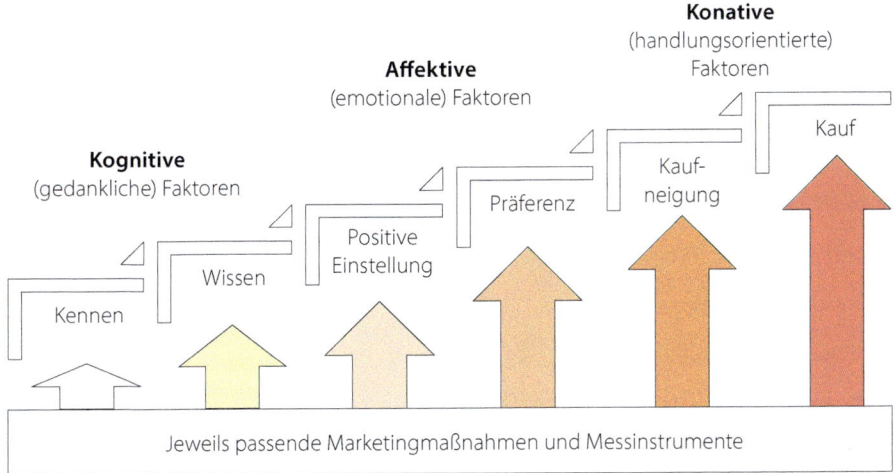

Dar. 48: Hierarchiemodell des Konsumentenverhaltens nach LAVIDGE/STEINER (1961, S. 59, 61)

LAVIDGE/STEINER (1961, S. 61) sehen die Hauptaufgabe des Marketings darin, nicht nur den anfänglichen Reiz (wie im SOR-Modell angenommen) zu verbreiten, sondern vor allem zu ermitteln, welche **Stufen** überwunden werden müssen, um **Konsumentinnen zum Kauf zu führen**. Aber auch um herauszufinden, an welchen Stufen sich die meisten Konsumentinnen aufhalten, um auf sie die passenden Kommunikationsinstrumente abzustimmen. Denn beispielsweise seien Informationsanzeigen gut geeignet, um die Aufmerksamkeit von Konsumentinnen auf das Produkt zu lenken. Bildanzeigen könnten dagegen stärker die Präferenzbildung unterstützen. Und die Last-Minute-Angebote seien prädestiniert dafür, um einen Kauf auslösen (S. 61). Gleichzeitig – und das ist die eigentliche Intention dieser

Quelle – skizzieren LAVIDGE/STEINER (1961, S. 61 f.) Maßnahmen, um die Effektivität von Marketingmaßnahmen auf jeder dieser Stufen zu messen: Produkt-/ Markenbekanntheit lässt sich über gestützte oder ungestützte Abfragen der Markenerinnerung ermitteln, Markenpräferenz über Ratingskalen, Imagemessungen und der Verkauf über Markttests. Vor allem sollten die Maßnahmen auf die Messung der Veränderungen auf diesen Stufen abzielen.

Einen Schritt weiter gehen RAY et al. (1973, S. 148 f.) in ihrer Studie **zu unterschiedlichen Typen von Hierarchiemodellen**. Der Nutzen von Hierarchiemodellen wird auch hier in den Kontext von Marketingmaßnahmen gestellt. Jedoch anders als LAVIDGE/STEINER (1961) mit ihren Treppenstufen des Konsumentenverhaltens, weisen RAY et al. (1973, S. 150 f.) darauf hin, dass eine solche Sichtweise zu einfach ist und bereits in vielen empirischen Studien kritisch hinterfragt wurde. Sie verfeinern in Rekombination der Stufen kognitive Reaktion, affektive Reaktion und konative Reaktion des ursprünglichen Hierarchiemodells und stellen drei Arten von Hierarchiemodellen auf (▶ Dar. 49): High-Involvement-, Dissonanz-, und Low-Involvement-Modell.

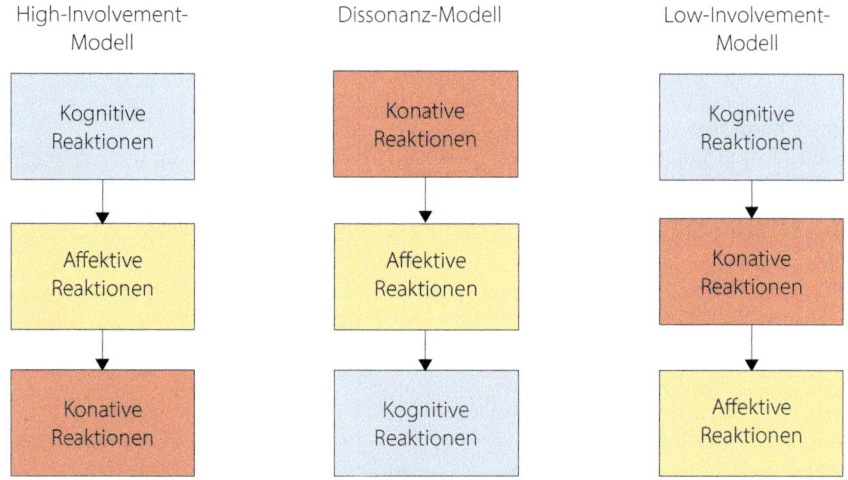

Dar. 49: Hierarchiemodelle nach RAY et al. (1973)

1. Beim **High-Involvement-Modell** wird angenommen, dass im Fall klar unterscheidbarer Alternativen, z. B. im Fall von neuen Produkten oder Innovationen, die kognitiven und affektiven Stufen zunächst durchlaufen werden, um schließlich das Produkt zu kaufen (RAY et al. 1973, S. 151). Hier ist es wichtig, dass ein hohes Produkt-Involvement besteht, d. h. eine Bereitschaft, sich mit dem Produkt auseinanderzusetzen. Solche Entscheidungshierarchien können gut durch Massenmedien unterstützt werden. Als Beispiel könnte hier der Kauf von High-Involvement-Produkten, z. B. eines PKW oder einer Spiegelreflexkamera, dienen. Bei diesem Prozess einer eher rationalen Entscheidungsbildung (BRUHN 2018, S. 37) wird sich

die Konsumentin in der Regel zunächst einen Überblick verschaffen, dann eine Präferenz bilden und schließlich den Kauf tätigen.

2. Das **Dissonanz-Modell** sieht die umgekehrte Reihenfolge des High-Involvement-Modells vor: Am Anfang steht direkt die konative Reaktion, der Konsum eines Produktes, der nicht durch Medien oder Marketing, sondern durch persönliche oder soziale Beziehungen ausgelöst (erzwungen) wurde. Dabei gibt es keine wahrnehmbaren Unterschiede zwischen den zu wählenden Alternativen. Man denke hier an den sozialen Druck im jugendlichen Alter, mit dem Rauchen anzufangen (oder neuerdings aufzuhören). Man kann sich hier aber auch verschiedene, in einigen Gesellschaftsschichten umstrittene Verhaltensweisen denken, z. B. Alkoholkonsum, Konsum von ungesunden Halbfabrikaten etc. Auch einige habitualisierte Wahlentscheidungen können als eine Dissonanz-Entscheidung gesehen werden, deren Korrektheit von der Wahlwerbung unterstützt wird (▶ Kap. 5.1). Im nächsten Schritt bilden sich Einstellungen heraus, um die Entscheidung im Nachhinein abzusichern und Dissonanzen zu vermeiden. Daraufhin entwickelt sich eine selektive Wahrnehmung (kognitive Reaktion), die lediglich nur die Konsumentscheidung unterstützende Nachrichten durchlässt und die Dissonanz erzeugende Nachrichten ausblendet, z. B. werden die Hinweise zur gesundheitsschädigenden Wirkung von Tabakkonsum auf den Zigarettenschachteln ausgeblendet (RAY et al. 1973, S. 151 f.; BRUHN 2018, S. 37–38).

3. Das **Low-Involvement-Modell** resultiert aus Beobachtungen früherer Studien, dass Fernsehwerbung (wie Werbung allgemein) eine unmittelbare starke Wirkung auf Konsumentenentscheidungen hat. Es wird angenommen, dass Konsumentinnen nur eine geringe Abwehr gegen die Wahrnehmung von sich ständig wiederholenden Werbebotschaften besitzen, so dass notwendigerweise eine erhöhte Wahrnehmung für das beworbene Produkt bzw. die beworbene Marke entsteht. In einer darauffolgenden Kaufsituation können sich Konsumentinnen daran erinnern und fühlen sich zum Kauf animiert. Erst als Reaktion auf die Produktbenutzung bildet sich eine Einstellung als affektive Reaktionsstufe heraus. Die Low-Involvement-Hierarchie lässt sich vor allem bei Produkten mit einem geringen Differenzierungsgrad beobachten und kann sich auch auf Wahlentscheidungen erstrecken (RAY et al. 1973, S. 152). Die Konsumentin kann natürlich, wenn sie mit dem Produkt unzufrieden ist und eine negative Einstellung gebildet hat, ihre Kaufentscheidung noch einmal revidieren (BRUHN 2018, S. 37). Wenn sie anschließend den Kauf eines anderen Produktes tätigt, dann wäre das wieder ein High-Involvement-Muster.

Sind SOR-/ Hierarchiemodelle noch zeitgemäß? Die Customer Journey Map als eine weitverbreitete Visualisierung von Zwischenentscheidungen einer Konsumentin kann als weiterentwickeltes Hierarchiemodell betrachtet werden. Auch das Elaboration-Likelihood-Modell nach PETTY/CACIOPPO (1986) hat die Hierarchiemodelle auf eine präzisere und empirisch testbare Grundlage gesetzt (▶ Kap. 6.5).

Verhaltens- und neurowissenschaftliche Studien zeigen, dass die Realität hinter Kaufentscheidungen viel komplexer ist, als sie in vereinfachte Konstrukte zu pressen (▶ Kap. 6.3). Im Online-Marketing stellt **A-/B-Testing** dagegen den Sinn von klassischen SOR-Modellen infrage. Hierbei werden etwa zwei Varianten mit minimalen Unterschieden (z. B. verschiedene Farben eines Kaufbuttons oder Werbeanzeigen) getestet und die erfolgreichere Variante wird kontinuierlich optimiert. Mit der Digitalisierung sekundärer und tertiärer Medien könnten solche **SR-Modelle** in weiteren Mediengattungen Einzug halten (z. B. als Addressable TV Ads). Durch die Verfügbarkeit massiver Datenmengen und KI-Algorithmen wird das Trial-and-Error-Prinzip zur neuen Norm, um Ergebnisse zu optimieren. Damit könnten traditionelle SOR-Modelle und sogar Neuromarketing-Ansätze an Bedeutung verlieren.

> **Lesehinweise**
>
> - Lavidge, R. J./Steiner, G. A.: A Model for Predictive Measurements of Advertising Effectiveness, in: Journal of Marketing, Band 25, 1961, S. 59–62 [Primärquelle]
> - Ray, M. L. et al.: Marketing Communication and the Hierarchy-of-Effects, in: Clarke, P. (Hrsg.): New Models for Mass Communication Research, Beverly Hills 1973, S. 147–176 [Primärquelle]
> - Woodworth, R. S.: Psychology, 2. Auflage, New York 1929 [Primärquelle]
> - Boltz, D.-M./Trommsdorff, V.: Konsumentenverhalten, Kohlhammer Edition Marketing, 9. Auflage, Stuttgart 2022. [Fundierter Überblick über Konstrukte]
> - Wu, Y.-L./Li, Eldon Y.: Marketing mix, customer value, and customer loyalty in social commerce, in: Internet Research, Jg. 28, Heft 1, 2018, S. 74–104. [SOR-basierte Studie]

6.2 Asymmetrische Informationsverteilung

> **Zentrale Erkenntnisse**
>
> - Das Modell der asymmetrischen Informationsverteilung beschreibt innerhalb der Volkswirtschaftslehre (VWL) die Konsequenzen eines Phänomens, bei dem es besser und schlechter informierte Marktseiten gibt. Die Folge einer ungleichen Informationsverteilung ist, dass der Markt für hochqualitative Güter zusammenbricht und niedrigqualitative Güter zu einem überhöhten Preis angeboten werden. Das Modell schlägt als Kommunikationsmaßnahmen Signaling und Screening vor, um Informationsasymmetrien zu überbrücken. Auch Markenführung als Instrument zur Unsicherheitsreduktion und als Reputationssignal wird als eine mögliche Lösungsmaßnahme eingeordnet. Das Modell verdeutlicht insgesamt die Rolle der Kommunikation (des Informationsaustausches) innerhalb ökonomisch-rationalistischer Denktraditionen.

- »Im Modell der vollständigen Konkurrenz wird unterstellt, dass sämtliche Akteure vollständig, rechtzeitig und kostenlos informiert sind. In realen Märkten treffen jedoch viele Akteure Entscheidungen, ohne auch nur über annähernd vollständige Information zu verfügen. Gegenstand der Marktversagenskategorie »Informationsmängel« sind solche Fälle, in denen Marktakteure in einem Ausmaß uninformiert sind, dass der Markt hierdurch in seiner Funktionsweise wesentlich beeinträchtigt ist und ›versagt‹.« (FRITSCH 2018, S. 249)
- Instrumente des Signalings und Screenings lassen sich in die klassisch-ökonomische Denktradition gut eingliedern. Auch die gesetzlichen Regulierungsvorschriften können damit besser erklärt und begründet werden. Die Grenze zwischen den Gütereigenschaften ist jedoch fließend. Die Anwendbarkeit des Modells ist auf Gedankenspiele in der VWL beschränkt.
- Modellgebiete: VWL, Medienökonomie

Die asymmetrische Informationsverteilung stammt aus der Volkswirtschaftslehre als Disziplin und ist kein Kommunikationsmodell im engeren Sinne. Weil die entsprechenden Primärquellen (AKERLOF 1970, SPENCE 1973, ROTHSCHILD/STIGLITZ 1976) sich vor allem an versierte Ökonominnen richten, die Ideen in den Aufsätzen verstreut sind und viele Weiterentwicklungen erfahren haben, wird das Modell der asymmetrischen Informationsverteilung anhand einer im deutschsprachigen Raum **einschlägigen Sekundärliteraturquelle** abgehandelt (FRITSCH 2018). Das mindert nicht den Verdienst der Primärautoren, die für ihre Leistungen im Jahr 2001 mit dem Wirtschaftsnobelpreis ausgezeichnet wurden (Kungl. Vetenskapsakademien 2001).

Als Ausgangsbasis für das ökonomische Handeln wird in der Mainstream-VWL von einem Idealmodell der vollkommenen Marktkonkurrenz ausgegangen. Dabei strebt der Markt stets ins Gleichgewicht und sorgt damit für ein gesamtgesellschaftliches Wohlfahrtsmaximum mit optimaler Ressourcennutzung (FRITSCH 2018, S. 45). Doch hierfür müssen verschiedene weitreichende Annahmen erfüllt sein, z. B. eine unbegrenzte Teilbarkeit, eine unbegrenzte Mobilität, Homogenität von Gütern sowie Produktionsfaktoren etc. Eine weitere sehr wichtige Annahme ist die der **vollständigen Markttransparenz**, d. h. alle Marktakteure müssen vollständige und kostenlose Informationen über Produkteigenschaften und Preise besitzen (S. 27).

Da diese vollständige Markttransparenz in der Realität nicht besteht und es meist eine besser informierte Seite gibt, entsteht eine **asymmetrische Informationsverteilung** zwischen Marktteilnehmern. So kennt – im klassischen Beispiel – eine Gebrauchtwagenhändlerin ihre Produkte besser als die Käuferin. Andererseits kennt eine Bewerberin ihr Leistungspotenzial besser als das einzustellende Unternehmen. Existieren im Markt keine entsprechenden Mechanismen zum Abbau von Informationsasymmetrien, kann dies dazu führen, dass nur noch Güter von einer relativ schlechten Qualität angeboten werden und der Markt für Güter mit guter

Qualität zusammenbricht (S. 249–251). In diesem Zustand ist der Markt nicht mehr in der Lage, seine Funktion ordnungsgemäß zu erfüllen.

Der Verdienst, auf dieses Problem der asymmetrischen Informationsverteilung erstmalig hingewiesen zu haben, gebührt AKERLOF (1970). Er hat das Problem der Qualitätsunkenntnis am Beispiel des Gebrauchtwagenmarktes beschrieben und dann u. a. auf Finanzmärkte übertragen. Grundsätzlich spricht man von **Qualitätsunkenntnis**, wenn die Nachfragerin vor Vertragsschluss die Qualität eines Gutes nicht vollständig beurteilen kann (FRITSCH 2018, S. 251). Dies kann man natürlich auch umgekehrt aus Anbietersicht darstellen, z. B. im Fall einer Bank als Kreditgeber. Erschwerend kommt hinzu, dass Güter ganz oder in Teilen ein Kontinuum an unterschiedlichen Charakteristika aufweisen und infolgedessen ein unterschiedlich hohes Maß an potenzieller Informationsasymmetrie besteht (S. 254 ff.):

- bei **Such- und Inspektionsgütern** kann die Qualität von Gütern vor Vertragsabschluss mit geringen Kosten begutachtet werden, z. B. beim Kauf von Möbelstücken sind die Farben gut erkennbar,
- bei **Erfahrungsgütern** kann die Qualität von Gütern erst nach dem Konsum des Gutes vollständig bewertet werden, davor allenfalls zu höheren Kosten, so kann z. B. der Geschmack eines Gerichts erst nach dem Verzehr eines Gerichtes beurteilt werden,
- bei **Vertrauens- und Glaubensgütern** kann die Qualität eines Gutes auch nach dem Konsum nur eingeschränkt bewertet werden, z. B. die Qualität einer ärztlichen Behandlung oder einer Rechtsberatung.

Die gleichen Güter können dabei unterschiedlich ausgeprägte Such-, Erfahrungs- und Vertrauenseigenschaften kombinieren, z. B. kann ein IKEA-Schrank zwar eine vor dem Kauf inspizierbare Farbe besitzen, doch erst nach dem Zusammenbau wird seine Robustheit evident. Aber auch nach dem Aufstellen des Schrankes kann man nur mit hohen Kosten überprüfen, ob der Schrank mit einer gesundheitlich unbedenklichen Farbe lackiert wurde (eine Eigenschaft an der Grenze zwischen Erfahrungs- und Vertrauensgütern).

Da die meisten Güter mindestens eine Erfahrungsgutkomponente besitzen, fragt sich, wie die Marktteilnehmer trotz der **asymmetrischen Informationsverteilung** so kommunizieren können, dass diese Güter gehandelt werden können. Hier können Marktteilnehmer zwei grundsätzliche Kommunikationsinstrumente nutzen: Signaling und Screening (▶ Dar. 50). Beim **Signaling** stellt die besser informierte Seite Informationen über sich bereit u. a. über einen Reputationsaufbau (z. B. über eine Marke oder auch über einen Studienabschluss einer anerkannten Hochschule), das Einräumen eines Garantieversprechens (z. B. über eine freiwillige Einlagensicherung durch Banken), die Akzeptanz eines Selbstbehaltes (z. B. bei der Rechtsschutzversicherung). Vor allem die Markenkommunikation (▶ Kap. 6.4) als öffentliches Signal einer irreversiblen Investition in das Reputationskapital (Ausgaben für Kommunikationsmaßnahmen) kann als ernstgemeintes Zeichen einer Produktqualität gewertet werden (BAUMGARTH 2014,

S. 69). SPENCE (1973) hat beispielsweise den Arbeitsmarkt untersucht und Hochschulzeugnisse als mögliche Lösung erkannt, um potenziellen Arbeitgebern die eigene Arbeitsqualität zu signalisieren. Beim **Screening** verbessert die schlechter informierte Seite ihren Informationsstand durch eigene Recherche oder die Einschaltung spezialisierter Dritter (z.B. das Einholen einer Schufa-Auskunft, Einsehen von Online-Bewertungen, Einholen von Testergebnissen der Stiftung Warentest) (FRITSCH 2018, S. 264 ff.).

Auch der **Gesetzgeber kann entsprechende Kommunikationsmaßnahmen vorschreiben**, um einer negativen Marktdynamik vorzubeugen. So können Informationspflichten für Anbieter in Form einer Impressumspflicht oder einer Datenschutzerklärung eingeführt werden. Wichtige Informationen, die für eine Markttransaktion wichtig sind, können bereitgestellt werden, z.B. durch Verbraucherzentralen. Es können gesetzliche Gewährleistungsregeln definiert werden und weitere Klauseln im Zivilrecht und anderen relevanten Rechtsdokumenten vorgesehen werden, über die die Konsumentinnen zu informieren sind. Auch kann ein unabhängiger Datenschutzbeauftragter als zentrale Anlaufstelle für Nutzer, Kunden und Bürger vorgeschrieben werden (FRITSCH 2018, S. 282 ff.).

Dar. 50: Maßnahmen zur Lösung des Problems asymmetrischer Informationsverteilung (Quelle: In Anlehnung an CLEMENT/SCHREIBER 2019, S. 171)

	Signaling (Informationsaussendung)	Screening (Informationssuche)
Anbieter	Gibt Informationen über sich an Nachfrager heraus • Darstellung eigener Fähigkeiten (Hochschulzeugnis) • Reputationsaufbau • Investition in eine Marke • Garantieversprechen/ gesetzliche Gewährleistung • Impressumspflicht	Sucht Informationen über Nachfrager • Zahlungsfähigkeit (Schufa) • Marktforschung
Nachfrager	Gibt Informationen über sich an Anbieter heraus • Informationen zu den Bedürfnissen • Preisbereitschaft • Akzeptanz eines Selbstbehaltes	Sucht Informationen über Anbieter • Vergleich von Angeboten • Mund-zu-Mund-Kommunikation • Zertifikate • Online-Bewertungen • Ausbildung in Medienkompetenz (Schulung des Nachfragers)

Um die Markttransparenz für möglichst viele Marktteilnehmer zu ermöglichen, sollten sowohl die von den Marktpartnern ausgelösten Signaling- und Screening-Maßnahmen als auch die gesetzlichen Regelungen auf eine **öffentliche bzw. massenmediale Kommunikation** ausgerichtet sein. Auf diese Weise können die individuellen und zugleich auch die gesamtgesellschaftlichen Kosten für Transaktion zwischen Anbietern und Nachfragen verringert werden, so dass die Märkte doch noch ordnungsgemäß funktionieren können.

Die Verbreitung von **Fake News** ist ebenfalls ein Phänomen (siehe z. B. LAZER et al. 2018), das gut mit Hilfe des Modells der asymmetrischen Informationsverteilung analysiert werden kann. Und zwar werden über Social Media verbreitete Nachrichtenbeiträge, die keinen journalistischen Qualitätsmerkmalen unterliegen oder schlichtweg falsch sind, häufig für objektiver gehalten als die meistens seriös recherchierte »Tageschau«. So wurde das YouTube-Video »Die Zerstörung der CDU« insbesondere in der jungen Zielgruppe sehr intensiv rezipiert und für objektiv gehalten, trotz des Werbecharakters des Videos und zum Teil falscher Behauptungen (BOJANOWSKI et al. 2019). Es geht nun nicht um die Analyse, warum Fake News entstehen, sondern wie man dies vermeiden kann. Geeignete **Signaling-Maßnahmen** wären Seriosität der Marke, Nachweis journalistischer Kompetenz durch externe Begutachtung und Preise, Kommunikation der journalistischen Standards, Offenlegung der Eigentümer-/Verlegerverhältnisse, Angebote zur Nachprüfbarkeit der Berichterstattung durch Quellen etc. Ähnliche **Screening-Maßnahmen** wären beispielsweise die eigenständige Nachprüfung der Aussagen durch Quellen, das Lesen von Bewertungen auf Arbeitgeberseiten der entsprechenden Medien, das Nachvollziehen von Eigentümer-/Verlegerstrukturen hinter den fraglichen Medien etc. Ganz grundsätzlich könnten auch staatliche Maßnahmen zur **Ausbildung der Medienkompetenz** sinnvoll sein, die auf die verbesserte Screening-Fähigkeiten von Rezipientinnen abzielen.

Das Modell der asymmetrischen Informationsverteilung ist sicherlich für die kommunikationswissenschaftlichen Leserinnen keine Offenbarung, es ist aber ein gutes Beispiel, wie die **Volkswirtschaftslehre als Disziplin kommunikative Phänomene** untersucht. Zwar lässt sich das Konzept auch auf Marken anwenden, jedoch ist es eher erklärend und nachvollziehend als es ernsthafte Gestaltungsvorschläge, die nicht anders herleitbar gewesen sind, präsentiert. Das Modell ist aufgrund seiner guten Nachvollziehbarkeit als Erklärungsansatz in den Wirtschaftswissenschaften sehr beliebt und ist ein guter Rahmen, um kommunikative Maßnahmen zu diskutieren, die aufgrund einer ungleich verteilten Information zwischen zwei und mehreren Parteien zu treffen sind.

> **Lesehinweise**
>
> - Akerlof, G. A.: The Market for ›Lemons‹. Quality Uncertainty and the Market Mechanism, in: The Quarterly Journal of Economics, Band 84, 1970, S. 488–500 [Primärquelle]
> - Spence, M.: Job Market Signaling, in: The Quarterly Journal of Economics, Jg. 87, Heft 3, 1973, S. 355–374 [Primärquelle]
> - Rothschild, M./Stiglitz, J.: Equilibrium in competitive insurance markets. An essay on the economics of imperfect information, in: The Quarterly Journal of Economics, Band 80, Heft 4, 1976, S. 629–649. [Primärquelle]

- Fritsch, M.: Marktversagen und Wirtschaftspolitik. Mikroökonomische Grundlagen staatlichen Handelns, 10. Auflage, München 2018, S. 25–27, 249–292 [Lesetipp]
- Lopatta, K. et al.: Asymmetric Information and Corporate Social Responsibility, in: Business & Society, Jg. 55, Heft 3, 2016, S. 458–488 [Studie: CSR mindert die asymmetrische Informationsverteilung auf Kapitalmärkten]

6.3 Verhaltens- und neurowissenschaftliche Ansätze (KAHNEMAN etc.)

Zentrale Erkenntnisse

- Im Menschen schlummern zwei konträre Persönlichkeitshälften. Eine rationale, die auf den Namen Homo oeconomicus hört und sich in allen Belangen rational verhält. Und eine instinktive, die sich durch das Leben mit Heuristiken durchschlägt und sich auch gelegentlich hedonistisch treiben lässt. Die Wirtschaftswissenschaften haben in der Vergangenheit den Homo oeconomicus ins Zentrum ihrer Überlegungen gestellt. Seit den 1970er-Jahren findet ein Paradigmenwechsel statt, den das Marketing jedoch bereits sehr früh vollzogen hat, weil es stets praxisoriniert war. Heuristiken (vereinfachende Verfahren zur Findung von Lösungen auf komplexe Fragen), Nudging (Denkanstöße, um optimale Entscheidungen zu treffen), Dark Patterns (im UX-Design/ Online-Marketing verbreitete Manipulationsstrategien) und Neuromarketing (rein neurologische Beschreibung des menschlichen Verhaltens) sind dabei vier Konzepte, die zwar aus verschiedenen Disziplinen stammen, jedoch zeigen können, warum auf Rationalismus beruhenden Konzepte des Marketings nur eine Seite der Medaille sind.
- »The attentive System 2 is who we think we are. System 2 articulates judgements and makes choices, but it often endorses or rationalizes ideas and feelings that were generated by System 1. You may not know that you are optimistic about a project because something about its leader reminds you of your beloved sister, or that you dislike a person who looks vaguely like your dentist. [...] System 1 is indeed the origin of much that we do wrong, but it is also the origin of most of what we do right – which is most of what we do. Our thoughts and actions are routinely guided by System 1 and generally are on the mark.« (KAHNEMAN 2011, S. 415–416)
- »If, all things considered, you think that Carolyn should take the opportunity to nudge the kids toward food that is better for them, Option I, then we welcome you to our new movement: *libertarian paternalism*. [...] Libertarian paternalism is relatively weak, soft, and nonintrusive type of paternalism

> because choices are not blocked, fenced off, or significantly burdened. If people want to some cigarettes, to eat a lot of candy, to choose an unsuitable health care plan, or to fail to save for retirement, libertarian paternalists will not force them to do otherwise – or even make thinks hard for them. (..) A nudge, as we will use the term, is any aspect of the choice architecture that alters people's behavior in a predictable way without forbidding any options or significantly changing their economic incentives. To count as a mere nudge, the intervention must be easy and cheap to avoid.« (THALER/SUNSTEIN 2008, S. 4–6)
>
> - »[...] ›dark pattern means a user interface designed or manipulated with the substantial effect of subverting user autonomy, decision making, or choice‹. [...] To be fair though, deceptive patterns didn't appear overnight. Deception is part of being human – in fact, it's so common in the animal kingdom that we can even think of deception as a feature of life itself. [...] The cover of this book features a Venus flytrap (*Dionaea muscipula*). [...] Many historical stories and myths revolve around deception, such as ›taking the King's shilling‹. [...] It's useful to think about what makes commercial deception and manipulation different today versus the pre-internet era. There are some aspects of modern technology that have acted as an accelerant or a catalyst, intensifying and spreading these practices. THE RISE OF METRICS-DRIVEN CULTURE [...] EASIER TRACKING [...] EASIER A/B TESTING [...] COPYCAT DESIGN [...]« (BRIGNULL 2023, S. 9, 18–22; Hervorh. i. Orig.)
> - Der Siegeszug von Heuristiken im Marketing ist offensichtlich. Wo befindet sich die Grenze zwischen einer überzeugenden Werbebotschaft und Manipulation? Diese Grenze muss die Gesellschaft im digitalen Marketing neu aushandeln. In jedem Fall verspricht das heuristische bzw. verhaltenswissenschaftliche Paradigma im Gegensatz zu rationalistischen bzw. SOR-Ansätzen (▶ Kap. 6.1 und 6.2) bessere Ergebnisse. Beispiele für heuristische Marketing-Ansätze finden sich in der Markenführung (▶ Kap. 6.4).
> - Modellgebiete: Heuristiken (Psychologie, BWL, Marketing), Nudging (VWL, Politikwissenschaften), Dark Patterns (User-Experience-Design, Marketing), Neuromarketing (Neuroscience)

Rationalität ist ein fundamentales Axiom der Wirtschaftswissenschaften. Allen Wirtschaftssubjekten wird rationales Handeln (Maximierung ihrer Nutzenfunktion) unterstellt. Der Markt würde diese rational begründeten Interessen in einem Gleichgewicht ausgleichen, auch trotz Marktmängel wie Informationsasymmetrien (▶ Kap. 6.2). Es ist aber kein Geheimnis, dass Wirtschaftssubjekte irrational handeln, und dies wurde in den Wirtschaftswissenschaften auch früh erkannt (siehe Interpretation der Allgemeinen Theorie von Keynes aus 1936 durch AKERLOF/SHILLER 2009). In der BWL sind seit den 1970er-Jahren **verhaltenswissenschaftliche** Fachzweige entstanden (z. B. Behavioral Finance), die die Rolle von Gefühlen und Heuristiken in menschlichen Entscheidungsprozessen aus psychologischer

Perspektive untersuchen. Im Marketing hat sich kein solcher Fachzweig (Behavioral Marketing) herausgebildet; es gibt vielmehr eine Konkurrenz zwischen theoretisch-rationalistischen und praktisch-verhaltenswissenschaftlichen Konzepten.

Im Folgenden werden **vier zusammenhängende Konzepte** zu (angeblich) irrationalen Entscheidungen vorgestellt, die folgende Fragen beantworten sollen: Was sind Heuristiken, wie kann man Heuristiken durch Nudges positiv beeinflussen, wie werden wir durch Heuristiken im Netz manipuliert und was passiert bei solchen und anderen Einwirkungen in unserem Gehirn?

Unter einer **Heuristik** wird eine einfache Prozedur verstanden, die helfen soll, eine adäquate, wenn auch imperfekte Antwort auf eine komplexe Frage zu finden (KAHNEMAN 2011, S. 98). Eine Heuristik ist beispielsweise, wenn man auf der Suche nach einer reifen Wassermelone im Supermarkt darauf klopft und einen hohlen Ton als Anzeichen für ihre Reife interpretiert. Aufdeckung von kognitiven Verzerrungen als Ergebnis von Heuristiken ist ein Lebenswerk des Nobelpreisträgers Daniel Kahneman (Kungl. Vetenskapsakademien 2002). TVERSKY/KAHNEMAN (1974) diskutieren in einer frühen Publikation drei Heuristiken in Entscheidungssituationen unter Unsicherheit. Die **Repräsentativitätsheuristik** behandelt u. a. wie Menschen anhand bestimmter Stereotypen eingeschätzt werden. Viele würden den Beruf einer introvertierten, gründlichen und bescheidenen Person (die sie nicht persönlich kennen) als den einer Bibliothekarin einschätzen. Die **Verfügbarkeitsheuristik** leitet sich beispielsweise als Risikoeinschätzung eines Herzinfarktes anhand der Fälle im Familienumfeld ab. Die **Anpassungs-/ Ankerheuristik** liegt vor, wenn eine fehlerhafte Anfangsschätzung für eine Projektdauer gemacht wird und man sich auch im weiteren Verlauf daran orientiert.

In seinem fundamentalen Werk »Thinking, Fast and Slow«, das an ein Massenpublikum gerichtet ist, unterscheidet KAHNEMAN (2011) zwischen System 1 und 2. **System 1** operiert dabei schnell und automatisch, unterbewusst und unkontrolliert, während im **System 2** bedeutende kognitive Aktivitäten und Berechnungen gemächlich unternommen werden, die auch eine hohe Konzentration und Anstrengung erfordern (S. 20–21). System 1 steht für instinktives Handeln und Heuristiken. System 2 ist der wohlgebildete Gegenpart, der in einer ausführlichen Abwägung von Pro- und Contra-Argumenten eine Entscheidung trifft. KAHNEMAN (2011) offenbart die Existenz einer Reihe von **menschlichen Heuristiken, die zu Verzerrungen (»Bias«) und Fehleinschätzungen** führen können.

Einen Schritt weiter gehen THALER/SUNSTEIN (2008) (Richard Thalers Leistung wurde übrigens ebenfalls mit dem Nobelpreis prämiert; Kungl. Vetenskapsakademien 2017), die in Anlehnung an Kahneman zwischen **Humans** und **Econs** unterscheiden. Econs entsprechen dabei dem von den Wirtschaftswissenschaften angenommenen rationalen Typus des Homo oeconomicus (auch System 2), während die menschlichen Heuristiken den Typ Humans entsprechen (System 1). Da wir sehr häufig im Humans-Modus operieren und subrationale Entscheidungen treffen, z. B. nicht in unsere Rentenversorgung investieren, ausreichend Sport treiben oder selten Gemüse essen, soll ein Nudge uns Denkanstöße geben, eine optimale Entscheidung zu treffen. Beispiele für Nudges wären die unternehmensweite automatische Druckeinstellung auf »schwarz/weiß« und »doppelseitig«, um Papier und Toner zu sparen. Auch indem man eine Salattheke am Eingang einer Kantine platziert, übt man einen Nudge aus. Ein Nudge ist eine »Choice Architecture«, die ein Verhalten beeinflusst, ohne es zu verbieten, und die leicht umgangen werden kann (S. 6).

Wenden wir uns nun den sog. **Dark Nudges** zu. Darunter versteht man die Manipulation von menschlichen Entscheidungsprozessen durch ein entsprechendes Design von User Interfaces von Webseiten, Applikationen etc. Das Phänomen geht auf eine Definition von Harry Brignull zurück (BRIGNULL 2023, S. 5) und erklärt, wie Menschen durch Heuristiken und digitale Technologien, insbesondere Tools der Verhaltensnachverfolgung und ständigen Anpassung an das Nutzerverhalten manipuliert werden. In Anlehnung an KAHNEMAN (2011) und THALER/SUNSTEIN (2008) unterscheidet auch BRIGNULL (2023) zwischen Homo oeconomicus und Homo manipulable (S. 24–26). Dabei ist der Homo manipulable anfällig für **Manipulationsstrategien**, die in acht grundlegende Kategorien unterteilt werden können (BRIGNULL 2023, S. 28–29):

- Ausnutzung von Wahrnehmungsschwächen, z. B. Verschleierung von wichtigen Bedingungen wie Folgekosten im Kleingedruckten,
- Ausnutzung von Verständnisschwächen, z. B. »100 % natürliche Kosmetik« – was heißt das eigentlich?
- Ausnutzung von Entscheidungsschwächen, z. B. voreingestellte Versicherungsbuchung im Buchungsprozess von Billigflugtickets,
- Ausnutzung von Erwartungen, z. B. grüner Button heißt »Alle Cookies akzeptieren«,
- Ressourcenerschöpfung und Druck, z. B. bei der Kündigung eines Abonnements,
- Erzwingen und Blocken, z. B. »nur noch fünf Stunden zu diesem Preis«,
- Ausnutzung von emotionalen Schwächen, z. B. »Zwei Euro für Kaffee oder ein Monat Schulbesuch im Land XYZ«,
- Ausnutzung von Abhängigkeiten, z. B. Sammeln von Treuepunkten.

Ein bedeutendes Forschungsfeld im Marketing ist das **Neuromarketing**, das die Nutzung von Heuristiken mithilfe neurobiologischer Methoden wie MRT-Scans erforscht. Als Teilgebiet der Consumer Neuroscience (KENNING 2020) untersucht es das Konsumentenverhalten durch gezielte Hirnvermessungstechniken. Zahlreiche Erkenntnisse in der Kommunikationspolitik konnten so mithilfe der Gehirnforschung bestätigt werden. So hat sich gezeigt, dass attraktive Werbeanzeigen Belohnungszentren aktivieren und das Kaufverhalten, zumindest kurzfristig, positiv beeinflussen können (S. 212). Emotionale Werbung bleibt zudem besser im Gedächtnis als rein informative Werbung (S. 213–214), und Marken haben einen starken Einfluss auf das Konsumverhalten (S. 217–220; ▶ Kap. 6.4). Grundsätzlich führt die Emotionalität von Kommunikations- und Werbereizen zu einer anhaltenden Aktivierung bestimmter Gehirnareale, die im Entscheidungsprozess eine wesentliche Rolle spielen (S. 222). So wird das Belohnungssystem durch attraktive

Werbung und Markenkommunikation stimuliert (S. 220–221), während Reize wie überhöhte Preise vermieden werden sollten, da sie »Preisschmerz« auslösen können (S. 221–222). Die obigen Dark Patterns scheinen auf genau diese Mechanismen zu setzen.

Deceptive Patterns als dunkle Nudge-Heuristiken sind heute im digitalen Marketing weit verbreitet (MATHUR et al., 2019) und stellen eine Herausforderung dar, die rechtlich nur begrenzt kontrolliert werden können (DACHWITZ, 2022). BRIGNULL (2023, S. 231) warnt vor einer dystopischen Zukunft, in der solche Täuschungsmuster zur Norm werden könnten. Die Grenze zwischen legitimer Werbung und Dark Patterns ist oft fließend und liegt in der ethischen Verantwortung der Unternehmen (S. 233–234). Die reale Praxis des Marketings zeigt, dass Heuristiken, wie sie KAHNEMAN (2011) beschreibt, hier oft manipulative Züge annehmen, während theoretische Modelle sich noch stark an klassischen wirtschaftlichen Ansätzen orientieren (▶ Kap. 6.1 und 6.2). Markenkommunikation hingegen nutzt durchgehend heuristische Modelle (▶ Kap. 6.4). Angesichts der oben skizzierten Entwicklungen ist es höchste Zeit, dass sowohl die Wissenschaft als auch die Gesellschaft geeignete Maßnahmen ergreifen, um ethische Standards im Marketing zu fördern, bevor die Grenze zu manipulativer Praxis unwiderruflich überschritten wird.

> **Lesehinweise**
>
> - Kahneman, D.: Thinking, fast and slow, New York 2011 (deutsche Übersetzung: Kahneman, D.: Schnelles Denken, langsames Denken, 5. Auflage, München 2012). [Primärquelle]
> - Thaler, R. H./Sunstein, C. R.: Nudge, New Haven, Yale University Press, 2008 (deutsche Übersetzung: Thaler, R./Sunstein, C. R.: Nudge. Wie man kluge Entscheidungen anstößt, 13. Auflage, Berlin 2018). [Primärquelle]
> - Brignull, H.: Deceptive Patterns. Exposing the tricks tech companies use to control you, Eastbourne 2023. [Primärquelle]
> - Kenning, P.: Consumer Neuroscience. Ein transdisziplinäres Lehrbuch, Stuttgart 2020, S. 202–229. [Lesetipp]
> - Mathur, A. et al.: What Makes a Dark Pattern... Dark?, in: Kitamura, Y. et al. (Hrsg.): Proceedings of the 2021 CHI Conference on Human Factors, in: Computing Systems, New York 2021, S. 1–18. [Lesetipp]

6.4 Brand Communication (RIES/TROUT etc.)

> **Zentrale Erkenntnisse**
>
> - Zu Branding und Markenführung gibt es viele Zugänge, von denen hier vier vorgestellt werden: Die Marke als vereinfachtes Bild in den Köpfen von

Konsumentinnen, das ganz oben zu positionieren ist (RIES/TROUT 2010), die Markenidentität, deren wahrgenommenes Fremdbild sich am Selbstbild orientiert (MEFFERT/BURMANN 1996), die Zwischenfaktoren eines markenbezogenen Kaufes in an Anlehnung an das SOR-Modell (ESCH et al. 2006) sowie die neurologischen Erkenntnisse über Markenwirkung (nach KENNING 2020). Markenkonzepte stellen dabei Heuristiken dar (▶ Kap. 6.3).

- »The question most frequently asked by positioning skeptics is, »Why?« Why do we need a new approach to advertising and marketing? [...] The answer is that we have become an overcommunicated society. [...] If you spend $ 1 million a year on advertising, you are bombarding the average consumer with less than a half cent of advertising, spread out over 365 days – a consumer already exposed to $ 376.61½ worth of other advertising. [...] Millions of dollars have been wasted trying to change minds with advertising. [...] The only defense a person has in our overcommunicated society is an oversimplified mind. [...] The best approach to take in our overcommunicated society is the oversimplified message. In communication, as in architecture, less is more. You have to sharpen your message to cut into the mind. You have to jettison the ambiguities, simplify the message, and then simplify it some more if you want to make a long-lasting impression.« (RIES/TROUT 2010, S. 5–8).

- »Vor dem Hintergrund einer in fast allen Bereichen des täglichen Lebens rapide ansteigenden Produktvielfalt, der Informationsüberlastung der Konsumenten und einem Vordringen von Markenartikeln auch im Dienstleistungs- und Investitionsgütersektor ist die klassische Markenartikelkonzeption heute aktueller als jemals zuvor. [...] Die stärkere Ausrichtung der Markenführung an der Markenidentität als strategischem Kern jeder Marke erscheint dabei geeignet, die bei vielen Marken in der Vergangenheit verlorengegangene Beziehung zum Kunden wieder aufzubauen [...] Vertrauen kann nur auf Basis von Verläßlichkeit entstehen. [...] Einem Menschen ohne Identität kann man nicht vertrauen. [...] Die Stärke der Identität ist dabei vor allem auch von dem Grad der Übereinstimmung zwischen dem Selbstbild und dem von anderen zugeschriebenen Fremdbild der Identität abhängig. Diese Überlegungen sind in ähnlicher Weise auf Marken übertragbar.« (MEFFERT/BURMANN 1996, S. 66, 68)

- »In brand management practice, brand image and brand awareness are considered the central brand variables for assuring the effectiveness of marketing campaigns. However, our results show that it is not sufficient to focus only on these two variables – especially when brands are supposed to last forever. For long-term brand success, brand relationship variables such as brand trust, brand satisfaction and brand attachment play an important role in buying behavior. Therefore, brand managers are well advised to use measures of brand relationships in addition to brand knowledge measures.« (ESCH et al. 2006, S. 103)

- Neurologische Erkenntnisse können künftig helfen, bisherige Markenkonzepte zu hinterfragen. So scheint die Position als First Choice Brand ein Konzept sein, das auch neurologisch bestätigt wird. Dagegen reicht eine künstlich erzeugte Markenpersönlichkeit (-identität, image) nicht an die Intensität einer Person heran, auch wenn eine gewisse Wirkung festgestellt werden kann. Insgesamt scheint eine Lieblingsmarke bei Entscheidungen kognitiv zu entlasten.
- Modellgebiet: Marketing, Neuromarketing (Neuroscience)

Über Branding und Markenführung kann man ein eigenständiges Buch verfassen, ja eine ganze Bibliothek. Marken gab es scheinbar schon in altägyptischer Zeit – als Brandmarken an Tieren. Eine unverkennbare Marke der katholischen Kirche ist seit dem Mittelbalter die Architektur ihrer Gotteshäuser, Kaufleute tragen seit eh und je ihre Namen als Marke, Bildmarken wurden in allen großen Diktaturen des 20. Jahrhunderts eingesetzt usw. Im Folgenden stellen wir **vier Zugänge zu Brand Communication** vor: Die Positionsthesen von RIES/TRAUT (2010), das Modell der Identitätsorientierten Markenführung nach MEFFERT/BURMANN (1996), das Prozessmodell nach ESCH et al. (2006) und die Neuromarketing-Perspektive nach KENNING (2020). Sie alle können als Puzzle-Teile einer Markenmosaik betrachtet werden.

Die **Notwendigkeit der Positionierung** einer Marke resultiert aus einer überkommunizierten Gesellschaft. In einer überkommunizierten Gesellschaft kann die Überlastung nur durch Vereinfachungen (Heuristiken) gemeistert werden (RIES/TROUT 2010, S. 6). Die Autoren argumentieren, dass aufgrund der Informationsflut eine Marke als vereinfachtes Bild in den Köpfen von Konsumentinnen ganz oben positioniert werden muss, und zwar vor allen anderen Wettbewerbern. Zwar könne man sich das das menschliche Gehirn als einen Computer mit verschiedenen Registern vorstellen, jedoch verarbeitet der Mensch nur das, was zu seiner bisherigen Erfahrung und seinen Einstellungen passt. Das bedeutet, dass bereits abgespeicherte Markenpositionen nicht einfach mit hohem Werbedruck überschrieben werden können (S. 29–30). Ein **Beispiel** hierfür sind die Namen Christopher Columbus und Amerigo Vespucci. Columbus entdeckte Amerika eigentlich zuerst, jedoch sprach er aus Wettbewerbsgründen nicht groß über seine Reisen, denn sein Hauptziel war Gold. Vespucci berichtete dagegen ausgiebig über seine Reisen und hat den neuen Kontinent bekannt gemacht. Er platzierte seinen Namen an erster Stelle in der öffentlichen Wahrnehmung, weshalb der neue Kontinent heute Amerika heiße, so RIES/TROUT (2010, S. 25).

Zur Visualisierung der eigenen Markenpositionierung in Abgrenzung zu den Wettbewerbern kann man das **Positionierungskreuz** nutzen (▶ Dar. 51). Wir haben die Kriterien theoretisch versus praxisorientiert/aktuell sowie fundiert versus oberflächlich zur Einordnung verwendet. Die meisten uns beggneten Quellen über Kommunikationsmodelle sind zwar fundiert, jedoch sehr theoretisch gehalten. Das trifft auch auf zahlreiche Primärquellen zu, z. B. SHANNON/WEAVER (▶ Kap. 3.1).

Auf der anderen Seite sehen wir ganz viele praktische und verständliche Anleitungen und Werke stehen (z. B. zur Körpersprache), denen jedoch eine theoretische Tiefe fehlt. Das vorliegende Buch positioniert sich als fundiertes Werk, das zugleich den Anspruch hat, für die Praxis nützlich zu sein. Man sollte Positionierung zudem stets mehrdimensional denken. In unserem Beispiel wären weitere zusätzliche Kriterien möglich, z. B. Zahl der Kommunikationsmodelle (3 vs. 49), vielfältige Auswahl (eine Fachdisziplin vs. interdisziplinär), Verortung in einer bestimmten Tradition (Soziologie vs. BWL), Preis (hochpreisig vs. kostenlos) etc.

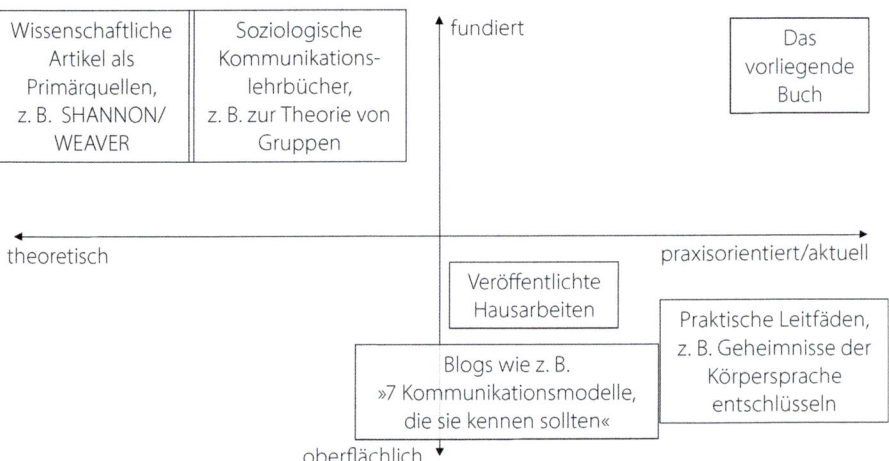

Dar. 51: Positionierungskreuz für Literatur auf dem Gebiet der Kommunikationsmodelle (Quelle: Eigene Darstellung)

MEFFERT/BURMANN (1996) präsentieren eines der am meisten verbreiteten Markenmodelle im deutschsprachigen Raum: die **identitätsbasierte Markenführung**. Eine Marke benötigt eine Identität, um vertrauenswürdig zu sein (S. 24). Vertrauen ist die Basis für jede weitere wirtschaftliche Beziehung zwischen einem Unternehmen und einer Kundin (S. 27). Eine soziale Identität eines Unternehmens als Gruppenidentität manifestiert sich gemeinsam in geteilten Visionen, Missionen und Werten eines Unternehmens (S. 27). Für eine authentische Markenphilosophie ist deshalb eine tiefe kulturelle Verankerung der Marke im Einklang mit der bisherigen Markengeschichte wichtig. Die visuelle Gestaltung sollte zum Markenkern und zur beabsichtigten Positionierung passen (S. 28–31). Diese und andere Faktoren bilden das **Selbstbild der Markenidentität** (linker Teil, ▶ Dar. 52).

Auf der anderen Seite befindet sich das Markenimage als wahrgenommenes **Fremdbild der Markenidentität** (rechter Teil, ▶ Dar. 52). Es beschreibt die Gesamtheit aller Vorstellungen einer Person hinsichtlich einer Marke. Welche Eigenschaften dieser Markenidentität werden wahrgenommen? Welche Assoziationen ergeben sich bei Ihnen im Kopf, wenn Sie beispielsweise die Marke »Tesla« hören (Markeneigenschaften)? Und dazu im Vergleich die Marke »BYD« als führender

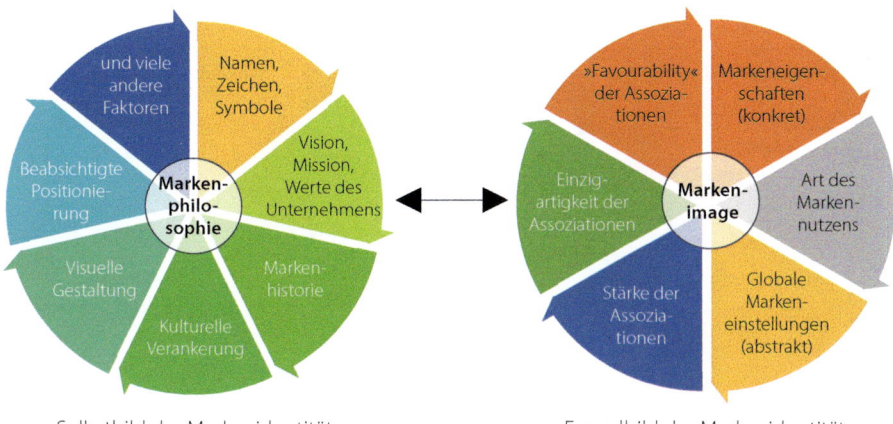

Dar. 52: Identität einer Marke (Quelle: In Anlehnung an MEFFERT/BURMANN 1996, S. 35)

chinesischer Konkurrent? In welchem Fall haben Sie eher positive oder negative Assoziationen? Wie stark sind diese Assoziationen? Ist »Tesla« in ihrer Markenprioritätsliste höher angesiedelt als »BYD«? Welchen Nutzen haben diese Marken für Sie (S. 36)? Und nicht zuletzt, haben politische Ansichten von Elon Musk Ihre Markenwahrnehmung von »Tesla« beeinflusst? Assoziationen bilden sich durch Lernprozesse heraus, unterstützt durch Werbung. Ihre Stärke wird aber nicht allein vom Werbedruck, sondern auch von einer **kongruenten Markenidentität** geprägt. Idealerweise sollte die Abweichung zwischen dem Selbst- und dem Fremdbild nicht zu groß sein.

ESCH et al. (2006) diskutieren anhand eines Modells, welche **markenbezogenen Zwischenfaktoren einen (künftigen) Kauf** auslösen können. Die Faktoren sind ähnlich wie beim SOR-Modell (▶ Kap. 6.1) nach kognitiven (Kenntnis einer Marke), affektiven (Beziehung zu einer Marke) und konativen Faktoren (Kauf) gegliedert. Es wurde jeweils der Einfluss der einzelnen Faktoren aufeinander getestet. Dabei wurde ein zentraler Einfluss des Markenimages festgestellt und zwar nicht nur auf das Markenvertrauen und die Markenzufriedenheit, sondern auch direkt auf den Kauf. Weitere eingezeichnete Verbindungen geben einen starken kausalen Zusammenhang wieder. Je nach Zielgruppe (die Hypothesen wurden anhand einer studentischen Zielgruppe getestet) und Marke könnten auch andere Faktoren wichtiger werden (▶ Dar. 53).

Neurowissenschaftliche Erkenntnisse bestätigen das Positionsmodell nach RIES/TROUT (2010), denn nur die Lieblingsmarke kann den Entscheidungsprozess emotionalisieren. Studien sprechen also für ein solches Phänomen wie First Choice Brand (KENNING 2020, S. 218–219). Die Markenpersönlichkeit und -identität (nach MEFFERT/BURMANN 1996) sowie das Markenimage (nach ESCH et al. 2006) üben in der Sache eine ähnliche Wirkung wie Personen aus, reichen jedoch nicht an ihre Intensität heran. Erschwert wird die Bildung einer personenvergleichbaren Markenpersönlichkeit (-identität, -image) vermutlich, weil sie ein Netzwerk von mehre-

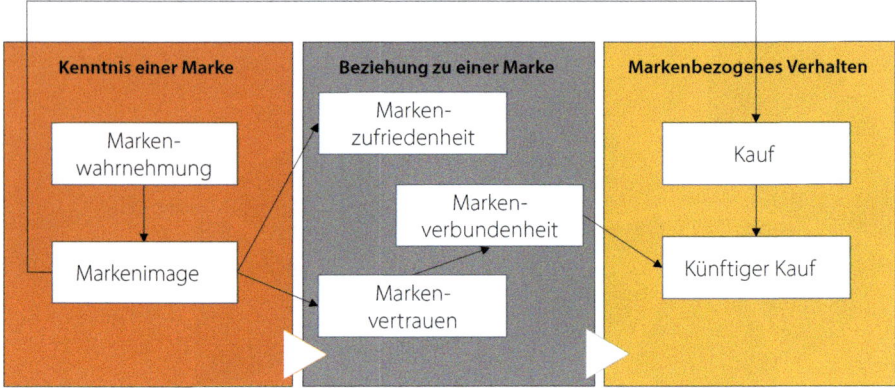

Dar. 53: Markenbezogene Faktoren des Konsumentenverhaltens (Quelle: In Anlehnung an ESCH et al. 2006, S. 102)

ren Hirnarealen aktiviert. Jedoch lässt sich die Stärke des Markenimages sowie die markenspezifischen mentalen Assoziationen neurologisch erfassen (S. 219–220). Insgesamt scheint aber eine Entscheidung, die Lieblingsmarke beinhaltet, kognitiv zu entlasten (S. 222–223).

Ob man daran glaubt oder nicht – Marken funktionieren. Zwar scheinen Markenkonzepte manchmal oberflächlich und erfunden, dennoch gibt es eindeutige neurologische Bestätigungen für Markenwirkung. Bedenkt man beispielsweise, dass Coca-Cola als eine der weltweit ältesten und wertvollsten Marken jährlich Millionen für Werbung ausgibt (allein in Deutschland 2023 über 50 Mio. Euro), wird wahrscheinlich etwas dran sein (INTERBRAND o. J.; NIELSEN 2024). Es gibt jedoch Stimmen, die behaupten, dass die obigen Konzeptionen nicht an ihre Wirkungsversprechen heranreichen und nur aufgrund des »stupiden« Werbedrucks erfolgreich sind (▶ Kap. 6.5). Vermutlich liegt die Wahrheit irgendwo dazwischen.

Lesehinweise

- Ries, A./Trout, J.: Positioning: the Battle for Your Mind, 25th print, New York 2010. (erstmalig 1981 erschienen). [Primärquelle]
- Meffert, H./Burmann, C.: Identitätsorientierte Markenführung – Grundlagen für das Management von Markenportfolios, Wissenschaftliche Gesellschaft für Marketing und Unternehmensführung e.V, Arbeitspapier Nr. 100, Münster 1996. [Primärquelle]
- Burmann, C. et al.: Identitätsbasierte Markenführung. Grundlagen – Strategie – Umsetzung – Controlling, 5. Auflage, Wiesbaden 2024. [aktualisierte Fassung des Klassikers]
- Esch, F.-R. et al.: Are brands forever? How brand knowledge and relationships affect current and future purchases, in: Journal of Product & Brand Management, Jg. 15, Heft 2, 2006, S. 98–105. [Primärquelle]

- Kenning, P.: Consumer Neuroscience. Ein transdisziplinäres Lehrbuch, Stuttgart 2020, S. 217–220. [Zusammenfassung neurologischer Marken-Studien]
- Baumgarth, C.: Markenpolitik. Markentheorien, Markenwirkungen, Markenführung, Markencontrolling, Markenkontexte, 4. Auflage, Wiesbaden 2014. [Lesetipp]

6.5 Elaboration Likelihood Model (PETTY/CACIOPPO)

Zentrale Erkenntnisse

- In sieben Postulaten werden zusammenhängende Annahmen über Einstellungsänderungen als Reaktion auf einen Stimulus hergeleitet. Dabei wird ein dualer Weg zur Einstellungsveränderung beschritten – je nachdem, wie hoch die Bereitschaft und die Fähigkeiten zur Verarbeitung der persuasiven Botschaft sind. Das Elaboration Likelihood Model (ELM) (Modell der Verabeitungswahrscheinlichkeit) postuliert, dass Einstellungsänderungen nicht nur bei High-Involvement-Käufen mit hoher Verarbeitungsbereitschaft und -fähigkeit stattfinden, sondern auch bei Low-Involvement-Käufen. Je nach wahrscheinlichem Verarbeitungsweg (zentral, peripher) kann man auch die Überzeugungsmittel ausrichten (Person sitzt abends vor dem Fernseher – peripher; Person vergleicht aktiv Produktmerkmale – zentral).
- »We believe that human feelings, beliefs, and behaviors, whether in the domain of interpersonal relations (e. g., marriage, aggression), politics (e. g., voting, revolution), health (e. g., following a medical regimen), or economics (e. g., consumer purchases) are greatly influenced by the evaluations people have of other people, objects, and issues. Furthermore evaluations (attitudes) are influenced by affect, cognition, and behavior. […] In this monograph we present a general framework for understanding the attitude changes that result from exposure to persuasive communications. This theory, which we have called the Elaboration Likelihood Model (ELM), outlines two »routes to persuasion«. One route is based on a careful and thoughtful assessment of the central merits of the position advocated (central route). The other is based on some cognitive, affective, or behavioral cue in the persuasion context which becomes attached to the advocacy or allows a relatively simple inference as to the merits of the position advocated (peripheral route).« (PETTY/CACIOPPO 1986, S. vii–viii)
- ELM erklärt, dass selbst wenn persuasive Nachrichten nicht aktiv verarbeitet werden können, bei wiederholtem Einsatz von Hinweisreizen dennoch Einstellungsänderungen möglich sind. Dies erklärt u. a. den hohen Anteil wiederholender, scheinbar sinnloser TV-Werbung für Marken und den Erfolg des linearen werbebasierten Radio- und TV-Geschäftsmodells. ELM wird in

> vielen Studien verwendet und es lassen sich auch Bezüge zu verhaltens- und neurowissenschaftlichen Modellen herstellen.
> - Modellgebiete: Marketing, Psychologie, Einstellungsforschung

Eine frühe systematische Auseinandersetzung mit der **Einstellungsänderung** (»opinion change«, »opions and beliefs«) liefern HOVLAND et al. (1953, S. 6–7, 269). Unter wirksamer (»persuasiver«) Kommunikation werden Bildungsprogramme, Öffentlichkeitskampagnen, Werbung und Propaganda verstanden (S. v). Die Autoren haben im Rahmen des Yale Communication Research Programs auf der Basis von zahlreichen durchgeführten Experimenten ihre Erkenntnisse ähnlich wie LASSWELL (1964) (▶ Kap. 1.1) geordnet: »the communicator«, »content of the communication«, »audience predispositions«, »responses« (S. 13–15). So beeinflusst eine hohe **Glaubwürdigkeit** (Expertentum, Intentionen) der Kommunikatorin positiv die Überzeugungskraft der Botschaft und umgekehrt. (S. 35) Jedoch stellt sich dieser Effekt nicht dauerhaft ein (S. 39–40). Botschaften, wie etwa Angstappelle, zeigen die stärkste Wirkung, wenn sie neutraler formuliert sind (S. 82). Botschaften sind langfristig wirkungsvoller, wenn neben günstigen Argumenten auch Argumente der Gegenseite präsentiert werden (S. 111). Ferner sind Gruppennormen ein wichtiger persönlicher Einflussfaktor, die umso stärker sind, je größer das Zugehörigkeitsgefühl der beeinflussten Person ist (S. 139). Die **Beeinflussbarkeit** der Rezipientin kann z. B. davon abhängen, ob eine hohe Aggressionsabneigung oder ein niedriges Selbstbewusstsein vorliegt (S. 189–191).

HOVLAND et al. (1953) hat viele Folgeuntersuchungen beeinflusst, u. a. das 1981 zum ersten Mal veröffentlichte **Elaboration-Likelihood-Model (ELM)**. Das Modell kann als ein verfeinertes heuristisches SOR-Modell betrachtet werden, welches zudem die Diskussion über High- und Low-Involvement-Kaufentscheidungen (▶ Kap. 6.1) auf eine präzisere Konzeptbasis stellt. So ist es u. a. ein Ziel des Modells, zu erklären, dass auch bei Low-Involvement-Käufen **Einstellungsveränderungen** stattgefunden haben, wenn auch instabile. Hier kann die Mere-Exposure-Hypothese sinnvoll eingebaut werden: Je häufiger ein Individuum einem Stimulus ausgesetzt wird, desto positiver wird seine Einstellung gegenüber diesem. So wirken beispielsweise bekannte Gesichter attraktiver und vertrauter (ZAJONC 1968, MORELAND/ZAJONC 1982). Haben Sie sich schon mal gefragt, warum auf digitalen Leinwänden immer die gleichen Werbespots mit gleichen Werbefiguren gezeigt werden?

Das Elaboration-Likelihood-Model kann auch **explizite Gestaltungsziele** verfolgen, denn die Ausgangsposition der Wirkungskette ist der Kontakt einer Rezipientin mit einer persuasiven (auf die Überzeugung ausgerichteten) Kommunikationsbotschaft (PETTY/CACIOPPO 1986, S. 3). Das Modell kann aber auch **auf jede andere Situation übertragen werden**, bei der es um Einstellungsveränderung geht. Im Folgenden werden **sieben Modellpostulate** erörtert, auf denen das Modell aufbaut (S. 5) (▶ Dar. 54):

6.5 Elaboration Likelihood Model (PETTY/CACIOPPO)

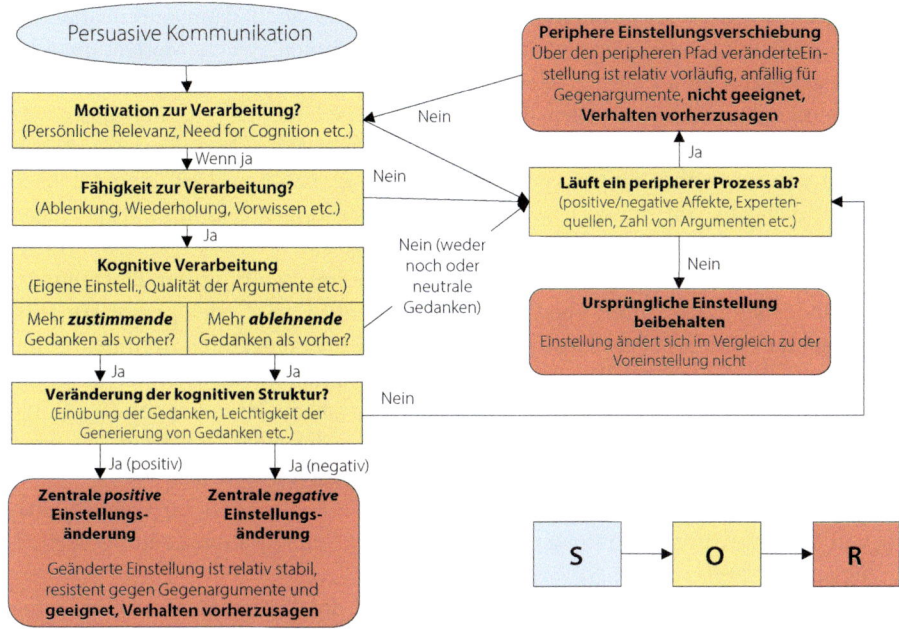

Dar. 54: Das Elaboration-Likelihood-Modell (Quelle: In Anlehnung an PETTY/CACIOPPO 1986, S. 4, und BAUMGARTH 2014, S. 48)

1. Menschen sind **motiviert, korrekte Einstellungen** zu haben (S. 5 f.). Hier wird angenommen, dass Menschen ihre Einstellungen mit denen der anderen vergleichen, jedoch kann Subjektivität nicht ausgeschlossen werden. Vielmehr geht es hier um die Identifizierung eines grundlegenden Strebens der menschlichen Psyche.
2. Trotz ihres Bestrebens nach korrekten Einstellungen variiert ihre Bereitschaft und Fähigkeit zur Verarbeitung von Informationen (Nachrichten, Botschaften etc.) in Abhängigkeit von individuellen und situativen Faktoren (S. 5). Das zweite Postulat stellt also das erste Postulat in den Kontext der **geistigen Fähigkeiten und Möglichkeiten der Verarbeitung**. Unter Verarbeitung wird dabei die Intensität verstanden, mit welcher eine Person sorgfältig über eine bestimmte Angelegenheit nachdenkt. Im Zusammenhang mit der »persuasiven« Nachricht bedeutet das: Eine Person überprüft die für eine Angelegenheit relevanten Argumente genau.

Die **Verarbeitungswahrscheinlichkeit** im Sinne des Modells ist hoch, wenn sowohl die Motivation als auch die Fähigkeit zur Verarbeitung einer Botschaft gegeben sind. Dies schließt auch eigenständige Informationsbeschaffung sowie das Hinterfragen und Vergleichen von Argumenten ein (S. 7). Dabei ist die Verarbeitungswahrscheinlichkeit zwischen »sehr niedrig« und »sehr hoch« in all ihren Ausprägungen als ein Kontinuum definiert, was den Vorteil hat, dass Ergebnisse aus bisherigen Studien integriert werden können (S. 8). Es wird insgesamt davon ausgegangen, dass Einstellungen auch dann durch affektive (emotionale) Hinweisreize verändert werden können, wenn Motivation oder Fähigkeit zur Verarbeitung relevanter Argumente gering sind (S. 10). Wenn die Auseinandersetzung mit den Argumenten ausschließlich auf der Basis von präsentierten und im Verarbeitungsprozess erarbeiteten Argumenten verläuft, wird von einer eher **objektiven Verarbeitung** gesprochen. Lässt sich der Rezipient dagegen von seinen ursprünglichen Einstellungen leiten, so spricht man eher von **subjektiv verzerrter** Verarbeitung (S. 7 f.).

3. Das Ausmaß und die (quantitative wie qualitative) Richtung der Einstellungsveränderung kann durch überzeugende Argumente und/ oder **periphere Hinweisreize** (»cues«) beeinflusst werden (S. 5). Die überzeugenden Argumente sind bereits unter Punkt 2 behandelt worden. Die peripheren Hinweisreize hingegen sind Stimuli, die relativ primitive affektive Zustände auslösen können (S. 18). Die qualitative Richtung kann die eher objektive oder eher subjektiv verzerrte Verarbeitung sein (S. 18). Siehe hierzu die Postulate 4 und 5.
4. Variablen können die Bereitschaft und/ oder die Fähigkeiten zur eher **objektiven Verarbeitung** beeinflussen, indem sie die Argumentationsprüfung begünstigen oder begrenzen (S. 5).
5. Dies betrifft auch die Bereitschaft und/ oder die Fähigkeiten zu einer eher **subjektiv verzerrten Verarbeitung** (S. 5). Eine Person, die Argumente unabhängig von den eigenen Einstellungen (Bottom-up) überprüft, verarbeitet diese tendenziell objektiver. Eine Person, die dabei ihre eigenen Einstellungen einfließen lässt (Top-down), wird subjektiv verzerrte Ergebnisse herleiten (S. 19).
6. Wenn die Motivation und Fähigkeit zur Verarbeitung von Argumenten sinkt, werden **periphere Hinweisreize** zu relativ wichtigeren Determinanten und umgekehrt (S. 5). Es wird hier also ein Trade-off postuliert.
7. Aus der Verarbeitung von Argumenten resultierende Einstellungsveränderungen (**zentrale Route**) sind zeitlich stabiler, können das Verhalten besser vorhersagen und sind robuster gegenüber Gegenargumenten als Einstellungsveränderungen, die aus peripheren Hinweisreizen resultieren (**periphere Route**) (S. 5).

Das Elaboration-Likelihood-Modell hat sich in vielen Studien **bewährt**, wurde aber auch **verschiedenen Kritikpunkten** unterzogen (PETTY/WEGENER 1999). Insgesamt besticht es durch seine Eleganz und seine Erklärungskraft, dass Einstellungsveränderungen auch dann stattfinden, wenn persuasive Nachrichten nicht aktiv verarbeitet werden, und zwar bei wiederholtem Einsatz von Hinweisreizen. So kann man auch, z. B. für die Markenpraxis gut ableiten, wie Botschaften in Abhängigkeit von der Verarbeitungsbereitschaft und -fähigkeit zu verpacken sind (▶ Kap. 6.4). Verarbeitungsprozesse sind deutlich komplexer als von ELM dargestellt, wie verhaltens- und neurologischen Untersuchungen zeigen. Aber auch zwischen diesen Modellgattungen lassen sich Bezüge herstellen (CACIOPPO/CACIOPPO/PETTY 2018).

Lesehinweise

- Petty, R. E./Cacioppo, J. T.: Communication and persuasion. Central and peripheral routes to attitude change, New York 1986, S. vii–24 [Primärquelle]
- Gao, X. et al.: How the live streaming commerce viewers process the persuasive message: An ELM perspective and the moderating effect of mindfulness, in: Electronic Commerce Research and Applications, Jg. 49, 2021, https://doi.org/10.1016/j.elerap.2021.101087. [Studie zur Wirksamkeit von Online-Shopping-Streams]
- Cacioppo, J. T. et al.: The neuroscience of persuasion: A review with an emphasis on issues and opportunities, in: Social neuroscience, Jg. 13, Heft 2, 2018, S. 129–172 [Lesetipp]
- Sadamali J. et al.: ›The persuasion effects of virtual reality (VR) and augmented reality (AR) video advertisements: A conceptual review‹, in: Journal of Business Research, Jg. 160, 2023, https://doi.org/10.1016/j.jbusres.2023.113739. [Wirksamkeitsbeurteilung innovativer Werbeformen mit Hilfe der ELM]

6.6 Über Kommunikationsmaßnahmen entscheiden (BRUHN)

Zentrale Erkenntnisse

- Das Modell von BRUHN (2018) verdeutlich den Zusammenhang von Zwischen- und Hauptzielen einer Mediakampagne aus der Entscheidungsperspektive. Es bietet einen Bezugsrahmen für eine Vielfalt der Variablen eines Marketingkommunikationsprozesses und hilft bei der Erkennung von Stolpersteinen in Zusammenarbeit mit Media- und Werbeagenturen. Folgende allgemeine Variablen werden unterschieden: Aktivitätenniveau der Werbekampagne, psychologische und ökonomische Wirkungen sowie das Kommunikationsbudget. Die Variablen können spezifiziert werden.
- Das Modell von BRUHN (2018) bietet ein schlüssiges Modell, um einen Kommunikationsprozess in Zwischenschritte zu zerlegen und nach Fehlern oder Optimierungspotenzial zu suchen. Es könnte mit Hilfe konkreter Key-Performance-Indikatoren für den praktischen Einsatz angepasst werden. In der vorliegenden Form hat es eher eine erklärende Bedeutung, da es teilweise zu viel konkrete Zwischenvariablen zulässt.
- Modellgebiete: Kommunikationswissenschaft (Wirkungsforschung), Mediaplanung, Marketing

BRUHN (2018) vereint unterschiedliche Ansätze der Kommunikationspolitik, um eine bessere entscheidungsorientierte Perspektive auf das SOR-Modell (▶ Kap. 6.1) zu bekommen. Dabei greift er vor allem auf verhaltenswissenschaftliche (S. 35–40) sowie entscheidungsorientierte Ansätze zurück (S. 40–43). Im Sinne eines übergreifenden SOR-Modells wird hier die **Ursache-Wirkungsbeziehung** zwischen verschiedenen Variablen einer Kampagne herausgearbeitet. Damit soll das kommunikationspolitische Entscheidungsdenken in Form verschiedener Marktreaktionen dargestellt werden (S. 43–46). BRUHN (2018) unterscheidet dabei vier Marktreaktionstypen. Untersucht wird der Zusammenhang zwischen

1. **Aktivitätenniveau** (z. B. Anzahl geschalteter Werbespots oder Anzeigen) und den daraus resultierenden (nicht beobachtbaren) **psychologischen Wirkungen** (z. B. Einstellungsveränderung zugunsten einer Marke) (S. 47–48),
2. **psychologischen** (z. B. Einstellungsveränderung zugunsten einer Marke) und **ökonomischen Wirkungen** (z. B. Steigerung des Umsatzvolumens) (S. 48–49),
3. **Aktivitätenniveau** (z. B. Anzahl geschalteter Werbespots oder Anzeigen) und **Kommunikationskosten/ Budget** (z. B. Kosten für die Schaltung einer Kommunikationskampagne) (S. 49–51) sowie
4. **Kommunikationskosten/ Budget** (z. B. Kosten für die Schaltung einer Kommunikationskampagne) und **ökonomischen Wirkungen** (z. B. Steigerung des Umsatzvolumens) (S. 52–53).

Letzten Endes ist der Marktreaktionstyp 4 als Ursache-Wirkungsbeziehung zwischen Budget und ökonomischen Wirkungen die Gesamtperspektive eines wirtschaftlichen Kampagnencontrollings zu verstehen. Die Leitfrage dabei lautet: **Haben sich meine Werbeinvestitionen gelohnt?** Die Marktreaktionstypen 1–3 stellen dabei Zwischenstufen dar. In einer selbstkritischen Würdigung werden die o. g. Marktreaktionstypen als idealtypisch bezeichnet und es müssen die einzelnen Variablen operationalisiert werden, um die Ursache-Wirkungsbeziehungen empirisch zu fundieren (S. 53).

Dieses Modell wird im Folgenden aufgegriffen, ergänzt und gegenüber der Originalquelle präzisiert. Erstens wird wir die Reihenfolge der Marktreaktionen sowie deren Nummerierung angepasst. Zweitens wird die Ursache-Wirkungsbeziehung zwischen Aktivitätenniveau (Ursache) und Budget (Wirkung) umgedreht, denn die Zahl der geschalteten Anzeigen hängt von den einzusetzenden Werbeinvestitionen ab und nicht umgekehrt. Drittens wird das Aktivitätenniveau zwar als Zwischenvariable weiterhin verwendet, der entsprechende Marktreaktionstyp wird jedoch in eine Beziehung zwischen Budget und Zahl potenziell erreichter Werbekontakte umdefiniert, denn die Mediamaßnahmen werden in quantitativer Hinsicht zur Zielgruppenmaximierung ausgerichtet. Viertens werden die Verläufe innerhalb der Marktreaktionstypen repräsentierenden Quadranten anhand von Beispielen neu skizziert. Fünftens wird angenommen, dass zielgruppenwirksame Werbemittel bereits im Vorfeld produziert wurden und Fixkosten entstanden sind, aber keine weiteren variablen Kosten.

Die »**Marktreaktionstypen**« werden in miteinander verbundenen Koordinatensystemen dargestellt (▶ Dar. 55). Im Quadranten I werden aus der **Controlling-**

6.6 Über Kommunikationsmaßnahmen entscheiden (BRUHN)

Perspektive Kosten/ Budgets (x) und ökonomische Wirkungen f(x) gegenübergestellt. Eine typische Frage, die man sich hierbei stellt: Bringt 1 Euro Werbebudget mehr als 1 Euro Gewinnrückfluss? In diesem Fall wäre eine Kampagne wirtschaftlich erfolgreich. Kurzfristig könnte man so den Erfolg einer vertriebsorientierten Kampagne messen. Bei einer markenorientierten Kampagne wäre dagegen nur eine langfristige Messung der Wirkung sinnvoll. Die Zwischenstufen werden in den Quadranten II, III und IV dargestellt, dabei werden sie vom Quadranten I gesteuert. Beispielhaft wurden im Quadranten I zwei Verläufe eingezeichnet. Verlauf a könnte das Szenario repräsentieren, bei dem mit steigendem Budget die ökonomischen Wirkungen abnehmen – infolge eines ausgeschöpften Marktpotenzials. Verlauf b könnte zeigen, dass erst ab einer gewissen Budgethöhe (z. B. bei Ausstrahlung von TV-Spots) die ökonomischen Wirkungen einsetzen. In beiden Fällen haben die Fixkosten für die Produktion von Werbemitteln zu einer Verschiebung der Kurven entlang der Budget-Achse geführt.

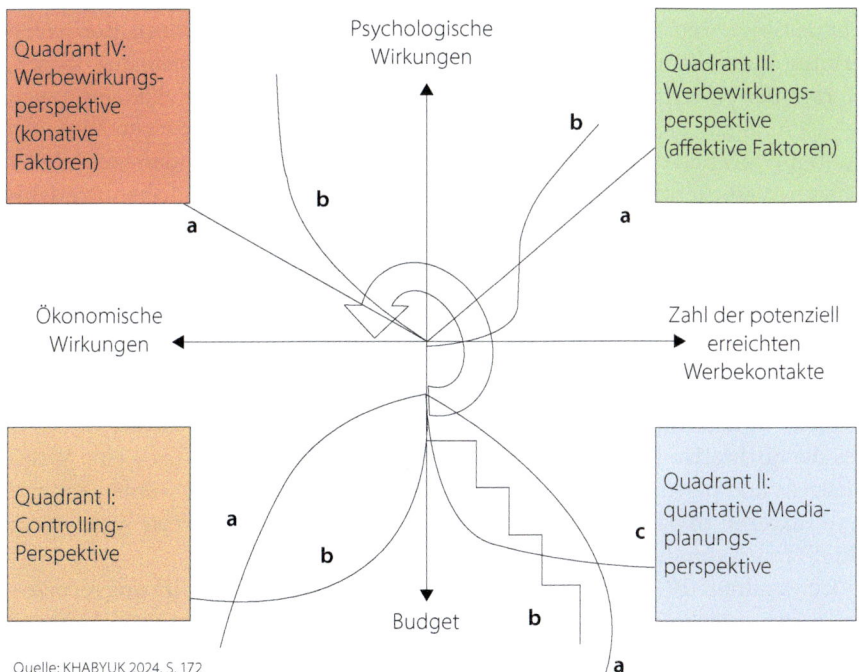

Quelle: KHABYUK 2024, S. 172

Dar. 55: Entscheidungsorientierter Ansatz der Kommunikationspolitik nach BRUHN (2018, S. 50)

Quadrant II erklärt aus der **Mediaplanungsperspektive** den quantitativen Zusammenhang zwischen Kosten/ Budget einer Kampagne (x) und der Zahl von potenziell erreichten Werbekontakten f(x). Als Zwischenvariable kann dabei die Zahl ausgespielter Werbemaßnahmen in verschiedenen Mediengattungen (Aktivitätenniveau) angesehen werden. In diesem Quadranten kann gegenübergestellt werden, mit welchem Budget die Zielgruppenreichweite maximiert werden. Aber auch, ob durch Mengenbuchungen Rabatte erzielt werden können. Darüber hinaus können Fragen beantwortet werden, wie groß die Zahl von potenzielle erreichten Werbekontakten ist, wenn ein Budget X eingesetzt wird. Dabei kann die Frage für verschiedene Mediengattungen variiert sowie Überschneidungen identifiziert werden. Folgende Verläufe werden beispielhaft angenommen:

- Mit steigendem Budget nimmt die Zahl der potenziell erreichten Werbekontakte ab, da das Marktpotenzial ausgeschöpft ist (Verlauf a).
- Mit jedem dazugebuchten Kommunikationskanal steigt die Reichweite der Kampagne sprunghaft an, bleibt aber auf dem jeweiligen lokalen Plateau (Verlauf b).
- Eine oder mehrere PR-, Guerilla-, Influencer-Marketing-Maßnahmen mit einem überschaubaren Budget werden schlagartig von journalistischen Medien bzw. der Zielgruppe aufgenommen (Verlauf c).

Während Quadrant II die potenziell erreichte Personenzahl in quantitativer Hinsicht aufzeigt, repräsentiert Quadrant III **die affektiven Faktoren der Werbewirkung** einer Kampagne. Dabei wird versucht, einen Zusammenhang zwischen der Zahl der potenziell erreichten Werbekontakte (x) und den vielfältigen psychologischen (nicht beobachtbaren) Wirkungen f(x) aufzuzeigen. Solche Wirkungen könnten operationalisiert werden als beispielsweise der Anteil der potenziell erreichten Werbekontakte, die Kampagne passiv wahrgenommen haben (Verlauf a) oder der Anteil der potenziell erreichten Werbekontakte, die eine positive Einstellung zu einem innovativen Produkt (z. B. einem Feuermelder) entwickelt haben (Verlauf b). (▶ Kap. 5.7). Auch andere Größen der psychologischen Wirkung könnten wiedergegeben werden wie etwa aktive und passive Wahrnehmung, ungestützte und gestützte Markenbekanntheit, Markenimage, positive Einstellung, Kaufabsicht etc. Hierbei könnte man fragen, was Werbemaßnahmen eines Unternehmens in den Köpfen der Zielgruppe bewirkt haben. Problematisch ist hierbei, dass die qualitative (wie auch die quantitative) Werbewirkung durch eine Vielzahl situativer und persönlichkeitsbezogener Einflussgrößen verzerrt werden kann. Um diese Faktoren in den Griff zu bekommen, führt man üblicherweise einen Werbemittel-Pretest durch.

Der Quadrant IV stellt die **konativen Aspekte des Werbewirkungsprozesses** dar, indem psychologische (nicht beobachtbare) Wirkungen (x), z. B. Markenbekanntheit, in Zusammenhang mit ökonomischen Wirkungen f(x), z. B. Steigerung des Marktanteils, des Umsatzes, des Gewinns, in Verbindung gebracht werden. Folgende Fragen sind relevant: Wie wirkt sich eine hohe gestützte Markenerinnerung auf den Umsatz oder Gewinn aus? Wie wirkt sich eine hohe positive Einstellung auf meinen Umsatz aus? Grafisch könnten die folgenden zwei Verläufe gezeigt werden. Hohe Markenerinnerung führt zu proportional hohen Umsätzen (Verlauf a). Alternativ: Trotz hoher Markenerinnerung entwickeln sich die Umsätze unterproportional (Verlauf b).

Das Modell zur Unterstützung der Entscheidungen über Kommunikationsmaßnahmen ist hilfreich, um einen **Kommunikationsprozess in Zwischenschritte** eines sog. Marketing-Funnels zu zerlegen und nach Fehlern oder Optimierungspotenzial zu suchen. Es ist dazu geeignet, verschiedene Studienergebnisse und Teilmodelle zu integrieren. Da es sehr viele Zwischenvariablen zulässt, bleibt es teilweise allgemein und ungenau. Durch die Digitalisierung kann es tendenziell eine Verkürzung der Kausalkette hin zu einem SR-Modell stattfinden, so dass am Ende nur hinsichtlich konativer Reaktionen (Quadrant IV) optimiert wird (▶ Kap. 6.1).

> **Lesehinweise**
>
> - Bruhn, M.: Kommunikationspolitik. Systematischer Einsatz der Kommunikation für Unternehmen, 9. Auflage, München 2018, S. 35–52 [Primärquelle]
> - Schweiger, G.; Schrattenecker, G.: Werbung. Eine Einführung, Grundwissen der Ökonomik: BWL, 7. Auflage, Stuttgart 2009, S. 279–354
> - Turcsanyi, G./Schützendorf, R.: Werbewirkung und Mediaplanung. Kompendium für Praxis und Lehre, Baden-Baden 2013
> - Unger, F. et al.: Mediaplanung. Methodische Grundlagen und praktische Anwendungen, 6. Auflage, Berlin, Heidelberg 2013

6.7 Situational Crisis Communication Theory (COOMBS)

> **Zentrale Erkenntnisse**
>
> - Wie bewältigt eine Organisation eine Krise, um ihre Reputation zu sichern? Zunächst ist es wichtig, die Art der Krise zu identifizieren: Ist das Unternehmen ein Opfer (z. B. Naturkatastrophe), unbeabsichtigter Unfallverursacher (z. B. eine technische Panne) oder absichtlicher Schädiger (z. B. Menschenleben aufs Spiel gesetzt)? Das hilft, das mögliche Reputationsrisiko zu antizipieren. Hat die betroffene Organisation in der Vergangenheit ungeschickt auf Krisen reagiert, besteht selbst bei harmlosen (Opfer-)Krisen ein hohes Reputationsrisiko. Drei Reputationsbewältigungsstrategien sind dabei denkbar: Zurückweisung (»wir waren es nicht«), Schadensbegrenzung (»wir haben es versucht, aber es stand nicht in unserer Macht«) und Wiederaufbau der Reputation (Entschuldigung, Kompensation). Insgesamt ist es wichtig, das richtige Medienframing zu treffen, um weiteren Reputationsschaden zu vermeiden.
> - »Situational Crisis Communication Theory (SCCT) provides an evidence-based framework for understanding how to maximize the reputational protection afforded by postcrisis communication. Research using SCCT relies on experimental methods rather than case studies. SCCT identifies how key

> facets of the crisis situation influence attributions about the crisis and the reputations held by stakeholders. In turn, understanding how stakeholders will respond to the crisis informs the post-crisis communication. The empirical research from SCCT provides a set of guidelines for how crisis managers can use crisis response strategies to protect a reputation from the ravages of a crisis. This paper is the initial detailed presentation of SCCT and its recommendations for crisis communication. The discussion of SCCT begins by unpacking the reputational threat of a crisis and then moves to the explication of SCCT and its application to reputation protection during a crisis.« (COOMBS 2007, S. 163–164)
> - Im Social-Media-Zeitalter wird Krisenkommunikation noch wichtiger. Das Krisenkommunikationsmodell nach COOMBS (2007) kann auch hier – mit entsprechenden Anpassungen – angewendet werden, auch wenn es spezifische Modelle gibt. Insgesamt spricht man im Social-Media-Kontext von Parakrisen, die z. B. durch fehlendes Gendern ausgelöst werden, sich aber potenziell zu größeren Krisen entwickeln könnten. Auch hierfür gibt es adäquate Bewältigungsstrategien.
> - Modellgebiete: Public Relations, Psychologie, Social Media Marketing

Beispiele und Analysen des kommunikativen Umgangs mit organisationalen Krisen gibt es unzählige. Solche Krisen hat es schon immer gegeben und sie scheinen im Kontext von Social Media und verfehlter Nachhaltigkeitsversprechen sogar noch zuzunehmen. Eine solide theoretische Grundlage für den Umgang mit Organisationskrisen bietet COOMBS (2007) (▶ Dar. 56). Eine **Krise** wird als ein unerwartetes Ereignis definiert, das eine Gefahr für die Reputation einer Organisation gegenüber Stakeholdern (z. B. Kundinnen) darstellt (S. 163–164). Eine beschädigte **Reputation** kann dazu führen, dass Stakeholder ihr beabsichtigtes Verhalten gegenüber einer Organisation ändern (z. B. zu einem anderen Anbieter wechseln) oder durch negative Mund-zu-Mund-Propaganda den Reputationsverlust weiter verschärfen. Unter **Stakeholdern** wird dabei eine Gruppe von Menschen verstanden, die das Verhalten einer Organisation beeinflussen können oder auch umgekehrt ihrem Einfluss unterliegen (S. 164).

Es wird postuliert, dass Menschen insbesondere bei negativen und plötzlichen Ereignissen wie Krisen nach Ursachen suchen. Wird einer Organisation eine **Verantwortung für eine Krise** zugerechnet, können Stakeholder mit negativen **Emotionen** wie Verärgerung und Schadenfreude reagieren (z. B. auf die Kontrollen von krankgemeldeten Mitarbeiterinnen in einem Tesla-Werk in Grünheide). Die Zuweisung einer Verantwortung für eine Krise wirkt sich aber auch direkt auf die **Reputation** aus (S. 169). Eine positive Reputation kann einen vorbeugenden Puffer für mögliche künftige Krisen darstellen (S. 165). Eine Reputation sowie die Zurechnung der Verantwortung für eine Krise kann aber auch durch bisherige mittelbare (aus den Medien beobachtbare) Krisenhistorie und unmittelbare (durch persönliche Erfahrungen einer Stakeholderin geprägte) Krisenbewältigungen negativ vorbelastet sein (S. 167).

Bei der Krisenbewältigung sollte eine ethisch handelnde Organisation zuerst sich um die physische und psychische Sicherheit ihrer Stakeholder kümmern (z. B. Warnung vor Produktverzehr) und erst danach sollte sie sich auf die Sicherung der eigenen Reputation konzentrieren (S. 165). Letzteres ist die Aufgabe der Post-Krisenkommunikation (S. 163). Reputation eines Unternehmens entsteht durch Medienberichterstattung und eine direkte Interaktion der Stakeholder mit der Organisation. Eine Krise entsteht meist durch eine **negative Medienberichterstattung**. Stakeholder vergleichen ihr Wissen über eine Organisation mit ihren Erwartung an deren Verhalten (S. 164). Die Medienberichterstattung ist stark von erzählerischen Rahmungen (Framing) geprägt (S. 167).

Typischerweise werden **drei Krisencluter/ -framings** unterschieden (S. 168):

- **Opfer-Situation**: Der Organisation wird für die Krise in einem geringen Maße verantwortlich gemacht, weil sie selbst ein Opfer der Krise ist, z. B. durch eine Naturkatastrophe, üble Nachrede, Gewalt am Arbeitsplatz durch einen ehemaligen Mitarbeitenden usw. Für die Organisation besteht ein **geringes Reputationsrisiko**.
- **Unfall-Situation**: Die Organisation ist ohne Absicht in eine Krise hineingeschlittert, z. B. durch eine technische Panne, Produktrückruf aufgrund einer Produktionsfehlers etc. Für die Organisation besteht ein **mäßiges Reputationsrisiko**.
- **Durch Absicht herbeigeführte Krisensituation**: Die Organisation hat eine Krise durch ein vorsätzliches Handeln verursacht, indem sie Menschenleben auf Spiel gesetzt hat, rechtliche Vergehen begangen hat etc. Für die Organisation besteht in diesem Fall ein **hohes Reputationsrisiko**.

Bei der **Krisenbewältigung** soll zunächst die ausgebrochene Krise in einen der obigen Krisencluster eingeordnet werden, um zu antizipieren, wie stark eine Organisation verantwortlich gemacht werden könnte (S. 168). Im folgenden Schritt ist bei der Risikobewertung die bisherige Krisenhistorie (Medienberichterstattung) sowie der bisherige unmittelbare Umgang mit Stakeholdern zu berücksichtigen. Waren diese negativ (z. B. der Umgang der Bahn mit Verspätungen), dann kann auch aus einer im Grunde harmlosen Opfer-Krisensituation (technische Sabotage) das gleiche hohe Reputationsrisiko erwachsen wie im Fall von absichtsvoll herbeigeführten Krisen (S. 168-169). **Krisenbewältigung verfolgt im Allgemeinen drei Ziele** (grüne Pfeile, ▶ Dar. 48): die Verantwortung der Organisation in der Krise schärfen (z. B. »wir sind unschuldig« oder »wir tragen nur eine geringe Mitschuld«), die wahrgenommene Rolle der Organisation ändern (z. B. von der Verursacherin zur Krisenbekämpferin) und die negativen Emotionen der Stakeholder reduzieren (z. B. durch eine allgemeine Entschuldigung, das Angebot einer Entschädigung etc.) (S. 171).

6 Modelle des Marketings und der Unternehmenskommunikation

Abhängig vom wahrgenommenen Reputationsrisiko sind **drei Bewältigungsstrategien** denkbar (S. 170):

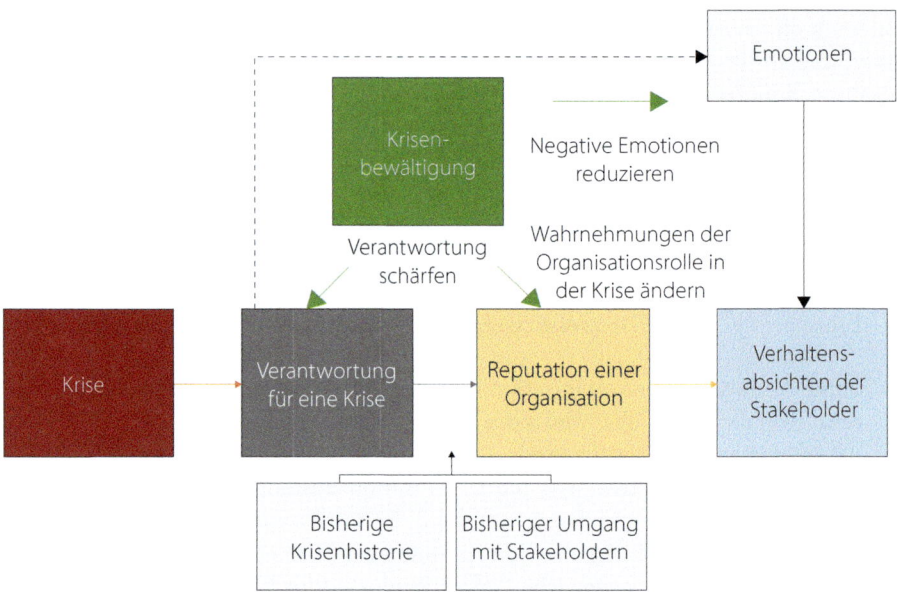

Dar. 56: Relevante Variablen des Situational Crisis Communication Theory (Quelle: Eigene Darstellung in Anlehnung an COOMBS 2007, S. 166)

- Zurückweisung (z. B. der suizidgefährdete Pilot hat die Maschine zum Absturz gebracht),
- Schadensbegrenzung (z. B. die Verantwortung wird gemindert, weil die Organisation aus objektiven Gründen nicht in der Lage war, die Situation zu kontrollieren),
- Wiederaufbau der Reputation (z. B. Kompensation des Schadens, aufrichtige Entschuldigung etc.).

Krisenmanagerinnen nutzen eine der drei Reputationsbewältigungsstrategien, um **ein bestimmtes Bild (»Frame«) von der Rolle der Organisation in den Medien** zu etablieren, z. B. die Deutsche Bahn wird als ein Opfer der strikten langjährigen Budgetpolitik des Bundes dargestellt. Existieren bereits bestimmte mediale Frames zur Krise, kann die Organisation ihre Sichtweise präsentieren (S. 171) und durch neue Informationen zu einer positiveren Wahrnehmung der Organisation beitragen. Mit der Strategie des Neuaufbaus kann dabei am sichersten neue Reputation aufgebaut werden (S. 172). Dies kann aber auch nach hinten losgehen, da Stakeholder den Eindruck gewinnen könnten, die Lage in einer Organisation sei viel schlimmer als dargestellt (S. 173).

Grundsätzlich rät COOMBS (2007, S. 173) dazu, dass bei **Opfer-Situationen** allgemeine Informationskampagnen ausreichen, außer bei negativer Vorgeschichte (dann sollte die Strategie zur Schadensbegrenzung eingeschlagen werden). **Unfall-Situationen** ohne Krisenhistorie erfordern Schadensbegrenzung, bei negativer Historie jedoch einen Wiederaufbau der Reputation. **Absichtsvoll herbeigeführte Krisen** sollten stets mit Maßnahmen zum Wiederaufbau der Reputation beantwortet werden. **Zurückweisungsstrategien** fördern dagegen nur die Bildung von Gerüchten und sollten nicht mit anderen Strategien vermischt werden. Insgesamt sollte eine Organisation für den Fall von Krisen mit Notfallplänen vorsorgen.

Die Unternehmenswelt wird zunehmend wettbewerbsintensiver. Dank Social Media ist es so einfach wie nie, ein Unternehmen öffentlich unter Druck zu setzen. Wie verändert sich also die **Krisenkommunikation in Zeiten von Social Media**? Auch wenn Social Media einen neuen Kommunikationskanal bei der Bewältigung herkömmlicher Krisen darstellt, benötigt man inzwischen größere Krisenbewältigungskapazitäten und einen breiten Strauß an kommunikativen Ansätzen, um Shitstorms auf Social Media zu begegnen (MANIAS-MUÑOZ/REBER 2022). Inzwischen ist man zu der Erkenntnis gelangt, dass nicht alles direkt eine Krise ist, sondern sich nur potenziell zu einer Krise entwickeln kann. Insbesondere auf Social Media treten dauernd solche Parakrisen auf. Zwar hat COOMBS (2007) seine Modellaussagen nicht auf Social Media, sondern auf Krisen im Produkt- und Dienstleistungsbereich ausgelegt, dennoch bleibt seine Situational Crisis Communication Theory auch mit entsprechenden Anpassungen gültig (CHEN et al. 2022). So müssen Parakrisen als neue Krisentypen aufgenommen und typologisch unterschieden werden. Beispielsweise passieren Unternehmen kleinere Misstritte bei der Pflege ihres Social-Media-Accounts, die selbst Parakrisen auslösen können. Auch hierauf müssen adäquate Reaktionsweisen entwickelt werden (S. 121–123).

> **Lesehinweise**
>
> - Coombs, W. T.: Protecting Organization Reputations During a Crisis: The Development and Application of Situational Crisis Communication Theory, in: Corporate Reputation Review, Jg. 10, Heft 3, 2007, S. 163–176 [Primärquelle]
> - Coombs, W. T/Holladay, S. J. (Hrsg.): Handbook of Crisis Communication, London 2011 [Umfassender Überblick über das Forschungsfeld in der Zeit vor Social Media]
> - Chen, F. et al.: Paracrisis and Crisis. Guidance From Situational Crisis Communication Theory, in: Jin, Y./Austin, L. L. (Hrsg.): Social media and crisis communication, 2nd edition, New York 2022, S. 118–129 [Lesetipp]
> - Manias-Muñoz, I./Reber, B. H.: Current Issues of Social Media and Crisis Communication, in: Jin, Y./Austin, L. L. (Hrsg.): Social media and crisis communication, Second edition, New York 2022, S. 20–32 [Überblick über weitere Modelle und typische Herausforderungen]

6.8 Interkulturelle Kommunikation (HOFSTEDE et al.)

Zentrale Erkenntnisse

- Ein Ziel der Untersuchung von Geert HOFSTEDE (1984) war es, weltweite Kulturunterschiede messbar zu machen. Dazu wurden Mitarbeitende der Firma IBM in 40 Ländern befragt. Als Ergebnis wurden vier Kulturdimensionen identifiziert, die in späteren Auflagen um zwei weitere Dimensionen vervollständigt wurden (HOFSTEDE et al. 2010): Machtdistanz, Unsicherheitsvermeidung, Individualismus/ Kollektivismus, Maskulinität/ Feminität, Zeitorientierung und Genussorientierung/ Zurückhaltung. Verschiedene Länder weisen dabei unterschiedlich ausgeprägte Kulturdimensionen auf.
- »Culture could be defined as the interactive aggregate of common characteristics that influence a human group's response to its environment. Culture determines the identity of a human group in the same way as personality determines the identity of an individual.« (HOFSTEDE 1984, S. 21)
- Kulturdimensionen dienen als Erklärungsansätze für Kommunikation innerhalb von Organisationen, zwischen Menschen unterschiedlicher Kulturen, Verhandlungs- und Führungsstile etc. Beispielsweise können hierarchische Unternehmenskulturen die Einführung von Scrum erschweren. Das Modell von HOFSTEDE (1984) ist kein Kommunikationsmodell der interpersonalen Kommunikation im eigentlichen Sinne, kann aber solche Kommunikationsanwendungen um kulturelle Aspekte erweitern (▶ Kap. 2.4). Da Kulturwerte in einer Gemeinschaft erlernt und durchgesetzt werden, können sie sich auch verändern, insbesondere in Zeiten gesellschaftlicher Verschiebungen (z. B. infolge der Gender-Debatte).
- Modellgebiete: International Management, Kulturtraining

Geert Hofstede hat in den Jahren 1968 und 1972 über 100.000 Menschen in 40 Ländern befragt (HOFSTEDE 1984, S. 11), die weltweit für IBM gearbeitet haben (in der 1. Auflage wird noch anonymisiert von der »HERMES Corporation« gesprochen) (S. 9). Er hat dabei **vier Kulturdimensionen** identifiziert, die Menschen unterschiedlicher Kulturen voneinander unterscheiden: Machtdistanz, Vermeidung von Unsicherheit, Individualismus/Kollektivismus und Maskulinität/Feminität (S. 11). Später sind Zeitorientierung und Beherrschbarkeit als zwei weitere Dimensionen hinzugekommen (HOFSTEDE 2011, S. 8).

Warum gibt es Kultur? Soziale Systeme können nur existieren, wenn menschliches Verhalten in gewisser Weise vorhersagbar wird. Dieses wird vorhersagbar, wenn man ähnliche mentale Programme hat. Neben angeborenen universellen mentalen Programmen (wie die Grundemotionen), individuellen mentalen Programmen (wie persönliche Landkarten), spielen in Gemeinschaften kollektive mentale Programme eine wichtige Rolle (▶ Kap. 2.5). **Kultur ist dabei eine kollektive Programmierung, die für Menschen bestimmter Gruppen ähnlich ist**. Sie lässt sich als ein System von Werten operationalisieren. Kultur als Begriff ist häufig als Oberbegriff für Gesellschaften reserviert, es gibt aber viele (Sub-)Kulturen (S. 14–21) – regionale, städtische, organisationale, familiäre etc.

Machtdistanz ist eine Kulturdimension, die aus der Ungleichheit von Menschen resultiert. (S. 65). Ungleichheit kann in unterschiedlichsten Facetten auftreten: physische (Stärke) und psychische Eigenschaften (Intelligenz), sozialer Status und Prestige, Wohlstand, Macht, Rechte, Privilegien etc. (S. 67). Gesellschaftliche Ungleichheiten haben immer wieder zu Revolutionen geführt (S. 68–69). Organisationale Ungleichheiten, sofern nicht angemessen berücksichtigt, können zum Scheitern von Projekten und Produkten führen; – und nicht nur. Eine »Lösung« für die Ungleichheit in einer Gemeinschaft ist die Machtdistanz. Sie ist definiert als ein Unterschied zwischen den Einflussmöglichkeiten einer leitenden Person auf das Verhalten der ihr zugeordneten Person in einer Hierarchie (z. B. Unternehmen) und umgekehrt die Einflussmöglichkeiten der Untergebenen auf die Leiterin (S. 72). Die Machtdistanz ist eine in beide Richtungen sozial akzeptierte Norm. Ihr Ausmaß ist in Gemeinschaften historisch bedingt und kann unmittelbar auf Bestimmungsfaktoren wie Bildung, Religion oder Wohlstand zurückgeführt werden (S. 95–105).

Woran erkennt man eine **hohe Machtdistanz**? Wenn beispielsweise Eltern hohen Wert auf Gehorsam der Kinder legen, Managerinnen dazu tendieren, Entscheidungen autoritär zu treffen, Mitarbeitende Angst haben, ihrer Leitung zu widersprechen usw. Umgekehrt liegt eine **niedrige Machtdistanz** vor, wenn Studierende einen hohen Wert auf ihre Unabhängigkeit legen, Managerinnen eher zugeben, auf Unterstützung angewiesen zu sein usw. (S. 92). Die Machtdistanz wird mit der Kennzahl PDI (Power Distance Index) gemessen. Je höher die PDI, desto größer die Machtdistanz (S. 73–80). Beispielsweise kann man für Deutschland eine niedrige aggregierte Machtdistanz feststellen – im Gegensatz zu China (▶ Dar. 57). Für Organisationen hat das insbesondere die Implikation, dass Kulturen mit einem niedrigen PDI eher weniger Zentralisierung und flachere Hierarchien mit weniger Aufsichtspersonal und geringeren Gehaltsunterschieden aufweisen (S. 107).

Eine weitere Kulturdimension lautet **Unsicherheitsvermeidung**. Unsicherheit über die Zukunft wird ausgelöst durch Angst. Die Menschheit reagiert darauf insbesondere mit rechtlichen Normen (zur Verringerung der Wahrscheinlichkeit unerwarteten Verhaltens), Technologien (zum Schutz vor Naturgewalten) sowie Religion (zur Akzeptanz von Ereignissen). Genauso versuchen auch Organisationen, die Unsicherheit durch bürokratische regelbasierte Verwaltungen zu reduzieren (Stichwort Geschäftsprozesse). Es gibt zudem bestimmte Rituale, beispielsweise in Meetings, die das Geschehen in eine bestimmte Richtung lenken sollen.

Die Toleranz für Unsicherheit ist teilweise individuell, teilweise kulturell geprägt (S. 118). Eine **hohe Unsicherheitsvermeidung** liegt vor, wenn Unsicherheit im Leben als Bedrohung wahrgenommen wird, starke Ego-Persönlichkeiten akzeptiert sind oder abweichende Ideen und Personen mit solchen Meinungen als gefährlich gelten. Dagegen ist eine **niedrige Unsicherheitsvermeidung** zu vermuten, wenn weniger Stress empfunden wird, junge Menschen positiver gesehen oder Errungenschaften in Form von Anerkennung (und nicht Sicherheiten) interpretiert werden (S. 140). Die Unsicherheitsvermeidung wird durch den Uncertainty Avoidance Index (UAI) gemessen (S. 118). Für Deutschland wird eine mittelhohe Unsicherheitsvermeidung angenommen. Japan wird dagegen mit einer hohen Unsicherheitsvermeidung in Verbindung gebracht (▶ Dar. 57). Ist in **Organisationen** eine hohe Kultur der Unsicherheitsvermeidung verbreitet, dann gibt es vielleicht mehr Vorschriften, weniger riskante Entscheidungen, weniger ambitionierte Mitarbeiterinnen etc. (S. 143).

Weitere Kulturdimensionen sind:

- **Individualismus versus Kollektivismus** beschreibt das Verhältnis von Ich versus Kollektiv, ob man z. B. eher auf sich allein gestellt ist oder ob eine Organisation / die Gesellschaft verpflichtet sind, sich um ihre Mitarbeitende/Bürger zu kümmern (S. 148, 171, 173). Ein Land mit einem hohen Individualismus ist die USA, in China findet sich dagegen nur ein geringer Individualismus. Deutschland liegt im Mittelfeld (▶ Dar. 57).
- **Maskulinität versus Feminität** beschreibt bestimmte stereotypisch zugeschriebene Werte: ob man z. B. entscheidungsfreudig oder geldorientiert ist, ob Geschlechterrollen in der Gesellschaft klar getrennt sind (Maskulinität) oder ob eine Menschenorientierung vorherrscht, auf Intuition gesetzt wird und Geschlechterunterschiede auch Machtunterschiede begründen (Feminität) (S. 205).
- **Zeitorientierung** zeigt sich beispielsweise in der Einstellung von Studierenden: ob sie ihren Erfolg auf Glück (Kurzzeitorientierung, z. B. in den USA) oder auf die Intensität eigener Bemühungen (Langzeit-Orientierung, z. B. in Japan) zurückführen (HOFSTEDE 2011, S. 15).
- **Genussorientierung versus Zurückhaltung** zeigen sich typischerweise in folgenden Einstellungen: Freizeit ist wichtiger in genussorientierten Gesellschaften, z. B. in den USA, geringere Glückseligkeit in zurückhaltenden Gesellschaften, z. B. in China (S. 16).

HOFSTEDE (1984) resümiert, dass **Organisationen in einem bestimmten kulturellen Kontext** existieren (S. 252). Dabei würden verschiedene Managementkonzepte einfach nicht zur Kultur von bestimmten Unternehmen passen, z. B. eine ausufernde Planung und Kontrolle würde sich eher für chinesische Unternehmen eignen als für US-amerikanische IT-Startups. Ähnlich verhält es sich mit Führungsstilen und Organisationsregeln. Multinationale Unternehmen sollten eine eigene Subkultur entwickeln und gleichzeitig bei Erschließung von neuen Märkten auf kulturelle Besonderheiten in ihren Beteiligungen achten. Besonders wichtig ist interkulturelles Training von Mitarbeitenden in solchen Unternehmen (S. 252–276).

Die Studie von Hofstede ist die bisher umfassendste wissenschaftliche Untersuchung zu **kulturellen Unterschieden**. Natürlich kann man kritisieren, dass die Daten im Umfeld eines bestimmten technologieorientierten Unternehmens erhoben wurden. Ob man auf der Basis der vorhandenen Daten bestimmte Länder oder gar Regionen verallgemeinern kann und damit bestimmte Stereotypen befeuert, auch wenn Ergebnisse eine hohe Augenscheinvalidität aufweisen, ist ebenfalls

6.8 Interkulturelle Kommunikation (HOFSTEDE et al.)

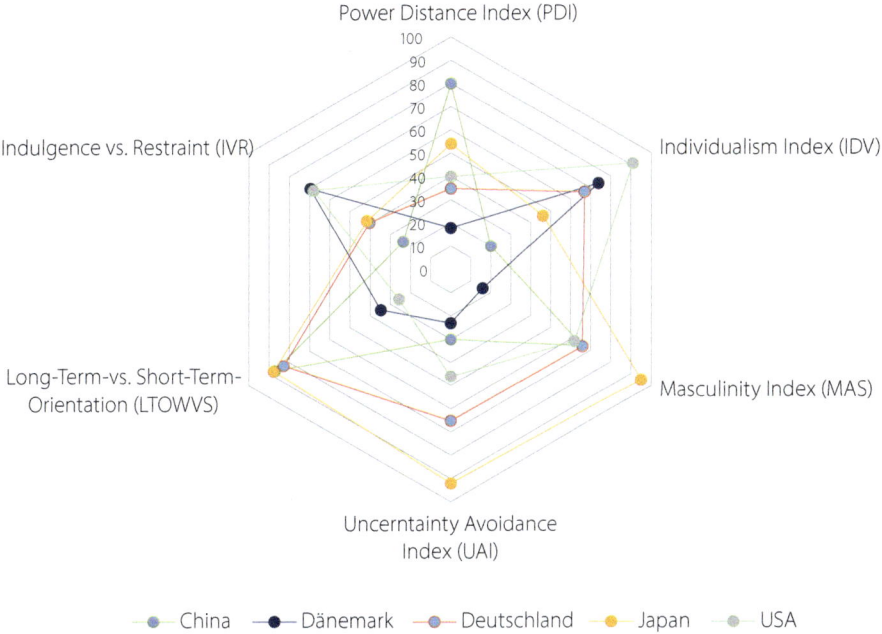

Dar. 57: gewagt. Wie HOFSTEDE eingangs feststellt, sind Kulturdimensionen in erster Linie Kulturdimensionen nach HOFSTEDE für ausgewählte Länder (Quelle: Eigene Darstellung in Anlehnung an GEERTHOFSTEDE.COM 2015)

Konstrukte, d. h. sie existieren nicht objektiv (S. 14). Sie sollten daher entsprechend behandelt werden. Sie sind lediglich **hilfreiche Erklärungsansätze**, wenn es darum geht, zu verstehen, warum bestimmte Lösungen in bestimmten Länder- und Unternehmenskulturen funktionieren, in anderen wiederum nicht. So scheitert die Einführung von Scrum häufig an der Unternehmenskultur, wenn letztere sich eher an traditionellen Werten der hohen Machtdistanz und Unsicherheitsaversion orientiert. Und insbesondere für berufliche und private Kommunikation ergeben sich viele kulturelle Implikationen (die z. B. fiktive französisch-amerikanische Serie »Emily in Paris« auf die Schippe nimmt).

Wie könnten kulturelle Unterschiede Kommunikation beeinflussen? Am Beispiel von **interkulturellen Verhandlungen** könnte eine unterschiedliche Machtdistanz die Verhandlungen erschweren (unterschiedlicher sozialer Status, unterschiedlicher Zentralisierungsgrad). Eine kollektivistische Kultur erfordert stabile persönliche Beziehungen, so dass jeder personeller Austausch im Team Verhandlungen verlangsamt (Beziehungen müssen neu aufgebaut werden). Verhandlungsteilnehmerinnen mit einem maskulinem geprägten Kulturverständnis neigen zu härteren Verhandlungen, während Vertreterinnen einer femineren Kultur eher Konflikte durch Kompromisse lösen. Unsicherheitsvermeidung kann dazu führen, dass gewohnte Verhandlungsriten gewünscht sind und ungewöhnliches Verhalten fehlinterpretiert wird (HOFSTEDE et al. 2010, S. 400).

Kulturelle Werte als kollektive mentale Programme sind zu einem hohen Anteil durch Familien-, Bildungsweg-, Medienkonsum- und Gesellschaftsprägung erlernt. Verändern sich die Familien- und Bildungsinstitutionen, indem bestimmte Werte nicht mehr durchgesetzt werden, YouTube und TikTok eine höhere Glaubwürdigkeit gewinnen als seriöse Bücher, dann beeinflusst das die Sichtweisen der jungen Generation und macht die Gen Z anfälliger für Fake News, kann aber auch neue (positive) Veränderungen fördern, beispielsweise eine höhere Awareness für Nachhaltigkeitsfragen.

> **Lesehinweise**
>
> - Hofstede, G.: Culture's Consequences. International Differences in Work-Related Values, Abridged edition, Newbury Park 1984 (erstmalig 1980 erschienen). [Primärquelle]
> - Hofstede, G./Hofstede, G. J./Minkov, M.: Cultures and organizations. Software for the mind, 3rd edition, 2010. [Primärquelle, aktualisierte Version]
> - Hofstede, G.: Dimensionalizing Cultures: The Hofstede Model in Context, in: Online Readings in Psychology and Culture, Jg. 2, Heft 1, 2011, https://doi.org/10.9707/2307-0919.1014. [Zusammenfassung]
> - Giri, V. N.: Intercultural Communication Theories, in: Littlejohn, S. W./Foss, K. A. (Hrsg.): Encyclopedia of communication theory, Los Angeles 2009, S. 532–536 [Gesamteinordnung interkultureller Kommunikationsmodelle]
> - Meyer, E.: The Culture Map. Breaking Through the Invisible Boundaries of Global Business, New York 2014. [Lesetipp]

6.9 Leading Change (KOTTER)

> **Zentrale Erkenntnisse**
>
> - Organisationen stehen unter enormem Wettbewerbs- und Veränderungsdruck. Wie gelingt ein organisationaler Wandel (Change)? Um grundlegende Veränderungen in Organisationen herbeizuführen, schlägt KOTTER (1996) ein generisches Stufenmodell mit acht Schritten vor, deren Reihenfolge zwingend einzuhalten ist. Zunächst muss der Status quo aufgetaut werden, indem ein Gefühl der Dringlichkeit geschaffen, ein Change-Team gebildet sowie eine Strategie entwickelt und kommuniziert wird. Danach sollen neue Handlungsweisen eingeführt werden, indem Mitarbeitende zu Experimenten ermutigt werden, kurzfristige Erfolge gefeiert und konsolidiert werden, um weitere Veränderungen herbeizuführen. Schließlich sollten die neuen Ansätze in der Organisationskultur verankert werden.

6.9 Leading Change (KOTTER)

- »Major change is usually impossible unless most employees are willing to help, often to the point of making short-term sacrifices. But people will not make sacrifices, even if they are unhappy with the status quo, unless they think the potential benefits of change are attractive and unless they really believe that a transformation is possible. Without credible communication, and a lot of it, employees' hearts and minds are never captures.« (KOTTER 1996, S. 9).
- KOTTER (1996) ist nicht der erste, der ein organisationales Veränderungsmodell vorschlägt. Vorarbeiten sind bereits bei LEWIN (1947) zu finden. Auch das Diffusionsmodell von ROGERS (2003) (▶ Kap. 5.7) schlägt eine ähnliche Vorgehensweise vor, wenn auch in einer abstrakten Form und mit Bezug auf soziale Systeme. Insgesamt ist KOTTER aufgrund seiner leichten Zugänglichkeit sehr verbreitet und kann auch – mit kleineren Anpassungen – auf KI-Transformationen angewendet werden. Die vermeintliche Einfachheit des Change-Prozesses nach KOTTER soll nicht über die Komplexität eines Change-Prozesses in der Realität hinwegtäuschen.
- Modellgebiete: Leadership, Organisationsentwicklung, Change-Kommunikation, Diffusionsforschung

Den **Kern des Change-Konzeptes** von John P. Kotter bilden acht Schritte, die der Autor bereits in einem früheren Aufsatz entwickelt hat (KOTTER 1995). Mit seiner Vorhersage, dass Veränderungen in Organisation künftig immer wichtiger werden würden (z. B. um Kosten zu reduzieren, die Produktqualität zu verbessern, neue Wachstumspotenziale zu erschließen etc.), hat KOTTER (1996, S. 3) recht behalten. Noch nie war es so wichtig wie heute, organisationale Strukturen und Prozesse anzupassen, um im Wettbewerb zu bestehen. Veränderungen bringen zwangsläufig Schmerz mit sich. Dennoch ließen sich viele Reibungsverluste vermeiden, so KOTTER (1996, S. 3–4).

KOTTER (1996) betrachtet vor allem kulturelle Faktoren, die einer Veränderung im Wege stehen können. **Häufige Fehler** (S. 4–16) in gescheiterten Veränderungsprojekten werden insbesondere auf die Missachtung der einzelnen Stufen des Veränderungsprozesses zurückgeführt (▶ Dar. 58). Deren Reihenfolge ist fest einzuhalten, ansonsten ist der Erfolg gefährdet (S. 23). Auch **Leadership** (motivieren und inspirieren, Visionen entwickeln, Menschen mitnehmen) ist essenziell im Gegensatz zum Management (z. B. Planung und Budgetierung, Controlling etc.), das in Organisationen übermäßig verbreitetet ist (S. 25–27). »The second component is associated with the driving force behind the process: leadership, leaderhip, and still more leadership.« (S. 31).

Der Ansatz nach KOTTER (1996) ist nicht das erste Konzept, das Veränderungsprozesse erläutert. Bereits Kurt LEWIN (1947, S. 34–35) hat festgestellt, dass eine dauerhafte Veränderung in einer sozialen Gruppe sich nur herbeiführen lässt, wenn man den bestehenden Zustand aufweicht, erwünschte Veränderung injiziert und den veränderten Zustand wieder einfriert. Dieses Schema übernimmt KOTTER (1996, S. 22), verfeinert es jedoch in seinem Acht-Stufen-Prozess.

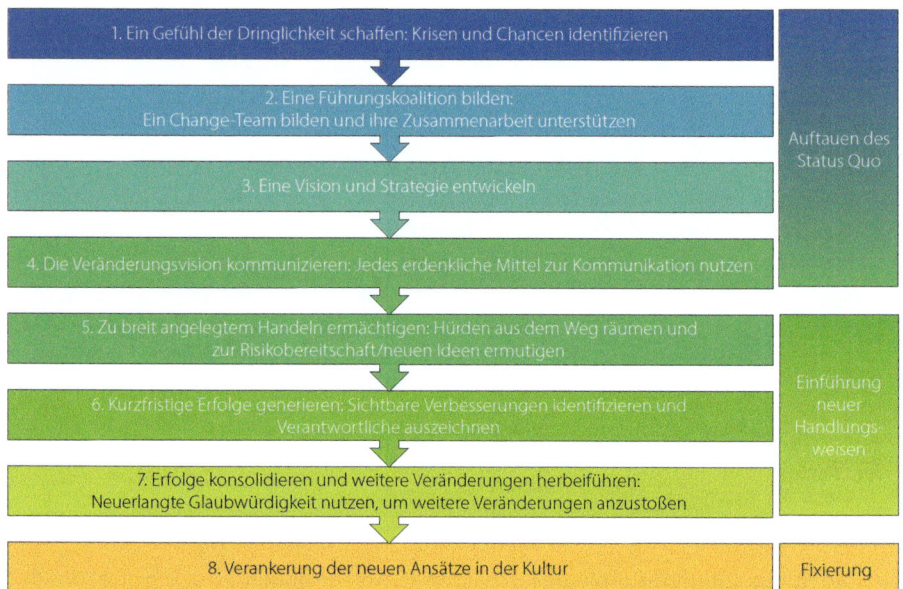

Dar. 58: Change-Prozess nach KOTTER (Quelle: Eigene Darstellung in Anlehnung an KOTTER 1996, S. 21)

An erster Stelle steht das **Schaffen eines Dringlichkeitsgefühls** (Stufe 1, ▶ Dar. 58), um Mitarbeitende zur Kooperation zu bewegen. KOTTER (1996) schätzt, dass für Veränderungen mindestens zwischen 15 bis 25 % aller Mitarbeitenden aktiviert werden sollten (S. 35). Eine kritische Masse ist dringend erforderlich, ansonsten kann das Momentum schnell verpuffen. Eine mögliche Hürde, eine Bereitschaft zur Veränderung herbeizuführen, ist, wenn eine hohe Selbstzufriedenheit im Unternehmen vorherrscht (S. 36). Allen großen Unternehmen steigt regelmäßig der Erfolg zu Kopf, sei es Ford in den 1920er-Jahren, Nokia und Blackberry in den 2010er-Jahren oder jüngst deutschen Automobilkonzernen. Um ein Gefühl der Dringlichkeit hervorzurufen, sollten zunächst die Quellen der Selbstzufriedenheit eingedämmt werden (z. B. Zeichen des übermäßigen Erfolgs wie teure Firmenwagen gehören abgeschafft) (S. 38–40). Darüber hinaus kann eine künstliche Unternehmenskrise, wenn Fehler doch nicht in letzter Minute korrigiert werden, nützlich sein, um Mitarbeitende zum Handeln zu bewegen (S. 42 ff.).

Als nächsten Schritt sollte **eine Führungskoalition gebildet** (Stufe 2) werden. Keine Geschäftsführerin ist dazu in der Lage, globale Veränderungen im Alleingang anzustoßen. Sie braucht Multiplikatorinnen, die über eine ausreichende Anerkennung, Expertise, Macht und Leadership verfügen (S. 57). Die Führungskoalition sollte dahingehend unterstützt werden, ein gegenseitiges Vertrauen aufzubauen, um als Team zu agieren. Darüber hinaus sollte die Führungskoalition ein gemeinsames Ziel entwickeln (S. 61 ff.).

Eine Veränderung benötigt eine **Vision**, denn sie gibt Sinn und Richtung vor – im Gegensatz zu Micromanagement und autoritärer Führungskultur (S. 68–69). Eine gut formulierte Vision, die Menschen in einer Organisation auch abholt, erlaubt **die Ableitung von Strategien** (Stufe 3) (S. 71–72).

Eine inspirierende Vision schafft eine gemeinsame Basis für weitere Handlungen. Sie zu kommunizieren ist essenziell, damit sie breit akzeptiert wird. Für eine **erfolgreiche Kommunikation** (Stufe 4) sollte sie simpel genug sein (z. B. ohne Fachjargon) und über bildliche Metaphern transportierbar sein. Sie sollte über alle möglichen Kanäle kommunizierbar sein und auch kommuniziert werden: von Massenveranstaltungen über Gremienvorlagen, Webseite, Newsletter bis hin zu in persönlichen Gesprächen während der Mittagspause. Die Vision sollte bei jeder möglichen Gelegenheit wiederholt werden. Das Führungsverhalten sollte im Einklang mit der Vision verlaufen, z. B. darf man nicht gemeinsame Verantwortung predigen und am Ende Entscheidung im Ego-Modus treffen. Man sollte Widersprüche nach Möglichkeit sofort aufgreifen, um die Glaubwürdigkeit der Kommunikation nicht zu gefährden. Ferner sollte die Kommunikation nie eine Einbahnstraße sein, sondern stets im Dialog ablaufen (S. 89 ff.).

Im nächsten Schritt findet erstmalig Veränderung statt. Hierzu müssen Mitarbeitende die **Möglichkeit und das Vertrauen der Führung erhalten**, neue Verhaltensweisen auszuprobieren (Stufe 5). In dieser Stufe sollten Hürden organisatorischer Art aus dem Weg geräumt werden. Beispielsweise wenn organisationsübergreifende Prozesse zur Lichtgeschwindigkeit beschleunigt werden sollen, aber eine Organisation in getrennten Bereichen organisiert wird (Silos), dann müssen die bisherigen Strukturen entsprechend reformiert werden (S. 99–106). Mitarbeitende sollen außerdem die notwendigen Schulungen erhalten, um neue Kompetenzen zu entwickeln (S. 106–109).

Um den langfristigen Veränderungsprozess zu stabilisieren, sollte zu Beginn auf **kurzfristige Erfolge** (Stufe 6) geachtet werden. Konzentriert man sich zu sehr auf die langfristigen Erfolge, kann es passieren, dass die Organisation die Geduld verliert. Solche kurzfristigen Erfolge sollten deshalb sichtbar und eindeutig sein sowie einen klaren Bezug zu unternommenen Anstrengungen aufweisen (S. 121–122). Sie sind wichtig, um den Mitarbeitenden zu zeigen, dass ihre Aufopferung sich gelohnt hat. Sie stellen auch eine ggf. vorhandene höhere Führungsebene (Aufsichtsgremien) zufrieden (S. 122 ff.).

Die nun eingetretenen **Veränderungen sind zu konsolidieren**, um der Führungskoalition mehr Glaubwürdigkeit für die nächsten Schritte zu verleihen (Stufe 7). Positive Veränderungen lösen bei neuen Mitarbeitenden eine höhere Bereitschaft aus, sich einzubringen. Dabei sollten überflüssige Abhängigkeiten eliminiert werden, denn Organisationen als Systeme sind in höchstem Maße interdependent aufgebaut. Dies kann wiederum weitere Veränderungen gefährden (S. 142–143).

Um die erzielten **Veränderungen in der Organisation zu fixieren** (Stufe 8), sollten diese in die Organisationskultur Eingang finden. Dies kann nur funktionieren, wenn Veränderungen von Erfolg gekrönt waren, so dass die im Veränderungsprozess praktizierten Werte dann als gesichert gelten. Und auch hier muss viel Überzeugnisarbeit geleistet werden, damit die neuen Werte in die Kultur übernommen werden. Eine »neue« Kultur kann sich also erst im Nachgang der Veränderungen herausbilden (S. 155–158).

Die Arbeit von KOTTER (1996) ist ganz im Erzählstil des Harvard Business School gehalten und ohne Quellennennung geschrieben. Es ist eine Praxisschrift, die auf Beobachtungen des Autors basiert. Sie ist eine gut nachvollziehbare, generische Anleitung wie man einen Change in einer Organisation anstößt. Und doch ist die **Organisationsrealität** häufig komplexer, unübersichtlicher, mehrdeutiger und daher schwerer zu fassen. Müssen die Schritte genauso wie beschrieben einhalten werden? Logisch nachvollziehbar ist das schon, aber ob man das auch so durchhalten kann? Dass Organisationen ständigen, zum Teil auch disruptiven Veränderungen unterworfen sind, zeigt sich daran, welcher Wettbewerbsdruck derzeit von generativer KI ausgeht. Ist das obige Schema auch auf solche KI-Veränderungen in Organisationen anwendbar? Wie SAHA (2023) zeigt – durchaus, aber mit einer technikspezifischen Anpassung. So sei es wichtig, bereits vor Beginn der Veränderungsprozesse so gut es geht, Auswirkungen der KI auf die Organisation zu überblicken. In einer Sache ist KOTTERs (1996) Eingangsstatement über jeden Zweifel erhaben: Organisationen werden künftig immer mehr Veränderungen erleben – nicht weniger.

Lesehinweise

- Kotter, J.P.: Leading change. Why transformation efforts fail, in: Harvard business review, March-April, 1995, S. 59–67. [Überblick]
- Kotter, J.P.: Leading change, Boston 1996. [Primärquelle]
- Kotter, J.P./Rathgeber, H.: Our Iceberg Is Melting. Changing and Succeeding Under Any Conditions, London 2017. [Lesetipp]
- Saha, D.: Navigating Change Management In The Era Of Generative AI, in: Forbes, 17.08.2023, https://www.forbes.com/councils/forbestechcouncil/2023/08/17/navigating-change-management-in-the-era-of-generative-ai/. [Darstellung zu Change Management und KI]

Literaturverzeichnis

Abels, Heinz: Einführung in die Soziologie. Band 2: Die Individuen in ihrer Gesellschaft, Studientexte zur Soziologie, 5. Auflage, Wiesbaden 2019.
Ajzen, Icek: The theory of planned behavior, in: Organizational Behavior and Human Decision Processes, Jg. 50, Heft 2, 1991, S. 179–211.
Akerlof, George A./Shiller, Robert J.: Animal spirits. Wie Wirtschaft wirklich funktioniert, Frankfurt am Main, New York 2009.
Akerlof, George A.: The Market for ›Lemons‹. Quality Uncertainty and the Market Mechanism, in: The Quarterly Journal of Economics, Band 84, 1970, S. 488–500.
Albarracín, D./Johnson, B. T./Fishbein, M./Muellerleile, P. A.: Theories of reasoned action and planned behavior as models of condom use: a meta-analysis, in: Psychological bulletin, Jg. 127, Heft 1, 2001, S. 142–161.
Al-Rawi, Ahmed/Al-Musalli, Alaa/Fakida, Abdelrahman: News Values on Instagram: A Comparative Study of International News, in: Journalism and Media, Jg. 2, Heft 2, 2021, S. 305–320.
Argyle, Michael: Bodily communication, 2. Auflage, London, New York 1988.
Argyle, Michael: Körpersprache & Kommunikation. Nonverbaler Ausdruck und Soziale Interaktion, Fachbuch Nonverbale Kommunikation, 10. Auflage, Paderborn 2013.
Aristoteles: Rhetorik, übersetzt durch Gernot Krapinger, Reclams Universal-Bibliothek, Nr. 18006, Stuttgart, Reclam, 1999.
Arunprasad, P. et al.: Exploring the remote work challenges in the era of COVID-19 pandemic: review and application model, in: Benchmarking: An International Journal, Jg. 29, Heft 10, 2022, S. 3333–3355.
Bailenson, Jeremy N.: Nonverbal overload: A theoretical argument for the causes of Zoom fatigue, in: Technology, Mind, and Behavior, Jg. 2, Heft 1, 2021.
Baissa, Bashayer/Fuoli, Matteo/Grieve, Jack: The news values of fake news, in: Discourse & Communication, 2024, https://doi.org/10.1177/1750481324128048.
Ball, Matthew: The Metaverse. And How It Will Revolutionize Everything, New York 2022.
Baltes, Martin/Böhler, Fritz/Höltschl, Rainer/Reuß, Jürgen (Hrsg.): Medien verstehen. Der McLuhan-Reader, Mannheim 1997.
Bandler, Richard/Grinder, John: A book about language and therapy, The structure of magic / by John Grinder and Richard Bandler, Volume 1, Palo Alto, CA 1975a.
Bandler, Richard/Grinder, John: Patterns of the hypnotic techniques of Milton H. Erickson, Volume 1, Cupertino, CA 1975b.
Bandler, Richard/Grinder, John/DeLozier, Judith: Patterns of the hypnotic techniques of Milton H. Erickson, Volume 2, Cupertino, CA 1977.
Bandler, Richard/Grinder, John: Frogs into Princes. Neuro Linguistic Programming, Moab, UA 1979.
Bandler, Richard/Grinder, John: Metasprache und Psychotherapie. Die Struktur der Magie I, 12 Auflage, Paderborn 2011.
Bandura, A.: Self-efficacy: toward a unifying theory of behavioral change, in: Psychological review, Jg. 84, Heft 2, 1977, S. 191–215.
Bauer, Victoria/Riedl, René: Bewältigungsstrategien von Videoconference Fatigue, in: HMD Praxis der Wirtschaftsinformatik, Jg. 60, Heft 6, 2023, S. 1289–1311.
Baumgarth, C.: Markenpolitik. Markentheorien, Markenwirkungen, Markenführung, Markencontrolling, Markenkontexte, 4. Auflage, Wiesbaden 2014.

Beck, Ulrich/Beck-Gernsheim, Elisabeth: Nicht Autonomie, sondern Bastelbiographie, in: Zeitschrift für Soziologie, Jg. 22, 1993, S. 178–187.

Beck, Ulrich: Jenseits von Stand und Klasse? Soziale Unsicherheiten, gesellschaftliche Individualisierungsprozesse und die Entstehung neuer sozialer Formationen und Identitäten, in: Kreckel, Reinhard (Hrsg.): Soziale Ungleichheiten, Göttingen 1983, S. 35–74.

Becker, William J./Belkin, Liuba Y./Tuskey, Sarah E./Conroy, Samantha A.: Surviving remotely: How job control and loneliness during a forced shift to remote work impacted employee work behaviors and well-being, in: Human Resource Management, Jg. 61, Heft 4, 2022, S. 449–464.

Bednarek, Monika/Caple, Helen: The discourse of news values. How news organizations create newsworthiness, New York 2017.

Bennett, Andrew A./Campion, Emily D./Keeler, Kathleen R./Keener, Sheila K.: Videoconference fatigue? Exploring changes in fatigue after videoconference meetings during COVID-19, in: The Journal of applied psychology, Jg. 106, Heft 3, 2021, S. 330–344.

Beullens, Kathleen/Roe, Keith/van den Bulck, Jan: Excellent gamer, excellent driver? The impact of adolescents' video game playing on driving behavior: a two-wave panel study, in: Accident; analysis and prevention, Jg. 43, Heft 1, 2011, S. 58–65.

Beus, Johannes: Google Updates: Übersicht aller Algorithmus-Updates – SISTRIX, 18.10.2024, https://www.sistrix.de/frag-sistrix/google-updates/, letzter Zugriff: 02.11.2024.

Blumler, Jay G./Katz, Elihu: Foreword, in: Blumler, Jay G/Katz, Elihu (Hrsg.): The Uses of Mass Communications. Current Perspectives on Gratifications Research, Beverly Hills 1974, S. 13–16.

Blumler, Jay G; Katz, Elihu (Hrsg.): The Uses of Mass Communications. Current Perspectives on Gratifications Research, Beverly Hills 1974.

Blut, Markus/Wang, Cheng/Wünderlich, Nancy V./Brock, Christian: Understanding anthropomorphism in service provision: a meta-analysis of physical robots, chatbots, and other AI, in: Journal of the Academy of Marketing Science, Jg. 49, Heft 4, 2021, S. 632–658.

Bojanowski, Axel et al.: Rezo-Video »Die Zerstörung der CDU«: Die Schwarzen getroffen?, in: DER SPIEGEL, 24.05.2019, https://www.spiegel.de/politik/deutschland/rezo-video-die-youtube-angriffe-auf-die-cdu-im-spiegel-faktencheck-a-1268973.html, letzter Zugriff: 18.10.2024.

Boltz, Dirk-Mario/Trommsdorff, Volker: Konsumentenverhalten, 9. Auflage, Stuttgart 2022.

Boos, Margarete; Jonas, Kai J.: Medienvermittelte Kommunikation, in: Batinic, Bernard (Hrsg.): Medienpsychologie, Heidelberg 2008, S. 195–217.

Bornewasser, Johannes: SEO im Newsroom, in: Köhler, Tanja (Hrsg.): Fake News, Framing, Fact-Checking: Nachrichten im digitalen Zeitalter. Ein Handbuch, Bielefeld 2020, S. 239–262.

Bourdieu, Pierre: Die feinen Unterschiede. Kritik der gesellschaftlichen Urteilskraft, 4. Auflage, Frankfurt am Main 1987.

Brailovskaia, Julia/Ströse, Fabienne/Schillack, Holger/Margraf, Jürgen: Less Facebook use – More well-being and a healthier lifestyle? An experimental intervention study, in: Computers in Human Behavior, Jg. 108, 2020, S. 106332.

Brignull, Harry: Deceptive Patterns. Exposing the tricks tech companies use to control you, Eastbourne, GB 2023.

Brück, Peter: Wahlwerbung im Radio, Wiesbaden 2014.

Bruhn, Manfred: Kommunikationspolitik. Systematischer Einsatz der Kommunikation für Unternehmen, 9. Auflage, München 2018.

Burmann, Christoph et al.: Identitätsbasierte Markenführung. Grundlagen – Strategie – Umsetzung – Controlling, 5. Auflage, Wiesbaden 2024.

Burns, James M.: Leadership, New York 1978.

Cacioppo, John T./Cacioppo, Stephanie/Petty, Richard E.: The neuroscience of persuasion: A review with an emphasis on issues and opportunities, in: Social neuroscience, Jg. 13, Heft 2, 2018, S. 129–172.

Casaló, Luis V./Flavián, Carlos/Ibáñez-Sánchez, Sergio: Influencers on Instagram: Antecedents and consequences of opinion leadership, in: Journal of Business Research, Jg. 117, 2020, S. 510–519.

Center for Nonviolent Communication: About - Center for Nonviolent Communication, https://www.cnvc.org/about, letzter Zugriff: 09.08.2024.

Chalmers, David J.: Reality+. Virtual worlds and the problems of philosophy, New York 2022.

Chen, Feifei/Coombs, W. T./Holladay, Sherry J.: Paracrisis and Crisis. Guidance From Situational Crisis Communication Theory, in: Jin, Yan, Austin, Lucinda L. (Hrsg.): Social media and crisis communication, Second edition, New York, NY, Routledge, 2022, S. 118–129.

Choi, Sujin: The Two-Step Flow of Communication in Twitter-Based Public Forums, in: Social Science Computer Review, Jg. 33, Heft 6, 2015, S. 696–711.

Cinelli, Matteo et al.: The echo chamber effect on social media, in: Proceedings of the National Academy of Sciences of the United States of America, Jg. 118, Heft 9, 2021.

Clement, Reiner/Schreiber, Dirk/Bossauer, Paul/Pakusch, Christina: Internet-Ökonomie. Grundlagen und Fallbeispiele der digitalen und vernetzten Wirtschaft, 4. Auflage, Berlin, Heidelberg 2019.

Clement, Reiner/Schreiber, Dirk: Internet-Ökonomie, Berlin, Heidelberg 2016.

Conway, Melvin E.: How do Committees Invent?, in: Datamation magazine, Jg. 14, Heft 4, 1968, S. 28–31.

Coombs, W. T./Holladay, Sherry J. (Hrsg.): Handbook of Crisis Communication, London 2011.

Coombs, W. T.: Protecting Organization Reputations During a Crisis: The Development and Application of Situational Crisis Communication Theory, in: Corporate Reputation Review, Jg. 10, Heft 3, 2007, S. 163–176.

Dachwitz, Ingo: Dark Patterns: Datenschutzbehörden warnen vor manipulativem Design im Netz, 28.03.2022, https://netzpolitik.org/2022/edpb-dark-patterns-datenschutzbehoerden-warnen-vor-manipulativem-design-im-netz/, letzter Zugriff: 26.10.2024.

Daft, Richard L./Lengel, Robert H.: Informations richness: A new Approach to Managerial Behavior and Organizational Design, Organizations as Informations Processing Systems, Office of Naval Research – Technical Report Series 1983.

Daft, Richard L./Lengel, Robert H.: Informations richness: A new approach to managerial behavior and organizational design, in: Research in Organizational Behavior, Vol. 6, 1984, S. 191–233.

Daft, Richard L./Lengel, Robert H.: Organizational Information Requirements, Media Richness and Structural Design, in: Management Science, Vol. 32, 1986, S. 554–571.

Davis, Fred D./Granić, Andrina: The Technology Acceptance Model: 30 Years of TAM, Cham 2024.

Davis, Fred D.; Bagozzi, Richard P.; Warshaw, Paul R.: User Acceptance of Computer Technology: A Comparison of Two Theoretical Models, in: Management Science, Band 35, 1989, S. 982–1003.

Davis, Fred Donald, Jr.: A technology acceptance model for empirically testing new end-user information systems: Theory and results, Cambridge, MA 1986.

Dennis, A. R./Valacich, J. S.: Rethinking media richness: towards a theory of media synchronicity, in: Sprague, Ralph H. (Hrsg.): Proceedings of the 32nd Annual Hawaii International Conference on System Sciences. Abstracts and CD-ROM of full papers: January 5-8, 1999, Maui, Hawaii, Los Alamitos, CA 1999

Dennis, Alan R./Fuller, Robert M./Valacich, Joseph S.: Media, tasks, and communication processes: a theory of media synchronicity, in: Management Information System Quaterly, Band 32, 2008, S. 575–600.

DeVito, Michael A.: From Editors to Algorithms, in: Digital Journalism, Jg. 5, Heft 6, 2017, S. 753–773.

Dilts, Robert B.: Die Magie der Sprache. Angewandtes NLP = Sleight of mouth, 4. Auflage, Paderborn 2011.

Dilts, Robert B.: Sleight of Mouth. Volume II: How Words Change Worlds, Scotts Valley, CA 2023.

Dilts, Robert/Grinder, John/Bandler, Richard/DeLozier, Judith (Hrsg.): Neuro-Linguistic Programming: The Study of the Structure of Subjective Experience, Vol. 1, Cupertino, CA 1980.

Dilts, Robert/DeLozier, Judith/Dilts Bacon, Deborah: NLP II – die neue Generation. Strukturen subjektiver Erfahrung – die Erforschung geht weiter, Paderborn 2013.

Dincelli, Ersin/Yayla, Alper: Immersive virtual reality in the age of the Metaverse: A hybrid-narrative review based on the technology affordance perspective, in: The Journal of Strategic Information Systems, Jg. 31, Heft 2, 2022, S. 101717.
Dudenredaktion: Auflagen des Dudens (1880–2022), https://www.duden.de/ueber_duden/auflagengeschichte, letzter Zugriff: 08.04.2025.
Edwards, Chad/Edwards, Autumn/Spence, Patric R./Shelton, Ashleigh K.: Is that a bot running the social media feed? Testing the differences in perceptions of communication quality for a human agent and a bot agent on Twitter, in: Computers in Human Behavior, Jg. 33, 2014, S. 372–376.
Ekman, Paul/Friesen, Wallace V.: Constants across cultures in the face and emotion, in: Journal of Personality and Social Psychology, Jg. 17, Heft 2, 1971, S. 124–129.
Emrich, Christin: Multi-Channel-Communications- und Marketing-Management, Wiesbaden 2008.
Esch, Franz-Rudolf/Langner, Tobias/Schmitt, Bernd H./Geus, Patrick: Are brands forever? How brand knowledge and relationships affect current and future purchases, in: Journal of Product & Brand Management, Jg. 15, Heft 2, 2006, S. 98–105.
Falgoust, Grace et al.: Applying the uses and gratifications theory to identify motivational factors behind young adult's participation in viral social media challenges on TikTok, in: Human Factors in Healthcare, Jg. 2, 2022, S. 100014.
Festinger, Leon: A theory of social comparison processes, in: Human Relations, Jg. 7, Heft 2, 1954, S. 117–140.
Fifty Lessons: Communicating clearly, Lessons learned, Boston, MA 2009.
Fishbein, M.; Ajzen, I.: Belief, Attitude, Intention, and Behavior: An Introduction to Theory and Research. Reading, MA 1975.
Fisher, Roger/Ury, William/Patton, Bruce: Das Harvard-Konzept. Die unschlagbare Methode für beste Verhandlungsergebnisse, 5. Auflage, München 2021.
Fisher, Roger/Ury, William/Patton, Bruce: Getting to yes. Negotiating an agreement without giving in, 3rd edition, London 2012.
Forster, Rebecca T. (Hrsg.): The Oxford handbook of parasocial experiences, Oxford library of psychology series, New York 2024.
Fritsch, Michael: Marktversagen und Wirtschaftspolitik. Mikroökonomische Grundlagen staatlichen Handelns, 10. Auflage, München 2018.
Galtung, Johan/Ruge, Mari H.: The structure of foreign news. The presentation of the Congo, Cuba and Cyprus crises in four Norwegian newspapers, in: Journal of peace research, Jg. 2, Heft 1, 1965, S. 64–91.
Gambino, Andrew/Fox, Jesse/Ratan, Rabindra: Building a Stronger CASA: Extending the Computers Are Social Actors Paradigm, in: Human-Machine Communication, Jg. 1, 2020, S. 71–86.
Gao, Xiayuan/Xu, Xiao-Yu/Tayyab, Syed M. U./Li, Qi: How the live streaming commerce viewers process the persuasive message: An ELM perspective and the moderating effect of mindfulness, in: Electronic Commerce Research and Applications, Jg. 49, 2021, S. 101087.
Gao, Yang/Pan, Zhengyu/Wang, Honghao/Chen, Guanling: Alexa, My Love: Analyzing Reviews of Amazon Echo, in: IEEE (Hrsg.): 2018 IEEE SmartWorld, Ubiquitous Intelligence & Computing, Advanced & Trusted Computing, Scalable Computing & Communications, Cloud & Big Data Computing, Internet of People and Smart City Innovation Proceedings, 2018, S. 372–380.
Gaver, William W.: Technology affordances, in: Robertson, Scott P, Olson, Gary M, Olson, Judith S. (Hrsg.): Proceedings of the SIGCHI conference on Human factors in computing systems Reaching through technology – CHI '91, New York 1991, S. 79–84.
Gerbner, George/Gross, Larry/Morgan, Michael/Signorielli, Nancy: The »Mainstreaming« of America: Violence Profile No. 11, in: The Journal of communication, Jg. 30, Heft 3, 1980, S. 10–29.
Gerbner, George/Gross, Larry: Living with Television: The Violence Profile, in: The Journal of communication, Jg. 26, Heft 2, 1976, S. 172–199.
Gerngross, Günter/Puchta, Herbert/Holcombe, Garan: Playway to English, 2nd edition, Cambridge 2009.

Gerstenberg, R.: Rhetorik von Politikern – Worthülsen und Sprechblasen, 19.06.2017, https://www.deutschlandfunkkultur.de/rhetorik-von-politikern-worthuelsen-und-sprechblasen-100.html, letzter Zugriff: 26.07.2024.

Geerthofstede.com: 6 dimensions for website, 08.12.2015, letzter Zugriff: 29.08.2024.

Gertler, M.: Wahrheit und Wirklichkeit – Paul Watzlawick. Ausschnitte eines Interviews, das ich 1997 in seinem Büro im MRI, Palo Alto (Kalifornien), mit ihm aufzeichnen konnte, 16.01.2009, https://www.youtube.com/watch?v=3dkrIN3Is1U, letzter Zugriff: 26.07.2024.

Gibson, James J.: The Theory of Affordances, in: Shaw, Robert (Hrsg.): Perceiving, Acting and Knowing. Toward an Ecological Psychology, Hillsdale, NJ 1977, S. 67–82.

Giri, Vijai N.: Intercultural Communication Theories, in: Littlejohn, Stephen W, Foss, Karen A. (Hrsg.): Encyclopedia of communication theory, Los Angeles 2009, S. 532–536.

Gläser, Martin: Medienmanagement, 4. Auflage, München, 2021.

Gleich, Uli: Agenda Setting in der digitalen Medienwelt, in: Media Perspektiven, Heft 3, 2019, S. 126–140.

Gleich, Uli: Auswirkungen von Echokammern auf den Prozess der Meinungsbildung, in: Media Perspektiven, Heft 2, 2019, S. 82–85.

Gleich, Uli: Parasoziale Interaktion und sozialer Vergleich, in: Wünsch, Carsten/Schramm, Holger/Gehrau, Volker/Bilandzic, Helena (Hrsg.): Handbuch Medienrezeption, Baden-Baden 2014, S. 243–256.

Gleich, Uli: Uses-and-Gratifications im Wandel der Zeit. Entwicklung eines kommunikationswissenschaftlichen Ansatzes, in: Media Perspektiven, Heft 9, 2021, S. 461–476.

Goethe, J. W. v.: Faust. Der Tragödie Erster Teil, Stuttgart 2003.

Google: Google Trends. Abfrage für Suchanfragen im Zeitraum 1.1.2004 bis 22.08.2024 für die Suchbegriffe »Kommunikationsmodelle« und Kommunikationstheorien, 22.08.2024, https://trends.google.de/trends/explore?date=all&q=Kommunikationsmodelle,Kommunikationstheorien&hl=de, letzter Zugriff: 22.08.2024.

Green, Kathryn: Reasoned Action Theory, in: Littlejohn, Stephen W/Foss, Karen A. (Hrsg.): Encyclopedia of communication theory, Los Angeles 2009, S. 826–828.

Grimm, Rüdiger: Digitale Kommunikation, München 2005.

Grinder, John/Bandler, Richard: Forward to Neuro-Linguistic Programming, in: Dilts, Robert/Grinder, John/Bandler, Richard/DeLozier, Judith (Hrsg.): Neuro-Linguistic Programming: The Study of the Structure of Subjective Experience, Vol. 1, Cupertino, CA 1980.

Grinder, John/Bandler, Richard: Kommunikation und Veränderung. Die Stuktur der Magie II, 9. Auflage, Paderborn 2010.

Haarmann, Harald: Universalgeschichte der Schrift, Frankfurt am Main 1990.

Han, Eugy et al.: Understanding Group Behavior in Virtual Reality: A Large-Scale, Longitudinal Study in the Metaverse, 72nd Annual International Communication Association Conference, Paris 2022.

Harcup, Tony/O'Neill, Deirdre: What Is News? Galtung and Ruge revisited, in: Journalism Studies, Jg. 2, Heft 2, 2001, S. 261–280.

Helfrich, Hede: Wissenschaftstheorie für Betriebswirtschaftler, Wiesbaden 2016.

Herbsleb, J. D./Grinter, R. E.: Architectures, coordination, and distance: Conway's law and beyond, in: IEEE Software, Jg. 16, Heft 5, 1999, S. 63–70.

Hirschi, Eva: Johan Galtung: »Meine Theorie war nicht als Anleitung für die Berichterstattung gedacht!«, 22.01.2019, https://medienwoche.ch/2019/01/22/meine-theorie-war-nicht-als-anleitung-fuer-die-berichterstattung-gedacht/, letzter Zugriff: 22.10.2024.

Hofstede, Geert/Hofstede, Gert J./Minkov, Michael: Cultures and organizations. Software for the mind, 3rd edition, New York u. a. 2010.

Hofstede, Geert: Culture's Consequences. International Differences in Work-Related Values, Newbury Park, GB 1984.

Hofstede, Geert: Dimensionalizing Cultures: The Hofstede Model in Context, in: Online Readings in Psychology and Culture, Jg. 2, Heft 1, 2011.

Holt-Lunstad, Julianne: The Major Health Implications of Social Connection, in: Current Directions in Psychological Science, Jg. 30, Heft 3, 2021, S. 251–259.

Horky, Thomas/Hebbel-Seeger, Andreas/Richter, Hermann A.: Nur der Fußball: Sport, Konsumkapitaltheorie und COVID-19, in: Horky, Thomas, Nieland, Jörg-Uwe (Hrsg.): COVID-

19 und die Sportkommunikation. Der Einfluss der Corona-Pandemie auf Sport, Medien und Journalismus, Wiesbaden, Springer VS, 2024, S. 69–91.

Horton, Donald/Wohl, Richard R.: Mass Communication and Para-Social Interaction. Oberservations on Intimacy at a Distance, in: Psychiatry, Band 19, 1956, S. 215–229.

Hovland, Carl I./Janis, Irving L./Kelley, Harold H.: Communication and persuasion. Psychological Studies of Opinion Change, New Haven 1953.

Interbrand: Best Global Brands 2024. Top 100, https://interbrand.com/best-global-brands/, letzter Zugriff: 02.11.2024.

Ishii, Kumi/Lyons, Mary M./Carr, Sabrina A.: Revisiting media richness theory for today and future, in: Human Behavior and Emerging Technologies, Jg. 1, Heft 2, 2019, S. 124–131.

Issenberg, Sasha: How Obama's Team Used Big Data to Rally Voters, in: MIT Technology Review, 20.12.2012.

Jäckel, Michael: Medienwirkungen. Ein Studienbuch zur Einführung, 5. Auflage, Wiesbaden 2011.

Janssen, Jan-keno/Tremmel, Sylvester: Die Psycho-Tricks der App-Entwickler, in: heise Online, 15.10.2019, https://www.heise.de/ct/artikel/Die-Psycho-Tricks-der-App-Entwickler-4547123.html?seite=all, letzter Zugriff: 19.09.2024

Kaczor, Krystian: User Story or Stakeholder Story?, 25.10.2019, https://www.scrum.org/resources/blog/user-story-or-stakeholder-story, letzter Zugriff: 27.08.2024.

Kahneman, Daniel: Schnelles Denken, langsames Denken, 5. Auflage, München 2012.

Kahneman, Daniel: Thinking, fast and slow, New York 2011.

Kaplan, Stephen: The restorative benefits of nature: Toward an integrative framework, in: Journal of Environmental Psychology, Jg. 15, Heft 3, 1995, S. 169–182.

Katz, E.; Blumler, J. G: Foreword, in: Blumler, J. G; Katz, E. (Hrsg): The Uses of Mass Communications, Beverly Hills 1974, S. 13–16

Katz, Elihu: Mass Communications Research and the Study of Popular Culture: An Editorial Note on a Possible Future for This Journal, in: Studies in Public Communication, Band 2, 1959, S. 1–6.

Katz, Elihu: The Two-Step Flow of Communication: An Up-To-Date Report on an Hypothesis, in: The Public Opinion Quarterly, Band 21, 1957, S. 61–78.

Katz, Elihu/Blumler, Jay G.; Gurevitch, Michael: Uses and Gratifications Research, in: The Public Opinion Quarterly, Vol. 37, 1973, S. 509–523.

Katz, Elihu/Blumler, Jay G.; Gurevitch, Michael: Utilization of Mass Communication by the Individual, in: Blumler, Jay G./Katz, Elihu (Hrsg.): The Uses of Mass Communications. Current Perspectives on Gratifications Research, Beverly Hills 1974, S. 19–32.

Katz, Elihu/Lazarsfeld, Paul F.: Personal influence. The Part Played by People in the Flow of Mass Communication, New York 1955.

Kelley, Elizabeth/Kelloway, E. K.: Context Matters, in: Journal of Leadership & Organizational Studies, Jg. 19, Heft 4, 2012, S. 437–449.

Kenning, Peter: Consumer Neuroscience. Ein transdisziplinäres Lehrbuch, Stuttgart 2020.

Kneer, Georg/Nassehi, Armin: Niklas Luhmanns Theorie sozialer Systeme. Eine Einführung, Paderborn 1993.

Kornmeier, Martin: Wissenschaftstheorie und wissenschaftliches Arbeiten. Eine Einführung für Wirtschaftswissenschaftler, Heidelberg 2007.

Kotter, John P./Rathgeber, Holger: Our Iceberg Is Melting. Changing and Succeeding Under Any Conditions, 10th edition, London 2017.

Kotter, John P.: Leading change, Boston 1996.

Kotter, John P.: Leading change. Why transformation efforts fail, in: Harvard business review, March-April, 1995, S. 59–67.

Kraft, Hans: Rhetorik und Gesprächsführung, Stuttgart 2016

Krapinger, Gernot: Nachwort, in: Aristoteles. Rhetorik, Stuttgart 1999, S. 246–255.

Krippendorf, Klaus: Mathematical Theory of Communication, in: Littlejohn, Stephen W./Foss, Karen A. (Hrsg.): Encyclopedia of communication theory, Los Angeles, CA 2009, S. 614–618.

Kruke, Anja: »Elisabeth Noelle-Neumann war schon immer umstritten«. Im Gespräch mit Joachim Scholl, 14.05.2013, https://www.deutschlandfunkkultur.de/elisabeth-noelle-neumann-war-schon-immer-umstritten-100.html, letzter Zugriff: 12.10.2024.

Kumbier, Dagmar/Schulz von Thun, Friedemann: Interkulturelle Kommunikation. Methoden, Modelle, Beispiele, 2. Auflage, Reinbek bei Hamburg 2008.
Kungl. Vetenskapsakademien: Pressemitteilung: Der Schwedischen Reichsbank in Erinnerung an Alfred Nobel gestifteten Preis für Wirtschaftswissenschaften des Jahres 2002, 09.10.2002, https://www.nobelprize.org/prizes/economic-sciences/2002/9238-pressemitteilung-der-schwedischen-reichsbank-in-erinnerung-an-alfred-nobel-gestifteten-preis-fur-wirtschaftswissenschaften-des-jahres-2002/, letzter Zugriff: 23.10.2024.
Kungl. Vetenskapsakademien: Pressemitteilung: Der Schwedischen Reichsbank in Erinnerung an Alfred Nobel gestifteten Preis für Wirtschaftswissenschaften des Jahres 2001, 10.10.2001, https://www.nobelprize.org/prizes/economic-sciences/2001/9309-pressemitteilung-der-schwedischen-reichsbank-in-erinnerung-an-alfred-nobel-gestifteten-preis-fur-wirtschaftswissenschaften-des-jahres-2001/, letzter Zugriff: 18.10.2024.
Kungl. Vetenskapsakademien: The Prize in Economic Sciences 2017, 09.10.2017, https://www.kva.se/en/news/ekonomipriset-2017-2/, letzter Zugriff: 23.10.2024.
Lasswell, Harold D.: The structure and function of communication in society, in: Bryson, Lyman (Hrsg.): The communication of ideas. A series of addresses, Religion and civilization series, New York 1964, S. 37–51.
Lavidge, Robert J.; Steiner, Gary A.: A Model for Predictive Measurements of Advertising Effectiveness, in: Journal of Marketing, Band 25, 1961, S. 59–62.
Lazarsfeld, Paul F./Berelson, Bernard/Gaudet, Hazel: The People's Choice. How the voter makes up his mind in a presidential campaign, 3. Auflage, New York, London 1968.
Lazer, David M.J. et al.: The science of fake news, in: Science, Jg. 359, 2018, S. 1094–1096.
Lee, Margaret R.: Leading Virtual Project Teams. Adapting Leadership Theories and Communications Techniques to 21st Century Organizations, New York 2014.
Leitner, Barbara: Eine Sprache des Herzens, 25.07.2020, https://www.deutschlandfunkkultur.de/lange-nacht-ueber-gewaltfreie-kommunikation-eine-sprache-100.html, letzter Zugriff: 09.08.2024.
Lewin, Kurt: Frontiers in Group Dynamics, in: Human Relations, Jg. 1, Heft 1, 1947, S. 5–41.
Lewin, Kurt: Problems of Research in Social Psychology, in: Lewin, Kurt, Cartwright, D. (Hrsg.): Field theory in social science. Selected theoretical papers, New York 1951, S. 155–169.
Lewis, L.: How workers really feel about meetings, 12.08.2024, https://miro.com/blog/how-workers-feel-about-meetings/, letzter Zugriff: 14.09.2024.
Lippmann, Walter: Public opinion, New York 1922.
Littlejohn, Stephen W./Foss, Karen A. (Hrsg.): Encyclopedia of communication theory, Los Angeles, CA 2009.
Lopatta, Kerstin/Buchholz, Frerich/Kaspereit, Thomas: Asymmetric Information and Corporate Social Responsibility, in: Business & Society, Jg. 55, Heft 3, 2016, S. 458–488.
Luhmann, Niklas: Soziale Systeme, Frankfurt am Main 1984.
Luhmann, Niklas: Die Wirtschaft der Gesellschaft, Frankfurt am Main 1988.
Luhmann, Niklas: Die Gesellschaft der Gesellschaft. Zwei Bände, 11. Auflage, Frankfurt am Main 2021.
Lutz, Christoph: Digital inequalities in the age of artificial intelligence and big data, in: Human Behavior and Emerging Technologies, Jg. 1, Heft 2, 2019, S. 141–148.
MacCormack, Alan/Baldwin, Carliss/Rusnak, John: Exploring the duality between product and organizational architectures: A test of the »mirroring« hypothesis, in: Research Policy, Jg. 41, Heft 8, 2012, S. 1309–1324.
MacDorman, Karl F.: Masahiro Mori und das unheimliche Tal: Eine Retrospektive, in: Haensch, Konstantin D./Nelke, Lara/Planitzer, Matthias (Hrsg.): Uncanny Interfaces, Hamburg, 2019, S. 220–234.
MacVaugh, Jason/Schiavone, Francesco: Limits to the diffusion of innovation, in: European Journal of Innovation Management, Jg. 13, Heft 2, 2010, S. 197–221.
Maletzke, Gerhard: Psychologie der Massenkommunikation. Theorie und Systematik, Hamburg 1963.
Manias-Muñoz, Itsaso/Reber, Bryan H.: Current Issues of Social Media and Crisis Communication, in: Jin, Yan, Austin, Lucinda L. (Hrsg.): Social media and crisis communication, 2nd edition, New York 2022, S. 20–32.

Mathur, Arunesh et al.: Dark Patterns at Scale, in: Proceedings of the ACM on Human-Computer Interaction, Jg. 3, 2019, S. 1–32.
Mathur, Arunesh/Kshirsagar, Mihir/Mayer, Jonathan: What Makes a Dark Pattern... Dark?, in: Kitamura, Yoshifumi et al. (Hrsg.): Proceedings of the 2021 CHI Conference on Human Factors in Computing Systems, New York, 2021, S. 1–18.
Maurer, Marcus: Agenda Setting. Konzepte, Band 1, Baden-Baden 2010.
Mayfield, Milton/Mayfield, Jacqueline R./Walker, Robyn: Fundamental theories of business communication. Laying a foundation for the field, Basingstoke 2020.
McCombs, Maxwell E./Valenzuela, Sebastián: Setting the agenda. The news media and public opinion, 3rd edition, Cambridge, UK, Medford, MA 2021.
McCombs, Maxwell E./Shaw, Donald L.: The Agenda Setting Function of Mass Media, in: The Public Opinion Quarterly, Vol. 36, 1972, S. 176–187.
McLuhan, Eric: Marshall McLuhan's Theory of Communication: The Yegg, in: Global Media Journal – Canadian Edition, Jg. 1, Heft 1, 2008, S. 25–43.
McLuhan, Marshall/Powers, Bruce R.: The Global Village. Transformations in World Life and Media in the 21st Centure, New York, Oxford 1989.
McLuhan, Marshall/Agel, Jerome/Fiore, Quentin: The medium is the massage. An inventory of effects, Corte Madera, CA 2001.
McLuhan, Marshall/McLuhan, Eric: Laws of media. The new science, Toronto 1988.
McLuhan, Marshall: The mechanical bride. Folklore of industrial man, Corte Madera, CA 1951.
McLuhan, Marshall: Understanding media, London 1964.
Meffert, Heribert/Burmann, Christoph: Identitätsorientierte Markenführung – Grundlagen für das Management von Markenportfolios, Arbeitspapier Wissenschaftliche Gesellschaft für Marketing und Unternehmensführung e.V Nr. 100, Münster 1996.
Merten, Klaus: Einführung in die Kommunikationswissenschaft, Aktuelle Medien- und Kommunikationsforschung, Band 1, Münster, Hamburg 1999.
Merten, Klaus: Kommunikation. Eine Begriffs- Und Prozessanalyse, Opladen 1977.
Merten, Klaus: Konzeption von Kommunikation. Theorie und Praxis des strategischen Kommunikationsmanagements, Wiesbaden 2013.
Merton, Robert K.: Social Theory and Social Structure, New York 1968.
Meta, Inc.: The Metaverse and How We'll Build It Together – Connect 2021, 28.10.2021, https://www.youtube.com/watch?v=Uvufun6xer8, letzter Zugriff: 07.09.2024.
Meyer, Erin: The Culture Map. Breaking Through the Invisible Boundaries of Global Business, New York 2014.
Meyer, Angela: Videokonferenzen: Nvidia Broadcast erzeugt per KI-Effekt virtuellen Augenkontakt, in: heise Online, 14.01.2023, https://www.heise.de/news/Videokonferenzen-Nvidia-Broadcast-erzeugt-per-KI-Effekt-virtuellen-Augenkontakt-7459309.html, letzter Zugriff: 06.09.2024
Molcho, Samy: Körpersprache, 11. Auflage, München 2013.
Moreland, Richard, L./Zajonc, Robert B.: Exposure Effects in Person Perception: Familiarity, Similarity, and Attraction, in: Journal of Experimental Social Psychology, Jg. 18, 1982, S. 395–415.
Mori, Masahiro: The Uncanny Valley. Translated by Karl F. MacDorman and Nori Kageki, in: IEEE Robotics & Automation Magazine, June, 2012, S. 98–100.
Morris, Charles W.: Foundations of the theory of signs, Foundations of the unity of science, Vol. I, Band 2, 13th edition, Chicago 1975.
Murray, Janet H.: Hamlet on the holodeck. The future of narrative in cyberspace, Cambridge 2017.
Nass, Clifford/Moon, Youngme: Machines and Mindlessness. Social Responses to Computers, in: Journal of Social Issues, Jg. 56, Heft 1, 2000, S. 81–103.
NDR: 197 Millionen Menschen sahen den ESC im Fernsehen, 04.06.2015, https://www.eurovision.de/news/ESC-Einschaltquote-stellt-Rekord-auf,zahlen132.html, letzter Zugriff: 01.06.2018.
Nelles, Roland: Datenskandal: Trumps Wahlerfolg und das Facebook-Rätsel, in: DER SPIEGEL, 20.03.2018.
Nesher Shoshan, Hadar/Wehrt, Wilken: Understanding »Zoom fatigue«: A mixed-method approach, in: Applied Psychology, Jg. 71, Heft 3, 2022, S. 827–852.

Neufeld, Derrick J./Wan, Zeying/Fang, Yulin: Remote Leadership, Communication Effectiveness and Leader Performance, in: Group Decision and Negotiation, Jg. 19, Heft 3, 2010, S. 227–246.
Nicotera, Anne M.: Constitutive View of Communication, in: Littlejohn, Stephen W, Foss, Karen A. (Hrsg.): Encyclopedia of communication theory, Los Angeles 2009, S. 175–179.
Nielsen: Bruttowerbeaufwendungen von Coca-Cola in Deutschland in den einzelnen Werbemedien im Jahr 2023. Aufbereitet durch statista.com, de.statista.com/prognosen/1172943/mediasplit-von-coca-cola, Juli 2024, letzter Zugriff: 08.02.2025
Noelle-Neumann, Elisabeth: Die Schweigespirale. Öffentliche Meinung – unsere soziale Haut, 6. Auflage, München 2001.
Noelle-Neumann, Elisabeth: The Spiral of Silence a Theory of Public Opinion, in: The Journal of communication, Jg. 24, Heft 2, 1974, S. 43–51.
Norman, Donald A.: The Design of Everyday Things. Revised and Expanded Edition, New York 2013.
Nyhan, Brendan et al.: Like-minded sources on Facebook are prevalent but not polarizing, in: Nature, Jg. 620, Heft 7972, 2023, S. 137–144.
O'Reilly, Tom: What Is Web 2.0. Design Patterns and Business Models for the Next Generation of Software, 30.09.2005, https://www.oreilly.com/pub/a/web2/archive/what-is-web-20.html, letzter Zugriff: 07.09.2018
Pariser, Eli: The filter bubble. What the Internet is hiding from you, London 2011.
Pásztor, Susann/Gens, Klaus-Dieter: Mach doch, was du willst. Gewaltfreie Kommunikation am Arbeitsplatz, Paderborn 2005.
Pedalino, Federica/Camerini, Anne-Linda: Instagram Use and Body Dissatisfaction: The Mediating Role of Upward Social Comparison with Peers and Influencers among Young Females, in: International Journal of Environmental Research and Public Health, Jg. 19, Heft 3, 2022.
Petty, Richard E.; Cacioppo, John T.: Communication and persuasion. Central and peripheral routes to attitude change, Springer series in social psychology, New York 1986.
Petty, Richard/Wegener, Duane: The Elaboration Likelihood Model: Current status and controversies, in: Chaiken, Shelly, Trope, Yaacov (Hrsg.): Dual-process theories in social psychology, New York 1999, S. 41–72.
Pianese, Tommasina/Errichiello, Luisa/Da Cunha, Joao V.: Organizational control in the context of remote working: A synthesis of empirical findings and a research agenda, in: European Management Review, Jg. 20, Heft 2, 2023, S. 326–345.
Plate, Markus: Die Veränderung von Überzeugungen im Gespräch. Ein Vergleich der Fragestrategien des NLPs und der RET, Saarbrücken 2008.
Pooley, Jefferson/Socolow, Michael J.: The Myth of the War of the Worlds Panic. Orson Welles' infamous 1938 radio program did not touch off nationwide hysteria. Why does the legend persist?, in: Slate, 28.10.2013.
Portner, Jutta: Besser verhandeln. Das Trainingsbuch, Offenbach 2010.
Postman, Neil: Amusing Ourselves to Death. Public Discourse in the Age of Show Business, London 1985.
Prakke, Henk: Kommunikation der Gesellschaft. Einführung in die funktionale Publizistik, Dialog der Gesellschaft, Band 2, Münster, Regensberg 1968.
Prasad Agrawal, Kalyan: Towards Adoption of Generative AI in Organizational Settings, in: Journal of Computer Information Systems, Jg. 64, Heft 5, 2024, S. 636–651.
Primack, Brian A. et al.: Social Media Use and Perceived Social Isolation Among Young Adults in the U.S, in: American Journal of Preventive Medicine, Jg. 53, Heft 1, 2017, S. 1–8.
Radovanović, Danica/Hogan, Bernie/Lalić, Danijela: Overcoming digital divides in higher education: Digital literacy beyond Facebook, in: New Media & Society, Jg. 17, Heft 10, 2015, S. 1733–1749.
Raman, Raghu et al.: University students as early adopters of ChatGPT: Innovation Diffusion Study, 2023.
Rapp, Amon/Curti, Lorenzo/Boldi, Arianna: The human side of human-chatbot interaction: A systematic literature review of ten years of research on text-based chatbots, in: International Journal of Human-Computer Studies, Jg. 151, 2021, S. 102630.

Rastelli, Simone: Die Soziologische Systemtheorie von Niklas Luhmann, in: NDR, 08.10.2019, https://www.ndr.de/geschichte/koepfe/Soziologische-Systemtheorie-von-Niklas-Luhmann-ein-Ueberblick,luhmann132.html, letzter Zugriff: 04.01.2025.

Ray, Michael L. et al.: Marketing Communication and the Hierarchy-of-Effects, in: Clarke, P. (Hrsg.): New Models for Mass Communication Research, London 1973, S. 147–176.

Reeves, Byron/Nass, Clifford: The media equation. How people treat computers, television, and new media like real people and places, Center for the Study of Language and Information Publication, 2003.

Rice, Ronald E.: Task analyzability, use of new media, and effectiveness: A multi-site exploration of media richness, in: Organization Science, Band 3, 1992, S. 475–500.

Ries, Al/Trout, Jack: Positioning: the Battle for Your Mind, New York 2010.

Ringelsiep, Michael: Kann man mit künstlicher Intelligenz Gefühle erkennen?, 18.07.2022, https://www.swr.de/wissen/gefuehle-erkennen-mit-kuenstlicher-intelligenz-100.html, letzter Zugriff: 22.08.2024.

Robbins, Anthony: Das Robbins-Power-Prinzip. Wie Sie Ihre wahren inneren Kräfte sofort einsetzen, 5. Auflage, Bonn u. a. 1995.

Rogers, Everett M.: Diffusion of innovations, 5th edition, New York 2003.

Röhner, Jessica/Schütz, Astrid: Psychologie der Kommunikation, Basiswissen Psychologie, Wiesbaden 2012.

Rosenberg, Marshall B.: Gewaltfreie Kommunikation. Eine Sprache des Lebens, 12. Auflage, Padeborn 2016.

Rosenberg, Marshall B.: Nonviolent communication. A language of life; empathy, collaboration, authenticity, freedom, 3rd edition, Encinitas, CA 2015.

Rössler, Patrick, Brosius, Hans-Bernd (Hrsg.): Konzepte. Ansätze der Medien- und Kommunikationswissenschaft, Baden-Baden, Nomos, ohne Jahr.

Rössler, Patrick: Skalenhandbuch Kommunikationswissenschaft, Wiesbaden 2011.

Roth, Jenni: Verhandeln auf Finnisch – Business-Talk mit eigenen Regeln, 18.12.2019, https://www.deutschlandfunk.de/verhandeln-auf-finnisch-business-talk-mit-eigenen-regeln-100.html, letzter Zugriff: 24.08.2024.

Rothschild, Michael/Stiglitz, Joseph: Equilibrium in competitive insurance markets. An essay on the economics of imperfect information, in: The Quarterly Journal of Economics, Vol. 90(4), 1976, S. 629–649.

Ruben, Brent D./Gigliotti, Ralph A.: Leadership as Social Influence, in: Journal of Leadership & Organizational Studies, Jg. 23, Heft 4, 2016, S. 467–479.

Rubin, Alan M./Perse, Elizabeth M./Powell, Robert A.: Loneliness, Parasocial Interaction, and Local Television News Viewing, in: Human Communication Research, Band 12, 1985, S. 155–180.

Ruggiero, Thomas E.: Uses and Gratifications Theory in the 21st Century, Mass Communication & Society, in: Mass Communication & Society, Band 3, 2000, S. 3–37.

Rustemeyer, Dirk: Review: Die Gesellschaft der Gesellschaft der Systemtheorie, in: Philosophische Rundschau, Jg. 46, Heft 2, 1999, S. 150–163.

Sadamali Jayawardena, Nirma/Thaichon, Park/Quach, Sara/Razzaq, Ali/Behl, Abhishek: ›The persuasion effects of virtual reality (VR) and augmented reality (AR) video advertisements: A conceptual review‹, in: Journal of Business Research, Jg. 160, 2023, S. 113739.

Saha, Debanjan: Navigating Change Management In The Era Of Generative AI, in: Forbes, 17.08.2023.

Sayre, Shay/King, Cynthia: Entertainment and society. Influences, impacts, and innovations, 2nd edition, New York 2010.

Schade, Edzard/Künzler, Matthias: Kommunikations- und Mediengeschichte, in: Bonfadelli, Heinz/Jarren, Otfried/Siegert, Gabriele (Hrsg.): Einführung in die Publizistikwissenschaft, 3. Auflage, Stuttgart 2010, S. 77–109.

Scheufele, Dietram A./Moy, Patricia: Twenty-Five Years of the Spiral of Silence: A Conceptual Review and Empirical Outlook, in: International Journal of Public Opinion Research, Jg. 12, Heft 1, 2000, S. 3–28.

Schulz von Thun, Friedemann/Ruppel, Johannes/Stratmann, Roswitha: Miteinander reden: Kommunikationspsychologie für Führungskräfte, Miteinander reden Praxis, 24. Auflage, Reinbek bei Hamburg 2023.

Schulz von Thun, Friedemann: Miteinander reden: 1. Störungen und Klärungen. Allgemeine Psychologie der Kommunikation, Reinbek bei Hamburg 2011.
Schulz, Anne/Rössler, Patrick: Schweigespirale Online. Die Theorie der öffentlichen Meinung und das Internet, Baden-Baden 2013
Schützeichel, Rainer: Soziologische Kommunikationstheorien. Soziologie, Medien- und Kommunikationswissenschaft, 2. Auflage, Konstanz, München 2015.
Schwaber, Ken/Sutherland, Jeff: The Scrum Guide. The Definitive Guide to Scrum: The Rules of the Game, https://scrumguides.org/docs/scrumguide/v2020/2020-Scrum-Guide-US.pdf, letzter Zugriff: 27.08.2024.
Schweiger, G.; Schrattenecker, G.: Werbung. Eine Einführung, Grundwissen der Ökonomik: BWL, 7. Auflage, Stuttgart 2009, S. 279–354
Scrum.org: The Definitive Guide to Scaling Scrum with Nexus, January 2021, https://www.scrum.org/resources/online-nexus-guide, letzter Zugriff: 27.08.2024.
Shannon, Claude E.: A mathematical theory of communication, in: The Bell System Technical Journal, Band 27, 1948, S. 379–423.
Shannon, Claude E.; Weaver, Warren: Mathematische Grundlagen der Informationstheorie, München 1976.
Shannon, Claude E.; Weaver, Warren: The mathematical theory of communication, Urbana and Chicago 1949.
Sharma, Nikhil/Liao, Q. V./Xiao, Ziang: Generative Echo Chamber? Effect of LLM-Powered Search Systems on Diverse Information Seeking, in: Mueller, Florian F. et al. (Hrsg.): Proceedings of the CHI Conference on Human Factors in Computing Systems, New York, NY, USA, ACM, 2024, S. 1–17.
Sheldon, Joss: Individutopia, Edition 1.0, United Kingdom 2018.
Shimura, Akiyoshi/Yokoi, Katsunori/ Ishibashi, Yoshiki/Akatsuka, Yusaku/Inoue, Takeshi: Remote Work Decreases Psychological and Physical Stress Responses, but Full-Remote Work Increases Presenteeism, in: Frontiers in psychology, Jg. 12, 2021.
Siegert, Gabriele/Brecheis, Dieter: Werbung in der Medien- und Informationsgesellschaft, Wiesbaden, VS Verlag für Sozialwissenschaften, 2005.
Signorielli, Nancy/Morgan, Michael/Shanahan, James: The Violence Profile: Five Decades of Cultural Indicators Research, in: Mass Communication and Society, Jg. 22, Heft 1, 2019, S. 1–28.
Simons, Daniel J.; Chabris, Christopher F.: Gorillas in our midst: sustained inattentional blindness for dynamic events, in: Perception, Band 28, 1999, S. 1059–1074.
Sinclair, Molly A. et al.: Managing and Motivating the Remote Employee Using the Transformational Leadership Model, in: Nurse Leader, Jg. 19, Heft 3, 2021, S. 294–299.
Six, Ulrike/Gleich, Uli/Gimmler, Roland (Hrsg.): Kommunikationspsychologie – Medienpsychologie, Weinheim 2007.
Son, Jaebong/Lee, Hyung K./Jin, Sung/Lee, Jintae: Content features of tweets for effective communication during disasters: A media synchronicity theory perspective, in: International Journal of Information Management, Jg. 45, 2019, S. 56–68.
Song, Stephen W./Shin, Mincheol: Uncanny Valley Effects on Chatbot Trust, Purchase Intention, and Adoption Intention in the Context of E-Commerce: The Moderating Role of Avatar Familiarity, in: International Journal of Human-Computer Interaction, Jg. 40, Heft 2, 2024, S. 441–456.
Spence, Michael: Job Market Signaling, in: The Quarterly Journal of Economics, Jg. 87, Heft 3, 1973, S. 355–374.
Staatsinstitut für Schulqualität und Bildungsforschung München: Illustrierende Aufgaben zum LehrplanPLUS. Realschule, Sozialwesen, Jahrgangsstufe 9. Kommunikationsmodell – Schulz von Thun, 2018.
Stack Overflow: How do I explain the overhead of communication between developers in a team? Answers, 15.04.2015, https://web.archive.org/web/20160421185127/https://stackoverflow.com/questions/984885/how-do-i-explain-the-overhead-of-communication-between-developers-in-a-team/984912#984912, letzter Zugriff: 27.08.2024.
Stein, Jan-Philipp/Krause, Elena/Ohler, Peter: Every (Insta)Gram counts? Applying cultivation theory to explore the effects of Instagram on young users' body image, in: Psychology of Popular Media, Jg. 10, Heft 1, 2021, S. 87–97.

Stigler, George J./Becker, Gary S.: De Gustibus Non Est Disputandum, in: The American Economic Review, Jg. 67, Heft 2, 1977, S. 76–90.

Strong, Diane M. et al.: A Theory of Organization-EHR Affordance Actualization, in: Journal of the Association for Information Systems, Jg. 15, Heft 2, 2014, S. 53–85.

Strong, Edward K, JR.: The Psychology of Selling and Advertising, New York 1925.

Sunstein, Cass R.: Republic. Divided democracy in the age of social media, Princeton 2017.

Sunstein, Cass R.: Republic.com 2.0, Princeton 2007.

Sunstein, Cass R.: Republic.com, Princeton, N.J 2001.

Thaler, Richard H./Sunstein, Cass R.: Nudge, New Haven 2008.

The Yomiuri Shimbun Office: Yomiuri. Japan's Best-Read Newspaper. Media Data 2016-2017, http://adv.yomiuri.co.jp/m-data/english/download/ymd_2016-2017.pdf, letzter Zugriff: 01.06.2018.

Tichenor, P. J./Donohue, G. A./Olien, C. N.: Mass media flow and differential growth in knowledge, in: The Public Opinion Quarterly, Band 34, 1970, S. 159–170.

Turcsanyi, G./Schützendorf, R.: Werbewirkung und Mediaplanung. Kompendium für Praxis und Lehre, Baden-Baden 2013

Tversky, Amos/Kahneman, Daniel: Judgment under Uncertainty: Heuristics and Biases, in: Science, Jg. 185, Heft 4175, 1974, S. 1124–1131.

UNESCO, IRCAI: Systematic Prejudices. An Investigation into Bias Against Women and Girls in Large Language Models, 2024, https://unesdoc.unesco.org/ark:/48223/pf0000388971, letzter Zugriff: 04.11.2024.

Unger, Fritz/Fuchs, Wolfgang/Michel, Burkard: Mediaplanung. Methodische Grundlagen und praktische Anwendungen, 6. Auflage, Berlin, Heidelberg 2013

van Berkel, Martina: »The more you know, the more you enjoy« – Empirische Überprüfung von Netzwerkeffekten in medialen Sportangeboten, Zürich 2017.

van Dijk, Jan: The Digital Divide, Reprinted, Cambridge 2020.

van Mierlo, Jan/van den Bulck, Jan: Benchmarking the cultivation approach to video game effects: a comparison of the correlates of TV viewing and game play, in: Journal of adolescence, Jg. 27, Heft 1, 2004, S. 97–111.

van Zoonen, Ward/Sivunen, Anu E.: The impact of remote work and mediated communication frequency on isolation and psychological distress, in: European Journal of Work and Organizational Psychology, Jg. 31, Heft 4, 2022, S. 610–621.

Veblen, Thorstein: The Theory of the Leisure Class. An Economic Study of Institutions, New York 1912.

Venkatesh, Viswanath; Bala, Hillol: Technology Acceptance Model 3 and a Research Agenda on Interventions, in: Decision Sciences, Band 39, 2008, S. 273–315.

Venkatesh, Viswanath; Davis, Fred D.: A Theoretical Extension of the Technology Acceptance Model: Four Longitudinal Field Studies, in: Management Science, Band 46, 2000, S. 186–204.

Verduyn, Philippe et al.: Social comparison on social networking sites, in: Current opinion in psychology, Jg. 36, 2020, S. 32–37.

Viswanath, K./Finnegan, John R.: The Knowledge Gap Hypothesis: Twenty-Five Years Later, in: Burleson, Brant R, Kunkel, Adrianne W. (Hrsg.): Communication yearbook 19. Annual reviews of communication research, London 1996, S. 187–228.

Vogel, Erin A. et al.: Who compares and despairs? The effect of social comparison orientation on social media use and its outcomes, in: Personality and Individual Differences, Jg. 86, 2015, S. 249–256.

Volkoff, Olga/Strong, Diane: Affordance Theory and How to Use it in IS Research, in: Galliers, Robert, Stein, Mari-Klara (Hrsg.): The Routledge companion to management information systems, Routledge companions in business, management and marketing, Abingdon 2018, S. 232–245.

Wacker, Renata/Dziobek, Isabel: Preventing empathic distress and social stressors at work through nonviolent communication training: A field study with health professionals, in: Journal of Occupational Health Psychology, Jg. 23, Heft 1, 2018, S. 141–150.

Walther, Joseph B./Whitty, Monica T.: Language, Psychology, and New New Media: The Hyperpersonal Model of Mediated Communication at Twenty-Five Years, in: Journal of Language and Social Psychology, Jg. 40, Heft 1, 2021, S. 120–135.

Walther, Joseph B.: Computer-Mediated Communication: Impersonal, Interpersonal, and Hyperpersonal Interaction, in: Communication Research, Vol. 23(1), 1996, S. 3–43.

Watts, Geoff: Scrum mastery: From Good To Great Servant Leadership, 2nd edition, Cheltenham 2021.

Watzlawick, Paul/Bavelas, Janet B./Jackson, Don D.: Pragmatics of human communication. A study of interactional patterns, pathologies, and paradoxes, New York, London 1967.

Watzlawick, Paul; Beavin, Janet B.; Jackson, Don D.: Menschliche Kommunikation. Formen, Störungen, Paradoxien, 12. Auflage, Bern 2011.

Weingardt, Beate M.: Faszination Körpersprache. Was wir ohne Worte alles sagen, Witten 2011.

Weisbrod, Lars: Soziale Medien: Das Ende von Social Media, in: Die Zeit, 18.02.2024.

Welbers, Kasper et al.: News selection criteria in the digital age: Professional norms versus online audience metrics, in: Journalism, Jg. 17, Heft 8, 2016, S. 1037–1053.

Wiechmann, Robert/Röpstorff, Sven: Scrum in der Praxis. Erfahrungen, Problemfelder und Erfolgsfaktoren, 3. Auflage, Heidelberg 2022.

Willemse, Joop/Ameln, Falko von: Theorie und Praxis des systemischen Ansatzes, Berlin, Heidelberg 2018.

Witkowski, Tomasz: Thirty-Five Years of Research on Neuro-Linguistic Programming. NLP Research Data Base. State of the Art or Pseudoscientific Decoration?, in: Polish Psychological Bulletin, Jg. 41, Heft 2, 2010.

Wittmann, Maximilian/Morschheuser, Benedikt: What do games teach us about designing effective human-AI cooperation? A systematic literature review and thematic synthesis on design patterns of non-player characters, in: CEUR Workshop Proceedings (Hrsg.): Proceedings of the 6th International GamiFIN Conference, 2022.

Woodworth, Robert S.: Psychology, New York 1929.

Wu, Ya-Ling/Li, Eldon Y.: Marketing mix, customer value, and customer loyalty in social commerce, in: Internet Research, Jg. 28, Heft 1, 2018, S. 74–104.

Yang, Longqi et al.: The effects of remote work on collaboration among information workers, in: Nature human behaviour, Jg. 6, Heft 1, 2022, S. 43–54.

Yarberry, Shana/Sims, Cynthia: The Impact of COVID-19-Prompted Virtual/Remote Work Environments on Employees' Career Development: Social Learning Theory, Belongingness, and Self-Empowerment, in: Advances in Developing Human Resources, Jg. 23, Heft 3, 2021, S. 237–252.

YouTube: Most Viewed Videos of All Time • (Over 700M views) – YouTube, 27.11.2024, https://www.youtube.com/playlist?list=PLirAqAtl_h2r5g8xGajEwdXd3x1sZh8hC, letzter Zugriff: 27.11.2024.

Zajonc, Robert B.: Attitudinal effects of mere exposure, in: Journal of Personality and Social Psychology, 9(2, Pt.2), 1968, S. 1–27.

Żerebecki, Bartosz G./Opree, Suzanna J./Hofhuis, Joep/Janssen, Susanne: Can TV shows promote acceptance of sexual and ethnic minorities? A literature review of television effects on diversity attitudes, in: Sociology Compass, Jg. 15, Heft 8, 2021.